新东方
XDF.CN

MW01688235

# GMAT必备词汇21天突破

孙小莉 编著

北京语言大学出版社
BEIJING LANGUAGE AND CULTURE UNIVERSITY PRESS

**图书在版编目(CIP)数据**

GMAT必备词汇21天突破 / 孙小莉编著. —北京：北京语言大学出版社，2016.3
ISBN 978-7-5619-4456-1

Ⅰ. ①G… Ⅱ. ①孙… Ⅲ. ①英语—词汇—研究生—入学考试—自学参考资料 Ⅳ. ①H313

中国版本图书馆CIP数据核字（2016）第029348号

**书　　名：**GMAT必备词汇21天突破
**编　　著：**孙小莉
**责任编辑：**胡学卉
**封面设计：**李　倩

---

**出版发行：**北京语言大学出版社
**社　　址：**北京市海淀区学院路15号　**邮政编码：**100083
**网　　站：**www.blcup.com
**电　　话：**发行部　（010）62605588 / 5019 / 5128
编辑部　（010）62418641
邮购电话　（010）62605127
读者服务信箱　bj62605588@163.com
**印　　刷：**北京慧美印刷有限公司
**经　　销：**全国新华书店

---

**版　　次：**2016年3月第1版　2016年3月第1次印刷
**开　　本：**710毫米×1000毫米　1/16　**印张：**25.5
**字　　数：**341千
**书　　号：**ISBN 978-7-5619-4456-1
**定　　价：**38.00元

---

# 前言

PREFACE

GMAT是Graduate Management Admission Test（研究生管理科学入学考试）的简称，是由美国经企管理专业研究生入学考试委员会（GMAC）委托美国考试中心（ETS）主办的。美国、英国、澳大利亚等国家的高校都采用GMAT考试成绩来评估申请入学者是否适合于在商业、经济和管理等专业的研究生阶段学习，以决定是否录取。

GMAT考试内容包括数学（Quantitative）、语文（Verbal）和分析性写作（Analytical Writing）三部分试题。数学部分包括数据充分性和问题解答；语文部分包括句子改错、阅读理解和评论性推理；而分析性写作则是测试逻辑思维能力和表达复杂思想的能力。GMAT考试不仅考查申请人的语言能力和数学能力，还要测试其头脑反应、逻辑思维和解决实际问题的能力。一般来说，GMAT考试可以比较真实地反映应试者的英语水平，因而考生必须合理安排时间，提高复习效率，从GMAT考试必备词汇入手，争取在短期内取得快速突破，顺利进入自己心仪的大学。这样看来，一本能帮助考生在夯实基础的同时扩充更多词汇的词汇书就显得尤为重要。

本书精心筛选了GMAT考试必备的核心词汇，既包含难度较高的词汇，也收录了一些较简单的词汇，便于词汇掌握程度不同的考生自学。根据行为心理学家的理念，人们形成并巩固新的习惯或理念至少需要21天的时间，编者将本书所有词汇制订为21天学习计划，以便考生更加科学、合理地记忆单词。每个单词都给出了GMAT考试中出现的常考释义，并配有例句、搭配、同反义词等，帮助考生在参加考试之前掌握必备词汇，打好应试基础，循序渐进，巩固所学。另外，书中还汇总了GMAT考试中出现的大量词组和学科专业词汇，帮助考生拓展词汇量，全面加强学习效果。

**本书设置如下：**

本书共收录2520个核心词汇，制定了21天学习计划，平均每天120个单词。在每个单元开始前都有Previous Check，帮助考生预习本单元将要学习的单词，考生可以通过该词表在后面的学习过程中查漏补缺，重点记忆自己不熟悉的单词。

【释】给出单词在GMAT考试中常考的中文释义，帮助考生针对考试准确理解单词，达到“事半功倍”的备考效果。

【例】收录大量与真实考试难度相当的例句以及实用简单例句，并配以中文译文，帮助考生在语境中理解单词，强化记忆效果。

【搭】提供常考短语和搭配，帮助考生掌握单词重点用法。

【派】归纳单词的常考派生词，帮助考生全面扩充词汇量。

【同】提供与主单词意义相近的词汇，帮助考生丰富语料。

【反】提供与主单词意义相反的词汇，帮助考生进一步巩固学习效果。

**本书使用说明：**

1. 每天设定固定的时间（比如早上9点或下午6点）、利用固定的时段（比如2个小时）来学习一个单元。
2. 第一遍看单词时先浏览每个单元前面的Previous Check栏目，在不认识的单词旁作标记，在后面的学习过程中，要格外注意这些单词。
3. 第二遍看单词时，重点看每个单元中较长的词汇，对多于一个释义的词汇和有生僻释义的词汇格外注意。
4. 可以把不熟悉的单词写在一张卡片或纸上，以便利用零散时间随时进行复习。
5. 根据书中的例句，自己再写一些句子，以达到真正掌握单词用法的目的。

对于任何一门语言考试来说，词汇基础都至关重要，GMAT考试自然也不例外。词汇学习是一个不断重复的过程，这样丰富的学习经历也是非常宝贵的，对一个人未来的学习、工作和生活都大有裨益。最后，祝福各位考生通过学习本书能有所收获，夯实自己的词汇基础，从容应对未来的GMAT考试。

编　者

# 目 录

CONTENTS

# Day 01

## Previous Check

- □ admission
- □ standardize
- □ gauge √
- □ demonstrate
- □ potential
- □ analytical
- □ verbal
- □ quantitative
- □ integrated
- □ faculty
- □ identify
- □ incoming
- □ curriculum
- □ institution
- □ statistically
- □ validity
- □ appropriate
- □ mastery
- □ advanced
- □ computational
- □ motivation
- □ interpersonal
- □ criterion
- □ subjective
- □ launch
- □ uniform
- □ approximately
- □ qualified
- □ applicant
- □ rigor
- □ indicator
- □ profile
- □ enroll
- □ recommendation
- □ registration
- □ consist
- □ assessment
- □ prompt
- □ format
- □ adaptive
- □ tailor
- □ medium
- □ preceding
- □ skip
- □ previous
- □ eliminate
- □ subsequent
- □ statistical
- □ characteristic
- □ adapt
- □ accurate
- □ efficient
- □ specific
- □ problem-solving
- □ arithmetic
- □ estimate
- □ component
- □ presentation
- □ random
- □ confirm
- □ argument
- □ interpretation
- □ optional
- □ sufficiency
- □ critical
- □ encompass
- □ respond
- □ synthesize
- □ conclusion
- □ evaluate
- □ graphic
- □ complex
- □ combination
- □ manipulation
- □ calculator
- □ available
- □ explanation
- □ intermingle
- □ elementary
- □ assume
- □ detailed
- □ communicate
- □ formulate
- □ constructive
- □ critique
- □ minimal
- □ administer
- □ proctor
- □ scratch
- □ erasable
- □ scale
- □ extremely
- □ procedure
- □ expire
- □ calculate
- □ discipline
- □ rate
- □ automated
- □ design
- □ judgment
- □ off-topic
- □ independent
- □ adjudicate
- □ ongoing
- □ monitor
- □ discrepancy
- □ compute
- □ designate
- □ appendix
- □ distribution
- □ solitary
- □ revise
- □ discard
- □ territory
- □ reliability
- □ specifically
- □ academic
- □ minimum
- □ pace
- □ release

001
**admission**
/ əd'mɪʃn /

释 *n.* 入学（许可）；准许进入；入场费
例 **Admission** to the club is restricted to members only. 这家俱乐部只对会员开放。
派 admissive *a.* 准许进入的；容许的

002
**standardize**
/ 'stændərdaɪz /

释 *v.* 使…标准化，使…符合标准
例 The attempt to **standardize** uniforms in local schools of this region has finally proved to be a failure. 对统一该地区所有学校的校服所作出的尝试最终被证明是失败的。
搭 standardized exam 标准化考试
派 standardization *n.* 标准化

003
**gauge**
/ geɪdʒ /

释 *v.* 评估，判断；用仪器测量 *n.* 尺度；标准；评估
例 It was difficult to **gauge** how people would respond. 难以估计大家的反应如何。
派 gauger *n.* 计量员
同 measure, estimate

004
**demonstrate**
/ 'demənstreɪt /

释 *v.* 展示；证明；演示；示威游行
例 His sudden departure **demonstrates** how unreliable he is. 他的突然离去表明了他多么不可靠。
派 demonstration *n.* 证明；解释 demonstrative *a.* 指示的；易流露感情的
同 manifest, display, illustrate

005
**potential**
/ pə'tenʃl /

释 *n.* 潜力，潜能 *a.* 潜在的；有可能的
例 She recognized the **potential** for error in the method being used. 她意识到所采用的方法可能会出错。
搭 commercial potential 商业潜力 exploit / fulfill / realize one's potential 发掘/发挥/认识自己的潜力
派 potentiality *n.* 潜在性

006
**analytical**
/ ˌænə'lɪtɪkl /

释 *a.* 分析的，分析法的；善于分析的
例 During the course, students will develop their **analytical** skills. 通过这门课程，学生将会提高分析技能。
搭 analytical writing 分析性写作

007
**verbal**
/ 'vɜːrbl /

释 *a.* 语言的，词语的；口头的
例 It can sometimes be very difficult to give a **verbal** description of things like colors and sounds. 有时，用语言描述诸如颜色和声音这样的东西是非常困难的。
派 verbalism *n.* 言辞

008
**quantitative**
/ 'kwaːntəteɪtɪv /

释 *a.* 数量的；定量的
例 We need to do a proper **quantitative** analysis of this problem. 针对这个问题，我们需要进行适当的定量分析。
搭 quantitative analysis 定量分析

009
**integrated**
/ ˈɪntɪɡreɪtɪd /

释 *a.* 综合的；完整的；互相协调的
例 The town's modern architecture is very well **integrated** with the old. 这座城镇的现代建筑与老式建筑融为一体，浑然天成。
派 integration *n.* 结合；整体 integrative *a.* 综合的

010
**faculty**
/ ˈfækltiˌ /

释 *n.* 全体教员；技能，能力；系，科
例 This little girl has a great **faculty** for learning languages. 这个小女孩有很高的语言天赋。
搭 faculty member 教职工
同 staff; talent, ability

011
**identify**
/ aɪˈdentɪfaɪ /

释 *v.* 确定，认为；鉴定；与…有关联
例 I found it hard to **identify** with any of the characters in the film. 我对这部影片里的任何角色都难以认同。
派 identification *n.* 鉴别，识别 identifiable *a.* 可辨别的
同 distinguish, recognize

012
**incoming**
/ ˈɪnkʌmɪŋ /

释 *a.* 新来的；正来临的 *n.* 进来
例 The **incoming** president is confronted with enormous difficulties. 新任的总统面临着巨大的困难。

013
**curriculum**
/ kəˈrɪkjələm /

释 *n.* 全部课程，课程
例 Languages are an essential part of the school **curriculum**. 语言课是学校课程中必不可少的组成部分。
派 extracurricular *a.* 课外的；业余的

014
**institution**
/ ˌɪnstɪˈtuːʃn /

释 *n.*（大学、银行等规模大的）机构；制度；建立
例 Emerging educational **institutions** have exerted considerable influence within the school. 新兴的教育机构在学校中产生了巨大的影响。
派 institutional *a.* 公共机构的

015
**statistically**
/ stəˈtɪstɪkli /

释 *ad.* 统计上地，在统计方面
例 Your scores will provide a standardized, **statistically** reliable measure of how you are likely to perform academically. 你的成绩将从统计学角度为你可能取得的学术成就提供标准化的可靠评估。

016
**validity**
/ vəˈlɪdəti /

释 *n.* 有效性；合法性
例 My way of thinking might be different from yours, but it's of equal **validity**. 虽然我们的思维方式可能不同，但是同样有效。
派 validate *v.* 证实；确认 validation *n.* 确认；生效

017
**appropriate**

释 / ə'proʊpriət / *a.* 适当的；合适的 / ə'proʊprieɪt / *v.* 挪用，占用
例 His formal style of speaking was **appropriate** to the occasion. 他郑重其事的讲话方式适合那个场合。
派 appropriately *ad.* 适当地 appropriateness *n.* 适当；得体性
同 suitable, proper; reserve

018
**mastery**
/ 'mæstəri /

释 *n.* 精通，掌握；统治；熟练
例 She showed complete **mastery** in her handling of the case. 她处理这种案例时表现得应付自如。
搭 mastery of / over sb / sth 控制/驾驭某人/某物

019
**advanced**
/ əd'vænst /

释 *a.* 高级的；先进的；年老的
例 The **advanced** English course is compulsory for English majors. 高级英语课程是英语专业学生的必修课。
搭 advanced degree 高级学位
派 advancement *n.* 前进；提升

020
**computational**
/ ˌkaːmpju'teɪʃənl /

释 *a.* 使用计算机的；计算的
例 Students may pursue research in any aspect of **computational** linguistics. 学生可以就计算语言学的任何一个方面展开研究。
派 computation *n.* 计算；计算机的使用

021
**motivation**
/ ˌmoʊtɪ'veɪʃn /

释 *n.* 积极性；动力；刺激；提供动机
例 Jack is an intelligent pupil, but he lacks **motivation**. 杰克是个勤奋的学生，但是缺少积极性。
派 motivational *a.* 动机的；激发性的

022
**interpersonal**
/ ˌɪntər'pɜːrsənl /

释 *a.* 人际的；人与人之间的
例 The successful applicant is required to have excellent **interpersonal** skills. 成功的申请人需要有优秀的人际交往能力。
搭 interpersonal relations 人际关系

023
**criterion**
/ kraɪ'tɪriən /

释 *n.*（批评、判断等的）标准，准则；规范
例 Academic ability is not the sole **criterion** for admission to the college. 学术能力不是进这所大学的唯一标准。
同 yardstick, standard

024
**subjective**
/ səb'dʒektɪv /

释 *a.* 个人的；主观的；内省的
例 We should not put **subjective** reasons on a par with objective reasons in our analysis. 我们不能把客观原因与主观原因并列起来分析。
派 subjectivity *n.* 主观，主观性
反 objective

025
**launch**
/ lɔːntʃ /
释 *n.* 发射 *v.* 开展（活动、计划等）；发射；发动
例 The original planned **launch** was called off four minutes before blast-off. 原定的发射在点火起飞前四分钟被取消。
搭 launch into 开始，着手

026
**uniform**
/ ˈjuːnɪfɔːrm /
释 *a.* 统一的；一贯的；均匀的 *n.* 制服
派 uniformity *n.* 统一，一致
同 consistent, regular
反 various

027
**approximately**
/ əˈprɑːksɪmətli /
释 *ad.* 大约，近似地
例 The plane will be taking off in **approximately** five minutes. 飞机大约五分钟后就起飞。
同 nearly, around, about

028
**qualified**
/ ˈkwɑːlɪfaɪd /
释 *a.* 合格的；适当的；有限制的
例 The government has given **qualified** support to the idea. 政府已有所保留地支持这个观点。
派 qualifier *n.* 合格者 qualification *n.* 资格；资历
同 able, competent, capable
反 unqualified

029
**applicant**
/ ˈæplɪkənt /
释 *n.* 申请人；求职人；请求者
例 **Applicants** for the job must have good verbal skills. 应聘这份工作的人必须具有良好的语言表达技能。
派 applicable *a.* 合适的，适当的 application *n.* 申请；应用

030
**rigor**
/ ˈrɪɡər /
释 *n.* 严格；严酷；严密
例 Using GMAT scores helps institutions ensure that the applicants they admit are up to the academic **rigors** of their programs. GMAT成绩可以确保各大院校所招收的学生能够达到它们各自的学术要求。
派 rigorous *a.* 严格的；严峻的
同 hardship, severity

031
**indicator**
/ ˈɪndɪkeɪtər /
释 *n.* 指示物；指针
例 Gold prices are often seen as an **indicator** of inflation. 黄金价格常常被看做通货膨胀的指标。
派 indicative *a.* 标示的

032
**profile**
/ ˈproʊfaɪl /
释 *n.* 概况；侧面像；轮廓 *v.* 描述…的轮廓
例 The police deliberately kept a low **profile** in most places. 警方在大多数地方刻意保持低调。

033
**enroll**
/ ɪn'roʊl /

释 *v.* 注册（参加课程）；加入；招收
派 enrollment *n.* 注册
同 enlist, register

034
**recommendation**
/ ˌrekəmen'deɪʃn /

释 *n.* 推荐；建议；可取之处
例 The decision was made on the **recommendation** of the minister. 决议是根据部长的提议做出的。
搭 letters of recommendation 推荐信
派 recommendable *a.* 可推荐的；可建议的

035
**registration**
/ ˌredʒɪ'streɪʃn /

释 *n.* 登记，注册；挂号
例 The **registration** of the university shows an increase of 10 percent over last year. 这所大学的注册人数比去年增加了10%。
派 registry *n.* 登记处

036
**consist**
/ kən'sɪst /

释 *v.* 由…组成；在于；符合
例 The GMAT exam **consists** of four separately timed sections. GMAT考试由四个独立的计时部分组成。
同 comprise, include

037
**assessment**
/ ə'sesmənt /

释 *n.* 评估；估定；估价
例 The **assessment** for the course involves written assignments and practical tests. 这门功课的考核包括书面作业和实际操作考试。
派 assessor *n.* 估价员

038
**prompt**
/ prɑːmpt /

释 *n.* 提示；催促；鼓励 *v.* 促使；激励 *a.* 及时的；迅速的
例 Their **prompt** actions prevented the fire from spreading. 他们敏捷的行动阻止了火势的蔓延。
派 promptive *a.* 推动的；敦促的

039
**format**
/ 'fɔːrmæt /

释 *n.* 形式；版式；安排 *v.* 使格式化
例 The **format** of the meeting enables everyone to ask a question. 会议的安排使每个人都能提一个问题。

040
**adaptive**
/ ə'dæptɪv /

释 *a.* 适应的；有适应性的
例 Societies need to develop highly **adaptive** behavioral rules for survival. 社会需要发展具有高度适应性的生存行为规则。
派 adaptable *a.* 能适应新环境的 adaptation *n.* 适应

041
**tailor**
/ 'teɪlər /

释 *v.* 使适应；做裁缝 *n.* 裁缝
例 The test draws from a large bank of questions to **tailor** itself to your ability level. 考试会从题库中抽取适合考生能力水平的题目。

042
**medium**
/ 'mi:diəm /

释 a. 中等的；普通的；平均的 n. 媒介物；中间
例 Video is a good **medium** for practicing listening to a foreign language. 看录像是一种很好的练习外语听力的方式。
同 middle, mediocre, average

043
**preceding**
/ prɪ'si:dɪŋ /

释 a. 之前的；在先的；前述的
例 This point has been dealt with in the **preceding** paragraph. 这一点在前面一段里已经交代过了。
同 antecedent

044
**skip**
/ skɪp /

释 v. 跳过，略过；悄悄溜走 n. 跳过；躲过
例 She decided to **skip** the reading class in the afternoon. 她决定下午阅读课逃课。

045
**previous**
/ 'pri:viəs /

释 a. 前面的；过早的；以前的
例 The judge will take into consideration any **previous** convictions. 任何前科法官都将予以考虑。
搭 previous to 在…以前
同 former, earlier, prior
反 following

046
**eliminate**
/ ɪ'lɪmɪneɪt /

释 v. 排除；除掉；干掉
例 If you don't know the answer to a question, try to **eliminate** as many choices as possible. 如果你不知道正确答案，那么就尽可能排除一些答案选项。
派 elimination n. 排除
同 eradicate, remove
反 add

047
**subsequent**
/ 'sʌbsɪkwənt /

释 a. 随后的；后来的；作为结果发生的
例 **Subsequent** events confirmed our doubts. 后来发生的事证实了我们的怀疑。
同 succeeding, following
反 antecedent

048
**statistical**
/ stə'tɪstɪkl /

释 a. 统计的；统计学的
例 The report contains a great deal of **statistical** information. 这份报告中包含很多统计资料。
搭 statistical analysis / methods / data 统计分析/方法/资料
派 statistician n. 统计学家 statistics n. 统计学

049
**characteristic**
/ ˌkærəktə'rɪstɪk /

释 n. 特点；特色 a. 独特的，特有的
例 The two groups of children have quite different **characteristics**. 这两组儿童具有截然不同的特点。
派 characterization n. 特性描述

050
**adapt**
/ ə'dæpt /

释 *v.* 适应；改编
例 Most of these tools have been specially **adapted** for use by disabled people. 这些工具多数已经过特别改装，供残疾人使用。
派 adaptive *a.* 适应的 adaption *n.* 适应；适应性

051
**accurate**
/ 'ækjərət /

释 *a.* 准确的，精确的
例 The examiner's final report does not give an **accurate** picture of the traffic accident. 这位核查员的最终报告没有准确反映这起交通事故的实际情况。
派 accuracy *n.* 准确（性），精确（性）
反 incorrect, inaccurate

052
**efficient**
/ ɪ'fɪʃnt /

释 *a.* 有效的；效率高的
例 As we get older, our bodies become less **efficient** at burning up calories. 随着一天天衰老，我们的身体消耗热量的功能逐渐减弱。
派 efficiency *n.* 效率；功效 efficiently *ad.* 有效地；效率高地

053
**specific**
/ spə'sɪfɪk /

释 *a.* 特定的；明确的；具体的 *n.* 特效药；特性
例 To ensure that everyone receives the same content, the test selects a **specific** number of questions of each type. 为确保每位考生的考试内容难度一致，考试会按照每类题型（从题库中）选择特定的题目。
同 particular, special
反 general

054
**problem-solving**
/ 'prɑːbləmˌsɑːlvɪŋ /

释 *a.* 解决问题的
例 Most enterprises are now valuing employees' **problem-solving** skills more than other qualifications. 如今大部分企业更看重员工解决问题的技能。

055
**arithmetic**
/ ə'rɪθmətɪk /

释 *a.* 算术的 *n.* 算术；估计
例 I saw him puzzle over an **arithmetic** problem. 我看见他正在苦心思索一道算术题。
搭 mental arithmetic 心算
派 arithmetician *n.* 算术家

056
**estimate**

释 / 'estɪmət / *n.* 估计；判断；估价 / 'estɪmeɪt / *v.* 估计；估算
例 I can give you a rough **estimate** of the amount of wood you will need. 我可以粗略估计一下你所需要的木材量。
派 estimation *n.* 评价 estimable *a.* 可估计的；值得尊敬的
同 figure, evaluate

057
**component**
/ kəm'poʊnənt /

释 *n.* 组成部分；部件 *a.* 组成的；构成的
例 Surprise is an essential **component** of my plan. 我这项计划主要就是想给人惊喜。
派 componential *a.* 成分的

058
**presentation**
/ ˌpriːzen'teɪʃn /

释 *n.* 呈现，显示；赠送；提出
例 He needs to improve his **presentation** of the arguments. 他需要改进阐述论点的方式。
派 presentable *a.* 像样的；体面的

059
**random**
/ 'rændəm /

释 *a.* 随机的；任意的；胡乱的 *n.* 随意
例 We asked a **random** selection of students what they preferred to do in their spare time. 我们随机选了一些学生，问他们业余时间都倾向于做什么。
搭 at random 随便地，任意地
同 aimless, haphazard　　反 deliberate

060
**confirm**
/ kən'fɜːrm /

释 *v.* 确认；批准；证实；使有效
例 The announcement **confirmed** my suspicions. 这项通告证明了我的猜疑属实。
派 confirmation *n.* 证实　confirmable *a.* 可证实的

061
**argument**
/ 'ɑːrgjumənt /

释 *n.* 论据；争论；主题，情节
例 There are strong **arguments** for and against capital punishment. 对于执行死刑，赞成与反对的双方都有强有力的论据。

062
**interpretation**
/ ɪnˌtɜːrprɪ'teɪʃn /

释 *n.* 解释，说明；翻译；演绎
例 Her evidence suggests a different **interpretation** of the case. 她的证词给这起案件带来了不同的解释。
派 interpretable *a.* 可解释的 interpretative *a.* 解释的

063
**optional**
/ 'ɑːpʃənl /

释 *a.* 可选择的；随意的；非强制的
例 English is compulsory for all students, but art and music are **optional**. 对全体学生来说，英语是必修的，而美术和音乐则是可以选修的。
同 voluntary, elective
反 compulsory

064
**sufficiency**
/ sə'fɪʃnsi /

释 *n.* 充分；足量；充足
例 The country has **sufficiency** of natural resources. 这个国家有充足的自然资源。
派 sufficient *a.* 充足的 sufficiently *ad.* 充分地；足够地

065
**critical**
/ 'krɪtɪkl /

释 *a.* 批判的；爱挑剔的；危急的；决定性的
例 Try to develop a more **critical** attitude, instead of accepting everything at face value. 要学会对一切事物一丝不苟，而不要注重表面现象。
同 crucial, decisive

066
**encompass**
/ ɪn'kʌmpəs /

释 *v.* 包含；围绕；完成
例 The general arts course at the university **encompasses** a wide range of subjects. 大学文科包括的科目范围很广。
同 include, surround

067
**respond**
/ rɪ'spɑːnd /

释 *v.* 作答；做出反应
例 When asked about the company's future, the director **responded** that he remained optimistic. 当董事被问到公司的未来时，他回答说他保持乐观。
派 respondent *n.* 被告；应答者
同 reply, answer

068
**synthesize**
/ 'sɪnθəsaɪz /

释 *v.* 综合；合成
例 There are many amino acids that the body cannot **synthesize** itself. 有许多种氨基酸人体自身不能合成。
派 synthesizer *n.* 综合者

069
**conclusion**
/ kən'kluːʒn /

释 *n.* 结论；结局；推论；决定
例 Hostilities ended with the **conclusion** of a peace treaty. 和平条约签订以后，战事随之结束。
搭 in conclusion 最后；综上所述
派 conclusive *a.* 决定性的

070
**evaluate**
/ ɪ'væljueɪt /

释 *v.* 评价，评估；求…的值
例 I can **evaluate** roughly the number of cards you will need. 我可以大略估算一下你需要多少张卡片。
派 evaluation *n.* 评价，评估
同 appraise, estimate

071
**graphic**
/ 'græfɪk /

释 *a.* 用图表示的；用文字表示的；生动的
例 She kept telling us about her vacation, in the most **graphic** detail. 她一直绘声绘色地给我们讲她度假的细节。
派 graphics *n.* 文字；绘图

072
**complex**
/ 'kɑːmpleks /

释 *a.* 复杂的；合成的 *n.* 综合体
例 It's a very **complex** issue to which there is no straightforward answer. 这是个非常复杂的问题，没有简单的答案。
派 complexity *n.* 复杂性；综合性
同 complicated
反 simple, plain

073
**combination**
/ ˌkɑːmbɪ'neɪʃn /

释 *n.* 联合；合作；密码组合；排列
例 It is the **combination** of wit and political analysis that makes his articles so readable. 他的生花妙笔与政治分析相得益彰，使他的文章脍炙人口。
派 combinative *a.* 结合的；组合的
同 union, merger
反 separation

074
**manipulation**
/ məˌnɪpju'leɪʃn /

释 *n.* 使用；操作；操纵；控制
例 The opposition party claims the president returned to power through political **manipulation**. 反对党声称政府是通过政治操控从而再度执政的。
派 manipulative *a.* 操作的 manipulator *n.* 操作者

075
**calculator**
/ 'kælkjuleɪtər /

释 *n.* 计算器；计算图表
例 You will have access to an online **calculator** with basic functions for the Integrated Reasoning section. 在综合推理部分，你可以在线使用拥有基本功能的计算器。
派 calculative *a.* 计算的

076
**available**
/ ə'veɪləbl /

释 *a.* 可用的；有空的；有效的
例 You will be informed when the book becomes **available**. 这本书有货时就通知你。
派 availability *n.* 利用的可能性；有效性

077
**explanation**
/ ˌeksplə'neɪʃn /

释 *n.* 解释，说明；辩解
例 He said, by way of **explanation**, that he hadn't seen the traffic light change to red. 他解释道，自己没有看到交通信号灯变红。
派 explanative *a.* 解释的 explanatory *a.* 说明的

078
**intermingle**
/ ˌɪntər'mɪŋgl /

释 *v.* （使）混合，混在一起
例 Tumor cells at the margin may **intermingle** with cells of the surrounding gastric wall. 边缘的肿瘤细胞会与周围的胃壁细胞互相混合。
同 merge, combine, mingle

079
**elementary**
/ ˌelɪ'mentri /

释 *a.* 初级的；基本的；元素的
例 A metering tank is an **elementary** method of measuring volume flow. 量筒是测定容积流量的基本方法之一。
搭 elementary school 小学
反 advanced

080
**assume**
/ ə'suːm /

释 *v.* 呈现，具有；假定；臆断；承担
例 During the investigation, two detectives **assumed** the identities of antiques dealers. 在调查过程中，两名侦探佯装古董经销商。
派 assumption *n.* 假定 assumptive *a.* 被视为理所当然的

081
**detailed**
/ 'diːteɪld /

释 *a.* 复杂的；详尽的；详细的
例 We'll put together a proposal, including **detailed** costings, free of charge. 我们将免费拟一份包括详细成本估算的提案。
同 complicated

082
**communicate**
/ kə'mjuːnɪkeɪt /

释 *v.* 表达；显示；通讯；传染
例 The officer **communicated** his orders to the men by radio. 军官用无线电向士兵下达命令。
派 communication *n.* 表达 communicable *a.* 可传播的
同 convey

083
**formulate**
/ 'fɔːrmjuleɪt /

释 *v.* 构想出；规划；阐述；用公式表达
例 The contract was **formulated** in difficult legal language. 该合同是用深奥的法律术语订立的。
派 formulation n. 构想；公式化

084
**constructive**
/ kən'strʌktɪv /

释 *a.* 建设性的；积极的，有助益的；构造上的
例 The government is encouraging all walks of life to play a **constructive** role in the reform process. 政府鼓励各行各业在改革进程中发挥建设性的作用。
派 construction *n.* 建设
反 destructive

085
**critique**
/ krɪ'tiːk /

释 *n.* 评论；批判；评论文章 *v.* 发表评论
例 The book presents a **critique** of the Government's policies. 该书对政府的政策做出了批评性的分析。

086
**minimal**
/ 'mɪnɪməl /

释 *a.* 极少的；极小的，最小的
例 The GMAT exam requires only **minimal** computer skills. GMAT考试仅要求考生具备少量计算机技能。
反 maximal

087
**administer**
/ əd'mɪnɪstər /

释 *v.* 执行；管理；治理（国家）
例 The country was **administered** by the British until very recently. 这个国家直到最近才由英国治理。
派 administration *n.* 管理 administrative *a.* 管理的
同 execute, manage, preside

088
**proctor**
/ 'prɑːktər /

释 *v.* 监考 *n.* 代理人；监考人
例 Each test center has a **proctored** testing room. 每个考试中心都有监考的考场。

089
**scratch**
/ skrætʃ /

释 *a.* 打草稿用的 *n.* 刮，擦；乱写乱画 *v.* 擦伤；搔痒
例 The seven-year-old boy was found crying with **scratches** on his face and neck. 这名七岁的男孩被发现时正在哭泣，脸部和颈部都有划伤。
搭 scratch paper 草稿纸 from scratch 从头开始

090
**erasable**
/ ɪ'reɪsəbl /

释 *a.* 可擦掉的；可被忘却的
例 Owing to the advanced technology, **erasable** ballpoint pens and markers are available to students. 幸亏高科技，学生们可以使用能消字的圆珠笔和荧光笔。

091
**scale**
/ skeɪl /

释 *n.* 范围；规模；等级；天平
例 We are going to **scale** down the number of trees being felled. 我们要减少砍伐树木的数量。
搭 in scale 成比例 to scale 按规定比例

092
**extremely**
/ ɪk'striːmli /

释 *ad.* 非常，很；极端地
例 Social scientists have grown **extremely** unwilling to make value judgments about cultures. 社会科学家们已经变得十分不愿意对文化做出价值判断。
同 exceptionally
反 moderately

093
**procedure**
/ prə'siːdʒər /

释 *n.* 程序；过程；手续；议事程序
例 Obtaining a refund from the company is a complicated **procedure**. 向公司索取退款的手续很复杂。
派 procedural *a.* 程序上的

094
**expire**
/ ɪk'spaɪər /

释 *v.* 到（时间），期限终止；呼气；（火等）熄灭
例 Our present lease on the flat **expires** next month. 我们这套公寓的租约下月到期。
派 expiration *n.* 截止；呼气 expiratory *a.* 呼气的

095
**calculate**
/ 'kælkjuleɪt /

释 *v.* 计算；计划；推测；旨在
例 When your time is expired, the computer will **calculate** your scores. 当时间截止时，电脑会计算你的分数。
派 calculation *n.* 计算 calculative *a.* 计算的
同 compute, count, reckon; suppose, plan

096
**discipline**
/ 'dɪsəplɪn /

释 *n.* 学科；纪律 *v.* 训练；使有纪律
例 The soldiers showed perfect **discipline** under fire. 士兵在枪林弹雨中严守军纪。
派 disciplinary *a.* 训练的；纪律的 disciplinarian *a.* 纪律的 *n.* 执行纪律者

097
**rate**
/ reɪt /

释 *v.* 评估；定级；值得 *n.* 速度；比率；等级
例 Experimenters have succeeded in controlling the **rate** and regularity of the heartbeat. 实验者已经成功控制了心跳的速度和频率。
搭 at any rate 无论如何
派 rating *n.* 评估；等级；极限；收视率

098
**automated**
/ 'ɔːtəmeɪtɪd /

释 *a.* 自动化的
例 All other services will have **automated** room delivery systems. 所有其他的服务都要使用房间自动化运送系统。
派 automatic *a.* 自动的 automation *n.* 自动化

099
**design**
/ dɪ'zaɪn /

释 *n.* 设计；图案 *v.* 计划；设计；企图
例 The building seats 2000 people, but is of poor **design**. 这座建筑物可容纳2000人，但布局很差。
搭 by design 有计划地；有意地
同 plan, propose, intend

100
**judgment**
/ 'dʒʌdʒmənt /

释 *n.* 判断；辨别力；意见；判决书
例 The accident was caused by an error of **judgment** on the part of the pilot. 这起事故是由于飞行员的错误判断造成的。

101
**off-topic**
/ ɔːf'tɑːpɪk /

释 *a.* 离题的，跑题的
例 A score of zero is given for compositions that are **off-topic**. 跑题的作文将做零分处理。

102
**independent**
/ ˌɪndɪ'pendənt /

释 *a.* 不相关联的；独立的；自主的 *n.* 独立自主的人
例 We demand an **independent** inquiry into the government's handling of the affair. 我们要求对政府处理该事件的情况作独立的调查。
派 independence *n.* 独立；自主
同 unconnected; autonomous, self-reliant
反 dependent

103
**adjudicate**
/ ə'dʒuːdɪkeɪt /

释 *v.* 裁定；判决；宣告
例 Their purpose is to **adjudicate** disputes between employers and employees. 他们的目的是裁定雇主和雇员之间的纠纷。
派 adjudication *n.* 宣判 adjudicative *a.* 判决的

104
**ongoing**
/ 'ɑːngoʊɪŋ /

释 *a.* 不间断的；进行的；前进的
例 He interrupted the **ongoing** discussion and announced a notice. 他打断正在进行的讨论，宣读了一项通知。
搭 an ongoing debate 持续的辩论
同 continuous, progressive, continual

105
**monitor**
/ 'mɑːnɪtər /

释 *v.* 监督；监控；搜集 *n.* 显示屏；班长
例 He will **monitor** and review the company's rules and regulations. 他将监督并审查该公司的规章制度。
搭 monitor sb's performance / progress 监督某人的表现/进步
派 monitorial *a.* 告诫的；班长的

106
**discrepancy**
/ dɪs'krepənsi /

释 *n.* 差异；不一致
例 There were many **discrepancies** between the two versions of the affair. 这件事的两种说法有很大出入。
派 discrepant *a.* 有差异的
同 inconsistency, difference, disparity

107
## compute
/ kəm'pjuːt /

释 *v.* 计算；推断

例 Scientists have **computed** the probable course of the rocket. 科学家计算了火箭可能运行的轨道。

派 computation *n.* 计算 computable *a.* 可计算的

同 calculate, count

108
## designate
/ 'dezɪgneɪt /

释 *v.* 指定；表明；把…定名

例 The chairman has **designated** that boy as his successor. 主席已经指定那个男孩作他的继承人。

搭 designate the boundaries of sth 标出某事物的分界线

派 designation *n.* 任命；称号

同 appoint

109
## appendix
/ ə'pendɪks /

释 *n.* 附录；阑尾；附加物

例 This dictionary has several **appendices**, including one on irregular verbs. 这部词典有几项附录，包括不规则动词附录。

110
## distribution
/ ˌdɪstrɪ'bjuːʃn /

释 *n.* 分布；分发；分配物

例 The conference discussed the fair **distribution** of income and wealth. 会议讨论了公平分配收入和财富的问题。

搭 normal distribution 正态分布

派 distributive *a.* 分布的 distributor *n.* 分布者

111
## solitary
/ 'sɑːləteri /

释 *a.* 单独的，独自的；独居的 *n.* 孤独的人；遁世者，隐居者

例 He spent most of his evenings in **solitary** drinking. 他晚上的时间都是靠独自喝闷酒打发。

搭 solitary activity 单独活动

同 alone, neighborless; hermit, anchorite

112
## revise
/ rɪ'vaɪz /

释 *n.* / *v.* 修订；改变；复习

例 He soon came to **revise** his opinion of the profession. 他很快就改变了对这个职业的看法。

搭 revise one's opinion of sb 改变对某人的看法

派 revision *n.* 修订

同 correct, rewrite

113
## discard

释 / dɪs'kɑːrd / *v.* 丢弃，抛弃；解雇；出牌 / dɪskɑːrd / *n.* 丢弃；被抛弃的东西

例 Einstein had the chutzpah to **discard** common sense and long-established theory. 爱因斯坦敢于抛弃常识和长期公认的理论。

搭 discard outdated beliefs 抛弃过时的信仰

同 dispose, reject

114
**territory**
/ 'terətɔːri /

释 *n.* 领土，领域；范围；地域；版图
例 They penetrated into the **territory** where no man had ever gone before. 他们已进入先前没人去过的地区。
搭 capital territory 首都辖区
派 territorial *a.* 领土的；区域的；土地的；地方的 territoriality *n.* 领土性质或状态；领土权 territorialize *v.* 按地区分配；使成为领土
同 domain, province, boundary

115
**reliability**
/ rɪˌlaɪə'bɪləti /

释 *n.* 可靠性；可信赖
例 Car buyers are more interested in safety and **reliability** than speed. 购车者们更感兴趣的是汽车的安全性和可靠性，而不是它的速度。

116
**specifically**
/ spə'sɪfɪkli /

释 *ad.* 特别地；明确地；具体地
例 These jeans are designed **specifically** for women. 这些牛仔裤是专门为女性设计的。

117
**academic**
/ ˌækə'demɪk /

释 *a.* 学术的；大学的；文科的；空谈的 *n.* 学者
例 There is a dichotomy between the **academic** world and the industrial world. 学术界与工业界有着天壤之别。
搭 acdemic freedom 学术自由
派 academy *n.* 专科院校

118
**minimum**
/ 'mɪnɪməm /

释 *n.* 最低限度；最小量 *a.* 最低的；最小的
例 At a **minimum**, you should be familiar with the test format and the question formats before you sit for the test. 在参加考试前，你至少应该熟悉题目和问题的类型。
反 maximum

119
**pace**
/ peɪs /

释 *v.* 调整速度；踱步 *n.*（走或跑的）一步
例 He **paced** up and down the platform, waiting for the train. 他在月台上踱来踱去等候火车。
搭 keep pace with 与…并驾齐驱

120
**release**
/ rɪ'liːs /

释 *n.* / *v.* 发布；释放；发行
例 The latest developments have just been **released** to the media. 最新的进展情况已向媒体发布。
搭 on release 在公映

# Day 02

## Previous Check

- ☑ retire
- ■ copyright
- ● license
- □ reprint
- □ violation
- □ cancel
- □ notify
- □ ban
- □ remedy
- □ pursue
- □ account
- □ maximize
- □ familiarize
- □ approach
- □ determine
- □ shift
- □ strengthen
- □ diagnostic
- □ introductory
- □ additional
- □ purchase
- □ interactive
- □ feature
- □ strategy
- □ individual
- □ stress
- □ onscreen
- □ automatically
- □ alert
- □ allot
- □ hastily
- □ allotment
- □ thoroughly
- □ skim
- □ nuance
- □ significantly
- □ revision
- □ stump
- □ invest
- □ classify
- □ segment
- □ raw
- □ convert
- □ guidance
- □ guarantee
- □ accurate
- □ accompany
- □ exception
- □ straight
- □ angle
- □ region
- □ otherwise
- □ indicate
- □ preferred
- □ equivalent
- □ inclusive
- □ sequence
- □ municipal
- □ bond
- □ probability
- □ cubic
- □ capacity
- □ upright
- □ circular
- □ marketing
- □ household
- □ survey
- □ secretary
- □ treasurer
- □ revenue
- □ mean
- □ digit
- □ equal
- □ remainder
- □ divide
- □ volunteer
- □ supervise
- □ refreshment
- □ power
- □ triangle
- □ length
- □ inscribe
- □ hemisphere
- □ coincide
- □ base
- □ radius
- □ deposit
- □ saving
- □ compound
- □ quarterly
- □ transaction
- □ container
- □ volume
- □ diameter
- □ multiple
- □ jog
- □ route
- □ statement
- □ label
- □ sufficient
- □ quantity
- □ numerical
- □ isosceles
- □ conform
- □ factor
- □ charge
- □ perimeter
- □ retail
- □ certificate
- □ set
- □ measurement
- □ variance
- □ prospective
- □ yield
- □ pertain
- □ imply
- □ signal
- □ perceive
- □ frequency
- □ unfamiliar

001
**retire**
/ rɪ'taɪər /
释 *v.* 停止使用；退休；退出 *n.* 退隐处
例 Since **retiring** from the company, she has done voluntary work for a charity. 自打她从公司退休后，就一直为一家慈善机构做志愿者工作。
派 retirement *n.* 退休 retired *a.* 退休的；退役的

002
**copyright**
/ 'kaːpiraɪt /
释 *v.* 获得版权 *n.* 版权 *a.* 受版权保护的
例 All questions that appear or have appeared on the GMAT exam are **copyrighted**. 所有在GMAT考试中出现或已经出现的题目均受版权保护。
同 license, patent

003
**license**
/ 'laɪsns /
释 *v.* 许可，同意；发许可证 *n.* 许可证；执照
例 The new drug has not yet been **licensed** in the country. 这种新药尚未在该国获得许可。
搭 a driver's license 驾驶执照

004
**reprint**
/ ˌriː'prɪnt /
释 *v.* 重印 *n.* 重印版
例 The dictionary is **reprinting** with minor corrections. 这部词典稍作修改后正在重印。

005
**violation**
/ ˌvaɪə'leɪʃn /
释 *n.* 违反（规则）；妨碍；侵犯
例 The departure quarantine shall be reapplied to a ship in **violation** of the above-mentioned stipulations. 如果违反上述规定，该船舶必须重新进行出境检疫。
派 violative *a.* 违反的
同 offense

006
**cancel**
/ 'kænsl /
释 *v.* 取消；撤销；偿还 *n.* 撤销
例 This singer's decision to **cancel** the concert is bound to disappoint her fans. 这位歌手决定取消这场音乐会，肯定会让她的歌迷失望。
派 cancellation *n.* 取消
同 delete, repeal, erase, obliterate

007
**notify**
/ 'noʊtɪfaɪ /
释 *v.* 通知；布告
例 Such cases must be **notified** to the police. 这种案件须向警方报告。
派 notification *n.* 通知
同 inform, report

008
**ban**
/ bæn /
释 *v.* 禁止 *n.* 禁止；谴责；诅咒
例 In cases of a serious violation, you may be **banned** from future testing. 严重违规者将被禁止参加今后的考试。
同 forbid, prohibit
反 sanction, permit

009
**remedy**
/ 'remədi /

释 *n.* 治疗法；药物 *v.* 纠正；补救
例 He found a **remedy** for his grief in constant hard work. 他找到了排忧解愁的方法，那就是一刻不停地努力工作。
派 remedial *a.* 治疗的；矫正的 remediable *a.* 可治疗的；可矫正的

010
**pursue**
/ pər'suː /

释 *v.* 进行；从事；追赶；追求
例 She decided to **pursue** her studies after obtaining her first degree. 她决定在获得学士学位之后继续深造。
派 pursuer *n.* 追赶者

011
**account**
/ ə'kaʊnt /

释 *n.* 账户；存款；记述 *v.* 解释；认为
例 In English law a man is **accounted** innocent until he is proved guilty. 根据英国法律，一个人未经证实有罪仍视为无罪。
搭 account for 说明原因；导致 on account of 由于

012
**maximize**
/ 'mæksɪmaɪz /

释 *v.* 最大限度地利用；最大化
例 In order to **maximize** profit, the firm would seek to **maximize** output. 为了获得最大利润，这家公司会把产量增至最大。
搭 maximize one's opportunities 充分利用机会
同 aggrandize
反 minimize

013
**familiarize**
/ fə'mɪliəraɪz /

释 *v.* 使熟悉；使通晓
例 You'll need time to **familiarize** yourself with our office procedures. 你需要时间熟悉我们的办公程序。
搭 familiarize oneself with 使某人熟悉某事物
派 familiarity *n.* 熟悉

014
**approach**
/ ə'proutʃ /

释 *v.* 临近，接近；靠近；着手处理 *n.* 方法；途径
例 Before trying to solve the puzzle, let us consider the best way to **approach** it. 要想解决这个难题，咱们先来考虑一下如何着手才是上策。
派 approachability *n.* 可接近性 approachable *a.* 可接近的

015
**determine**
/ dɪ'tɜːrmɪn /

释 *v.* 决定；下决心；判定；终止
例 Upbringing plays an important part in **determining** a person's character. 后天培养对于一个人性格的形成起着重要作用。
派 determination *n.* 决心 determined *a.* 有决心的；意志坚定的
反 hesitate

016
**shift**
/ ʃɪft /

释 *v.* 转变，改变；出售；换挡 *n.* 移动；变化
例 She **shifted** her weight from one foot to the other. 她把身体的重量从一只脚换到另一只脚上。

搭 shift one's ground 改变立场
派 shiftless *a.* 没出息的；无能的
同 alter, vary, change

017
**strengthen**
/ 'streŋθn /

释 *v.* 加强，巩固；勉励；上涨；变强
例 The exercises are designed to **strengthen** your stomach muscles. 这些活动目的在于增强你的腹部肌肉。
同 intensify, reinforce
反 weaken

018
**diagnostic**
/ ˌdaɪəg'nɑːstɪk /

释 *a.* 有助于判断的；诊断的；特征的
搭 diagnostic assessment 诊断性评估
派 diagnostician *n.* 诊断医师

019
**introductory**
/ ˌɪntrə'dʌktəri /

释 *a.* 介绍的；开端的；引导的
搭 an introductory chapter 序篇 an introductory course 入门课程

020
**additional**
/ ə'dɪʃənl /

释 *a.* 额外的；附加的；另外的
例 The government is providing an **additional** $25 million to expand the service. 政府打算另拨2500万美元用于扩展该服务项目。
搭 an additional charge 额外的费用 an additional tax 附加税
同 supplementary

021
**purchase**
/ 'pɜːrtʃəs /

释 *v.* 购买；赢得 *n.* 购买；买到的东西；交换
例 Please ensure that you **purchase** your ticket in advance. 请务必提前购票。
搭 purchase price 买价 purchase tax 购买税
派 purchaser *n.* 购买人，买主

022
**interactive**
/ ˌɪntər'æktɪv /

释 *a.* 交互的；互动的；互相作用的
例 Its truly revolutionary character can be seen in its **interactive** potential. 它真正的革命特性能够在其相互影响的潜力方面表现出来。
派 interaction *n.* 相互作用

023
**feature**
/ 'fiːtʃər /

释 *n.* 特点；面貌 *v.* 起主要作用；描写…的特征
例 Many examples and extra grammatical information are among the special **features** of this dictionary. 本词典别具特色，诸如有许多例证及新增语法要点等。
同 trait, characteristic

024
**strategy**
/ 'strætədʒi /

释 *n.* 政策；策略；战略；战略学
例 It is all part of an overall **strategy** to gain promotion. 这都不过是一个得到提升的完整计划的一部分。
搭 economic strategies 经济政策
派 strategic *a.* 策略的 strategist *n.* 善于谋划的人；（尤指）战略家

025
**individual**
/ ˌɪndɪ'vɪdʒuəl /

释 *a.* 个别的；个人的；独特的 *n.* 个人；个体
例 Each **individual** person is responsible for his own arrangements. 每个人都应该对自己的计划负责。
派 individualism *n.* 个人主义 individuality *n.* 个别

026
**stress**
/ stres /

释 *v.* 强调；重读；给…施加压力 *n.* 强调；重力
例 People under a lot of **stress** may experience headaches, minor pains and sleeping difficulties. 承受很大压力的人可能会感到头疼、小伤痛和失眠。
搭 stress out 极度受压 be under / suffer from stress 在压力下/受到压力

027
**onscreen**
/ ˌɑːn'skriːn /

释 *a.* 在屏幕上的
例 Once you start the test, an **onscreen** clock will show the time you have left. 一旦考试开始，屏幕上的时钟就会显示你的剩余时间。

028
**automatically**
/ ˌɔːtə'mætɪkli /

释 *ad.* 自动地；无意识地；机械地
例 Surely enough, this door will **automatically** open when one walks near. 毫无疑问，当有人走近这个门时，门就会自动打开。

029
**alert**
/ ə'lɜːrt /

释 *v.* 提醒；向…发出警报 *a.* 警觉的；注意的 *n.* 警报
例 Although he's over eighty, his mind is still remarkably **alert**. 他虽已年逾80，但头脑仍十分机敏。
搭 on the alert (against / for sth) 警惕；提防
派 alertness *n.* 警戒；机敏

030
**allot**
/ ə'lɑːt /

释 *v.* 指定；分配；分派
例 I managed to complete the test within the time **allotted**. 我设法在规定的时间内完成了试验。
派 allotment *n.* 分配
同 allocate, apportion, assign

031
**hastily**
/ 'heɪstɪli /

释 *ad.* 匆忙地，仓促地
例 If you read **hastily**, you may miss important instructions and lower your score. 如果仓促地阅读，你将遗漏一些重要指示并导致分数降低。

032
**allotment**
/ ə'lɑːtmənt /

释 *n.* 分配；分配物；命运
例 Water **allotments** to farmers were cut back in the drought. 在干旱时期配给农民的水量减少了。
同 ration, allowance, quota

033
**thoroughly**
/ 'θɜːrəli /

释 *ad.* 认真地；彻底地；完全地；非常
例 The work had not been done very **thoroughly**. 这工作做得不太认真。
派 thorough *a.* 全面的，彻底的

034
**skim**
/ skɪm /

释 *v.* 略读；使掠过；隐瞒
例 He **skimmed** through the article trying to find his name. 他浏览文章设法找到自己的名字。
搭 skimmed milk 脱脂奶

035
**nuance**
/ 'nuːɑːns /

释 *n.* 细微差别；微妙之处
例 He watched her face intently to catch every **nuance** of expression. 他认真地注视着她的脸，捕捉每一丝细微的表情变化。
派 nuanced *a.* 微妙的；具有细微差别的

036
**significantly**
/ sɪg'nɪfɪkəntli /

释 *ad.* 显著地；意味深长地；值得注目地
例 The two sets of figures are not **significantly** different from each other. 这两组数字之间没有显著差别。

037
**revision**
/ rɪ'vɪʒn /

释 *n.* 修订；修订本；校对；复审
例 He made some minor **revisions** to the report before printing it out. 在将报告打印出来之前，他作了一些小小的修改。
派 reviser *n.* 修订者

038
**stump**
/ stʌmp /

释 *v.* 把…难住；连根挖去；在…进行游说 *n.* 树桩；政治演说的讲台
例 If you are **stumped** by a question, give it your best guess and move on. 如果你被一个问题难住了，尽量猜一个最可能的答案并继续下一题。
搭 on the stump 参加竞选

039
**invest**
/ ɪn'vest /

释 *v.* 花费；投资；授予；使充满
例 He **invested** his life savings in his daughter's business. 他把一生的积蓄投资到了女儿的企业。
派 investible *a.* 可投资的

040
**classify**
/ 'klæsɪfaɪ /

释 *v.* 分类；归类；把…列为密件
例 Only eleven of these accidents were **classified** as major. 这些事故中只有11例被判定为重大事故。
派 classification *n.* 分类
同 group, organize, categorize, sort

041
**segment**

释 / 'segmənt / *n.* 部分；段落；环节 / seg'ment / *v.* 分割
例 Market researchers often **segment** the population on the basis of age and social class. 市场研究人员常常按年龄和社会阶层划分人口。
派 segmentable *a.* 可分割的 segmental *a.* 部分的 segmentation *n.* 分割
同 portion, division, fraction, section

042
**raw**
/ rɔː /

释 *a.* 原始的；生的；自然状态的；质量粗糙的 *n.* 未经加工的物品
例 This information is only **raw** data and will need further analysis. 这些资料只是原始数据，还需要进一步进行分析。
搭 in the raw 未经雕琢；裸露地

043
**convert**

释 / kən'vɜːrt / *v.* 换算；转变；侵占 / 'kaːnvɜːrt / *n.* 皈依者
例 We've **converted** from coal to gas central heating. 我们已由燃煤改换成燃气集中供暖。
派 conversion *n.* 转变
同 change, transform

044
**guidance**
/ 'gaɪdns /

释 *n.* 指导；引导；导航；领导
例 Activities all take place under the **guidance** of an experienced tutor. 所有活动都在经验丰富的导师指导下进行。
派 guidable *a.* 可指导的

045
**guarantee**
/ ˌgærən'tiː /

释 *v.* 确保；担保 *n.* 保证；担保人；抵押品
例 A strong score on one type of question does not **guarantee** that you will perform as well on the real GMAT exam. 一个题型获得高分并不能确保你在真正的GMAT考试中取得好成绩。
同 warrant, promise, assure

046
**accurate**
/ 'ækjərət /

释 *a.* 准确的；精确的；正确无误的
搭 accurate information 正确无误的情报 accurate description 准确的描述
派 accuracy *n.* 准确性
反 inaccurate

047
**accompany**
/ ə'kʌmpəni /

释 *v.* 伴随；陪伴；补充；为…伴奏
例 Each pack contains a book and **accompanying** cassette. 每包内装书一本，并附盒式磁带。

048
**exception**
/ ɪk'sepʃn /

释 *n.* 例外；反对；批评；异议
例 Good writing is unfortunately the **exception** rather than the rule. 可惜优秀的文字作品真是可遇不可求。
搭 with the exception of 除…以外 without exception 无一例外

049
**straight**
/ streɪt /

释 *a.* 直的；连续的；直率的 *ad.* 直接地；笔直地 *n.* 直线
例 He finished his conversation and stood up, looking **straight** at me. 他说完话后站起来，直视着我。
搭 go straight 改邪归正
同 unswerving, direct; upright
反 bent, curved

050
**angle**
/ 'æŋgl /

释 *n.* 角；角度；观点 *v.* 使形成角度；垂钓
例 We're looking for a new **angle** for our next advertising campaign. 我们正在探索从一个崭新的角度去进行下次广告活动。
搭 from all angles 从各个方面（角度） angle for sth 拐弯抹角地打听

051
**region**
/ 'riːdʒən /

释 *n.* 面；地区；领域；范围
例 Most of the countries in the **region** have unstable economies. 这个地区大多数国家的经济都不稳定。
搭 in the region of 大约；接近
派 regional *a.* 地区的
同 vicinity, territory

052
**otherwise**
/ 'ʌðərwaɪz /

释 *ad.* 另外；否则 *a.* 别的 *conj.* 否则
例 It is not permitted to sell or **otherwise** distribute copies of past examination papers. 不准出售或以其他方式散发过去的试卷。
搭 or otherwise 或者相反

053
**indicate**
/ 'ɪndɪkeɪt /

释 *v.* 指出；表明；象征；暗示
例 Record profits in the retail market **indicate** a boom in the economy. 零售市场上有史以来的最高利润显示出经济的突飞猛进。
派 indication *n.* 指示 indicative *a.* 指示的 indicator *n.* 指示物
同 point, suggest, demonstrate

054
**preferred**
/ prɪ'fɜːrd /

释 *a.* 首选的；更可取的；更好的
同 desired, favored

055
**equivalent**
/ ɪ'kwɪvələnt /

释 *a.* 相等的；等效的；等价的 *n.* 对等物
例 Breathing such polluted air is the **equivalent** of smoking ten cigarettes a day. 呼吸污染这么严重的空气等于每天抽十只烟。
派 equivalence *n.* 相等

056
**inclusive**
/ ɪn'kluːsɪv /

释 *a.* 全部包括在内的；包含的；不排斥的
例 The castle is open daily from May to October **inclusive**. 这座古堡从五月份到十月份（含）每天开放。
派 inclusion *n.* 包括
反 exclusive

057
**sequence**
/ 'siːkwəns /

释 *n.* 数列；顺序；连续 *v.* 使按顺序排列
例 He described the **sequence** of events leading up to the robbery. 他描述了抢劫案发生前的一系列有关情况。
搭 in sequence 顺次
派 sequential *a.* 连续的

058
**municipal**
/ mjuːˈnɪsɪpl /

释 *n.* 市政债券 *a.* 地方自治的；都市的；内政的
派 municipality *n.* 自治市
同 urban, civic, metropolitan

059
**bond**
/ bɑːnd /

释 *n.* 联系，关系；结合物；契约 *v.* 使结合；团结
例 The agreement strengthened the **bonds** between the two countries. 协议加强了两国间的关系。
派 bondage *n.* 奴役；束缚 bonding *n.* 人与人之间的关系（或联结）

060
**probability**
/ ˌprɑːbəˈbɪləti /

释 *n.* 可能性；概率
例 A fall in interest rates is a strong **probability** in the present economic climate. 在目前的经济形势下，降低利率大有可能。
搭 in all probability 很可能地

061
**cubic**
/ ˈkjuːbɪk /

释 *a.* 立方的；立方形的 *n.* 三次方程
搭 cubic meters 立方米
派 cubical *a.* 立方形的

062
**capacity**
/ kəˈpæsəti /

释 *n.* 容量；才能；性能；生产能力
例 Limited resources are restricting our **capacity** for developing new products. 有限的资源正制约着我们开发新产品的能力。
同 volume, size, content; intelligence

063
**upright**
/ ˈʌpraɪt /

释 *a.* 直立的；正直的；诚实的 *ad.* 垂直地
搭 an upright posture 直立的姿势
同 vertical; upstanding

064
**circular**
/ ˈsɜːrkjələr /

释 *a.* 圆形的；环形的；迂回的 *n.* 通知；传单
例 Both sides of the river can be explored on this **circular** walk. 沿着这条环行线路走一圈，河的两边都可以看到。
派 circularity *n.* 圆形

065
**marketing**
/ ˈmɑːrkɪtɪŋ /

释 *n.* 销售，营销；市场学
搭 marketing campaign 促销活动

066
**household**
/ ˈhaʊshoʊld /

释 *n.* 家庭；全家人；家属 *a.* 家庭的；日常的
例 Most **households** now own at least one car. 大多数家庭现在至少有一辆车。
同 folks, family

067
**survey**

释 / sərˈveɪ / *v.* 调查；勘测 / ˈsɜːrveɪ / *n.* 调查；测量
例 We **surveyed** 500 smokers and found that over three quarters would like to give up. 我们对500名吸烟者进行了调查，发现有超过四分之三的人愿意戒烟。
派 surveyor *n.* 调查员

068 **secretary**
/ 'sekrəteri /

释 *n.* 秘书；大臣
例 Please contact my **secretary** to make an appointment. 请和我的秘书联系，预约一个时间。

069 **treasurer**
/ 'treʒərər /

释 *n.* 出纳；财务主管
派 treasury *n.* 金库

070 **revenue**
/ 'revənuː /

释 *n.* 收入；收益；税务局
例 Advertising **revenue** finances the commercial television channels. 广告收入给商业电视频道提供资金支持。
同 income, returns, earnings, profits
反 expenditure

071 **mean**
/ miːn /

释 *n.* 平均数；中间 *a.* 卑鄙的，下贱的 *v.* 计划；意味着
例 We'll have to be careful with money but that doesn't **mean** we can't enjoy ourselves. 我们必须精打细算，可也并不是说我们就不能过得快乐。
搭 by all means 当然 by means of 依靠…

072 **digit**
/ 'dɪdʒɪt /

释 *n.* （0到9中的任何一个）数字，数位；手指
例 The number 53706 contains five **digits**. 数字53706是个五位数。
派 digital *a.* 数字的；手指的

073 **equal**
/ 'iːkwəl /

释 *v.* 等于；使相等；同样看待 *a.* 相等的 *n.* 相等的数量
例 She treats the people who work for her as her **equals**. 她以平等的身份对待为她工作的人。
派 equality *n.* 等式；相等；平均

074 **remainder**
/ rɪ'meɪndər /

释 *n.* 余数；剩余部分；存货 *a.* 剩余的
例 I kept some of her books and gave away the **remainder**. 我保留了一些她的书，其余的都送人了。
同 remains

075 **divide**
/ dɪ'vaɪd /

释 *v.* 除；分开；分隔；使分裂 *n.* 分界线
例 A sentence can be **divided** up into meaningful segments. 一个句子可以划分成有意义的几个部分。
派 divider *n.* 分隔物

076 **volunteer**
/ ˌvaːlən'tɪr /

释 *v.* 志愿做 *n.* 志愿者
例 Several staff members **volunteered** for early retirement. 几位职员自愿提前退休。

077 √ **supervise**

/ 'suːpərvaɪz /

释 *v.* 管理；监督；指导

例 She **supervised** the children playing near the pool. 她照料着在水池附近玩的几个孩子。

派 supervision *n.* 监督 supervisor *n.* 监督人

同 administer, govern

078 △ **refreshment**

/ rɪ'freʃmənt /

释 *n.* 茶点，餐点；起提神作用的事物

例 Light **refreshments** will be served during the break. 中间休息时有点心供应。

搭 refreshment tent 活动小吃摊

079 √ **power**

/ 'paʊər /

释 *n.* 指数；乘方；力量；权力

例 The ship was helpless against the **power** of the storm. 那艘船只能任凭强大的暴风雨肆虐。

搭 in the power of 在…的控制下，受…支配

080 √ **triangle**

/ 'traɪˌæŋgl /

释 *n.* 三角形；三个一组

搭 right triangle 直角三角形

派 triangular *a.* 三角形的

081 √ **length**

/ leŋθ /

释 *n.* 长度；距离；一段时间

例 Size of pension depends partly on **length** of service with the company. 退休金的多少部分取决于为公司服务时间的长短。

搭 at length 终于；详尽地

同 duration, extent

反 breadth, width

082 △ **inscribe**

/ ɪn'skraɪb /

释 *v.* 使内切；刻，雕；题写；铭记

例 She signed the book and **inscribed** the words “with grateful thanks” on it. 她在书上签了名，并题词“谨致深切的感谢”。

派 inscription *n.* 铭刻；题词 inscriptive *a.* 铭刻的

083 △ **hemisphere**

/ 'hemɪsfɪr /

释 *n.* 半球；范围，领域

搭 the left / right central hemisphere 大脑左/右半球

派 hemispheric *a.* 半球形的

084 △ **coincide**

/ ˌkoʊɪn'saɪd /

释 *v.* 重叠；同时发生；相符

例 The present position of the house **coincides** with that of an earlier dwelling. 这栋房子现在的位置恰与原住宅的位置一致。

派 coincidence *n.* 巧事 coincident *a.* 同时发生的

085 √ **base**

/ beɪs /

释 *n.*（几何图形的）底边；基底；基础；根据地 *a.* 卑劣的

例 She used her family's history as a **base** for her novel. 她以她的家族史作为小说的素材。

搭 touch base with 恢复联系
派 basement *n.* 地下室；基底

086
√ **radius**
/ 'reɪdiəs /
释 *n.* 半径；周围；辐射状部分
例 They deliver to within a 5-mile **radius** of the store. 他们在距离商场五英里的范围内送货上门。

087
√ **deposit**
/ dɪ'pɑːzɪt /
释 *v.* 储蓄；寄存 *n.* 存款；沉淀物；寄存
例 **Deposits** can be made at any branch. 在任何一家分行都可以存钱。
搭 on deposit （钱款）存着的 deposit account 定期存款账户
派 depositor *n.* 储户 depository *n.* 贮藏室；仓库

088
√ **saving**
/ 'seɪvɪŋ /
释 *n.* 储蓄金，存款
例 With the new boiler you can make big **savings** on fuel bills. 用这种新锅炉，能省一大笔燃料开销。
搭 savings account 储蓄账户

089
√ **compound**
释 / kəm'paʊnd / *v.* 以复利计算；使复合 / 'kɑːmpaʊnd / *a.* 化合的；综合的 *n.* 复合物
例 The DNA molecule is **compounded** from many smaller molecules. 脱氧核糖核酸分子是由许多更小的分子组成的。
搭 compound interest 复利

090
√ **quarterly**
/ 'kwɔːrtərli /
释 *ad.* 按季地 *n.* 季刊
例 It is unwise to subscribe the magazine **quarterly**. 按季度订阅这种杂志是不明智的。

091
√ **transaction**
/ træn'zækʃn /
释 *n.* 交易；办理；处理
例 He was always in the middle of a business **transaction**. 他总是忙着做生意。
搭 commercial transactions 商业交易

092
√ **container**
/ kən'teɪnər /
释 *n.* 容器；集装箱；货柜
例 Food will last longer if kept in an airtight **container**. 如果贮藏在密封的容器里，食物能保持比较久的时间。
同 bucket, crate, tank

093
√ **volume**
/ 'vɑːljuːm /
释 *n.* 体积；大量；音量；卷
例 New roads are being built to cope with the increasing **volume** of traffic. 正在修建新的道路以应付正在增加的交通量。

094
√ **diameter**
/ daɪ'æmɪtər /
释 *n.* 直径；（透镜的）放大倍数
例 The dome is 54 meters in **diameter**. 这个穹顶直径为54米。
派 diametric *a.* 直径的；截然的

095 √ **multiple**

/ 'mʌltɪpl /

释 *n.* **倍数** *a.* **多个的，许多的**

例 The government performed competently in the face of **multiple** challenges. 面临多种挑战，政府表现得非常出色。

派 multipliable *a.* 可乘的；可增加的

同 manifold

096 √ **jog**

/ dʒɑːg /

释 *v.* **慢跑；蹒跚行进** *n.* **轻推；慢跑**

例 I like to go for a **jog** after work. 我喜欢在工作之余慢跑锻炼。

搭 jog sb's memory 唤起某人的记忆；提醒某人

097 √ **route**

/ ruːt /

释 *n.* **路程；航线；渠道，途径**

例 Motorists are advised to find an alternative **route**. 建议开车的人们换一条路。

搭 the route to fame 成名的途径

同 path

098 √ **statement**

/ 'steɪtmənt /

释 *n.* **陈述；声明；结算单**

例 A government spokesperson made a **statement** to the press. 政府发言人向新闻界发表了一份声明。

同 declaration, announcement

099 √ **label**

/ 'leɪbl / .

释 *v.* **称为；贴标签于；把…列为** *n.* **标签**

例 We carefully **labelled** each item with the contents and the date. 我们仔细地把每件物品用标签标明成分和日期。

搭 price labels 价格标签

同 name, tag

100 √ **sufficient**

/ sə'fɪʃnt /

释 *a.* **足够的；充足的；必然的**

例 These reasons are not **sufficient** to justify the ban. 这些理由不足以证明实施禁令有理。

派 sufficiency *n.* 足够

同 adequate, plenty, enough

反 inadequate, deficient, insufficient

101 √ **quantity**

/ 'kwaːntəti /

释 *n.* **量；数量；总量**

例 The data is limited in terms of both **quality** and quantity. 这份资料在质量和数量上都很有限。

搭 a large / small quantity of sth 大量/小量的…

102 √ **numerical**

/ nuː'merɪkl /

释 *a.* **数值的；数字的；用数字表示的**

例 The results are expressed in descending **numerical** order. 结果按数字降序列出。

搭 numerical data 数字数据

派 numerically *ad.* 按数字顺序排列结果

103 **isosceles**
/ aɪ'sɑːsəliːz /

释 a.（三角形或梯形）等腰的
例 The base angles of an **isosceles** triangle are equal. 等腰三角形的底角相等。
搭 isosceles triangle 等腰三角形

104 **conform**
/ kən'fɔːrm /

释 v. 符合；遵照，顺从；适应
例 It did not **conform** to the usual stereotype of an industrial city. 这和一座常规的工业城市那种千篇一律的格局不一样。
派 conformable a. 相符合的 conformation n. 符合；一致
同 agree, comply

105 **factor**
/ 'fæktər /

释 n. 因子；因素；生产要素 v. 分解…的因子
例 The closure of the mine was the single most important **factor** in the town's decline. 矿山的关闭是这个镇衰落的唯一最重要的因素。
搭 factor in 包括，把…计算在内

106 **charge**
/ tʃɑːrdʒ /

释 n. 费用；掌管；指控 v. 收取费用；控诉；记账
例 After being questioned by the police, she was released without **charge**. 她被警方传讯后无罪释放。
搭 free of charge 免费 get a charge out of sth 从…中得到快感

107 **perimeter**
/ pə'rɪmɪtər /

释 n. 外缘，边缘；周长
例 Guards continued to patrol the **perimeter** of the estate. 保安人员继续在庄园四周巡逻。

108 **retail**
/ 'riːteɪl /

释 n. 零售 v. 零售；以…价格销售
例 The firm manufactures and **retails** its own range of sportswear. 公司生产并零售自己的运动服装系列。
派 retailer n. 零售商；零售店 retailing n. 零售业

109 **certificate**

释 / sər'tɪfɪkət / n. 证明；证书；凭证 / sər'tɪfɪkeɪt / v. 发证书给
例 To ensure that the system is used by locals and not foreigners, officials said parents using it may be required to show the child's birth **certificate**. 为确保这个系统为本地人而非外地人所用，官员们说，使用该系统的父母可能会被要求出示孩子的出生证明。
搭 birth certificate 出生证明
派 certificated a. 持有职业培训证书的 certification n. 证明

110 **set**
/ set /

释 n. 集；一组 v. 安排；点火
例 The government has **set** strict limits on public spending this year. 今年，政府对公共开支规定了严格的限额。
搭 set fire to 纵火 set foot in 进入

111
## measurement
/ 'meʒərmənt /

释 n. 测量；尺寸，大小

例 Accurate **measurement** is very important in science. 在科学领域，精确的测量非常重要。

112
## variance
/ 'veriəns /

释 n. 方差；不同；分歧；变化

例 Many of his statements were at **variance** with the facts. 他的说法有很多和事实不符。

搭 at variance (with sb / sth) 看法不一；矛盾；冲突

派 variant a. 不同的 variation n. 变化，变更；变种

同 difference, discrepancy

113
## prospective
/ prə'spektɪv /

释 a. 未来的，预期的；有希望的

例 They are worried about **prospective** changes in the travel. 他们担心旅行中会出现变动。

搭 prospective client 潜在的客户

派 prospector n. 勘探者

114
## yield
/ jiːld /

释 v. 屈服；生产；放弃 n. 产量

例 After a long siege, the town was forced to **yield**. 经过长时间的包围，这座孤城被迫投降。

派 yielding a. 柔软的；易弯曲的

同 furnish, produce; forego, sacrifice

115
## pertain
/ pər'teɪn /

释 v. 有关，关于；适合；附属

例 Living conditions here are vastly different from those **pertaining** in their country of origin. 这里的生活条件与他们的祖国大不相同。

搭 pertain to 与…相关；关于

同 concern

116
## imply
/ ɪm'plaɪ /

释 v. 表明，说明；暗示，意味

例 The project **implies** an enormous investment in training. 这个项目需要在培训方面做巨大的投资。

同 suggest, infer

117
## signal
/ 'sɪgnəl /

释 n. 信号；预兆；动机 v. 向…发信号 a. 重大的；显要的

例 The rise in inflation is a clear **signal** that the government's polices are not working. 通货膨胀率的上升清楚地表明政府的政策不起作用。

同 mark, token, symbol, indication

118
## perceive
/ pər'siːv /

释 v. 意识到；察觉；理解

例 They were widely **perceived** to have been unlucky. 人们普遍认为他们的运气不佳。

派 perception *n.* 感知；认识 perceptive *a.* 理解力强的；有洞察力的
同 sense, feel

119
√ **frequency**
/ 'friːkwənsi /

释 *n.* **频繁性；频率**
例 Objects like this are showed at auctions with surprising **frequency**. 这样的东西在拍卖会上出人意料地频繁出现。
派 frequent *a.* 频繁的；常见的 frequently *ad.* 频繁地；经常

120
√ **unfamiliar**
/ ˌʌnfə'mɪliər /

释 *a.* **陌生的，不常见的；不熟悉的**
例 Please highlight any terms that are **unfamiliar** to you. 请把你们不熟悉的用语都标记出来。
同 uncommon, unusual
反 familiar

The supreme happiness of life is the conviction that we are loved.
生活中最大的幸福是坚信有人爱我们。
——法国小说家 雨果（Victor Hugo, French writer）

# Day 03

## Previous Check

| | | | |
|---|---|---|---|
| ☑ advertise | ☑ expectation | ☑ representation | □ activism |
| ☑ cue | ☑ shape | ☑ fundamental | □ vision |
| ☑ associate | □ presence | ☑ psychology | □ civic |
| □ empirical | ☑ comparable | ☑ propose | □ consciousness |
| ☑ indeed | ☑ suspect | □ refute | □ progressive |
| ☑ expenditure | ☑ impact | ☑ contradiction | □ depression |
| ☑ represent | ☑ consideration | □ essentially | □ disenfranchise |
| ☑ investment | ☑ claim | □ compose | □ ironically |
| ☑ manufacture | ☑ manipulate | □ simulation | □ legislation |
| □ recoup | □ fathom | □ complexity | □ pit |
| ☑ initially | □ dominate | □ organ | □ inhumane |
| ☑ unreasonably | □ metaphor | □ artificial | □ outlaw |
| ☑ confidence | □ philosopher | □ valid | □ precarious |
| ☑ excessive | □ consciously | □ model | □ finance |
| □ desperation | □ refutation | □ challenge | □ pool |
| □ favorable | ☑ causal | □ mechanical | □ enforcement |
| ☑ perception | □ transmit | □ limitation | □ stringent |
| ☑ affect | □ crack | □ infer | □ statute |
| ☑ repetition | ☑ simulate | □ flaw | □ strenuous |
| ☑ finding | ☑ principle | □ distinguish | □ circumvent |
| ☑ distinction | ☑ proceed | □ concrete | □ resistance |
| ☑ generalization | □ churn | □ illustrate | □ desperate |
| ☑ conduct | ☑ reproduce | □ decipher | □ dispute |
| ☑ observation | ☑ digest | □ comparison | □ exploitative |
| ☑ contradict | ☑ symbol | □ simplistic | □ legislative |
| ☑ theoretical | ☑ generate | □ criticism | □ oversight |
| ☑ evidence | □ digestive | □ verify | □ abolish |
| ☑ contrast | ☑ timing | □ neural | □ consensus |
| ☑ describe | ☑ mechanism | □ transmission | □ adverse |
| ☑ regard | ☑ device | □ grassroots | □ consequence |

001
**advertise**
/ 'ædvərtaɪz /

释 v. 宣传，做广告；宣扬
例 If you want to attract more customers, try **advertising** in the local paper. 如果你想吸引更多的顾客，就试试在当地的报纸上登广告。
派 advertisement n. 广告 advertiser n. 广告商；广告公司 advertising n. 广告活动；广告业

002
**cue**
/ kjuː /

释 n. 暗示，提示；线索；心情 v. 给…暗示
例 She stood in the wings, waiting for her **cue** to go on. 她站在舞台侧面等待着出场提示。
搭 take one's cue from 模仿…的样子做

003
**associate**

释 / ə'soʊʃieɪt / v. 使发生联系；结交；联想 / ə'soʊʃiət / n. 合伙人 a. 联合的
例 I always **associate** the smell of baking with my childhood. 一闻到烧烤食物的味道我就想起了童年。
派 associated a. 有关联的，有联系的 association n. 协会；关联；联系

004
**empirical**
/ ɪm'pɪrɪkl /

释 a. 凭经验的；以观察或实验为依据的；经验主义的
例 There is no **empirical** evidence to support his thesis. 他的论文缺乏实验证据的支持。
搭 empirical evidence 实践经验的证明 empirical study 经验式研究
派 empiricism n. 实证论；经验主义
同 experimental
反 theoretical

005
**indeed**
/ ɪn'diːd /

释 ad. 的确，确实；实际上；真正地
例 It is **indeed** a remarkable achievement. 这的确是非凡的成就。
同 surely

006
**expenditure**
/ ɪk'spendɪtʃər /

释 n. 花费；支出；耗费
例 This study represents a major **expenditure** of time and effort. 这项研究意味着要耗费大量的时间和精力。
同 cost, spending, expense

007
**represent**
/ ˌreprɪ'zent /

释 v. 象征；代表；意味着
例 This decision **represents** a significant departure from the previous policy. 这个决定意味着在很大程度上脱离了原先的政策。
派 representative a. 代表的 representation n. 代表
同 display, demonstrate

008
**investment**
/ ɪn'vestmənt /

释 n. 投资；投入
例 This country needs **investment** in education. 这个国家需要对教育进行投资。
搭 investment income 投资收益
派 investor n. 投资者

009
**manufacture**
/ ˌmænju'fæktʃər /

释 *v.* 大量生产；生产 *n.* 大量制造
搭 manufactured goods 工业品
派 manufacturer *n.* 生产商，制造商 manufacturing *n.* 制造业

010
**recoup**
/ rɪ'kuːp /

释 *v.* 补偿（亏损）；收回（成本）
例 We hope to **recoup** our initial investment in the first year. 我们希望我们的前期投资在第一年就能赚回来。

011
**initially**
/ ɪ'nɪʃəli /

释 *ad.* 开始，最初
例 The death toll was **initially** reported at around 250, but was later revised to 300. 最初报道死亡人数约为250人，后来修正为300人。

012
**unreasonably**
/ ʌn'riːznəbli /

释 *ad.* 不合理地
例 The manufacturer's advertising effort may be perceived as **unreasonably** high. 生产商在广告方面的投入或被认为高得不合理。
反 reasonably

013
**confidence**
/ 'kaːnfɪdəns /

释 *n.* 信心；把握；秘密
例 They could not say with **confidence** that he would be able to walk again after the accident. 他们不能确定他经过那场事故后还能行走。
搭 have confidence in sb 对某人有信心
派 confident *a.* 有信心的

014
**excessive**
/ ɪk'sesɪv /

释 *a.* 过多的；过分的；极度的
例 They complained about the **excessive** noise coming from upstairs. 他们抱怨楼上发出的噪音太大。
同 superfluous, immoderate

015
**desperation**
/ ˌdespə'reɪʃn /

释 *n.* 铤而走险；绝望；拼命
例 In **desperation**, she called Mary and asked for her help. 在走投无路的情况下，她给玛丽打了电话请她帮忙。

016
**favorable**
/ 'feɪvərəbl /

释 *a.* 有利的；赞同的；讨人喜欢的
例 The terms of the agreement are **favorable** to both sides. 协议条款对双方都有利。
同 beneficial
反 unfavorable

017
**perception**
/ pər'sepʃn /

释 *n.* 看法；感知；认识；洞察力
例 There is a general public **perception** that standards in schools are falling. 公众普遍认为，学校的水平都在下降。
派 perceptive *a.* 理解力强的；感知的 perceptible *a.* 可感知的 perceptual *a.* 知觉的；感知的

018
**affect**
/ ə'fekt /

释 *v.* 影响；假装；（疾病）侵袭

例 A third study found that the use of color **affected** consumer perception of brand quality. 第三项调查显示，对颜色的应用会影响消费者对产品质量的看法。

派 affectation *n.* 假装 affection *n.* 喜爱；钟爱

同 influence, afflict

019
**repetition**
/ ˌrepə'tɪʃn /

释 *n.* 重复；背诵；复制品

例 We do not want to see a **repetition** of last year's tragic events. 我们不想看到去年的悲剧重演。

派 repetitious *a.* 重复的

同 reduplication, repeat

020
**finding**
/ 'faɪndɪŋ /

释 *n.* 调查或研究结果；发现物

例 The **findings** of the commission will be published today. 委员会的调查结果将于今天公布。

021
**distinction**
/ dɪ'stɪŋkʃn /

释 *n.* 对比，不同；区分；特点

例 Philosophers did not used to make a **distinction** between arts and science. 过去哲学家习惯不把艺术和科学区分开来。

派 distinctive *a.* 特殊的；有特色的

022
**generalization**
/ ˌdʒenrələ'zeɪʃn /

释 *n.* 概括；普遍化；推论

搭 make generalizations about sth 对某事做出归纳

派 generalizable *a.* 可概括的

023
**conduct**

释 / kən'dʌkt / *v.* 进行，执行；引导 / 'kaːndʌkt / *n.* 举止；行为

例 The two parties have **conducted** the negotiations in a positive manner. 双方已经积极地进行了谈判。

派 conduction *n.* 传导 conductive *a.* 导电的

同 perform, execute, fulfill

024
**observation**
/ ˌaːbzər'veɪʃn /

释 *n.* 观察；注意

例 Most information was collected by direct **observation** of the animals' behaviors. 大部分信息都是通过直接观察动物的行为收集到的。

搭 under observation 在观察中

派 observable *a.* 看得到的 observant *a.* 善于观察的，观察力敏锐的 observatory *n.* 天文台；气象台

025
**contradict**
/ ˌkaːntrə'dɪkt /

释 *v.* 反驳；与…矛盾；否认

例 You've just **contradicted** yourself. 你恰好与你以前说的自相矛盾。

派 contradiction *n.* 反驳 contradictory *a.* 相互矛盾的；对立的

同 deny, oppose, dispute

026
**theoretical**
/ ˌθiːəˈretɪkl /

释 *a.* 理论的；假设的；空论的
例 It's a **theoretical** possibility for him to overrule their decision, but highly unlikely. 按理说他可以否定他们的决定，但是可能性很小。
反 empirical, experimental

027
**evidence**
/ ˈevɪdəns /

释 *n.* 证据；证明；（法庭上的）人证 *v.* 证明；作为…的证据
例 There is convincing **evidence** of a link between exposure to the sun and skin cancer. 有可靠证据表明日光暴晒与皮肤癌之间有联系。
搭 in evidence 显眼；显而易见

028
**contrast**

释 / kənˈtræst / *v.* 对比；形成对照 / ˈkaːntræst / *n.* 对比；差异；对立面
例 The situation when we arrived was in marked **contrast** to the news reports. 我们到达时的局势与新闻报道的截然不同。
派 contrastive *a.* 对比的
同 compare

029
**describe**
/ dɪˈskraɪb /

释 *v.* 描述，形容；描绘
例 Several people **described** seeing strange lights in the sky. 好几个人都说看到天上出现了奇异光芒。
派 description *n.* 叙述 descriptive *a.* 描述的
同 portray, delineate, depict

030
**regard**
/ rɪˈɡaːrd /

释 *v.* 将…认为；注视 *n.* 注意；关心；尊重
例 I have little information as **regards** her fitness for the post. 至于她是否合适这个职位，我无可奉告。
搭 in this / that regard 在这方面；在这一点上 as regards 关于

031
**expectation**
/ ˌekspekˈteɪʃn /

释 *n.* 期望，预期；期望值
例 I applied for the post more in hope than **expectation**. 我申请这个职位是希望多于期待。
派 expectancy *n.* 预料；预期；期待 expectant *a.* 期待的；预期的

032
**shape**
/ ʃeɪp /

释 *v.* 塑造；使成形；体现 *n.* 身材；形状
例 This tool is used for **shaping** wood. 这个工具是用来加工木料的。
搭 in (good) shape 健康状况良好 get into shape （通过锻炼）使身体健康
同 form, mold, figure, profile

033
**presence**
/ ˈprezns /

释 *n.* 存在；出席；仪表
例 She asked them not to discuss the matter in her **presence**. 她要求他们不要当着她的面讨论这个问题。
搭 presence of mind 镇定自若 in sb's presence 有…在场；在…面前
同 appearance, existence
反 absence

034
**comparable**
/ 'kaːmpərəbl /

释 *a.* 类似的；可比较的；比得上的
例 A **comparable** house in the south of the city would cost twice as much. 一栋类似的房子位于城南部就要贵一倍的价钱。
派 comparative *a.* 比较的；相比的
反 incomparable

035
**suspect**

释 / sə'spekt / *v.* 不信任；怀疑；猜疑（是）/ 'sʌspekt / *n.* 嫌疑犯 *a.* 可疑的；不可信的
例 If you **suspect** a gas leak, do not strike a match or even turn on an electric light. 假如你怀疑有煤气泄漏，不要划火柴，甚至连电灯都不要开。
同 mistrust, doubt
反 trust

036
**impact**

释 / 'ɪmpækt / *n.* 影响；碰撞；冲击力 / ɪm'pækt / *v.* 冲撞；挤入；对…产生影响
例 Businesses are beginning to feel the full **impact** of the recession. 工商企业开始感受到了经济衰退的全面冲击。
搭 have impact on 对…有影响
派 impactive *a.* 影响深刻的；冲击的

037
**consideration**
/ kən,sɪdə'reɪʃn /

释 *n.* 考虑（的事情）；关心；报酬
例 The candidates' experience and qualifications will be taken into **consideration** when the decision is made. 作决定时要考虑候选人的经历和资格。
搭 under consideration 在考虑中；在研究中 take into consideration 考虑到

038
**claim**
/ kleɪm /

释 *n.* 声称；要求；索赔；权利 *v.* 主张；声称
例 Scientists are **claiming** a major breakthrough in the fight against cancer. 科学家们宣称治疗癌症已有重大的突破。
派 claimant *n.* 要求者；索要者

039
**manipulate**
/ mə'nɪpjuleɪt /

释 *v.* 处理；操作；控制，操纵
例 She uses her intelligence to **manipulate** people. 她利用自己的智慧来摆布别人。
派 manipulation *n.* 处理；操纵 manipulative *a.* 操纵的
同 wield, conduct, manage

040
**fathom**
/ 'fæðəm /

释 *v.* 理解；彻底了解
例 He couldn't **fathom** out what the man could possibly mean. 他弄不清楚这个男人的意思。
派 fathomable *a.* 可理解的

041
**dominate**
/ 'daːmɪneɪt /

释 *v.* 在…中占首要地位；控制；支配
例 She always says a lot in meetings, but she doesn't **dominate**. 她在会上总是滔滔不绝，但起不了多大作用。

派 dominant *a.* 首要的；占优势的 dominative *a.* 支配的

同 control, command

042
**metaphor**
/ 'metəfər /

释 *n.* 暗喻；象征

例 In poetry the rose is often a **metaphor** for love. 玫瑰在诗中通常作为爱的象征。

派 metaphorical *a.* 隐喻的；比喻性的

反 simile

043
**philosopher**
/ fə'lɑːsəfər /

释 *n.* 哲学家；深思的人

例 He seems to be a bit of a **philosopher**. 他像个思想家似的。

派 philosophical *a.* 哲学的 philosophy *n.* 哲学；哲学体系

同 intellectual

044
**consciously**
/ 'kɒnʃəsli /

释 *ad.* 自觉地；有意识地

例 Sophie was not **consciously** seeking a replacement after her secretary quit the job. 秘书辞职后，索菲并没有刻意地寻找替代者。

同 self-consciously, purposefully

反 impulsively, spontaneously, unintentionally

045
**refutation**
/ ˌrefju'teɪʃn /

释 *n.* 反驳；驳斥；辩驳

例 His **refutation** of the charges was brief and persuasive. 他对指控的驳斥简短而有力。

同 contradiction, rebuttal

046
**causal**
/ 'kɔːzl /

释 *a.* 由某种原因引起的；原因的

例 He would dearly love to show a **causal** relationship between culture and imperialism, but cannot. 他倒是十分想揭示文化与帝国主义之间的因果联系，可是却无能为力。

派 causality *n.* 起因；因果性

047
**transmit**
/ træns'mɪt /

释 *v.* 传送；发射；传染

例 The ceremony was **transmitted** live by satellite to over fifty countries. 典礼通过卫星向五十多个国家进行了实况转播。

派 transmittal *n.* 传送 transmitter *n.* 传送者

同 send, transfer

048
**crack**
/ kræk /

释 *v.* 断裂；（使）发出爆裂声；崩溃 *n.* 裂缝；重击；噼啪声

例 Her lips were dry and **cracked**. 她的嘴唇干裂了。

搭 crack down 严厉打击 at the crack of dawn 黎明；破晓

049
**simulate**
/ 'sɪmjuleɪt /

释 *v.* 假装，冒充；（通过计算机）模拟

例 I tried to **simulate** surprise at the news. 听到这个消息后，我竭力装出一副吃惊的样子。

派 simulation *n.* 模仿 simulator *n.* 模拟装置

050
**principle**
/ 'prɪnsəpl /

释 *n.* 原理，原则
例 It's just a matter of **principle**. 这只是个原则问题。
搭 in principle 大体上；原则上

051
**proceed**
/ proʊ'siːd /

释 *v.* 继续下去；进行
例 He outlined his plans and then **proceeded** to explain them in more details. 他简单介绍了他的计划，接着又进行了较详细的解释。
派 proceeding *n.* 行动；进程
同 advance, ahead, progress
反 pause, recede

052
**churn**
/ 'tʃɜːrn /

释 *v.* 剧烈搅动；反胃；（使）感到不安 *n.*（制作黄油的）搅乳器
例 The water **churned** beneath the huge ship. 水在巨轮下面剧烈翻滚。
搭 churn sth out （粗制滥造地）大量生产；大量炮制

053
**reproduce**
/ ˌriːprə'duːs /

释 *v.* 再现；复制；生殖
例 It is illegal to **reproduce** these worksheets without permission from the publisher. 未经出版者许可翻印这些习题是违法的。
派 reproduction *n.* 再现；复制 reproductive *a.* 生殖的，繁殖的
同 rebuild, reconstruct, remodel

054
**digest**

释 / daɪ'dʒest / *v.* 消化；吸收；领会 / 'daɪdʒest / *n.* 摘要；文摘
例 You should leave some time after a meal for the food to **digest**. 饭后你应该留点时间让食物消化。
派 digestion *n.* 消化 digestive *a.* 消化的
同 ingest, absorb

055
**symbol**
/ 'sɪmbl /

释 *n.* 象征；符号；标志
例 White has always been a **symbol** of purity in Western cultures. 在西方文化中，白色一直象征纯洁。
派 symbolic *a.* 象征的 symbolize *v.* 象征；代表

056
**generate**
/ 'dʒenəreɪt /

释 *v.* 产生；引起
例 Water power can be used to **generate** electricity. 水力可以用来发电。
搭 generate electricity 发电 generate profit 产生利润
派 generation *n.* 代；产生 generative *a.* 有生产力的
同 produce, originate, cause, create

057
**digestive**
/ daɪ'dʒestɪv /

释 *a.* 消化的；助消化的
搭 digestive system 消化系统
派 digestion *n.* 消化；消化能力 digestible *a.* 易消化的；易理解的

058
**timing**
/ 'taɪmɪŋ /

释 *n.* **定时；时间的选择**
例 The **timing** of the decision was a complete surprise. 选择那个时间作决定，完全出人意料。

059
**mechanism**
/ 'mekənɪzəm /

释 *n.* **机制；（机械）结构**
例 Pain acts as a natural defence **mechanism**. 疼痛算是一种自然防护机制的作用。
派 mechanic *n.* 机械师
同 machinery

060
**device**
/ dɪ'vaɪs /

释 *n.* **装置，设备；设计；策略**
例 If food went in one end of the **device**, what came out the other end would surely be digested food. 如果食物从装置一端进去，那么，从另一端出来的一定是被消化的食物。
同 apparatus, machine, instrument

061
**representation**
/ ˌreprɪzen'teɪʃn /

释 *n.* **表现；陈述；代理**
例 The painting is a **representation** of a storm at sea. 这幅画描绘的是海上的暴风雨。
派 representative *a.* 有代表性的

062
**fundamental**
/ ˌfʌndə'mentl /

释 *a.* **主要的；根本的；基础的** *n.* **基本规律；根本法则**
例 A **fundamental** change in the organization of health services was required. 公共医疗在组织上需要根本性的变革。
派 fundamentalism *n.* 原教旨主义 fundamentality *n.* 根本性
同 essential, primary

063
**psychology**
/ saɪ'kɑːlədʒi /

释 *n.* **心理学；心理状态**
搭 social psychology 社会心理学
派 psychological *a.* 心理学的 psychologist *n.* 心理学家

064
**propose**
/ prə'poʊz /

释 *v.* **计划；建议；求婚**
例 The government **proposed** changes to the voting system. 政府建议修改表决制度。
搭 propose a toast 提议（为某人健康和幸福）干杯
派 proposition *n.* 提议

065
**refute**
/ rɪ'fjuːt /

释 *v.* **驳斥；否认**
例 She **refutes** any suggestion that she behaved unprofessionally. 谁要是表示她不在行，她都予以反驳。
派 refutation *n.* 驳斥 refutable *a.* 可驳倒的
同 dispute, contradict, rebut

066
## contradiction
/ ˌkaːntrəˈdɪkʃn /

释 *n.* 矛盾；否认
例 His public speeches are in direct **contradiction** to his personal lifestyle. 他的公开言论与他本人的生活方式恰恰相反。
派 contradictive *a.* 矛盾的 contradictory *a.* 互相矛盾的；对立的
同 inconsistency
反 agreement

067
## essentially
/ ɪˈsenʃəli /

释 *ad.* 本质上；基本上
例 There are three **essentially** different ways of tackling the problem. 解决这个问题有三种根本不同的方法。
同 basically, fundamentally, virtually

068
## compose
/ kəmˈpoʊz /

释 *v.* 组成；使安定；创作（歌曲等）
例 Mozart **composed** his last opera shortly before he died. 莫扎特在创作出最后一部歌剧后不久便去世了。
派 composer *n.* 作曲者 composition *n.* 组成；作曲

069
## simulation
/ ˌsɪmjuˈleɪʃn /

释 *n.* 模拟；假装
例 The pilot's skills are tested by **simulation**. 飞行员的技术是通过模拟飞行来测试的。
搭 simulation model 仿真模型
派 simulator *n.* 模拟者

070
## complexity
/ kəmˈpleksəti /

释 *n.* 复杂性；难题
例 I was astonished by the **complexity** of the problem. 这个问题的复杂性使我感到惊讶。
同 intricacy, complicacy
反 plainness, brevity, simplicity

071
## organ
/ ˈɔːrgən /

释 *n.* 器官；机构
例 Heart is one of the body's vital **organs**. 心脏是人体的重要器官之一。
搭 internal organs 内脏
派 organic *a.* 器官的 organism *n.* 有机组织

072
## artificial
/ ˌaːrtɪˈfɪʃl /

释 *a.* 人造的；人工的；虚假的
例 The city is dotted with small lakes, both natural and **artificial**. 这个城市小型湖泊星罗棋布，有天然的也有人工的。
搭 artificial intelligence 人工智能
同 synthetic
反 genuine, natural

073
## valid
/ ˈvælɪd /

释 *a.* （法律上）有效的；合理的
例 They have a **valid** claim to compensation. 他们有要求赔偿的合法权利。

派 validity *n.* 正当；效力
反 invalid

074
**model**
/ 'mɑːdl /
释 *n.* 模型；模特儿；典型 *v.* 模仿
例 The architect had produced a scale **model** of the proposed shopping complex. 建筑师为将要建设的购物中心做了一个比例模型。

075
**challenge**
/ 'tʃælɪndʒ /
释 *v.* 质疑；发出挑战 *n.* 挑战；质疑
例 Destruction of the environment is one of the most serious **challenges** we face. 环境的破坏是我们所面临的最严峻的挑战之一。
同 doubt, confront

076
**mechanical**
/ mə'kænɪkl /
释 *a.* 机械的；呆板的；体力的
例 The breakdown was due to a **mechanical** failure. 抛锚是机械故障造成的。
搭 mechanical device 机械装置 mechanical engineering 机械工程学

077
**limitation**
/ ˌlɪmɪ'teɪʃn /
释 *n.* 局限性；限制；极限
例 They would resist any **limitation** of their powers. 他们会抵制对他们权利的任何限制。
派 limitative *a.* 限制性的

078
**infer**
/ ɪn'fɜːr /
释 *v.* 推断；推理；暗示
例 Much of the meaning must be **inferred** from the context. 大部分含意必须从上下文中推断。
派 inferable *a.* 可推论的
同 derive, deduce

079
**flaw**
/ flɔː /
释 *n.* 错误；缺点；裂隙
例 The report reveals fatal **flaws** in security at the airport. 报告揭示了机场安全的致命缺陷。
派 flawed *a.* 有错误的；有缺点的 flawless *a.* 完美的；无瑕的

080
**distinguish**
/ dɪ'stɪŋgwɪʃ /
释 *v.* 区分，分辨；成为…的特征
例 Sometimes reality and fantasy are hard to **distinguish**. 有时候现实和幻想很难区分。
派 distinguished *a.* 卓越的；杰出的
同 discriminate

081
**concrete**
/ 'kɑːŋkriːt /
释 *a.* 混凝土制的；有形的 *n.* 混凝土 *v.* 用混凝土覆盖
搭 in the concrete 具体地；实际上
同 tangible, substantial, cement
反 abstract

082
**illustrate**
/ 'ɪləstreɪt /

释 *v.* **说明；给…加插图**

例 His lecture was **illustrated** with slides taken during the expedition. 他在演讲中使用了探险时拍摄的幻灯片。

派 illustration *n.* 说明 illustrative *a.* 起说明作用的 illustrator *n.*（书等的）插图画家

同 clarify, demonstrate

083
**decipher**
/ dɪ'saɪfər /

释 *v.* **破译，辨认**

搭 decipher the code 破译密码

派 decipherable *a.* 可破译的

084
**comparison**
/ kəm'pærɪsn /

释 *n.* **比喻；比较，对照**

例 It is difficult to make a **comparison** with her previous book — they are completely different. 这很难与她以前的书相比——两者是截然不同的。

搭 by / in comparison （与…）相比较

同 contrast

085
**simplistic**
/ sɪm'plɪstɪk /

释 *a.* **过分简单化的；过分单纯化的**

例 The comparison of the brain to a machine is overly **simplistic**. 将大脑比作机器的比喻太过简单化。

搭 simplistic approach 过分简单化的方法

086
**criticism**
/ 'krɪtɪsɪzəm /

释 *n.* **批评；责备；评论**

例 There was widespread **criticism** of the government's handling of the disaster. 政府对灾难的处理方式遭到了普遍的批评。

087
**verify**
/ 'verɪfaɪ /

释 *v.* **核实；查对；证明**

例 Please **verify** that there is sufficient memory available before loading the program. 请在核实有足够的内存后再安装程序。

派 verifiable *a.* 能证实地；能作证的 verification n. 证实

088
**neural**
/ 'nʊrəl /

释 *a.* **神经的；神经系统的**

例 **Neural** networks are computer systems which mimic the workings of the brain. 神经网络是模拟大脑工作方式的计算机系统。

搭 neural control 神经控制

089
**transmission**
/ træns'mɪʃn /

释 *n.* **传递；传达；传染**

搭 transmission of a disease 疾病的传播

派 transmissible *a.* 可传送的 transmitter *n.* 传送者

同 conveyance, passage

090

**grassroots**

/ ˌɡrɑːs'ruːts /

释 *n.* 基层，基层群众；根源

例 We need to win support at **grassroots** level. 我们需要得到基层的支持。

091

**activism**

/ 'æktɪvɪzəm /

释 *n.* 激进主义；行动主义

例 He believed in political **activism** to achieve justice. 他相信通过政治激进主义可以赢得正义。

派 activist *n.* 积极分子；活动家

092

**vision**

/ 'vɪʒn /

释 *n.* 幻想，幻觉；视力

例 The tiger moved outside her field of **vision**. 那只老虎离开了她的视野。

搭 have good / perfect / poor / blurred / normal vision 视力好/极好/差/模糊/正常

派 visionary *a.* 梦想的；幻影的

同 delusion, eyesight, illusion

反 actuality, reality, sightlessness

093

**civic**

/ 'sɪvɪk /

释 *a.* 公民的，市民的；城市的

搭 civic buildings 民用房屋 civic duties 公民义务

派 civicism *n.* 市政；市民政治

同 civil, metropolitan, municipal

094

**consciousness**

/ 'kɒnʃəsnəs /

释 *n.* 意识；知觉；感觉

例 I can't remember any more — I must have lost **consciousness** at that time. 我再也记不起什么了——我当时一定是失去了知觉。

搭 stream of consciousness 意识流 class consciousness 阶级意识

派 conscious *a.* 意识到的；故意的；神志清醒的 unconsciousness *n.* 无意识；意识不清；人事不省

同 awareness, sense

095

**progressive**

/ prə'ɡresɪv /

释 *a.* 进步的；先进的 *n.* 改革论者；进步分子

例 The approach taken by US courts has been more **progressive** than that in Britain. 美国法庭的办案方式比英国的先进。

派 progressivism *n.* 进步主义；革新论

同 advanced, developing, forward

反 retrogressive

096

**depression**

/ dɪ'preʃn /

释 *n.* 萧条；沮丧；下降

例 Women's grassroots activism and their vision of a new civic consciousness lay at the heart of social reform in the United States throughout the Progressive Era, the period between the **depression** of 1893 and America's entry into the Second World War. 女性的草根行动主义以及她们对新的公民意识的远见是美国进步主义时期社会变革的核心，进步主义时期是介于1893年大萧条和美国加入第二次世界大战的时期。

搭 the Great Depression 经济大萧条
派 depressible *a.* 可压抑的
同 dejection, distress, gloom
反 cheerfulness, bulge

097
**disenfranchise**
/ ˌdɪsɪn'fræntʃaɪz /

释 *v.* 剥夺…的公民权
例 Though largely **disenfranchised** except from school elections, white middle-class women reformers won a variety of victories, notably in the improvement of working conditions, especially for women and children. 除了学校选举，女性大多数情况下都被剥夺了选举权，但是中产阶级的白人女性改革者仍赢得了各种胜利，尤其是在改善女性和儿童的工作条件方面。
派 disenfranchisement *n.* 剥夺公民选举权
同 deprive

098
**ironically**
/ aɪ'rɒnɪkli /

释 *ad.* 讽刺地，具有讽刺意味的是
例 **Ironically**, the book she felt was the worst sold more copies than any of her others. 具有讽刺意味的是，那本书她觉得最糟糕，但却比她的其他任何一本书卖得都好。
派 ironic *a.* 讽刺的；反话的
同 absurdly, ridiculously, satirically

099
**legislation**
/ ˌledʒɪs'leɪʃn /

释 *n.* 法律，法规；立法
例 New **legislation** on the sale of drugs will be introduced next year. 有关药物销售的新法规将于明年出台。
派 legislative *a.* 立法的，有立法权的 legislature *n.* 立法机关
同 enactment, decree, edict

100
**pit**
/ pɪt /

释 *v.* 使竞争；把…放进坑里 *n.* 坑；深渊；陷阱
例 Ironically, though, child labor legislation **pitted** women of different classes against one another. 然而讽刺的是，童工法规导致不同阶层的女性互相竞争。
搭 pit sb / sth against sth 使竞争
同 abyss, abysm, chasm

101
**inhumane**
/ ˌɪnhjuː'meɪn /

释 *a.* 不人道的；不仁慈的；残忍的
例 Turning refugees away would be an **inhumane** action. 拒绝收容难民是不人道的行为。
派 inhumanity *n.* 不人道，无人性；残暴
同 atrocious, brutal, ferocious

102
**outlaw**
/ 'aʊtlɔː /

释 *v.* 禁止；取缔；使非法化 *n.* 歹徒；罪犯
例 To the reformers, child labor and industrial home work were equally inhumane practices that should be **outlawed**, but, as a number of women historians have recently observed, working-class mothers did not always share this view. 对于改革者来说，童工和工业化家庭作业同样不人道，应该被取缔，然而，根据很多女性历史学家最近的发现，劳动阶层的母亲却并不认同这一观点。

派 outlawry *n.* 被宣布为非法；非法化
同 illegalize, inhibit, prohibit

103
**precarious**
/ prɪ'keəriəs /
释 *a.* 不稳定的；不确定的；危险的
例 He earned a **precarious** living as an artist. 作为一个艺术家，他过的是朝不保夕的生活。
派 precariously *ad.* 不安全地；不牢靠地 precariousness *n.* 不安全；不稳定
同 unsteady, insecure, perilous
反 certain, stable, sure

104
**finance**
/ 'faɪnæns /
释 *n.* 收入；财政；金融 *v.* 负担经费，供给…经费
例 The building project will be **financed** by the government and by public donations. 这个建筑项目将由政府出资以及公众捐款。
搭 the finance director / department 财务经理/财务部
派 financial *a.* 财政的，金融的
同 banking, fund

105
**pool**
/ puːl /
释 *v.* 集中资源（或材料等）*n.* 池塘，水坑
例 Police forces across the country are **pooling** resources in order to solve this crime. 全国各地警方通力合作以侦破这宗罪案。
搭 swimming pool 游泳池 gene pool 基因库
同 amalgamate, blend, merge
反 divide, separate

106
**enforcement**
/ ɪn'fɔːsmənt /
释 *n.* 执行，实施；强制
搭 law enforcement 法律的实施
派 enforceable *a.* 可实施的；可强行的，可强迫的
同 execution, compulsion, constraint

107
**stringent**
/ 'strɪndʒənt /
释 *a.* 严格的；迫切的；短缺的
例 Licences are only granted under the most **stringent** conditions. 只有在极其严格的条件下才会颁发许可证。
派 stringency *n.* 严格；有说服力 stringently *ad.* 严格地，严历地
同 demanding, rigorous, acrimonious, convincing, forceful

108
**statute**
/ 'stætʃuːt /
释 *n.* 法规；法令；条例
例 Under the **statutes** of the university they had no power to dismiss him. 按大学的规章制度，校方无权开除他。
搭 under the statutes of 按照法规…
同 decree, edict, ordinance, regulation

109
**strenuous**
/ 'strenjuəs /
释 *a.* 费力的；紧张的；艰苦的
例 **Strenuous** efforts had been made to improve conditions in the jail. 已经做了大量的努力来改善监狱的条件。

搭 strenuous exercise 剧烈运动 strenuous efforts 竭尽全力
派 strenuosity *n.* 费力；艰辛；艰苦努力
同 arduous, effortful, laborious, toilsome
反 easy, effortless, facile

110
**circumvent**
/ ˌsɜːkəmˈvent /

释 *v.* 避开，规避；包围；陷害
例 Given the precarious finances of working-class families and the necessity of pooling the wages of as many family members as possible, working-class families views the passage and enforcement of stringent child labor statutes as a personal economic disaster and made strenuous efforts to **circumvent** child labor laws. 考虑到劳动阶层家庭收入的不稳定，以及尽可能集中家庭成员工资的必要性，劳动阶层家庭将执行严格童工法规的通过视为个人经济状况的灾难，并竭尽全力规避童工法律。
派 circumvention *n.* 规避；陷害；绕行
同 avoid, bypass, dodge, elude, evade

111
**resistance**
/ rɪˈzɪstəns /

释 *n.* 反抗，抵抗；阻力；电阻
例 Such a policy would inevitably draw fierce **resistance** from farmers. 这种政策必然会招致农场主的强烈抵制。
搭 armed resistance 武装抵抗 wind / air resistance 空气阻力
同 hindrance, impediment, obstruction
反 compliance, conforming, cooperation, submission

112
**desperate**
/ ˈdespərət /

释 *a.* 令人绝望的；极度渴望的；不顾一切的
例 Yet reformers rarely understood this resistance in terms of the **desperate** economic situation of working-class families, interpreting it instead as evidence of poor parenting. 然而改革者很少能够从劳动阶层家庭绝望的经济现状角度理解这种抵抗，相反，他们认为这是一种父母失职的证据。
搭 in desperate need 迫切需要
派 desperation *n.* 绝望的境地；不顾一切拼命
同 despairing, despondent; reckless, outrageous

113
**dispute**
/ dɪˈspjuːt /

释 *v.* 辩驳；反对 *n.* 辩论；争吵
例 They agreed to try to settle their **dispute** by negotiation. 他们同意通过谈判来努力解决纠纷。
搭 in dispute with 和…争议（纠纷） beyond dispute 无疑地
派 disputable *a.* 有讨论余地的；真假可疑的
同 discussion, dissension; quarrel

114
**exploitative**
/ ɪkˈsplɔɪtətɪv /

释 *a.* 剥削的；利用的；开发资源的
例 The expansion of Western capitalism incorporated the Third World into an **exploitative** world system. 西方资本主义的扩张将第三世界并入了剥削性的世界体系中。
派 exploitation *n.* 开发，开采；利用

115
**legislative**
/ 'ledʒɪslətɪv /

释 *a.* **立法的；有立法权的**

例 This is not to dispute women reformers' perception of child labor as a terribly exploitative practice, but their understanding of child labor and their **legislative** solutions for ending it failed to take account of the economic needs of working-class families. 女性改革者认为童工是糟糕的剥削行为，这并不是质疑这种概念，但她们对童工的理解以及她们利用立法的手段取缔童工，并没有考虑到劳动阶层的经济需求。

搭 a legislative assembly / body / council 立法议会/机关/委员会

派 legislation *n.* 立法；法律

同 lawmaking, legislatorial

116
**oversight**
/ 'əʊvəsaɪt /

释 *n.* **疏忽；监督，照管**

例 The primary purpose of the passage is to discuss an **oversight** on the part of women reformers of the Progress Era. 这篇文章的主要目的是讨论进步时期女性改革者的疏忽。

同 neglect, overlook; supervision

117
**abolish**
/ ə'bɒlɪʃ /

释 *v.* **废除；取消**

例 Reformers believe that child labor and industrial home work should be **abolished**. 改革者认为童工与工业化家庭作业应该被废除。

派 abolishment *n.* 废止，革除；取消

同 cancel, annul

反 enact, establish

118
**consensus**
/ kən'sensəs /

释 *n.* **一致，舆论；合意**

例 I realize there's no **consensus** on what are male or female values. 我意识到人们对什么是男性价值观和什么是女性价值观并无共识。

搭 reach a consensus 达成共识

同 agreement, accord

反 disagreement, discord

119
**adverse**
/ 'ædvɜːs /

释 *a.* **不利的；敌对的，相反的**

例 Inflation is considered to be undesirable because of its **adverse** effects on income distribution. 通货膨胀被认为是有害的，因为它会对收入分配产生不利影响。

搭 adverse effect 不利影响；副作用

派 adversity *n.* 逆境；不幸；灾难

同 detrimental, disadvantageous

反 advantageous, favorable

120
**consequence**
/ 'kɒnsɪkwəns /

释 *n.* **结果；重要性；推论**

例 Wastage was no doubt a necessary **consequence** of war. 巨大的损耗无疑是战争的必然结果。

搭 take the consequences 承担后果 of no consequence 无足轻重

派 consequential *a.* 结果的；重要的；随之发生的

同 result, end

反 beginning, cause

# Day 04

## Previous Check

□ adequate
□ assertion
□ inherent
□ preferable
□ resentment
□ interfere
□ employable
□ assert
□ alienate
□ enlist
□ agitate
□ conviction
□ deplorable
□ shortsighted
□ aggressive
□ mobilize
□ specialize
□ obligated
□ assign
□ supervisor
□ coverage
□ vineyard
□ justify
□ devastating
□ mature
□ steer
□ undermine
□ gear
□ helmet
□ metallurgical

□ suburb
□ artisan
□ counterpart
□ geographically
□ outlying
□ proportion
□ substantially
□ vehicle
□ congestion
□ unwarranted
□ register
□ commute
□ virtually
□ intermittently
□ resume
□ artificially
□ chase
□ swerve
□ flee
□ arctic
□ chick
□ predator
□ virus
□ self-sufficient
□ consumption
□ assumption
□ acreage
□ radically
□ grant
□ hazard

□ longevity
□ mountainous
□ terrain
□ circumstance
□ populate
□ retirement
□ hiking
□ skiing
□ vacation
□ withdrawal
□ exhaust
□ curb
□ diminish
□ threat
□ resort
□ avalanche
□ layer
□ canned
□ tuna
□ attributable
□ steep
□ awkwardness
□ personnel
□ upstate
□ heartland
□ resolve
□ substitute
□ cylinder
□ visualize
□ option

□ notate
□ simplify
□ occupy
□ indication
□ succeed
□ quotient
□ variance
□ category
□ coordinate
□ principal
□ divisible
□ disprove
□ correlation
□ anticipate
□ loyalty
□ primary
□ inference
□ tolerate
□ reverse
□ suspicious
□ stylistic
□ colloquialism
□ regionalism
□ exhaustive
□ consistent
□ plural
□ quantify
□ batter
□ donation
□ expounder

001
## adequate
/ 'ædɪkwət /

释 *a.* **充足的；适当的；胜任的**

例 People accused the ministry of failing to take **adequate** preventive measures. 人们谴责该政府部门未能采取足够的预防措施。

派 adequacy *n.* 足够；适当

同 sufficient; capable

反 inadequate, insufficient; incapable

002
## assertion
/ ə'sɜːʃn /

释 *n.* **断言，声明；主张**

例 The **assertion** of the right to freedom is very important to all peoples. 维护自由权利对各民族来说都是至关重要的。

派 assertive *a.* 肯定的；独断的

同 affirmation, allegation

反 denial, rejection

003
## inherent
/ ɪn'hɪərənt /

释 *a.* **固有的，内在的；遗传的**

例 The desire for freedom is **inherent** in us all. 渴望自由是我们大家生来就有的愿望。

派 inherently *ad.* 内在地；固有地

同 genetic, inborn, innate

反 acquired, extrinsic

004
## preferable
/ 'prefrəbl /

释 *a.* **更好的，更可取的；更合意的**

例 Health without riches is **preferable** to riches without health. 有健康而无财富比有财富而无健康更好。

派 preference *n.* 偏爱；倾向；优先权

同 favored, preferred

005
## resentment
/ rɪ'zentmənt /

释 *n.* **怨恨，愤恨**

例 I detect an undercurrent of **resentment** towards the new proposals. 我察觉到对新提案有一股潜在的不满情绪。

搭 bear resentment towards / against sb 对…心怀怨恨

派 resentful *a.* 充满愤恨的；厌恶的

同 acrimony, antagonism, hatred

006
## interfere
/ ˌɪntə'fɪər /

释 *v.* **干涉，介入；妨碍，打扰**

例 He knew when to leave well alone and when to **interfere**. 他知道什么时候该适可而止，什么时候该插手干预。

搭 interfere with 干涉，干扰

派 interference *n.* 干扰，冲突；干涉

同 meddle, intervene; hamper, hinder

反 aid, assist

007
**employable**
/ ɪm'plɔɪəbl /

释 *a.* **可雇用的；可利用的**
例 People need basic education if they are to become **employable**. 想要有人雇用，人们需要接受基础教育。
派 employability *n.* 就业能力
同 serviceable, utilizable

008
**assert**
/ ə'sɜːt /

释 *v.* **主张，声称；断言**
例 I choose rather to hesitate my opinion than to **assert** it roundly. 我宁可犹疑地表达我的意见而不愿直率地断言这件事。
搭 assert one's rights 主张某人的权利
派 assertion *n.* 断言，声明；主张 assertive *a.* 肯定的；独断的
同 aver, allege

009
**alienate**
/ 'eɪliəneɪt /

释 *v.* **使不友好，使憎恨；使疏远**
例 A new format would **alienate** its ageing readership without attracting young readers. 新的版式会疏远上了年纪的读者群，并且也不会吸引年轻读者。
派 alienation *n.* 异化；疏远
同 estrange, disaffect
反 befriend

010
**enlist**
/ ɪn'lɪst /

释 *v.* **赢得…的支持；使入伍**
例 He used the medium of radio when he wanted to **enlist** public support or reassure the citizenry. 他利用广播媒介来获得公众支持或安定民心。
搭 enlist sb to do sth 征募某人做某事
派 enlistment *n.* 征募，应征入伍
同 recruit, register

011
**agitate**
/ 'ædʒɪteɪt /

释 *v.* **煽动；使激动；骚动**
例 They alienated working-class mothers by attempting to enlist them in **agitating** for progress causes. 她们试图赢得劳动阶层的母亲们的支持，煽动她们参与进步事业。
派 agitation *n.* 激动；煽动
同 stir, rouse, disturb
反 calm, soothe, tranquilize

012
**conviction**
/ kən'vɪkʃn /

释 *n.* **信念；定罪；说服**
例 There was not sufficient evidence to secure a **conviction**. 没有足够的证据来定罪。
搭 political / moral convictions 政治/道德信念
派 convictive *a.* 有说服力的；令人信服的
同 creed, doctrine

013
## deplorable
/ dɪ'plɔːrəbl /

释 a. 凄惨的；可叹的；令人遗憾的

例 The matter in your essay is good but the style is **deplorable**. 你的文章的内容很好，但是体裁太糟糕了。

派 deplore *v.* 谴责；悲悼

同 dreadful, execrable

反 delightful, happy

014
## shortsighted
/ ˌʃɔːt 'saɪtɪd /

释 a. 目光短浅的；近视的

例 They were correct in their conviction that child labor were deplorable but **shortsighted** about the impact of child labor legislation on working-class families. 他们坚信童工很凄惨，这一点是正确的；但他们在童工法规对劳动阶层家庭的影响上是目光短浅的。

派 shortsightedly *ad.* 短视地

015
## aggressive
/ ə'gresɪv /

释 a. 好斗的；有进取心的；侵略性的

例 They were **aggressive** in their attempts to enforce child labor legislation, but were unable to prevent working-class families from circumventing them. 她们很激进，试图强制执行童工法规，但无法阻止劳动阶层的家庭规避这类法规。

派 aggressively *ad.* 侵略地；攻击地 aggressiveness *n.* 攻击性；进取精神

同 militant, offensive

016
## mobilize
/ 'məʊbəlaɪz /

释 v. 动员，调动；组织

例 If you could **mobilize** these resources, you could get it done. 如果你能够调集这些资源，就可以把这件事做成。

派 mobilization *n.* 动员；调动

同 activate; assemble

反 demobilize, halt

017
## specialize
/ 'speʃəlaɪz /

释 v. 专门从事；详细说明

例 Vasquez-Morrel Assurance **specializes** in insuring manufacturers. Vasquez-Morrel保险公司专门从事厂商保险业务。

搭 specialize in 专门从事；专门研究

派 specialization *n.* 专门化；特殊化

同 concentrate

反 broaden

018
## obligated
/ 'ɒblɪgeɪtɪd /

释 a. 有义务的；责无旁贷的

例 Whenever a policyholder makes a claim, a claim adjuster determines the amount that Vasquez-Morrel is **obligated** to pay. 保险客户索赔时，索赔理算员决定Vasquez-Morrel应支付的数额。

派 obligation *n.* 义务；职责；债务

019
## assign
/ ə'saɪn /

释 *v.* 分派，指派；任命，委派

例 To ensure that the company's ability to handle claims promptly is affected as little as possible by the staff cuts, consultants recommend that Vasquez-Morrel lay off those adjusters who now take longest, on average, to complete work on claims **assigned** to them. 为保证人员缩减对公司迅速处理索赔的能力不受影响，咨询专家建议Vasquez-Morrel解雇那些平均花最长时间完成委派给他们的索赔任务的理算员。

派 assignment *n.* 分配；任务；作业

同 accredit, appoint

020
## supervisor
/ 'suːpəvaɪzər /

释 *n.* 管理者；监督人；检查员

例 **Supervisors** at Vasquez-Morrel tend to assign the most complex claims to the most capable adjusters. Vasquez-Morrel的管理者倾向于将最复杂的索赔分配给最能干的理算员。

派 supervision *n.* 监督，管理

同 administer, boss

021
## coverage
/ 'kʌvərɪdʒ /

释 *n.* 承保险别；覆盖；覆盖范围

例 The premium that Vasquez-Morrel currently charges are no higher than those charged for similar **coverage** by competitors. 目前Vasquez-Morrel收取的保险费与其他竞争对手对相似险别的保险费持平。

搭 media / newspaper / press coverage 媒体/报纸/新闻报道

同 insurance

022
## vineyard
/ 'vɪnjəd /

释 *n.* 葡萄园

例 Prolonged spells of hot, dry weather at the end of the grape-growing season typically reduce a **vineyard**'s yield, because the grapes stay relatively small. 在葡萄生长季节末，若干旱炎热天气的持续时间长，尤其会减少葡萄园的产量，因为葡萄会普遍较小。

023
## justify
/ 'dʒʌstɪfaɪ /

释 *v.* 证明是正当的；辩护

例 Which of the following, if true, does most to **justify** the analysts' expectation? 如果正确的话，以下哪一项最能证明分析家的期望是正确的?

搭 the end justifies the means 为了正当目的可以不择手段

派 justifiable *a.* 有道理的；可证明为正当的 justification *n.* 理由；辩护

同 verify, vindicate, warrant, validate

反 criticize, impugn

024
## devastating
/ 'devəsteɪtɪŋ /

释 *adj.* 毁灭性的，灾难性的

例 Long, hot, dry spells at the beginning of the grape-growing season are rare, but they can have a **devastating** effect on a vineyard's yield. 在葡萄生长季节的初期，持续长时间的炎热干旱天气比较少见，但是这样的天气会给葡萄园的产量造成破坏性的影响。

派 devastation *n.* 毁坏，破坏
同 ruin, ravage, demolish

025
**mature**
/ mə'tʃʊər /

释 *v.* **（使）成熟；长成** *a.* **成熟的，到期的；成年人的**
例 Grapes that have **matured** in hot, dry weather make significantly better wine than ordinary grapes. 在炎热干旱的天气中长成的葡萄能够酿造比普通葡萄好得多的葡萄酒。
搭 on mature reflection / consideration 慎重思考
派 maturation *n.* 成熟；化脓
同 grown, matured
反 immature, young

026
**steer**
/ stɪər /

释 *v.* **掌舵；控制，引导；驾驶**
例 In the past, most children who went sledding in the winter snow in Verland used wooden sleds with runners and **steering** bars. 过去，冬天去Verland滑雪的大多数儿童使用带有滑行装置和导向杆的木质雪橇。
派 steering *n.* 操纵；指导；掌舵
同 govern, control; drive

027
**undermine**
/ ˌʌndə'maɪn /

释 *v.* **削弱，损毁；暗中破坏；挖地道**
例 Which of the following, if true in Verland, most seriously **undermines** the force of the evidence cited? 在Verland，若以下哪项正确的话，最能削弱引用证据的效力？
派 underminer *n.* 暗中破坏者；潜挖坑道者
反 strengthen

028
**gear**
/ gɪər /

释 *n.* **装置，工具；齿轮** *v.* **使适应**
搭 reverse gear 汽车倒车挡 low / high gear 低速/高速挡
派 gearbox *n.* 变速箱；齿轮箱
同 device, tool, apparatus

029
**helmet**
/ 'helmɪt /

释 *n.* **头盔，钢盔**
例 Very few children wear any kind of protective gears, such as **helmets**, while sledding. 很少有儿童滑雪时穿戴保护装置，如头盔。
搭 crash helmet 安全帽
派 helmeted *a.* 佩戴头盔的

030
**metallurgical**
/ ˌmetə'lɜːdʒɪkl /

释 *a.* **冶金的；冶金学的**
派 metallurgy *n.* 冶金；冶金学；冶金术

031
**suburb**
/ 'sʌbɜːrb /

释 *n.* **郊区；边缘**
例 Factories are grouped in the northern **suburb** of the city. 工厂都集中在城市的北郊。

派 suburbanize *v.* 郊区化；使成为市郊
同 countryside, margin
反 urban, center, metropolis

032
**artisan**
/ ˌɑːtɪˈzæn /
释 *n.* 工匠，技工
例 Metal rings recently excavated from seventh-century settlements in the western part of Mexico were made using the same metallurgical techniques as those used by Ecuadorian **artisans** before and during that period. 最近在墨西哥西部发掘出的17世纪的金属环，其制造技术同厄瓜多尔工匠在17世纪前及17世纪使用的冶金技术相同。
派 artisanry *n.* 工艺；手艺；手艺活
同 artificer, craftsman

033
**counterpart**
/ ˈkaʊntəpɑːt /
释 *n.* 相对应的人；地位相同的人
例 Since the people of these two areas were in cultural contact, archeologists hypothesize that the metallurgical techniques used to make the rings found in Mexico were learned by Mexican artisans from Ecuadorian **counterparts**. 由于当时两地的人们之间有文化交流，考古学家假设在墨西哥发现的金属环锻造的冶金技术，是墨西哥工匠从厄瓜多尔匠人那里学来的。
同 pal, partner

034
**geographically**
/ ˌdʒiːəˈɡræfɪkli /
释 *ad.* 在地理上；地理学上
派 geographical *a.* 地理的；地理学的

035
**outlying**
/ ˈaʊtlaɪɪŋ /
释 *a.* 边远的；无关的
例 Before reorganization, the sales force was organized geographically, with some sales representatives concentrating on city-center businesses and others concentrating on different **outlying** regions. 在整顿之前，销售力量按地理位置进行了安排，一些销售代表集中处理位于城市中心的业务，另一些则集中在不同的边远地区。
搭 outlying area 边远地区
同 remote, faraway

036
**proportion**
/ prəˈpɔːʃn /
释 *n.* 比例；部分
例 What **proportion** of the total revenue of the company is generated by advertising sales? 这家公司的总收入中哪些部分是由广告销售带来的?
搭 in proportion to 与…成比例，与…相称 in proportion 成比例，相称
派 proportional *a.* 比例的，成比例的；相称的，均衡的
同 percentage, ratio, scale

037
**substantially**
/ səbˈstænʃəli /
释 *ad.* 大量地；实质上；大体上
例 The circulation of the company has increased **substantially** in the last two years. 在过去两年里，这家公司的发行量大幅提升了。
派 substantial *a.* 大量的；实质的

同 considerably, largely, materially
反 insignificantly, slightly

038
**vehicle**
/ 'viːəkl /

释 *n.* **传播媒介；车辆；交通工具**
例 Among all the types of industry and retailing that use the Greenville Times as an advertising **vehicle**, which type accounts for the largest proportion of the newspaper's advertising sales? 在所有利用Greenville Times作为广告媒介的行业和零售业中，哪种行业或零售业占该报纸广告销售的最大份额?
同 automobile, car, taxi

039
**congestion**
/ kən'dʒestʃən /

释 *n.* **拥挤，拥塞；充血**
例 Motorists in that country frequently complain that traffic **congestion** is much worse now than it was 20 years ago. 那个国家的司机经常抱怨交通拥堵比20年前严重多了。
搭 traffic congestion 交通拥堵
派 congested *a.* 堵塞的，拥挤的
同 clogging, jam

040
**unwarranted**
/ ʌn'wɒrəntɪd /

释 *a.* **无根据的；无保证的**
例 No real measure of how much traffic congestion there was 20 years ago exists, but the motorists' complaints are almost certainly **unwarranted**. 没法测量20年前的交通拥堵程度，但司机的抱怨几乎没有根据。
同 groundless, unjustified, unjustifiable
反 justifiable, reasonable, warranted

041
**register**
/ 'redʒɪstər /

释 *v.* **注册，登记；记录；挂号**
例 The country's highway capacity has tripled in the last twenty years, thanks to a vigorous highway construction program, whereas the number of automobiles **registered** in the country has increased by 75 percent. 由于大力进行公路建设，在过去20年间该国的公路容量增长了两倍，但登记的汽车数量增长了75%。
搭 hotel register 住宿登记簿
派 registration *n.* 登记；注册；挂号
同 enroll

042
**commute**
/ kə'mjuːt /

释 *v.* **通勤；交换** *n.* **通勤来往**
例 The country's urban centers have well-developed public transit systems that carry most of the people who **commute** into those center. 该国的市中心拥有发达的公共交通系统，能承载大多数人每天到市中心通勤。
派 commutation *n.* 经常来往；代偿；交换

043
**virtually**
/ 'vɜːtʃuəli /

释 *ad.* **几乎；事实上；实质上**
例 Tiger Beetles are such fast runners that they can capture **virtually** any nonflying insect. 斑蝥爬得很快，几乎能抓住所有不飞的昆虫。

派 virtual *a.* 实质上的，事实上的；虚拟的；有效的
同 practically, basically

044
**intermittently**
/ ˌɪntəˈmɪtəntli /

释 *ad.* 间歇地
派 intermittent *a.* 间歇的，断断续续的
同 occasionally, sporadically
反 continually, continuously

045
**resume**
/ rɪˈzjuːm /

释 *v.* 重新开始，继续；恢复
例 However, when running toward an insect, a tiger beetle will intermittently stop and then, a moment later, **resume** its attack. 然而，斑蝥朝一个昆虫爬过去时，会间歇性地停下来，过后重新开始袭击。
搭 resume talks / negotiations 重新开始谈话/谈判
派 resumable *a.* 可恢复的
同 restart

046
**artificially**
/ ˌɑːtɪˈfɪʃəli /

释 *ad.* 人为地，人工地；不自然地
派 artificial *a.* 人造的；仿造的；虚伪的
同 synthetically
反 naturally

047
**chase**
/ tʃeɪs /

释 *v.* 追赶；追捕 *n.* 追赶；追捕
例 When a prey insect is moved directly toward a beetle that has been **chasing** it, the beetle immediately stops and runs away without its usual intermittent stopping. 当被捕捉的昆虫朝捕捉它的斑蝥直线移动时，斑蝥会立刻停止，然后跑开，而不是平时那样偶尔停止。
派 chasable *a.* 可猎捕的
同 hunt, quest
反 escape, retreat

048
**swerve**
/ swɜːv /

释 *v.* 转弯；突然转向；背离 *n.* 转向；偏离的程度
例 In pursuing a **swerving** insect, a beetle alters its course while running and its pauses become more frequent as the chase progresses. 在追捕转弯飞行的昆虫时，斑蝥会在爬行时改变路线，在靠近捕捉物的过程中也会更频繁地停下。
派 swerveless *a.* 不转向的；坚定不移的
同 deflect, deviate, veer
反 straighten

049
**flee**
/ fliː /

释 *v.* 逃跑，逃走；逃避
例 The faster a beetle pursues an insect **fleeing** directly away from it, the more frequently the beetle stops. 斑蝥抓捕直线逃跑的昆虫越快，停下的次数就越多。
搭 flee away 逃跑
同 evade, escape

050
**arctic**
/ 'ɑːktɪk /

释 *a.* **北极的；极寒的** *n.* **北极圈**
例 Guillemots are birds of **Arctic** regions. 海雀是北极地区的鸟。
搭 the Arctic 北极区 Arctic Zone 北极区
同 frigid, frosty, gelid

051
**chick**
/ tʃɪk /

释 *n.* **小鸟；小鸡，雏鸡**
例 Guillemots need 80 consecutive snow-free days in a year to raise their **chicks**. 海雀一年需要80个连续的无雪天来哺育小鸟。
派 chicken *n.* 小鸡；鸡肉

052
**predator**
/ 'predətər /

释 *n.* **捕食者；食肉动物；掠夺者**
例 If the Arctic warming continues, guillemots' current **predators** are likely to succeed in extending their own range farther north. 如果北极持续升温，海雀现在的天敌的栖息地很可能会成功向北极扩展。
派 predatory *a.* 掠夺的；食肉的；捕食生物的
同 carnivore

053
**virus**
/ 'vaɪrəs /

释 *n.* **病毒；恶毒；毒害**
例 Some batches of polio vaccine used around 1960 were contaminated with SV40, a **virus** that in monkeys causes various cancers. 1960年左右使用的某些批次的小儿麻痹疫苗被SV40污染了，而这种病毒会导致猴子患上各种癌症。
派 virucide *n.* 杀病毒剂
同 microbe, pathogen

054
**self-sufficient**
/ ˌselfsə'fɪʃnt /

释 *a.* **自给自足的；极为自负的**
例 Gortland has long been narrowly **self-sufficient** in both grain and meat. Gortland一直以来勉强在粮食和肉类上保持自给自足。
派 self-sufficiency *n.* 自给自足；自负
同 self-dependent, self-sustained

055
**consumption**
/ kən'sʌmpʃn /

释 *n.* **消费；消耗**
例 However, as per capita income in Gortland has risen toward the world average, per capita **consumption** of meat has also risen toward the world average, and it takes several pounds of grain to produce one pound of meat. 然而，随着Gortland的人均收入提高并接近世界水平，人均消费的肉类也增长并接近了世界水平，而生产一磅肉需要消耗几磅粮食。
搭 domestic consumption 国内消费 public consumption 公众消费
派 consumptive *a.* 消耗性的；消费的

056
**assumption**
/ ə'sʌmpʃn /

释 *n.* **假定；设想；担任**
例 Which of the following is an **assumption** on which the argument depends? 以下哪项是该论断依据的假设？

搭 on the assumption that 假设 make assumptions about 做出假设
派 assumptive *a.* 假定的；设想的
同 supposal, supposition

057
## acreage
/ 'eɪkərɪdʒ /

释 *n.* 面积；英亩数
例 The total **acreage** devoted to grain production in Gortland will soon decrease. 在Gortland用于生产粮食的土地面积不久后会减少。
派 acre *n.* 土地；英亩

058
## radically
/ 'rædɪkli /

释 *ad.* 根本地；彻底地
例 People in Gortland who increase their consumption of meat will not **radically** decrease their consumption of grain. Gortland增加肉类消耗量的人根本不会减少粮食的消耗量。
派 radicalization *n.* 激进；激进化
同 entirely, thoroughly, wholly

059
## grant
/ grɑːnt /

释 *v.* 同意；授予；允许 *n.* 拨款
例 In order to prevent a major increase in local umemployment, the government is considering **granting** the plant's request. 为了避免当地大量人员失业，政府正在考虑同意工厂的要求。
搭 take sb / sth for granted 把…视为理所当然
派 grantee *n.* 受让人；被授予者

060
## hazard
/ 'hæzəd /

释 *n.* 危害物；危险；冒险的事 *v.* 赌运气；冒险
例 The level of pollutants presently being emitted by the plant is high enough to constitute a health **hazard** for local residents. 这家工厂排放出的污染物程度已经足够对当地居民的健康带来危险。
搭 a fire / safety hazard 火灾/安全隐患
派 hazardless *a.* 没有危险的
同 endangerment, imperilment, jeopardy, peril
反 protection, safeguard, safety

061
## longevity
/ lɒn'dʒevəti /

释 *n.* 寿命；长寿，长命
例 A physically active lifestyle has been shown to help increase **longevity**. 体育锻炼较多的生活方式被证明是有助于延长寿命的。
派 longevous *a.* 长寿的
同 durability, endurance

062
## mountainous
/ 'maʊntənəs /

释 *a.* 多山的；巨大的
例 Wistar is the only **mountainous** part of Bellaria. Wistar是贝拉里亚唯一的多山地区。
搭 mountainous region / terrain 多山地区/地势
同 hilly

063
**terrain**
/ tə'reɪn /

释 *n.* 领域，地带；地形，地势
例 A mountainous **terrain** makes even such basic activities as walking relatively strenuous. 多山地带会使得像走路这样的基本活动都比较费力。
同 domain, territory; topography

064
**circumstance**
/ 'sɜːkəmstəns /

释 *n.* 环境，情况；事件；境遇
例 Clearly, this **circumstance** explains the long lives of people in the country. 很明显，这种状况有助于解释为什么该国的人都很长寿。
搭 financial circumstances 财政状况 in / under no circumstances 决不
派 circumstantial *a.* 依照情况的；详细的，详尽的
同 situation, condition

065
**populate**
/ 'pɒpjuleɪt /

释 *v.* 居住于；构成人口
例 The Wistar region is one of Bellaria's least **populated** regions. Wistar地区是贝拉里亚居住人口最少的地区之一。
搭 a densely / sparsely populated country 人口多/少的国家
派 population *n.* 人口
同 live, reside, inhabit

066
**retirement**
/ rɪ'taɪəmənt /

释 *n.* 退休；隐居生活；撤退
例 Many people who live in the Wistar region have moved there in middle age or upon **retirement**. 很多居住在Wistar地区的人是在中年或退休后移居到这里的。
搭 take early retirement 提前退休 in retirement 退休，退役
派 retired *a.* 退休的；退役的；幽闭的
同 retreat, withdrawal

067
**hiking**
/ 'haɪkɪŋ /

释 *n.* 徒步旅行
搭 go hiking 去远足；去徒步旅行
同 backpacking

068
**skiing**
/ 'skiːɪŋ /

释 *n.* 滑雪运动；滑雪术
搭 go skiing 去滑雪 skiing wear 滑雪衣

069
**vacation**
/ və'keɪʃn /

释 *v.* 度假，休假 *n.* 假期
例 The many opportunities for hiking, skiing, and other outdoor activities that Wistar's mountains offer make it a favorite destination for **vacationing** Bellarians. Wistar的山地可供人们进行徒步、滑雪和其他户外运动，因此使得它成为很多贝拉里亚人度假的中意目的地。
搭 take a vacation 休假 on vacation 在度假
派 vacationist *n.* 休假者，度假者
同 holiday, leave, break

070
**withdrawal**
/ wɪð'drɔːəl /

释 *n.* 取消；撤退；提款

例 In this calculation of the average grade, course **withdrawals** were weighted as equivalent to a course failure, and the rate of **withdrawal** was much lower for students enrolled in classroom-based courses than for students enrolled in online courses. 在计算平均成绩时，取消选课相当于不及格，学生选课堂课程的退课率比选网络课程的退课率要低。

搭 make withdrawals 提款

派 withdrawn *a.* 偏僻的；沉默寡言的；孤独的

同 retraction, retreat

071
**exhaust**
/ ɪg'zɔːst /

释 *n.* 废气；排气；排气装置 *v.* 排除；耗尽；（使）筋疲力尽

例 For years the beautiful Renaissance buildings in Palitito have been damaged by **exhaust** from the many tour buses that come to the city. 多年来，大量抵达Palitito的观光车尾气毁坏了该市漂亮的文艺复兴式的建筑。

搭 exhaust fumes / emissions 废气/废气排放

派 exhausted *a.* 疲惫的；耗尽的

同 debilitate, fatigue, weary

反 animate, invigorate, refresh

072
**curb**
/ kɜːb /

释 *n.* 路边；抑制；勒马绳 *v.* 控制；勒住

例 There has been little parking space, so most buses have idled at the **curb** during each stop on their tour, and idling produces as much exhaust as driving. 由于停车位很少，所以很多汽车到达观光地后就在路边空转，这种空转也会排放出和行驶一样多的废气。

同 check, restrict, restrain

073
**diminish**
/ dɪ'mɪnɪʃ /

释 *v.* 减少；缩小；变小

例 The city has now provided parking that accommodates a third of the tour buses, so damage to Palitito's buildings from the buses' exhaust will **diminish** significantly. 目前该市提供能容纳三分之一观光车的停车位，因此汽车尾气对Palitito建筑的损坏会大幅减少。

派 diminished *a.* 减弱的，减退了的

同 abate, lessen, decrease

反 increase, enlarge

074
**threat**
/ θret /

释 *n.* 威胁；恐吓；凶兆

例 The exhaust from Palitito's few automobiles is not a significant **threat** to Palitito's buildings. Palitito仅有几辆汽车的尾气对该市建筑的威胁不大。

搭 pose a major threat to 对…构成主要威胁

派 threaten *v.* 威胁；恐吓

同 bluff, menace

075
**resort**
/ rɪ'zɔːt /

释 *n.* 旅游胜地，度假胜地；凭借；手段 *v.* 诉诸；依靠
例 Many new **resorts** were built here. 这儿新建了很多滑雪胜地。
搭 summer resorts 避暑胜地 resort to 采取；求助于；凭借

076
**avalanche**
/ 'ævəlɑːnʃ /

释 *n.* 雪崩 *v.* 雪崩
例 Over the same period, however, the number of visitors to ski resorts who were caught in **avalanches** decreased. 但是同一个时期内，在滑雪胜地遭遇雪崩的游客人数有所下降。
搭 an avalanche of 纷至沓来；蜂拥而至
同 snowslide

077
**layer**
/ 'leɪər /

释 *n.* 层；层次；阶层 *v.* 把…分层
例 Avalanches were most likely to happen when a large new snowfall covered an old **layer** of snow. 雪崩最有可能发生在新下的大雪覆盖旧雪层时。
搭 the ozone layer 臭氧层
同 tier

078
**canned**
/ kænd /

释 *a.* 罐装的
派 canner *n.* 罐头制造商
同 tinned

079
**tuna**
/ 'tjuːnə /

释 *n.* 金枪鱼，鲔鱼
例 A year ago, Dietz Foods launched a yearlong advertising campaign for its canned **tuna**. 一年前，Dietz食品公司为其金枪鱼罐头开展了长达一年的广告活动。

080
**attributable**
/ ə'trɪbjətəbl /

释 *a.* 可归因于…的；可归结于…的
例 An increase in sales directly **attributable** to new customers brought in by the advertising campaign. 销量的增长可直接归因于此次广告活动带来的新顾客。
搭 be attributable to 可归因于…
同 ascribable, contributable

081
**steep**
/ stiːp /

释 *a.* 急剧的；大幅度的（增加或减少）；陡峭的
例 There was a **steep** decline in sales of canned tuna. 罐装金枪鱼的销量急剧下降。
搭 steep increase / decrease 急剧上升/下降 steep slope 陡坡
同 sharp; abrupt
反 steady; stable

082
**awkwardness**
/ 'ɔːkwədnəs /

释 *n.* 拗口；难以理解；尴尬；笨拙
例 It should also minimize **awkwardness**, redundancy, and ambiguity. 要尽可能地使句子不拗口、不累赘，并且避免歧义的产生。
搭 display the awkwardness 显出笨拙
派 awkward *a.* 别扭的；令人尴尬的；笨拙的 awkwardly *ad.* 笨拙地

083
**personnel**
/ ˌpɜːsə'nel /

释 *n.* 全体员工；人事部门

例 They decided to suggest the training of fire-management **personnel**. 他们决定建议进行火灾管理员工的培训。

同 staff

084
**upstate**
/ ˌʌp'steɪt /

释 *a.* 州的最边远地区的；州的最北部地区的 *n.* 州内远离大城市的地区

搭 upstate New York 纽约的北部

反 downtown

085
**heartland**
/ 'hɑːtlænd /

释 *n.* 中心区域，核心地区

搭 the industrial heartland 工业中心

同 inland; downtown

086
**resolve**
/ rɪ'zɔːlv /

释 *v.* 解决；决心；决定；溶解 *n.* 坚决；坚决要做的事

例 The two sides are now working diligently to **resolve** their differences. 双方正进行不懈的努力，以解决他们之间的分歧。

搭 resolve the dispute 解决纷争

派 resolved *a.* 下定决心的；已解决的；断然的 resolvable *a.* 可分解的；可解决的；可溶解的 resolution *n.* 分辨率；决议；解决；决心

同 solve, settle

087
**substitute**
/ 'sʌbstɪtjuːt /

释 *v.*（用…）代替；取代 *n.* 代替物；代替者

例 Please **substitute** the given values into the formula. 请把给定的数值代入方程式中。

搭 substitute A (for B) 用A代替B substitute B (with / by A) 用A代替B substitute for sb / sth 代替某人/某事

派 substitution *n.* 代替

同 roplace

088
**cylinder**
/ 'sɪlɪndər /

释 *n.* 圆柱；圆柱体；圆筒

例 The **cylinder** is half full. 这个圆筒只有一半满。

搭 working / firing on all cylinders 竭尽全力；尽力干好

派 cylindrical *adj.* 圆柱形的；圆筒状的

同 column

089
**visualize**
/ 'vɪʒuəlaɪz /

释 *v.* 使形象化；想象；构思；设想

例 A Venn diagram can be helpful for **visualizing** the logic of the given information. 文氏图有助于人们理清所给信息的逻辑关系。

搭 visualize doing sth 想象做某事

派 visualization *n.* 想象

同 imagine

090
**option**
/ 'ɒpʃn /

释 *n.* 选择；选择权；选项
例 There are nine **options**. 有九种选择。
搭 have the option of doing sth 可选择做什么事 leave one's options open 暂时不作决定
派 optional *a.* 可选择的；选修的
同 choice; alternative; selection; preference

091
**notate**
/ nəu'teit /

释 *v.* 以符号表示，把…写成记号（或标志）
例 The question is when and how to **notate** them. 问题是何时以及如何以符号来表示它们。
派 notation *n.* 符号；记号；谱号
同 mark, annotate

092
**simplify**
/ 'sɪmplɪfaɪ /

释 *v.* 使简化；使简易
例 The first equation **simplifies** to y=0.25x. 第一个等式可以简化成y=0.25x。
派 simplification *n.* 简化；简化的事物
反 complicate

093
**occupy**
/ 'ɒkjupaɪ /

释 *v.* 占用；侵占；占领；忙于
例 The water is **occupying** half of the container's height. 水占据了容器的一半。
派 occupation *n.* 占用；侵占；职业 occupied *a.* 占据的

094
**indication**
/ ˌɪndɪ'keɪʃn /

释 *n.* 指示；象征；表明
例 There is no clear **indication**. 没有明显的迹象。
搭 indication of sth / doing sth 有做某事的迹象
派 indicate *v.* 表明；显示；象征 indicative *a.* 指示的；陈述的
同 signal; sign; omen; token

095
**succeed**
/ sək'siːd /

释 *v.* 随…之后；继承，继任；成功
例 Some people will **succeed** in their efforts to stop smoking. 一些人经过努力可以成功戒烟。
搭 succeed in doing sth 成功做某事
派 succession *n.* 交替；继任 successive *a.* 连续的；接连的
同 continue

096
**quotient**
/ 'kwəʊʃnt /

释 *n.* 系数；商，商数
例 Being rich doesn't actually increase your happiness **quotient**. 有钱不见得能提高你的幸福指数。
搭 intelligence quotient 智商 emotional quotient 情商

097
**variance**
/ 'veəriəns /

释 *n.* 方差；变化，变动
搭 variance in temperature 温差 at variance with sb / sth 矛盾；冲突
同 discrepancy; difference

098
**category**
/ 'kætəgəri /

释 *n.* 种类；类别
例 The surveyed companies could be placed into one of the following four **categories**. 被调查的公司可以归在以下四类中的一类。
搭 fall into the category of 属于…类别
派 categorize *v.* 将…分类；把…加以归类
同 kind; type; sort; genre

099
**coordinate**

释 / kəʊ'ɔːdɪnət / *n.* 坐标 / kəʊ'ɔːdɪneɪt / *v.* 使协调；搭配
例 The new captain was appointed to **coordinate** the performance of the team. 球队任命了新队长来协调球队的比赛。
派 coordination *n.* 协调；配合；协作

100
**principal**
/ 'prɪnsəpl /

释 *n.* 校长；负责人 *a.* 首要的；最主要的
例 Our **principal** problem is lack of money. 我们的主要问题就是缺钱。
搭 principal reason 最主要原因
同 main; major; primary; chief; foremost

101
**divisible**
/ dɪ'vɪzəbl /

释 *a.* 可除尽的；可分开的
例 60 is **divisible** by both 10 and 15. 60可以同时被10和15除尽。

102
**disprove**
/ ˌdɪs'pruːv /

释 *v.* 证明…是虚假的
例 This assumption is **disproved**. 这种假设被证明是错误的。
派 disproval *n.* 反证，反驳 disprovable *a.* 可证明是错误的
反 prove

103
**correlation**
/ ˌkɒrə'leɪʃn /

释 *n.* 相关性；联系
例 There is a **correlation** between highly advertised products and high-quality products. 打广告多的产品和高质量的产品有某种相关性。
搭 the correlation between smoking and disease 吸烟与疾病之间的联系
派 correlate *v.* 与…相关联 correlated *a.* 有相关性的

104
**anticipate**
/ æn'tɪsɪpeɪt /

释 *v.* 预估；预料
例 Companies **anticipate** that recurring purchases of high-quality products will eventually recover these advertising costs. 公司预估高质量产品的广告能吸引回头客，最终可以抵消广告费用。
派 anticipation *n.* 预期
同 estimate; expect

105
**loyalty**
/ 'lɔɪəlti /

释 *n.* 忠诚；忠实
例 The consumers will continue to buy these products over time because of **loyalty** to their high quality. 由于对高质量产品的忠诚，顾客将会继续购买这些产品。
派 loyal *a.* 忠诚的

106
**primary**
/ 'praɪməri /

释 *a.* **首要的，主要的；最早的，原始的**
例 The **primary** purpose can be determined only by evaluating the whole passage. 文章的主旨只能通过浏览整篇文章才能确定。
搭 primary aim 主要目的 primary stage 初始阶段
派 primarily *ad.* 主要地；根本地
同 fundamental; foremost; principal
反 secondary

107
**inference**
/ 'ɪnfərəns /

释 *n.* **推理；推断；推论**
例 The answer depends on making an **inference**. 答案可以通过推断得出。
派 infer *v.* 推理；推断
同 induction; conclusion

108
**tolerate**
/ 'tɒləreɪt /

释 *v.* **容许；承认；忍受**
例 Consumers can **tolerate** black-and-white advertisements for a longer time. 顾客接受黑白广告的时间会长点。
派 toleration *n.* 宽容
同 bear; endure; abide; stand

109
**reverse**
/ rɪ'vɜːs /

释 *n.* **反面；相反；反向** *v.* **反转；颠倒；推翻** *a.* **反面的；颠倒的**
例 It is reasonable to infer that the **reverse** is also true. 有理由推断其反面也是正确的。
搭 reverse effect 相反的效果
派 reversal *n.* 倒转，颠倒
同 opposition

110
**suspicious**
/ sə'spɪʃəs /

释 *a.* **怀疑的；猜疑的；可疑的**
例 Consumers are becoming **suspicious** of product quality. 顾客开始怀疑产品的质量。
搭 be suspicious of 怀疑
派 suspiciously *ad.*可疑地
同 doubtful; questionable
反 trustworthy; trustful

111
**stylistic**
/ staɪ'lɪstɪk /

释 *a.* **文体的；风格上的；体裁上的**
例 These questions require you to be familiar with the **stylistic** conventions and grammtical rules of standard written English. 这些问题要求你熟悉标准书面英文的文体惯例和语法规则。
搭 stylistic feature 文体特征 stylistic device 文体表现手法

112
**colloquialism**
/ kə'loʊkwiəlɪzəm /

释 *n.* **方言用语；口语表达；口语体**
例 His speech is informal and filled with **colloquialism**. 他的演讲是非正式的，而且很口语化。

113
**regionalism**
/ 'riːdʒənəlɪzəm /

释 *n.* 地方色彩，乡土风味；地区性，地区特征

例 In the thesis, he discusses the relation of **regionalism** and hotel design. 在这篇论文中，他对地域色彩和宾馆设计的关系进行了阐述。

114
**exhaustive**
/ ɪg'zɔːstɪv /

释 *a.* 详尽的；彻底的

例 The tour guide I hired seemed to have an **exhaustive** knowledge of the countryside round London. 我雇的导游似乎对伦敦周围的乡村了如指掌。

搭 an exhaustive investigation 彻底调查

同 detailed, thorough

反 general, superficial

115
**consistent**
/ kən'sɪstənt /

释 *a.* 一致的，符合的；坚持的，一贯的

例 Standard English requires elements within a sentence to be **consistent**. 标准英语要求句子中的各个成分之间前后一致。

搭 consistent with 与…相一致 consistent in 在…中一贯如此，始终一致

派 consistency *n.* 一致性，连贯性 inconsistent *a.* 不相一致的

同 accordant, consilient, coherent, coincident

反 inconsistent, incoherent

116
**plural**
/ 'plʊrəl /

释 *a.* 复数的 *n.* 复数

例 In English, nouns can be singular or **plural**. 英语中，名词有单复数之分。

反 singular

117
**quantify**
/ 'kwaːntɪfaɪ /

释 *v.* 确定…的数量，量化

例 Mass words are nouns **quantified** by an amount rather than by a number. “量数名词”是用“量”而不是“数”来量化的名词。

搭 difficult / impossible to quantify 难于/无法量化

派 quantifiable *a.* 可量化的

118
**batter**
/ 'bætər /

释 *v.* 连续猛击；磨损 *n.* 面糊；（棒球等的）打击手

例 John is still a feared **batter**, so most pitchers don't want to face him. 约翰依然是一个令人害怕的击球手，因此大部分投手都不愿意面对他。

搭 batter at / on / against 连续猛击… batter sb with sth 用某物猛击某人

派 battering *n.* 重创

119
**donation**
/ doʊ'neɪʃn /

释 *n.* 捐款；捐赠物；捐赠

例 Even though philanthropic donations have traditionally provided some support for the hospitals, such **donations** are at present declining. 即使慈善捐款一直有资助医院的传统，但是现在这种捐款在减少。

同 endowment, contribution

120
**expounder**
/ ik'spaundər /

释 *n.* 解释者

搭 official expounder 正式阐述者

# Day 05

## Previous Check

- □ pitcher
- □ redundant
- □ correlative
- □ devastation
- □ vanilla
- □ refreshed
- □ imprecise
- □ burglar
- □ ace
- □ nonfiction
- □ proficiency
- □ dangle
- □ concisely
- □ superfluous
- □ discriminate
- □ surge
- □ eccentric
- □ migration
- □ complication
- □ surpass
- □ intricate
- □ miniature
- □ chamber
- □ moisture
- □ exhale
- □ crystallize
- □ explosive
- □ instant
- □ veneration
- □ blur
- □ carnivorous
- □ mammal
- □ endure
- □ lethal
- □ clay
- □ mortar
- □ unaccompanied
- □ cutback
- □ vortex
- □ flavor
- □ additive
- □ acquire
- □ repeatedly
- □ potent
- □ venom
- □ amass
- □ dispersal
- □ pollinate
- □ alleged
- □ conversely
- □ metabolize
- □ render
- □ irritate
- □ outnumber
- □ primate
- □ static
- □ manifestation
- □ cramped
- □ indicative
- □ debilitating
- □ drain
- □ bolster
- □ sag
- □ pare
- □ discourse
- □ determinant
- □ fertility
- □ ensconce
- □ rivalry
- □ cynical
- □ radiant
- □ ardent
- □ observable
- □ artisan
- □ enshrine
- □ pronounce
- □ landlocked
- □ automotive
- □ assemble
- □ brisk
- □ discrete
- □ expatriate
- □ consolidate
- □ pugnacious
- □ truce
- □ reconvene
- □ predisposition
- □ buffer
- □ conglomerate
- □ trench
- □ traverse
- □ encase
- □ seamless
- □ stationary
- □ poacher
- □ salvage
- □ ingest
- □ delinquent
- □ perpetrator
- □ ulcer
- □ mucous
- □ freestanding
- □ eject
- □ ozone
- □ longitudinal
- □ groove
- □ chip
- □ incipient
- □ effigy
- □ supplicant
- □ rudimentary
- □ regenerative
- □ overcompensate
- □ maritime
- □ subscription
- □ localize
- □ havoc
- □ migratory
- □ catastrophic
- □ reversal

001
**pitcher**
/ ˈpɪtʃər /

释 *n.* （棒球运动中的）投手；有柄水罐
例 I think he might have been the best **pitcher** in baseball ever. 我想他可能是棒球赛上有史以来最好的投手。
搭 a pitcher of water 一罐水

002
**redundant**
/ rɪˈdʌndənt /

释 *a.* 多余的；累赘的
例 There are too many **redundant** words in his essay. 他的论文里多余的词太多。
搭 make a job / position redundant 使某一工作/职位冗余
派 redundancy *n.* 过剩；冗余
同 superfluous, wordy

003
**correlative**
/ kəˈrelətɪv /

释 *a.* 有相互关系的，相关的 *n.* 有相互关系的人或物；关联词
例 Students' academic performance and their motivation are highly **correlative**. 学生的学业表现和他们的学习动力是高度相关的。
同 relevant, interrelated, pertinent
反 irrelevant, extraneous

004
**devastation**
/ ˌdevəˈsteɪʃn /

释 *n.* 巨大的损害，毁坏
例 There was less **devastation** than I was told. 毁坏程度不像我被告知的那样厉害。
同 demolishment, destruction

005
**vanilla**
/ vəˈnɪlə /

释 *n.* 香草，香子兰 *a.* 香草（味）的；平淡的，乏味的
例 We had to choose between chocolate and **vanilla**. 有巧克力味的和香草味的，我们必须从中选一个。
搭 vanilla ice-cream 香草味冰淇淋

006
**refreshed**
/ rɪˈfreʃt /

释 *a.* 恢复精神的，精神焕发的
例 I took a bath, went to sleep and woke up **refreshed**. 我泡了个澡，然后睡下了，醒来时精神焕发。
同 recreative

007
**imprecise**
/ ˌɪmprɪˈsaɪs /

释 *a.* 不精确的；不严密的
例 Good sentence structure should avoid constructions that are awkward, wordy, redundant, **imprecise**, or unclear, even when they are free of grammatical errors. 好的句子应避免使用笨拙、冗长、累赘、不严密或不清晰的结构形式，即使这种结构形式本身没有语法错误。
派 imprecision *n.* 不精确
同 inaccurate, inexactitude
反 precise, exact, accurate

008
**burglar**
/ 'bɜːrglər /

释 *n.* **盗贼，窃贼**

例 Before we left on vacation, we watered the plants, checked to see that the stove was off, and set the **burglar** alarm. 在我们度假离开之前，我们给植物浇了水，检查了火炉是否已经关上，并设置好了防盗警报。

009
**ace**
/ eɪs /

释 *n.* **幺点；能手** *a.* **一流的** *v.* **发球得分；在考试中取得好成绩**

例 The student has been studying hard in the hope of **acing** the test. 这名学生一直在努力学习，希望在考试中取得好成绩。

搭 hold the aces 占有胜券在握之优势

010
**nonfiction**
/ nɔn'fikʃn /

释 *n.* **非小说类文学或电影**

例 She is best known for her crime fiction work, but she has also written several **nonfiction** books as well. 她最广为人知的是她的犯罪小说作品，但她也写了一些非小说类书籍。

搭 nonfiction books 非小说类图书

派 nonfictional *a.* 非小说类的

反 fiction

011
**proficiency**
/ prə'fɪʃnsi /

释 *n.* **熟练，精通**

例 Mrs. White spoke with affectionate praise of her daughter's **proficiency** in French. 怀特夫人极其恳切地把她女儿对法语的精通赞扬了一番。

搭 proficiency in / with / at 精通于…

派 proficient *a.* 熟练的，精通的

012
**dangle**
/ 'dæŋgl /

释 *v.* **（使）悬挂，（使）吊着**

例 It's very interesting to **dangle** a ball on a string before a cat. 在小猫眼前晃线球很有意思。

搭 dangle from 悬挂于… dangle in front of 在…面前摇晃着

013
**concisely**
/ kən'saɪsli /

释 *ad.* **简明地，简洁地，简练地**

例 An effective sentence expresses an idea or relationship clearly and **concisely** as well as grammatically. 一个有效的句子能够清晰、简洁而又合乎语法地表达某一思想或关系。

014
**superfluous**
/ suː'pɜːrfluəs /

释 *a.* **多余的；过多的，过剩的；不必要的**

例 It means that there are no **superfluous** words or needlessly complicated expressions in the best choice. 它意味着在最佳的选择中没有冗余词语或不必要的复杂表达。

派 superfluousness *n.* 冗余，多余；过剩

同 unnecessary

015
**discriminate**
/ dɪ'skrɪmɪneɪt /

释 *v.* 区别，辨别；歧视
例 This strategy will help you **discriminate** among the answer choices. 这一策略会帮助你甄别选项。
搭 discriminate against 歧视 discriminate between 区别，辨别，识别
派 discrimination *n.* 歧视；鉴赏力；辨别
同 differentiate, distinguish

016
**surge**
/ sɜːrdʒ /

释 *v.* 飙升，猛增 *n.* 波涛汹涌；飙升，激增
例 Although a **surge** in retail sales has raised hopes that a recovery is finally under way, many economists say that without a larger amount of spending the recovery might not last. 尽管零售业销售量的激增让人们开始憧憬经济复苏终于来临，但许多经济学家表示，如果没有大量的消费支出，经济复苏可能不会持久。
搭 surge forward / through 涌向，冲向

017
**eccentric**
/ ɪk'sentrɪk /

释 *a.* 古怪的，怪癖的；反常的 *n.* 古怪的人
例 Beneath his **eccentric** appearance, he is a kind and generous person. 在他古怪的外表之下，他是一个善良而慷慨的人。
同 whimsical, queer, wacky, odd, flakey

018
**migration**
/ maɪ'greɪʃn /

释 *n.* 移民，迁居；迁徙
例 Of all the vast tides of **migration** that have swept through history, perhaps none was more concentrated than the wave that brought 12 million immigrants onto American shores in little more than three decades. 在席卷历史的移民大潮中，或许没有哪一次能与这次在30多年的时间里就使1200万移民涌入美国沿海的移民浪潮相比。

019
**complication**
/ ˌkaːmplɪ'keɪʃn /

释 *n.*（新出现的）难题，困难
例 The unforeseen storm added a further **complication** to our journey. 一场没预料到的暴风雨给我们的旅行增加了更多的困难。

020
**surpass**
/ sər'pæs /

释 *v.* 超过，胜过；优于
例 Diabetes, together with its serious complications, ranks as the nation's third leading cause of death, **surpassed** only by heart disease and cancer. 糖尿病及其严重的并发症被列为全国第三大死亡病因，仅次于心脏病和癌症。
搭 surpass oneself 超越自我 surpass one's expectation 超出某人的期待
同 exceed

021
**intricate**
/ 'ɪntrɪkət /

释 *a.* 错综复杂的，复杂精细的；难理解的
例 I can't put the novel down, because the plot of the story is **intricate** and fascinating. 我无法放下这本小说，因为故事情节既错综复杂又引人入胜。
搭 intricate structure 错综复杂的结构 intricate patterns 复杂精细的图案
同 complex, complicated, perplexing, confused
反 simple, plain

022
**miniature**
/ 'mɪnətʃʊr /

释 *a.* 微小的；小规模的 *n.* 微型图；小模型
例 Inside a toy store, the children are staring at the two electric trains chugging through a **miniature**, snow-covered town. 在一家玩具店里，孩子们都在目不转睛地看两列电动火车在一座白雪覆盖的微型城市里嘎嘎行驶。
搭 in miniature 微缩版，小规模
同 tiny, small, minute

023
**chamber**
/ 'tʃeɪmbər /

释 *n.* 室，房间；会议厅；议院
例 The archeologists found fragments of a vase in the burial **chamber**. 考古学家在墓穴中发现了花瓶的碎片。
搭 council chamber 会议厅，议事厅 gas chamber 毒气室
同 compartment, room

024
**moisture**
/ 'mɔɪstʃər /

释 *n.* 潮湿；湿气；湿度
例 Plants absorb **moisture** from the soil and carbon dioxide from the air. 植物从土壤中汲取水分并从空气中吸收二氧化碳。
同 wet, humidity

025
**exhale**
/ eks'heɪl /

释 *v.* 呼出，呼气；散发
例 The doctor asked me to hold my breath for a moment and then **exhale**. 医生让我先屏住呼吸片刻，然后呼气。
派 exhalation *n.* 呼气；散发；散发物
同 emit, blow, expel
反 inhale

026
**crystallize**
/ 'krɪstəlaɪz /

释 *v.*（使）结晶；（使）具体化；覆以糖霜
例 Once it cooled down, the syrup began to **crystallize**. 一旦冷却，糖浆就开始结晶了。
派 crystallization *n.* 结晶，晶化

027
**explosive**
/ ɪk'sploʊsɪv /

释 *a.* 爆炸（性）的；爆发（性）的 *n.* 爆炸物，炸药
例 The police stated that the **explosive** device caused the explosion at the plaza was left inside a trash can. 据警方说，造成商场爆炸的爆炸性装置被放在了一个垃圾桶里。
派 explosiveness *n.* 爆炸性

028
**instant**
/ 'ɪnstənt /

释 *a.* 立即的；紧急的；速溶的 *n.* 瞬间；立即
例 The news of his victory at the presidential election produced an **instant** outpouring of joy among people. 他在总统大选中获胜的消息立即在人群中营造了欢乐的气氛。
搭 in an instant 立刻，马上 instant coffee 速溶咖啡
同 immediate, urgent, prompt, quick

029
**veneration**
/ 'venəreɪʃn /

释 *n.* 崇敬
例 In some countries, people bow to the elderly to express courtesy and **veneration**. 在一些国家，人们向老人鞠躬表达礼貌和尊敬。

030
**blur**
/ blɜːr /

释 *v.* 使…模糊；弄脏 *n.* 污点；模糊
例 If your hands tremble while taking a picture, the picture will **blur**. 如果你在拍照时手抖了，照片就会模糊。

031
**carnivorous**
/ kaːr'nɪvərəs /

释 *a.* 食肉的，肉食性的
例 The **carnivorous** animals are characterized especially by their large, sharp teeth. 肉食动物主要以它们大而尖的牙齿为特征。
反 vegetarian

032
**mammal**
/ 'mæml /

释 *n.* 哺乳动物
例 There is a close analogy between the function of the gills of a fish and the lungs of a **mammal**. 鱼鳃的功能与哺乳动物的肺的功能很相似。
同 mammalian

033
**endure**
/ ɪn'dʊr /

释 *v.* 忍受，容忍；持续
例 They can't **endure** much longer in the desert without water. 他们在没有水的情况下无法在沙漠中坚持很久。
搭 endure doing sth 忍受做某事
派 endurable *a.* 可忍受的；能忍耐的；能持久的
同 bear, stand, tolerate, undergo, last, persist

034
**lethal**
/ 'liːθl /

释 *a.* 致命的，死亡的；危险的
例 Carnivorous mammals can endure what would otherwise be **lethal** levels of body heat because they have a heat-exchange network that keeps the brain from getting too hot. 食肉哺乳动物可以忍受在相反情况之下能达到致命程度的身体热量，因为它们拥有一套可以防止大脑变得过热的热量交换系统。
搭 lethal gene 致命基因 lethal mutation 致死性突变 lethal factor 致死因素
派 lethality *n.* 致命性，杀伤力
同 deadly

035
**clay**
/ kleɪ /

释 *n.* 泥土，黏土；（人的）躯体
例 The potter squeezed and shaped the lump of **clay** into a graceful shape in a few minutes. 陶艺家用了几分钟的时间就把黏土块捏塑成了优美的形状。
同 mud

036
**mortar**
/ 'mɔːrtər /

释 *n.* 灰浆，灰泥
例 The walls are held together with metal links placed in the wet **mortar** during construction. 在施工过程中，那些墙是用放置在湿砂浆中的金属链环连接在一起的。
搭 mud mortar 泥灰浆

037
**unaccompanied**
/ ˌʌnə'kʌmpənid /

释 *a.* 无伴侣的，无伴随的；无伴奏的
例 At the end of the live performance, she sang an **unaccompanied** country song for an encore. 在现场表演的最后部分，她应观众再唱一曲的要求，清唱了一首乡村歌曲。
搭 unaccompanied luggage 非随身携带的行李

038
**cutback**
/ 'kʌtbæk /

释 *n.* 减少，削减
例 London Underground said it may have to axe 500 signalling jobs because of government **cutbacks** in its investment. 伦敦地铁称由于政府削减了投资，可能将不得不削减500个信号员的岗位。
搭 cutback in 在…方面的减少 sharp / drastic / severe cutback 急剧/猛烈/严重削减
同 reduction

039
**vortex**
/ 'vɔːrteks /

释 *n.* 旋风；漩涡；涡流
例 When they were going through a divorce, their children were swept into the **vortex** of their embittered emotions and endless fights. 当他们准备离婚时，他们的孩子被卷入了他们怨恨的情感和无休止的争吵的漩涡之中。
搭 vortex of …的漩涡

040
**flavor**
/ 'fleɪvər /

释 *n.* 味道；风味；调味品 *v.* 给…添加调味品；为…增添情趣
例 This bottle of wine has a mild fruity **flavor**, which is a good choice for the family dinner. 这瓶酒的味道温和又带有果香，是家庭聚会的好选择。
搭 flavor of …的味道 add flavor to 为…增添风味
同 season, spice

041
**additive**
/ 'ædətɪv /

释 *n.* 添加剂 *a.* 添加的；加法的
例 Some food **additives** are regarded as necessary and beneficial by the manufacturer. 生产商认为一些食品添加剂是必要也是有益的。
搭 food additives 食品添加剂

042
**acquire**
/ ə'kwaɪər /

释 *v.* 获得，取得；学到
例 Since she was five years old, my sister has practiced assiduously to **acquire** the art of traditional Chinese painting. 我的姐姐从五岁开始就努力练习，终于掌握了国画艺术。
搭 acquire a taste for 开始喜欢…
派 acquisition *n.* 得到，获得；习得（物）
同 gain, earn, obtain
反 lose, miss

043
**repeatedly**
/ rɪ'piːtɪdli /

释 *ad.* 反复地，重复地；多次
例 Unlike the honeybee, the yellow jacket can sting **repeatedly** without dying and carries a potent venom that can cause intense pain. 与蜜蜂不同的是，小黄蜂可以反复叮蜇而不会因此丧命，而且它携带着一种会引起剧痛的强性毒液。

044
**potent**
/ 'poʊtnt /

释 *a.* （药等）效力大的，威力大的；强有力的
例 The chemotherapy has a **potent** effect on shrinking the tumor, but it cannot cure cancer permanently. 化疗对缩小肿瘤的效果很大，但不能根治癌症。
搭 potent drugs 强效药物 potent weapon 强大的武器
同 powerful, strong, mighty, forceful
反 impotent

045
**venom**
/ 'venəm /

释 *n.* 恶意，恶毒；毒液
例 The snake uses its **venom** to stun or paralyze its prey. 蛇用其毒液使猎物失去知觉或瘫痪。
同 malice, animosity, bitterness, poison
反 goodness

046
**amass**
/ ə'mæs /

释 *v.* 积聚，累积；收集
例 The capitalists **amass** great wealth by exploiting the workers. 资本家通过剥削工人积累巨大财富。
搭 amass evidence 收集证据 amass fortune 积累财富
派 amassment *n.* 积聚，积累
同 accumulate, assemble, collect, gather

047
**dispersal**
/ dɪ'spɜːrsl /

释 *n.* 传播，散布；分散
例 Plants have different mechanisms of **dispersal** for their seeds. 植物传播种子的方法各不相同。
搭 dispersal effect 分散效应 seed dispersal 种子传播
同 spread, circulation, diffusion; evacuation

048
**pollinate**
/ 'pɑːləneɪt /

释 *v.* 给…授粉
例 Recently, researchers reported that air pollution may prevent bees from finding plants to **pollinate**. 最近，研究人员报道说空气污染可能阻止蜜蜂发现植物以进行授粉。
派 pollination *n.* 授粉

049
**alleged**
/ ə'ledʒd /

释 *a.* 声称的；被断言的；可疑的；被指控的
例 The judges were asked to investigate the inconsistencies in his **alleged** testimony. 法官被要求调查他所声称的证词中的前后矛盾之处。
搭 alleged offence / crime 遭指控的罪状/犯罪

050
**conversely**
/ 'kɑːnvɜːrsli /

释 *ad.* 相反（地）
例 **Conversely**, some people who have acquired great proficiency in a foreign language may find it difficult to succeed in other fields such as mastering an instrument. 相反，有些人在掌握外语方面很成功，可是在其他专业领域，比如精通一门乐器，取得成就却很难。
同 on the contrary, instead

051
**metabolize**
/ mə'tæbəlaɪz /

释 *v.* （使）产生代谢变化
例 Protein and vitamin B2 in soybean help to **metabolize** amino acids, which rejuvenate the skin. 大豆中含有的蛋白质及维生素B2能促进氨基酸代谢，有助于促使皮肤的再生。
派 metabolizable *a.* 可代谢的

052
**render**
/ 'rendər /

释 *v.* 致使，使变得；给予；翻译；归还
例 These tests designed for the hypothesis were so seriously flawed as to **render** the results meaningless. 这些为这个假设设计的测试存在严重的错误，致使结果变得毫无意义。
搭 render a decision / opinion / judgement 做出决定/给出意见/做出审判 render...as... 使…呈现为…
派 rendering *n.* 翻译；演出 renderable *a.* 可渲染的
同 present; translate

053
**irritate**
/ 'ɪrɪteɪt /

释 *v.* 使恼怒，使烦躁；使不适，使疼痛
例 He is so arrogant, and his offensive manner of talking to his colleagues finally began to **irritate** them. 他是如此傲慢，他与同事说话的无礼方式终于将他们激怒了。
派 irritating *a.* 使人气愤的，令人恼怒的 irritation *n.* 激怒，恼怒；疼痛
同 exasperate, anger, annoy, infuriate, provoke, vex
反 please, appease

054
**outnumber**
/ ˌaʊt'nʌmbər /

释 *v.* 数量上超过
例 Every summer, tourists visiting New York **outnumber** its permanent residents forty times. 每年夏天，来纽约参观的游客人数超过当地人口的40倍。
搭 outnumber sb / sth by sth 在…方面超过… vastly / greatly / heavily outnumber 数量远远超过
同 exceed

055
**primate**
/ 'praɪmeɪt /

释 *n.* 灵长类（动物） *a.* 灵长类的，灵长目的
例 On the field trip, the first-grade students spent hours watching the playful monkeys at the **primate** exhibit. 在郊游中，一年级的学生花了好几个小时的时间在灵长类动物展示区看那些爱玩耍的猴子。

056
**static**
/ 'stætɪk /

释 *a.* 静止的，静态的 *n.* 静电；反对
例 Prices on the stock market, which have been **static**, are now dropping rapidly. 股市价格一直停滞不动，现在又开始猛跌。
搭 static electricity 静电
同 dormant, inactive, inert, sluggish
反 dynamic

057
**manifestation**
/ ˌmænɪfe'steɪʃn /

释 *n.* 表明；表现，表现形式
例 Art is a **manifestation** of an artist's belief, emotion and experience. 艺术是一位艺术家的信仰、情感和经历的表现形式。
搭 manifestation of …的表现
同 demonstration, expression, reflection

058
**cramped**
/ kræmpt /

释 *a.* 狭窄的；（字迹拥簇）难以辨认的；束缚的
例 The house was terribly small and **cramped**, but the real estate agent exaggeratedly described it as a splendid residence. 房子十分狭小而且拥挤，但房产经纪人却夸张地把它说成是豪华住宅。
搭 cramped conditions 拥挤不堪的条件 cramped quarters 拥挤的处所

059
**indicative**
/ ɪn'dɪkətɪv /

释 *a.* 指示的；暗示的；陈述语气的 *n.* 陈述语气的动词形式
例 He is suffering from chest pain and short breath, which according to the doctors to be strongly **indicative** of heart attack. 他胸痛、气短，据医生说，这些症状都是心脏病发作的明显前兆。
搭 be indicative of 表明，暗示… indicative mood 陈述语气
同 suggestive

060
**debilitating**
/ dɪ'bɪlɪteɪtɪŋ /

释 *a.* 使衰弱的；削弱力量的
例 Although schistosomiasis is not often fatal, it is so **debilitating** that it has become an economic drain on many developing countries. 尽管血吸虫病往往不是致命疾病，但它能令人身体虚弱异常，因而成为许多发展中国家的一种经济负担。
搭 debilitating disease 使人虚弱的疾病

061
**drain**
/ dreɪn/

释 *v.* 排水；耗尽 *n.* 排水管；排水；消耗
例 His wife's illness has been a great **drain** on their savings. 他妻子的病花费了他们的大部分积蓄。
搭 brain drain 人才外流 down the drain 浪费掉，化为乌有，落空 a drain on sth …的流失，耗尽
同 deplete, exhaust

062
**bolster**
/ 'boʊlstər /

释 *v.* 支持；加固 *n.* 长枕，靠垫
例 Both sides offered data to **bolster** their arguments. 双方都拿出数据来支持他们的论点。
搭 bolster sb / sth (up) 支持、鼓励… bolster up 支持，援助，维持

063
**sag**
/ sæg /

释 *v.* 下垂；下跌，下降；消沉 *n.* 下垂；萧条；凹陷
例 The shelf began to **sag** gradually beneath the weight of the books upon it. 书架在书的重压下渐渐下弯。
搭 sagging roof 下陷的屋顶 sagging economy 疲软的经济
同 droop, sink, slump
反 soar, surge

064
**pare**
/ per /

释 *v.* 削减，缩减；削（皮）
例 The government was trying hard to **pare** down its budges and expenses. 政府正在竭力削减预算和开支。
搭 pare down 削减，减少
同 cut down; peel

065
**discourse**

释 / 'dɪskɔːrs / *n.* 论文；演说；谈话 / dɪs'kɔːrs / *v.* 讲述，著述
例 In 1850, Lucretia Mott published her *Discourse on Women*, a treatise that argued for equal political and legal rights for women. 1850年卢克雷蒂娅・莫特发表了一篇论文《关于女性的论文》，阐述了女性应享有平等政治和合法权利的内容。
搭 discourse on / upon 关于…的论文/演说
同 address, converse, lecture

066
**determinant**
/ dɪ'tɜːrmɪnənt /

释 *n.* 决定因素；行列式
例 To develop more accurate population forcasts, **demographers** would have to know a great deal more than they do now about the social and economic determinants of fertility. 为了形成更为精确的人口预测，人口预测学家不得不了解比目前更多的有关社会和经济方面的繁殖力决定因素。
搭 determinant of … 的决定性因素

067
**fertility**
/ fər'tɪləti /

释 *n.*（土地的）肥沃，丰饶；繁殖力；（思想等的）丰富
例 For some impoverished rural areas, the benefits of lowering **fertility** are apparent. 对于一些贫困的农村地区来说，降低生育率的益处是显而易见的。
搭 male / female fertility 男性/女性生育力 fertility treatment 生育治疗
反 sterility, infertility

068
**ensconce**
/ ɪn'skaːns /

释 *v.* 隐藏；安顿下来，安置
例 Laos has a land area comparable to that of Great Britain but a population of only four million people, many of whom are members of hill tribes **ensconced** in the virtually inaccessiblo mountain valleys of the north. 老挝的国土面积和英国一样大，但是只有400万人口，而且有很多都属于隐匿于难以接近的北部山谷的山区部落成员。
搭 ensconce in / at / on 安顿/坐于 ensconce oneself 安顿好自己
同 settle, establish

069
**rivalry**
/ 'raɪvlri /

释 *n.* 敌对状态，对抗；竞争
例 Despite their bitter on-screen **rivalry**, the two actresses are close friends off stage. 虽然她们在银幕上是针锋相对的对手，但在现实生活中，这两名女演员却是至交。
搭 rivalry between …之间的竞争、对抗
同 competition, contention

070
## cynical
/ ˈsɪnɪkl /

释 *a.* 愤世嫉俗的；（对人性或动机）怀疑的；好批评或冷嘲热讽的

例 The director may be **cynical** about the film industry, but ultimately he has no intention of quitting his job that supports his luxurious life style. 这位导演也许对电影业有些冷嘲热讽，但他终究不会辞去这份可以支撑他奢华生活方式的工作。

搭 cynical about 对…愤世嫉俗/冷嘲热讽

同 misanthropic

071
## radiant
/ ˈreɪdiənt /

释 *a.* 容光焕发的；光芒四射的；辐射的

例 At the end of the commencement, the president of the university stood up, looking **radiant** in his suit, and gave a rousing speech. 在毕业典礼的最后，这所大学的校长站了起来，他身穿西服，容光焕发，发表了激动人心的讲话。

搭 a radiant smile 灿烂的笑容 radiant with 洋溢着，充盈着…

同 beaming, bright, glowing, luminous, shining

反 dim

072
## ardent
/ ˈɑːrdnt /

释 *a.* 热心的；热情的；热烈的，热切的

例 He is one of the most **ardent** supporters of the new health insurance policy proposed by the president. 他是总统提出的医疗保险政策的最热情的支持者之一。

搭 ardent supporter 热心的支持者

同 earnest, devoted, enthusiastic, fervent, passionate, zealous

反 indifferent

073
## observable
/ əbˈzɜːrvəbl /

释 *a.* 可观察到的；值得注意的；可遵守的

例 Quasars, at billions of light-years from Earth the most distant **observale** objects in the universe, are believed to be the cores of galaxies in an early stage of development. 类星体，这一距离地球数十亿光年、人类在宇宙中能够观测到的最远距离天体，被认为是银河系早期发展阶段的核心。

搭 observable change 值得注意的变化

同 discernible, noticeable

074
## artisan
/ ˈɑːrtəzn /

释 *n.* 手艺人，工匠；技工

例 The experienced **artisan** would pass on the tricks of the trade to his apprentice. 这位经验丰富的工匠会把做买卖的诀窍传给他的徒弟。

派 artisanal *a.* 工匠的 artisanship *n.* 手艺，工艺，手艺活

同 craftsperson, craftsman, mechanic

075
## enshrine
/ ɪnˈʃraɪn /

释 *v.* 把…奉为神圣；把…置于神龛内；珍藏，铭记

例 In ancient Thailand, much of the local artisans' creative energy was expended on the creation of Buddha images and on construction and decoration of the temples in which they were **enshrined**. 在泰国古时候，当地工匠的大部分创造力运用在了佛像的创作以及供奉佛像的寺庙的建设与装饰之上。

搭 be enshrined in 铭记/珍藏于…

派 enshrinement *n.* 置于神龛内；珍藏

076
**pronounce**
/ prə'naʊns /

释 *v.* 发…的音；宣布；判断

例 In 1713, Alexander Pope began his translation of the *Iliad*, a work that took him seven years to complete and that literary critic Samuel Johnson, Pope's contemporary, **pronounced** the greatest translation in any language. 1713年，亚历山大·蒲柏开始翻译《伊利亚特》，耗时七年才完成，该译作被蒲柏同时代的文学评论家塞缪尔·约翰逊认定为所有语言中最伟大的译本。

搭 pronounce sb / sth sth 断定…为… pronounce on / upon 就…作出判断/发表意见

派 pronunciation *n.* 发音，读音 mispronounce *v.* 发错音，读错

同 articulate, enunciate, sound, voice, utter, express

077
**landlocked**
/ 'lændlɑːkt /

释 *a.* 被陆地包围的，内陆的；内陆水域的

例 Though called a sea, the **landlocked** Caspian is actually the largest lake on Earth, covering more than four times the surface area of its closest rival in size, North America's Lake Superior. 尽管被称做"海"，但四周皆被陆地所包围的里海实际上是世界上最大的湖，表面积为与之大小最为接近的湖泊——北美苏必利尔湖——的四倍多。

078
**automotive**
/ ˌɔːtə'moʊtɪv /

释 *a.* 汽车的；自动推进的

例 The **automotive** conveyor-belt system, which Henry Ford modeled after an assembly-line technique introduced by Ransom Olds, reduced the time required to assemble a Model T from a day and a half to 93 minutes. 这个皮带自动传输系统由亨利·福特仿制于兰塞姆·奥茨引入的流水作业技术，它将组装一辆T型福特汽车原来所需的一天半时间缩减为93分钟。

079
**assemble**
/ ə'sembl /

释 *v.* 集合，聚集；装配，组装

派 assembly *n.* 议会；集会，集合；组装

同 cluster, collect, congregate, gather

反 disperse, dismiss, dissolve

080
**brisk**
/ brɪsk /

释 *a.* 活泼的；轻快的；快的；兴旺的

例 A new study suggests that the conversational pace of everyday life may be so **brisk** that it hampers the ability of some children to distinguish discrete sounds and words and, as a result, to make sense of speech. 一项新研究表明，人们日常生活的交谈速度可能太快了，因此会妨碍一些儿童分辨不同语音、词汇以及理解语言的能力。

搭 a brisk walk 轻快的步伐 a brisk trade 生意兴隆

派 briskness *n.* 轻快，敏捷；活泼

同 active, energetic, jolly, lively, quick

反 dull, inactive, slack, sluggish

081
**discrete**
/ dɪ'skriːt /

释 *a.* 分离的，不关联的；各不相同的

例 She can't remember anything from her childhood, except for a few **discrete** flashes. 除了几个分散的片段，关于童年她什么都想不起来了。

派 discreteness *n.* 不连续性；分离
同 distinct, separate

082
**expatriate**

释 / ˌeksˈpeɪtriət / *n.* **被流放（国外）者；移居国外者** *a.* **被流放（国外）的，移居国外的** / eksˈpætrieit / *v.* **驱逐出国，放逐**
例 Long before it was fashionable to be an **expatriate**, Josephine Baker made Paris her home, and she remained in France during the Second World War as a performer and an intelligence agent for the Resistance. 在移居国外成为时尚的很早之前，约瑟芬·贝克就已经把巴黎当成了自己的家。在二战期间，她仍留在法国做艺人，同时还为法国抵抗纳粹势力充当间谍。
同 banish, exile

083
**consolidate**
/ kənˈsɑːlɪdeɪt /

释 *v.* **巩固，加强；联合，合并**
例 The report recommended that the hospital eliminate unneeded beds, **consolidate** expensive services, and use space in other hospitals. 该报告建议这家医院移除不需要的床铺，加强高端服务，并利用其他医院的空间。
派 consolidation *n.* 加强，强化，巩固
同 concentrate, strengthen, condense; combine, unite, merge

084
**pugnacious**
/ pʌgˈneɪʃəs /

释 *a.* **好斗的，好战的**
例 The Olympic Games helped to keep peace among the **pugnacious** states of the Greek world, for a sacred truce was proclaimed during the month of the festival. 奥林匹克运动会帮助好斗的希腊各邦国之间维持和平，因为在这一节日性的月份会宣布休战，谁都不能破坏这一神圣之规。
派 pugnacity *n.* 好斗，好斗性
同 belligerent, truculent, aggressive

085
**truce**
/ truːs /

释 *n.* **停火，休战；休战协定** *v.* **与…休战**
例 She knew their **truce** would not last and that it was just a pause before another fight. 她知道他们之间的休战持续不了多长时间，这只是下一场争吵前的暂时缓和而已。
搭 flag of truce 休战旗 truce between / with 与…休战
同 armistice

086
**reconvene**
/ ˌriːkənˈviːn /

释 *v.* **重新聚会；再召集，再召开**
例 When Congress **reconvenes**, some newly elected members from rural states will try to establish tighter restrictions on the amount of grain farmers will be allowed to grow and to encourage more aggressive sales of United States farm products overseas. 当国会再次召开之时，一些新入选的来自农业州的国会议员将竭力制定更加严厉的限制措施，以控制农场主可以被允许种植的谷物的数量，同时也会鼓励美国把更多的农产品销往国外。

087
**predisposition**
/ ˌpriːdɪspə'zɪʃn /

释 *n.* 倾向；癖性；（易患病的）体质

例 Doctors generally agree that such factors as cigarette smoking, eating rich foods high in fats, and alcohol consumption not only do damage by themselves but also aggravate genetic **predispositions** toward certain diseases. 医生普遍赞同，吸烟、吃富含脂肪的油腻食物以及饮酒不仅本身有害，而且能加剧得某些疾病的遗传倾向。

搭 predisposition to / towards 有…的倾向

同 inclination

088
**buffer**
/ 'bʌfər /

释 *n.* 缓冲器，减震器；缓冲 *v.* 缓冲；减轻

例 Support from family and friends acts as a **buffer** against the overwhelming stress from work. 来自家人和朋友的支持是来自工作的巨大压力的缓冲器。

搭 buffer against 对…的缓冲 buffer between 介于…之间的缓冲 buffer zone 缓冲区，缓冲地带

同 cushion

089
**conglomerate**
/ kən'glɑːmərət /

释 *n.* 混合物；联合大企业；砾岩 *a.* 聚成一团的 *v.* 使聚集

例 Outlining his strategy for nursing the troubled **conglomerate** back to health, the chief executive announced plans Wednesday to cut the company's huge debt by selling nearly $12 billion in assets over the next 18 months. 在简要说明了自己治愈这家疾病缠身的企业集团的战略意图之后，总裁于周三宣布了通过在未来一年半的时间里出售价值近120亿美元的资产来减少公司巨额债务的计划。

搭 industrial / financial / media conglomerate 工业/金融/传媒企业集团

090
**trench**
/ trentʃ /

释 *n.* 沟，渠；战壕 *v.* 挖沟；侵占

例 He ordered his team to dig a long narrow **trench** to drain away the water. 他命令他的团队挖一条长而窄的沟渠以便排水。

搭 trench warfare 阵地战

同 channel, ditch, moat

091
**traverse**

释 / trə'vɜːrs / *v.* 横渡；横贯 / 'trævɜːrs / *n.* 横越，穿过

例 Naturally, the Sun appears to us to **traverse** the ecliptic in the same period of time. 自然地，在我们看来太阳在相同时间横贯黄道运行。

派 traversable *a.* 能越过的；可否定的

同 cross, sweep

092
**encase**
/ ɪn'keɪs /

释 *v.* 把…装入箱中；包起

例 Bottom-dwelling marine animals such as lobsters and corals **encase** themselves in shells or exoskeletons made from calcium carbonate. 在海洋底部生存的海洋动物，如龙虾和珊瑚，用由碳酸钙构成的壳或者外骨骼把它们自己包裹起来。

搭 encase sth in sth 把…装入…

派 encasement *n.* 装箱；包装物

093
**seamless**
/ 'siːmləs /

释 *a.* 无缝的，无接口的；无可挑剔的

例 Although it covers the entire planet, Earth's crust is neither **seamless** or stationary, but rather fragmented into mobile semirigid plates. 尽管覆盖整个地球，地壳却并非天衣无缝或静止不动，相反，它四分五裂地沦为半硬化的板块。

094
**stationary**
/ 'steɪʃəneri /

释 *a.* 固定的；静止不动的 *n.* 固定物；常备军

例 In the 16th century, Copernicus suggested that the Sun was **stationary** and the Earth was orbiting around the Sun. 在16世纪，哥白尼认为太阳是静止不动的，并且地球是绕太阳公转的。

同 immobile, immovable, inflexible, motionless, steady, static

反 mobile, changeable, movable

095
**poacher**
/ 'poʊtʃər /

释 *n.* 偷猎者；非法捕鱼者

例 As poaching remains one of the biggest threats to animal reserve, it is the responsibility of rangers to look out for signs of illegal entry, such as broken fences where a **poacher** may have sneaked in. 偷猎仍是动物保护区的最大威胁之一，而管理员的职责是寻找非法入境的迹象，比如偷猎者可能破坏围栏偷偷潜入。

096
**salvage**
/ 'sælvɪdʒ /

释 *v.* 抢救，挽救；打捞 *n.* 海上救助；抢救

例 The only way for growers to **salvage** frozen citrus is to have it quickly processed into juice concentrate before warmer weather returns and rots the fruit. 对于果树种植者来说，抢救冷冻柑橘唯一的办法就是在天气回暖从而使冷冻柑橘腐烂之前迅速将其加工成浓缩果汁。

搭 salvage sth from sth 将…从…抢救出来 salvage operation 抢救手术

同 rescue, redeem, retrieve, save

097
**ingest**
/ ɪn'dʒest /

释 *v.* 咽下；吸收；摄取；吸纳

例 Defense attorneys have occasionally argued that their clients' misconduct stemmed from a reaction to something **ingested**, but if criminal or delinquent behavior is attributed to an allergy to some food, the perpetrators are in effect told that they are not responsible for their actions. 辩护律师有时会辩称当事人的不端行为源于他们对所摄入之物的一种自然反应，但是如果犯罪或违法行为可以归咎于对某种食物过敏，那么这实际上是在告诉作恶之人他们不必对其行为负责。

派 ingestion *n.* 吸收；咽下；摄取 ingestible *a.* 可摄取的，可吸收的

同 absorb, assimilate, consume

098
**delinquent**
/ dɪ'lɪŋkwənt /

释 *a.* 有过失的，失职的；拖欠的；犯法的 *n.* 行为不良的人

例 It is reported that conflicts between workers and **delinquent** factory owners have increased in recent months. 据报道称，近几个月来工人与违约工厂老板之间爆发的冲突呈增长趋势。

搭 delinquent teenagers 不良青少年 juvenile delinquent 少年犯

同 criminal, derelict

099
**perpetrator**
/ 'pɜːrpətreɪtər /

释 *n.* 作恶之人；犯人
例 The police offered a reward of a million dollars for the arrest of the perpetrator. 警方悬赏100万美金捉拿要犯。
同 culprit

100
**ulcer**
/ 'ʌlsər /

释 *n.* 溃疡；腐坏物；弊病
例 Recently physicians have determined that stomach **ulcers** are caused not by stress, alcohol, or rich food, but by a bacterium that dwells in the mucous lining of the stomach. 近来，内科医生确定胃溃疡不是由压力、酗酒或油腻食物引起的，而是由一种寄居于胃黏膜上的细菌所导致的。

101
**mucous**
/ 'mjuːkəs /

释 *a.* 黏液的
例 The doctor informed me that the **mucous** membrane of my nose appeared markedly pale and edematous. 医生告诉我说我的鼻黏膜显得特别苍白并且还有些水肿。
搭 mucous lining 黏液外膜

102
**freestanding**
/ friː'stændɪŋ /

释 *a.* 独立式的，非附属的
例 According to a recent poll, owning and living in a **freestanding** house on its own land is still a goal of a majority of young adults, as it was of earlier generations. 根据近期的一项民意测验，拥有并居住于建在归自己所有的土地上的独栋房屋仍然是大部分年轻人的一个目标，正如它是以往多代人的目标一样。

103
**eject**
/ i'dʒekt /

释 *v.* 驱逐；喷射；排出；弹出
例 The police used guard dogs to **eject** the protesters from the hall. 警方用警犬把抗议者从大厅驱逐出去。
搭 eject sb from sth 将…从…驱逐出去
派 ejection *n.* 喷射，喷出

104
**ozone**
/ 'oʊzoʊn /

释 *n.* 臭氧；新鲜空气
例 **Ozone** is best known for its role in protecting the Earth from harmful ultraviolet rays from the Sun. 臭氧最广为人知的作用是保护地球免受太阳紫外线的伤害。
搭 ozone layer 臭氧层

105
**longitudinal**
/ ˌlɔːndʒə'tuːdnl /

释 *a.* 经线的，经度的；纵向的
例 The stem of the plant is marked with thin green **longitudinal** stripes. 这种植物的茎上长有细长的绿色条纹。
搭 longitudinal stripes 直条纹 longitudinal study 纵向研究

106
**groove**
/ gruːv /

释 *n.* 沟，槽
例 They built sliding doors and windows that move in **groove** for their new house. 他们为新房子装了可在凹槽中移动的滑动门和滑动窗。

107
**chip**
/ tʃɪp /

释 *v.* 形成（缺口）；切下；凿下 *n.* 碎片；缺口

例 They used chisels to **chip** their names into the stone. 他们用凿子在石头上刻上了他们的名字。

搭 chip away at 削弱；损害 chip off 切下

108
**incipient**
/ ɪn'sɪpiənt /

释 *a.* 初期的，刚出现的

例 The overheated economy can only exacerbate an **incipient** deterioration in economic inflation. 经济过热只能加剧经济通货膨胀的初期恶化。

同 beginning, initial

109
**effigy**
/ 'efɪdʒi /

释 *n.* 模拟像，肖像

例 In the capital, residents and tourists alike gaze in awe at the general's towering **effigy**, with its backdrop of the presidential residence and northern mountains in the distance. 在首都，游客和当地居民一样用敬畏的目光瞻仰将军高耸的雕像，雕像后面映衬着总统官邸和远处的北部的山脉。

同 image, simulacrum

110
**supplicant**
/ 'sʌplɪkənt /

释 *n.* 乞求者，恳求者 *a.* 乞求的，恳求的

例 They were so rude that they slammed the door in the **supplicant**'s face, cutting him off in the middle of his speech. 他们粗鲁至极，当着恳求者的面把门砰然关上，打断了他的讲话。

同 petitioner, prayer, suppliant

111
**rudimentary**
/ ˌruːdɪ'mentri /

释 *a.* 基本的；初步的；未充分发展的

例 He has only a **rudimentary** knowledge of French, and he can only read simple words. 他对法语只是略知皮毛，只会念一些简单的词汇。

同 fundamental

112
**regenerative**
/ rɪ'dʒenəreɪt /

释 *a.* 再生的，新生的

例 The team has made great progress on stem cell differentiation, and there is hope that the promise of **regenerative** medicine could soon be met. 该小组在干细胞分化的工作上取得了巨大进展，因此再生医学的前景就有希望很快得到实现。

搭 regenerative process 再生过程

113
**overcompensate**
/ ˌoʊvər'kaːmpenseɪt /

释 *v.* 过度补偿；对某人付款过多

例 One common eating mistake among runners is that they **overcompensate** for the calories burned by exercise with extra calories from more food and beverages. 在跑步者中常见的一个饮食误区是，他们用更多的食物和饮料中的额外卡路里来过度补偿锻炼消耗掉的卡路里。

搭 overcompensate for 为…而过度补偿

派 overcompensatory *a.* 过度补偿的 overcompensation *n.* 过度补偿

114
**maritime**
/ 'mærɪtaɪm /

释 *a.* 海的，海事的；航海的；近海的
例 Winds with continental provenances usually have a higher dust content than those with **maritime** provenances. 来自大陆的风通常比来自海洋的风具有更高的尘埃含量。
搭 maritime code 海洋法典
同 marine, nautical

115
**subscription**
/ səb'skrɪpʃn /

释 *n.* 订阅；赞成；捐款；认购
例 The brochure includes addresses of the online bookshop, **subscription** information, and information about major publications and journals. 这本小册子中包含了网上书店的地址、订阅信息，以及关于主要出版物和杂志的信息。
搭 share subscription 认购股份 subscription to 订阅…

116
**localize**
/ 'loʊkəlaɪz /

释 *v.* 定位，找出…的位置；使局部化；使地方化
例 Gall's hypothesis that different mental functions are **localized** in different parts of the brain is widely accepted today. 高尔关于人脑的不同功能分散于大脑的各个不同区域的假设如今得到了广泛认可。
派 localization *n.* 定位；局限；地方化

117
**havoc**
/ 'hævək /

释 *n.* 大破坏，大毁坏；混乱不堪 *v.* 破坏
例 The World Wildlife Fund has declared that global warming, a phenomenon that most scientists agree is caused by human beings' burning fossil fuels, will create **havoc** among migratory birds by altering the environment in ways harmful to their habitats. 世界野生动物基金会宣称，大部分科学家一致认可的由人类燃烧矿物燃料所致的全球变暖现象将通过危害栖息地的方式改变自然环境，从而给候鸟带来浩劫。
搭 cause / create havoc 造成巨大破坏 wreak havoc on 摧毁
同 destruction, devastation, ravage, ruin

118
**migratory**
/ 'maɪgrətɔːri /

释 *a.* 迁徙的，迁移的；流浪的
例 Most **migratory** fish, like salmon and shad, are anadromous, spawning in fresh water and living as adults in salt water. 大多数迁移鱼类，比如鲑鱼和鲱鱼，是溯河产卵的。它们在淡水中产卵，成年后生活在咸水中。
搭 migratory birds 候鸟
同 wandering
反 resident, sedentary

119
**catastrophic**
/ ˌkætə'strɒfɪk /

释 *a.* 灾难的，灾难性的
例 New theories propose that **catastrophic** impacts of asteroids and comets may have caused reversals in the Earth's magnetic field, the onset of ice ages, the splitting apart of continents 80 million years ago, and great volcanic erruptions. 新的理论提出，小行星和彗星的灾难性影响可能导致了地球磁场的逆转、冰川时代的到来、8000万年前大陆板块的分离和巨大的火山爆发。
搭 catastrophic consequences 灾难性的后果

120

**reversal**

/ rɪ'vɜːrsl /

释 *n.* 翻转，倒转，逆转，反转

例 Nowadays, women are not only seeking employment but are increasingly making more money and becoming more successful than men, which causes this dramatic **reversal** of economics. 如今，女性不仅开始求职，而且还比男人挣到更多的钱，在事业上也更成功，这导致了经济上的戏剧性逆转。

搭 dramatic / sudden / complete reversal 戏剧性的/突然的/彻底的逆转

同 turnaround

Why should work be such a significant source of human satisfaction? A good share of the answer rest in the kind of pride that is stimulated by the job, by the activity of accomplishing.

为什么工作竟然是人们获得满足的如此重要的源泉呢？最主要的答案就在于，工作和通过工作所取得的成就，能激起一种自豪感。

——英国作家 塞尔斯.L.R.（Leonard R. Sayles, British writer）

# Day 06

## Previous Check

- □ onset
- □ discerning
- □ prestigious
- □ divinely
- □ brutal
- □ pang
- □ appetizing
- □ striped
- □ bump
- □ bruise
- □ resurgence
- □ unpromising
- □ bestow
- □ vaccination
- □ exterminate
- □ tenet
- □ negation
- □ affirmation
- □ embed
- □ punctuation
- □ nonsensical
- □ bracket
- □ contractual
- □ possessive
- □ impair
- □ insofar
- □ parenthetical
- □ streamline
- □ eschew
- □ stilted
- □ inadvisable
- □ comport
- □ extraneous
- □ utmost
- □ disrupt
- □ enumeration
- □ nominalize
- □ placement
- □ erroneously
- □ inverted
- □ signify
- □ alignment
- □ antecedent
- □ termite
- □ elaborate
- □ sentinel
- □ voluminous
- □ indigenous
- □ evident
- □ encompass
- □ inventory
- □ ragtime
- □ ideographic
- □ calligraphic
- □ collateral
- □ hazardous
- □ hybrid
- □ chatty
- □ debris
- □ unobtrusive
- □ eradicate
- □ medication
- □ malpractice
- □ beneficiary
- □ brochure
- □ logotype
- □ scrap
- □ landfill
- □ slump
- □ apparel
- □ liquidation
- □ incineration
- □ delinquent
- □ restitution
- □ criterion
- □ testimony
- □ radioactive
- □ chalice
- □ accord
- □ commodity
- □ aluminum
- □ subsidize
- □ spectacular
- □ liability
- □ amendment
- □ fluctuation
- □ seismic
- □ perennial
- □ blunder
- □ corporate
- □ contemporary
- □ condense
- □ particle
- □ apparent
- □ coincidental
- □ prevalent
- □ parasite
- □ obese
- □ confine
- □ proponent
- □ diagnose
- □ authorize
- □ spin
- □ collapse
- □ repertory
- □ vocal
- □ dissipate
- □ acoustic
- □ extraterrestrial
- □ federal
- □ substitute
- □ description
- □ omission
- □ discharge
- □ obscure
- □ multitude
- □ clarify
- □ intervene
- □ version
- □ retain

001
**onset**
/ 'ɑːnset /

释 *n.* 攻击，袭击；开始

例 In his research to be published this summer, he assumes that the use of cannabis is associated with the early **onset** of psychosis. 在即将于今年夏天发表的研究里，他假定服用大麻与精神病早发症有关。

搭 the onset of …的开始

同 assault, attack; commencement, beginning, start, opening

002
**discerning**
/ dɪ'sɜːrnɪŋ /

释 *a.* 有见识的，有识别力的，眼光敏锐的

例 Less successful after she emigrated to New York than she had been in her native Germany, photographer Lotte Jacobi nevertheless earned a small group of **discerning** admirers, and her photographs were eventually exhibited in prestigious galleries across the United States. 摄影师璐特・雅各比移民美国纽约后不如她在自己的祖国德国那么成功，然而，她赢得了少数眼光敏锐的仰慕者，她的摄影作品最终得以在美国各地声望很高的画廊展出。

同 discriminating

003
**prestigious**
/ pre'stɪdʒəs /

释 *a.* 有名望的，声望很高的

例 The **prestigious** title offered a gateway to success in the highly competitive world of fashion design. 在竞争异常激烈的时尚界，这一享有盛誉的头衔打开了通往成功的大门。

同 esteemed, honored

004
**divinely**
/ dɪ'vaɪnli /

释 *ad.* 像神一样地；凭借神的力量；极好地

例 She not only sings like an angel, but also dances **divinely**. 她不但唱歌唱得像天使一样，而且跳舞也如天仙一般。

005
**brutal**
/ 'bruːtl /

释 *a.* 残忍的，残暴的；冷酷的

例 Although the term "psychopath" is popularly applied to an especially **brutal** criminal, in psychology it refers to someone who is apparently incapable of feeling compassion or the pangs of conscience. 尽管“精神病患者”一词很普遍地适用于描述极其残暴的罪犯，但在心理学上，它却指明显地无法感受到同情之心和良知谴责的人。

搭 brutal murder / attack / assault 残忍的谋杀/攻击/袭击

派 brutality *n.* 残暴，残忍；野蛮，兽行

同 cruel, barbarian, savage

006
**pang**
/ pæŋ /

释 *n.*（肉体上的）剧痛；（精神上的）悲痛，苦闷 *v.* 使剧痛，使极度痛苦

例 She felt a sudden **pang** of sadness when she heard the bad news. 当听到这个坏消息时，她突然感到一阵悲伤。

搭 birth pangs 分娩阵痛

同 distress, agony, anguish

007
**appetizing**
/ 'æpɪtaɪzɪŋ /

释 *a.* 开胃的，促进食欲的
例 Food can look extremely **appetizing** and delicious in a full-color magazine advertisement. 在全彩的杂志广告里，食品看上去会非常的美味可口。

008
**striped**
/ straɪpt /

释 *a.* 有条纹的，带条纹的
例 They are often green and **striped**, or have plenty of bumps and bruises. 它们往往不太成熟、带有条纹，或者坑坑包包的。
同 stripy

009
**bump**
/ bʌmp /

释 *v.* 碰撞；颠簸而行 *n.* 肿块，表面隆起；撞击
例 The toddler fell against the table and got a large **bump** on his forehead. 学步的小孩摔倒时撞到了桌子，额头上起了个大包。
搭 bump against 撞上… bump into 撞到…；偶然遇见
同 collide

010
**bruise**
/ bruːz /

释 *n.* 青肿；伤痕 *v.* 打青；挫伤
例 She fell from her bike and got **bruise** in her knees. 她从自行车上跌下来，擦伤了膝盖。
搭 bruise sb's pride / ego 挫伤了某人的骄傲/自尊

011
**resurgence**
/ rɪ'sɜːrdʒəns /

释 *n.* 复兴；苏醒，复活
例 The scientists claimed stronger typhoons, worsening droughts, **resurgence** of diseases and extinctions of species as among the alarming impacts of global warming. 科学家们声称，更强的台风、更严峻的干旱、疾病的再现和物种的消失是全球变暖带来的令人担忧的影响。
同 revitalization, revival, revivification

012
**unpromising**
/ ʌn'prɑːmɪsɪŋ /

释 *a.* 没希望的，没前途的，没出息的
例 He had **unpromising** beginnings when he started his own company, but now he has become one of the most successful businessmen in this industry. 虽然他的公司在刚成立时前景暗淡，但现在他已经成为这个行业内最成功的商人之一。
反 promising, hopeful

013
**bestow**
/ bɪ'stoʊ /

释 *v.* 赠予，授予，给予
例 The Olympic Games will **bestow** favorable publicity and economic prosperity on the chosen host city. 奥运会将给举办城市带来有利的宣传和经济的繁荣。
搭 bestow sth on / upon sb 授予某人某物
同 award, endow

014
**vaccination**
/ ˌvæksɪ'neɪʃn /

释 *n.* 预防注射，接种疫苗
例 Although it remains a personal choice, doctors suggest getting a tetanus **vaccination** every ten years. 虽然它仍是一个个人选择，但医生建议每隔十年接种一次破伤风疫苗。

015
**exterminate**
/ ɪk'stɜːrmɪneɪt /

释 *v.* 根除，灭绝，消灭
例 Most efforts to combat such mosquito-borne diseases as malaria and dengue have focused on either vaccinating humans or **exterminating** mosquitoes with pesticides. 大部分抗疟疾、骨痛热之类由蚊子传播的疾病的努力都集中在为人类接种疫苗或使用杀虫剂根除蚊子方面。
派 extermination *n.* 根除，灭绝 exterminator *n.* 杀虫剂；根除者
同 extirpate, eliminate

016
**tenet**
/ 'tenɪt /

释 *n.* 信条；教义；原则；宗旨
例 The sentence describes the central **tenet** of a theory about how the universe began. 这个句子描述了一个有关宇宙起源的理论的核心原则。
搭 central / basic / fundamental tenet 核心/基本/根本原则 tenet of …的原则、宗旨
同 dogma

017
**negation**
/ nɪ'geɪʃn /

释 *n.* 否定；对立面；反对
例 The manager shook her head in **negation** and rejected their proposal. 经理否定地摇摇头，拒绝了他们的提议。
同 denial
反 affirmation

018
**affirmation**
/ ˌæfər'meɪʃn /

释 *n.* 肯定；断言；主张
例 This project has won high **affirmation** and recognition. 该项目赢得了很高的肯定和认可。
反 denial, negation

019
**embed**
/ ɪm'bed /

释 *v.* 嵌入；深植；使深入脑海
例 This article shows us how the roots of plant **embed** the soil deeply and absorb water. 这篇文章说明了植物的根是如何深入到土壤里并吸取水分的。
搭 be embedded in sth 被嵌入某物
派 embedment *n.* 埋入；埋置
同 inlay

020
**punctuation**
/ ˌpʌŋktʃu'eɪʃn /

释 *n.* 标点符号；标点法
例 He is always meticulously accurate in **punctuation** and spelling. 他的标点和拼写总是非常准确。

021
**nonsensical**
/ nɑːn'sensɪkl /

释 *a.* 没有意义的，荒谬的
例 There were no **nonsensical** promises about reviving the economy. 复苏经济的承诺是千真万确的。

022
**bracket**
/ 'brækɪt /

释 *n.* 括号；档次 *v.* 把…归类；把…放入括号中
例 It is a trend that people in the age **bracket** of 25 to 30 are delaying marriage. 在25岁到30岁之间的人群中，晚婚是一种趋势。
搭 bracket sb together 把…归为一类

023
**contractual**
/ kən'træktʃuəl /

释 *a.* 契约的，合同的
例 The company failed to meet their **contractual** obligations. 公司没能履行合同中规定的义务。
搭 contractual price 合同价格
同 stipulatory

024
**possessive**
/ pə'zesɪv /

释 *n.* 所有格 *a.* 所有格的；占有欲强的
例 He was so **possessive**, duplicitous and unreasonable that he had very few friends in his life. 他是一个贪婪、奸诈而又蛮不讲理的人，所以他在生活中没什么朋友。

025
**impair**
/ ɪm'per /

释 *v.* 损害，损伤；削弱
例 The fast conversational pace **impairs** children's ability to distinguish individual sounds and words, and this in turn, **impairs** their ability to make sense of speech. 交谈速度快会损害孩子辨别不同语音和词语的能力，而这反过来又会损害他们理解语言的能力。
同 damage, harm, mar, spoil, weaken

026
**insofar**
/ ˌɪnsə'fɑːr /

释 *ad.* 到这种程度；在这个范围内
例 This principle is important in business administration only **insofar** as it forms the basis. 由于构成了企业管理的基础，所以这种原理在企业管理中是重要的。
搭 insofar as 在…的范围内；到…的程度

027
**parenthetical**
/ ˌpærən'θetɪkl /

释 *a.* 插入的，作为附带说明的
例 Using a lot of **parenthetical** elements, this sentence communicates the main idea that Elizabeth Barber is an authority on textiles in ancient societies. 通过使用大量的补充说明，这个句子主要表达了伊丽莎白・巴博是古代社会中纺织方面的权威。

028
**streamline**
/ 'striːmlaɪn /

释 *v* 使…成流线型；使…合理化；使简化 *n.* 流线，流线型
例 The parenthetical descriptions need to be **streamlined** enough to be informative, but not too long. 补充性描述必须精简，应能提供有效信息，但又不要太长。

029
**eschew**
/ ɪs'tʃuː /

释 *v.* 避开；避免，回避；戒绝
例 We should **eschew** the individualism that stifles creativity, inhibits collaboration, and limits intelligence. 我们应该回避那些扼杀创造力、抑制合作并且限制才智的个人主义。
同 shun, avoid, escape

030
**stilted**
/ 'stɪltɪd /

释 *a.*（文章、谈话等）不自然的
例 She was so nervous about the speech contest that her delivery was **stilted** and occasionally stumbling. 她对于演讲比赛非常紧张，以至于她的演讲很不自然，还偶尔结结巴巴的。
同 unnatural

031
**inadvisable**
/ ˌɪnəd'vaɪzəbl /
释 *a.* 不明智的，不可取的，不妥当的
例 It was thought highly **inadvisable** for teenage girls to travel alone in a foreign country. 十几岁的女孩独自去外国旅行是极不明智的。
同 unwise, ill-considered

032
**comport**
/ kəm'pɔːrt /
释 *v.* 相称，适合；做出某种举止
例 His reckless speech and rude behavior do not **comport** with his high status. 他鲁莽的言论和粗鲁的行为与他颇高的地位是不相符的。
搭 comport with 与…一致，适合
派 comportable *a.* 合适的，适当的

033
**extraneous**
/ ɪk'streɪniəs /
释 *a.* 无关的；外来的
例 **Extraneous** factors can intervene the fixed schedule of the advertising campaign. 外部因素会干涉广告活动中的既定计划。
搭 extraneous to 与…无关的
同 extrinsic; irrelevant

034
**utmost**
/ 'ʌtmoʊst /
释 *a.* 极度的；最大的 *n.* 极限；最大可能
例 The ambassador did his **utmost** to prevent the outbreak of hostilities and finally reached a peace agreement. 这位大使竭尽全力防止战事的爆发，最终达成了和平协定。
搭 utmost importance 极其重要
同 extreme, most

035
**disrupt**
/ dɪs'rʌpt /
释 *v.* 干扰；打断，使中断；使分裂
例 Shuttle services in our campus will be **disrupted** tomorrow because of the forecasted storm. 因为预报有暴风雨，所以明天校园里的班车服务将停止。
同 rupture, interrupt

036
**enumeration**
/ ɪˌnjuːmə'reɪʃn /
释 *n.* 计算；列举；细目
例 The various parts of an **eumeration** have to be alike. 在列举中，所列举的各个部分应该具有相似性。

037
**nominalize**
/ 'nɑːmɪnəlaɪz /
释 *v.* 使名词化
例 The **nominalized** subject, leads to a wordy and awkward sentence. 名词化的主语使这个句子变得啰唆且别扭。

038
**placement**
/ 'pleɪsmənt /
释 *n.* 布置，放置；安置，安排
例 The government is going to launch a job **placement** program to help those who are unemployed. 该政府将推出一项就业安置计划，以帮助失业人群。
搭 placement of …的安排

039
**erroneously**
/ ɪ'roʊniəsli /

释 *ad.* 错误地

例 It had been widely and **erroneously** reported that the Prime Minister was involved in this bribery scandal. 大量失实的报道称首相卷入了这场受贿丑闻。

040
**inverted**
/ ɪn'vɜːrtɪd /

释 *a.* 反向的，倒转的

例 The **inverted** word order in the original sentence is awkward. 原始句子前后颠倒的词序很别扭。

041
**signify**
/ 'sɪgnɪfaɪ /

释 *v.* 表示，表明；意味着；预示

例 The symbol displayed outside a restaurant **signifies** there is excellent cuisine inside. 餐馆外的标志表明里面有美味佳肴可以享用。

042
**alignment**
/ ə'laɪnmənt /

释 *n.* 调整，校直；结盟

例 The **alignment** of pronouns and antecedents is both logical and grammatical. 代词和其先行词之间的对应既合乎逻辑又符合语法规则。

043
**antecedent**
/ ˌæntɪ'siːdnt /

释 *a.* 先行的，在前的，在先的 *n.* 先行词；祖先

例 Events **antecedent** to the war failed to serve as a warning of the threat. 先于战争发生的一些事件未能给人们提供关于战争威胁的警告。

同 ancestor

044
**termite**
/ 'tɜːrmaɪt /

释 *n.* 白蚁

例 **Termites** do a lot of damage by eating the wood of trees and buildings. 白蚁通过取食树木和建筑造成了很大破坏。

045
**elaborate**

释 / ɪ'læbərət / *a.* 详尽而复杂的；精心制作的 / ɪ'læbəreɪt / *v.* 详尽解释或说明；详细制定

例 Tom's mom had prepared a very **elaborate** meal for Thanksgiving. 汤姆的妈妈准备了一桌非常精致的感恩节大餐。

派 elaboration *n.* 详细说明 elaborately *ad.* 苦心经营地；精巧地

反 plain, simple

046
**sentinel**
/ 'sentɪnl /

释 *n.* 哨兵；岗哨

例 Large dark pines stood like **sentinels** guarding the wintry garden. 大黑松树像哨兵一样矗立着，守护着冬天的花园。

047
**voluminous**
/ və'luːmɪnəs /

释 *a.* (指文字) 大量的，浩瀚的

例 His novel has received **voluminous** comments and interpretations diverged greatly since it was published. 他的小说自从问世以来就收到了不计其数的而且观点截然不同的评论和诠释。

同 ample, bulky, extensive

048
**indigenous**
/ ɪn'dɪdʒənəs /

释 *a.* 本地的；土产的；土生土长的

例 The local government is trying hard to preserve its **indigenous** culture, especially the intangible cultural heritage. 当地政府正努力保护其本土文化，特别是非物质文化遗产。

同 native, original

反 exotic

049
**evident**
/ 'evɪdənt /

释 *a.* 明显的；明白的；清楚的

例 It has now become **evident** to us that analysts are not very optimistic about the company's prospects. 现在对我们来说很明确的是，分析人士对公司的前景并不乐观。

同 apparent, clear, obvious, plain

反 doubtful, uncertain

050
**encompass**
/ ɪn'kʌmpəs /

释 *v.* 包含或包括；包围；环绕

例 The professional qualities of English teachers **encompass** teaching skills, language communicative competence, supervising capability and self-learning ability. 英语教师的专业素质包括教学技能、语言交际能力、监督能力和自学能力。

同 include; enclose, encircle, surround

051
**inventory**
/ 'ɪnvəntɔːri /

释 *n.* 详细目录，清单 *v.* 列出清单；编入目录

例 He made an **inventory** of the store's contents. 他给店里的东西列了一份详细清单。

同 list, stock

052
**ragtime**
/ 'rægtaɪm /

释 *n.* 雷格泰姆音乐（20世纪20年代流行的美国黑人爵士音乐）

例 The city has a long association with **ragtime** and jazz music. 长期以来，这座城市与雷格泰姆音乐和爵士乐都有着密切联系。

搭 ragtime opera 雷格泰姆音乐剧

053
**ideographic**
/ ˌaɪdi'græfɪk /

释 *a.* 表意文字的

例 Chinese and other **ideographic** characters will occupy two column positions. 中文和其他表意文字将占用两列位置。

054
**calligraphic**
/ kə'lɪgrəfik /

释 *a.* 书法的；缮写的

例 The development of **calligraphic** studies plays an exclusive role in promoting traditional Chinese culture. 书法学科研究的发展对于弘扬中国传统文化具有独特的作用。

055
**collateral**
/ kə'lætərəl /

释 *n.* 抵押物，担保品 *a.* 并排的；附属的

例 We have to put our house up as **collateral** for the loan. 我们不得不拿我们的房子作为借款的抵押。

Day

01 02 03 04 05 **06** 07 08 09 10 11 12 13 14 15 16 17 18 19 20 21

056
**hazardous**
/ ˈhæzərdəs /

释 *a.* 危险的

例 Radioactive and other **hazardous** wastes present health and safety problems in an increasing number of countries. 放射性及其他危险废弃物给越来越多的国家带来了健康和安全问题。

同 risky, dangerous

057
**hybrid**
/ ˈhaɪbrɪd /

释 *a.* 杂交产生的；混合的 *n.* 杂交生成的动植物；混合物

例 This music was a **hybrid** of pop and country song. 这种音乐是流行乐和乡村音乐的混合体。

同 crossbreed, half-breed, mongrel

058
**chatty**
/ ˈtʃæti /

释 *a.* 爱闲聊的；亲切的；（谈话等）非正式的

例 Those who possess great wisdom and noble qualities are usually composed, tranquil and open-minded, while the dabblers are **chatty** and loud. 那些拥有非凡智慧和高贵气质的人总是沉稳、安静、心胸开阔，而半吊子却爱喋喋不休而且喧闹不止。

同 gabby, garrulous, gossipy, loquacious

059
**debris**
/ dəˈbriː /

释 *n.* 散落的碎片；残骸

例 Emergency teams are still searching for the **debris** from the plane crash. 紧急救援队伍依旧在搜寻飞机坠毁的残骸。

搭 space debris 空间碎片

同 residue

060
**unobtrusive**
/ ˌʌnəbˈtruːsɪv /

释 *a.* 不显眼的，不突出的；谨慎的

例 The secret service agents in charge of protecting the President tried to be as **unobtrusive** as possible. 负责保护总统的秘密特工尽可能地低调。

061
**eradicate**
/ ɪˈrædɪkeɪt /

释 *v.* 根除，消灭；结束

例 We are making great efforts to **eradicate** racial discrimination from our country. 我们正尽全力从我国根除种族歧视。

派 eradication *n.* 根除，消灭 eradicator *n.* 根除物，消除物

062
**medication**
/ ˌmedɪˈkeɪʃn /

释 *n.* 药物治疗；药物，医药

例 He was diagnosed with leukemia, but he refused to take any **medication** for his condition. 他被诊断出患有白血病，但他拒绝接受任何药物治疗。

063
**malpractice**
/ ˌmælˈpræktɪs /

释 *n.* 玩忽职守；营私舞弊；渎职

例 He is currently standing trial for medical **malpractices**. 他目前正因为医疗事故接受审查。

064
**beneficiary**
/ ˌbenɪ'fɪʃieri /

释 *n.* 受益者；（尤指）承受遗产者
例 Alice was the sole **beneficiary** of her father's will. 爱丽丝是她父亲遗嘱的唯一受益人。
同 donee

065
**brochure**
/ broʊ'ʃʊr /

释 *n.* 小册子
例 She received a travel **brochure** which includes several travel itineraries for different destinations and prices. 她收到了一本旅游宣传册，里面介绍了不同目的地的旅行路线和价格。
同 booklet, leaflet, pamphlet

066
**logotype**
/ 'loʊgoʊtaɪp /

释 *n.* 标识；连合活字
例 You can find the **logotype** of the company in almost every big city in the world. 几乎在世界各大城市，你都可以找到这家公司的标识。

067
**scrap**
/ skræp /

释 *n.* 碎片，碎屑；少量，一点儿 *v.* 抛弃，抛掉
例 It is a barren land without a **scrap** of vegetation. 这块贫瘠的土地上没有一点植被。
搭 steel scrap 钢屑
同 debris

068
**landfill**
/ 'lændfɪl /

释 *n.* 垃圾填埋地；垃圾填埋法
例 Because **landfill** leachate contains high concentration of pollutants and great variation, it becomes an environmental issue that cannot be neglected. 由于垃圾渗滤液含有高浓度的污染物和多种变异体，它成了不可忽视的环境问题。

069
**slump**
/ slʌmp /

释 *n.* 不景气，经济衰退 *v.* 下跌，暴跌
例 The newspaper's circulation has **slumped** by over 20%. 报纸的发行量突然下滑了20%多。
同 decline, depression, drop-off

070
**apparel**
/ ə'pærəl /

释 *n.* 衣服，服装
例 The store sells women's **apparel**, which are offered in sizes of small, medium and large. 这家商店销售女士服装，分有小号、中号和大号。
搭 women's apparel 女装
同 attire, clothing, dress, garb

071
**liquidation**
/ ˌlɪkwɪ'deɪʃn /

释 *n.* 停止营业；清仓甩卖
例 The company's business has been on the rocks for some time, and now it is going into **liquidation**. 公司的业务已经陷入困境有一段时间了，现在公司进入了停业清算阶段。

072
**incineration**
/ ɪnˌsɪnə'reɪʃn /

释 *n.* 烧成灰，焚化，灰化
例 **Incineration** is a well-recognized method of garbage disposal. 焚烧是一种常见的垃圾处理方法。

073
**delinquent**
/ dɪ'lɪŋkwənt /

释 *a.* 做错事的；失职的
例 The government provides homes for **delinquent** teenagers. 政府为不良青年提供收容所。
派 delinquency *n.* 失职；罪行
同 derelict, neglectful

074
**restitution**
/ ˌrestɪ'tuːʃn /

释 *n.* 赔偿，补偿；归还原主；恢复原状
例 In an attempt to settle the case, the company has agreed to pay full **restitution** to the customer. 为了争取和解，公司同意付给顾客全额赔款。
同 amends, indemnification, indemnity

075
**criterion**
/ kraɪ'tɪriən /

释 *n.* 标准，准则
例 The boy did not meet the admission **criterion** of the school. 这个男孩没有达到学校的录取标准。
搭 a set of objective criteria 一套客观标准
同 measure, standard, touchstone

076
**testimony**
/ 'testɪmoʊni /

释 *n.* 证词；见证，证明
例 The judge and the jurors decided that their **testimony** would be irrelevant to the case. 法官和陪审团认定他们的证词与案件无关。
同 evidence, proof, statement

077
**radioactive**
/ 'reɪdioʊ'æktɪv /

释 *a.* 放射性的，有辐射能的
例 Madame Curie discovered the **radioactive** substances of radium and polonium in 1898. 在1898年，居里夫人发现镭和钋的放射性物质。
搭 natural radioactive decay 放射性自然衰变
派 radioactivity *n.* 放射性；放射现象

078
**chalice**
/ 'tʃælɪs /

释 *n.* 大酒杯；（尤指）圣餐杯
例 It is believed that he appointed his political rival only in the belief that he was giving him a poisoned **chalice** and that he would not last more than a year. 据说，他之所以任命自己的政治对手，是因为他知道所给的职位是杯诱人的毒酒，接受者肯定撑不过一年。

079
**accord**
/ ə'kɔːrd /

释 *v.* 给予或赠予；与…相一致，符合 *n.* 条约，协议；一致
例 This proposal would not be in **accord** with our policy. 这项提议和我们的政策不一致。
同 agreement, conformity, harmony
反 disaccord, disagree

080
**commodity**
/ kəˈmɑːdəti /

释 *n.* 商品，货物
例 Due to the over-abundance of commodity supplies on the markets, there is a drop in **commodity** prices. 由于市场上的商品供应过于充足，大宗商品的价格有所下跌。
搭 recycled commodities 回收的商品
同 article, product

081
**aluminum**
/ əˈlʊmɪnəm /

释 *n.* 铝
例 These cooking utensils are made of **aluminum**. 这些炊具是铝制的。

082
**subsidize**
/ ˈsʌbsɪdaɪz /

释 *n.* 津贴，资助
例 The government has agreed to **subsidize** museums and artists in order to preserve the traditional culture. 为保护传统文化，政府已同意资助博物馆和艺术家。

083
**spectacular**
/ spekˈtækjələr /

释 *a.* 壮观的；精彩的
例 The artist showed several of his most **spectacular** masterpieces in the exhibition, and the people who saw them were in awe. 艺术家在展览中展出了几幅他最精彩的作品，去看展览的人都对此肃然起敬。
同 dramatic

084
**liability**
/ ˌlaɪəˈbɪləti /

释 *n.* 责任；负债，债务；不利条件
例 Since his injury, Jack has become more of a **liability** than an asset to the team. 从他受伤之后，杰克对他的球队来说更像是一个累赘，而不是一笔财富。
搭 liability insurance 责任保险
反 asset

085
**amendment**
/ əˈmendmənt /

释 *n.* 改正，修正
例 Due to the regulation of the airline company, no cancellation or **amendment** is allowed on the day of your departure except for uncontrollable reasons such as extreme weather. 由于航空公司的规定，除非有如遇到极端天气等不可控制的原因，出发当天不允许取消或改签机票。

086
**fluctuation**
/ ˌflʌktʃuˈeɪʃn /

释 *n.* 波动，起伏，变动
例 The country is going through wild **fluctuations** in temperature. 全国都在经历温度的大幅波动。

087
**seismic**
/ ˈsaɪzmɪk /

释 *a.* 地震的
例 Earthquakes produce two types of **seismic** waves. 地震产生两种类型的地震波。
搭 seismic activity 地震活动性
同 seismal

088
**perennial**
/ pə'reniəl /

释 *a.* 长久的，持久的

例 The couple decided to divorce due to the **perennial** problem of communication. 由于常年存在的沟通问题，这对夫妻决定离婚。

同 constant, continuous, perpetual, regular

089
**blunder**
/ 'blʌndər /

释 *n.* 错误 *v.* 跌跌撞撞地走，慌乱地走；犯错误

例 Thanks to his catastrophic **blunder**, the opponent team got awarded for a penalty kick. 由于他灾难性的失误，对方球队被判罚点球。

同 mistake; stumble

090
**corporate**
/ 'kɔːrpərət /

释 *a.* 法人团体的；公司的；全体的，共同的

例 The law applies to both individuals and **corporate** bodies. 该法律适用于个人和法人团体。

同 collective

091
**contemporary**
/ kən'tempəreri /

释 *a.* 当代的，同时代的 *n.* 同代人，当代人

例 A significant exhibition of **contemporary** sculpture will be on view at the Metropolitan Museum of Art. 一场关于当代雕塑的重要展览即将在大都会艺术博物馆开展。

同 coeval, contemporaneous

092
**condense**
/ kən'dens /

释 *v.* （使）凝结；压缩，简缩

例 He managed to **condense** his lengthy report to two pages. 他设法将他冗长的报告缩减到两页。

同 compress, concentrate, squeeze

反 enlarge, expand

093
**particle**
/ 'pɑːrtɪkl /

释 *n.* 微粒，颗粒；小品词，语助词

例 Another **particle** whirls around this central **particle** at a tremendous speed. 另一个微粒以极高的速度绕着中心的这个微粒旋转。

同 corpuscle, molecule, mote

094
**apparent**
/ ə'pærənt /

释 *a.* 表面上的；显然的，明白的

例 It was **apparent** from her face that she was really excited about her trip to Italy. 从她脸上能明显看出她对去意大利旅行感到非常兴奋。

同 clear, evident, obvious, plain

095
**coincidental**
/ koʊˌɪnsɪ'dentl /

释 *a.* 巧合的

例 It is absolutely **coincidental** that we both chose to go to Paris for Christmas. 我们都选择了去巴黎过圣诞节绝对是巧合。

同 co-occurrent

096
**prevalent**
/ 'prevələnt /

释 *a.* 流行的；普遍的
例 Despite the fact that the disease is becoming more **prevalent** in the whole country, doctors still haven't worked out effective treatments. 尽管这种疾病在全国范围内越来越普遍，但医生还没有研究出有效的治疗方法。
派 prevalence *n.* 普遍；盛行，流行

097
**parasite**
/ 'pærəsaɪt /

释 *n.* 寄生生物，寄生虫
例 The traditional Christmas mistletoe is a **parasite** plant which is native to Europe. 传统的圣诞槲寄生是一种原产于欧洲的寄生植物。
派 parasitic *a.* 寄生的；似寄生物的，靠他人为生的

098
**obese**
/ oʊ'biːs /

释 *a.* 肥胖的
例 Doctors provide **obese** patients with dietary advice. 医生为肥胖患者提供了饮食建议。
反 thin

099
**confine**
/ kən'faɪn /

释 *v.* 限制；禁闭 *n.* 界限，范围
例 Keep your dog **confined** in a suitable travelling cage when you travel by air. 当你乘飞机旅行时，请把你的宠物狗关在一个合适的旅行宠物笼里。
派 confined *a.*（指空间）有限的；受限制的 confinement *n.* 监禁，禁闭

100
**proponent**
/ prə'poʊnənt /

释 *n.* 支持者，拥护者
例 The manager is one of the firm **proponents** of this proposal. 经理是该提案的坚定支持者之一。

101
**diagnose**
/ ˌdaɪəg'noʊs /

释 *v.* 诊断；判断
例 He has recently been **diagnosed** with lung cancer. 他最近被确诊为肺癌。

102
**authorize**
/ 'ɔːθəraɪz /

释 *v.* 授权，批准
例 I have **authorized** him to act for me while I am away for the conference. 我指定他在我外出开会时代理我的事务。
派 authorization *n.* 授权，委任，委托
同 assign, legalize
反 forbid, prohibit

103
**spin**
/ spɪn /

释 *v.* 旋转；纺，织；使拖延时间 *n.* 旋转
例 In his divorce case, his wife's attorney was anxious to **spin** things out for as long as possible. 在他的离婚案件中，他妻子的律师想尽一切办法尽可能地拖延时间。
同 pivot, reel, rotate, swirl

104
**collapse**
/ kə'læps /

释 *v.* 倒坍，塌下 *n.* 崩溃，失败
例 He **collapsed** in the street and was saved by the paramedics. 他晕倒在大街上，被医护人员救了。

派 collapsibility *n.* 崩溃性 collapsible *a.* 可折叠的

同 break down, crash, fail, topple

105
**repertory**
/ 'repərtɔːri /

释 *n.* 全部剧目；仓库；积贮

例 His **repertory** was vast, and to him, it seemed that each song told some part of his life. 他演唱的歌曲有很多，并且对他来说，似乎每一首歌都讲述了他生活的一部分。

106
**vocal**
/ 'voʊkl /

释 *a.* 嗓音的；直言不讳的 *n.* 声乐节目

例 She has been very **vocal** in her displeasure over the results. 她直言不讳地说出了对结果的不满。

107
**dissipate**
/ 'dɪsɪpeɪt /

释 *v.* 消散，消失；浪费

例 Her laughter soon **dissipated** the tension in the air. 她的笑声很快就驱散了空气中的紧张情绪。

派 dissipated *a.* 放荡的，浪荡的 dissipation *n.* 驱散，消散；浪费

同 dispel, disperse, scatter, squander

反 accumulate

108
**acoustic**
/ ə'kuːstɪk /

释 *a.* 听觉的；声音的；（乐器）原声的

例 Animals use a system of **acoustic**, visual, and chemical signals in their communication. 动物利用听觉、视觉和化学的信号系统来进行交流。

派 acoustics *n.* 传音效果，音响效果 acoustically *ad.* 声音地；听觉地

109
**extraterrestrial**
/ ˌekstrətə'restriəl /

释 *a.* 地球（或其大气圈）外的，行星际的 *n.* 外星人

例 The discovery of extrasolar planets is closely related to the search of **extraterrestrial** intelligence. 太阳系外行星系统的发现与外星生命的搜索研究是密不可分的。

110
**federal**
/ 'fedərəl /

释 *a.* 联邦（制）的，联邦政府的

例 The **federal** government contributed hundreds of thousands of dollars in research funds to work on the educational project. 联邦政府为了这项教育研究计划投入了好几十万美元的资金。

派 federalism *n.* 联邦主义，联邦制度 federalist *n.* 联邦主义者

111
**substitute**
/ 'sʌbstɪtuːt /

释 *n.* 代用品，代替者 *v.* 代替

例 With the progress of technology, conversations on the phone or via video might eventually **substitute** for the cozy chats over lunch or in the pub after work. 随着技术的进步，在手机上或通过视频对话最终可能替代午餐时或下班后在酒吧的温馨闲聊。

派 substitution *n.* 代替，替换；代理；取代

同 exchange, replace, shift

112
**description**
/ dɪ'skrɪpʃn /

释 *n.* 描写，形容；种类

例 The police have posted a **description** of the murderer on loose. 警方已经张贴了对在逃杀人凶手的描述。

Day 01 02 03 04 05 06 07 08 09 10 11 12 13 14 15 16 17 18 19 20 21

113
**omission**
/ ə'mɪʃn /

释 *n.* 遗漏；省略
例 The editors are very careful to avoid error, typo and **omission**. 编辑们非常仔细，以避免错误、错字和遗漏。
同 deletion

114
**discharge**

释 / dɪs'tʃɑːrdʒ / *v.* 释放；排出；允许离开 / 'dɪstʃɑːrdʒ / *n.* 释放；排出
例 She was **discharged** from the hospital yesterday. 她昨天出院了。
同 dismiss, expel, release

115
**obscure**
/ əb'skjʊr /

释 *v.* 使变模糊；掩盖 *a.* 不著名的；费解的
例 His thesis is so diffuse and **obscure** that it is difficult to make out what he is trying to say. 他的论文非常冗长晦涩，让人读后不知所云。
同 hazy, indistinct, shadowy, vague
反 clear

116
**multitude**
/ 'mʌltɪtuːd /

释 *n.* 大众，民众；大量，许多
例 It was believed that its major task was to enlighten the **multitude**. 人们认为它的主要任务是启发大众。
派 multitudinous *a.* 众多的；大量的
同 mass

117
**clarify**
/ 'klærəfaɪ /

释 *v.* 澄清，阐明
例 The government spokesman made a statement in order to **clarify** the necessity of raising currency rate. 政府发言人发表声明以阐明提高货币汇率的必要性。
同 explain, make clear

118
**intervene**
/ ˌɪntər'viːn /

释 *v.* 干涉，干预；干扰，阻挠
例 They were planning to get married and then the earthquake **intervened**. 他们本打算结婚，可后来被一场地震打乱了计划。
派 intervening *a.* 发生于其间的 intervention *n.* 干涉，干预
同 interfere, interpose

119
**version**
/ 'vɜːrʒn /

释 *n.* 版本；译本；说法
例 Last night, the Prime Minister presented a shorter, simplified **version** of his speech. 昨晚，首相发表了一番更加简短明了的演讲。
同 interpretation, rendition

120
**retain**
/ rɪ'teɪn /

释 *v.* 保留，保持
例 She struggled to **retain** control of the chaotic situation. 她挣扎着维持对混乱局面的控制。
派 retainer *n.* 保持者；定金
同 hold, keep, maintain, preserve, save
反 abandon

# Day 07

## Previous Check

| | | | |
|---|---|---|---|
| □ unambiguous | □ erode | □ vaccine | □ referral |
| □ convey | □ erosion | □ polycyclic | □ lawsuit |
| □ enhance | □ spill | □ aromatic | □ commensurate |
| □ auxiliary | □ misconception | □ hydrocarbon | □ gimmick |
| □ anterior | □ supplant | □ microbe | □ attainment |
| □ succinctly | □ conflate | □ homeostasis | □ sue |
| □ antecedent | □ reef | □ vertebrate | □ agitate |
| □ reinforce | □ biosphere | □ osmotic | □ solidarity |
| □ scrutinize | □ prolific | □ pant | □ uncompromising |
| □ scrutiny | □ symbiotic | □ unexceptional | □ accommodationist |
| □ compatible | □ photosynthesis | □ prefigure | □ tactic |
| □ predicate | □ sparse | □ temperance | □ protest |
| □ offshoot | □ degradation | □ practitioner | □ compromise |
| □ nonsensically | □ sewage | □ nonpartisan | □ teller |
| □ hypothetical | □ destabilize | □ affiliation | □ inertia |
| □ inclement | □ mutation | □ enumerate | □ parity |
| □ component | □ epidemic | □ amplify | □ pitfall |
| □ resemble | □ poliomyelitis | □ commitment | □ clerical |
| □ division | □ sanitation | □ allude | □ neotropical |
| □ outcome | □ paralysis | □ logging | □ zonal |
| □ detection | □ typhoid | □ anthropological | □ zonation |
| □ chronological | □ paralytic | □ supplement | □ accretion |
| □ evaporate | □ sporadically | □ posterity | □ succession |
| □ crucial | □ hemorrhagic | □ perversion | □ paradigm |
| □ differentiate | □ proliferate | □ tinge | □ salinity |
| □ alternate | □ inadvertent | □ ethnological | □ merger |
| □ categorization | □ dissemination | □ reminiscence | □ consummate |
| □ capitalize | □ breed | □ chronicle | □ premium |
| □ cumbersome | □ virulent | □ propose | □ terminate |
| □ erroneously | □ enthusiast | □ divulge | □ familiarize |

001
**unambiguous**
/ ˌʌnæmˈbɪɡjuəs /

释 *a.* 不含糊的，清楚的
例 The questions should be presented in a direct, precise, and **unambiguous** way which allows the readers to understand easily. 这些问题应该以直接、准确、明了的方式展现出来，让读者容易理解。

002
**convey**
/ kənˈveɪ /

释 *v.* 表达，传达；传递，运送
例 Colors like red and orange **convey** a sense of energy and strength. 像红色和橙色这样的颜色传达了能量和力量感。
派 conveyor *n.* 运送者；传达者
同 communicate, consign, deliver, transfer

003
**enhance**
/ ɪnˈhæns /

释 *v.* 提高；增加；加强
例 This is an opportunity to **enhance** the quality of this product. 这是可以提高该产品质量的机会。
派 enhancement *n.* 增强；提高
同 enrich, improve, uplift

004
**auxiliary**
/ ɔːɡˈzɪliəri /

释 *a.* 辅助的；备用的 *n.* 辅助者
例 The hospital has some **auxiliary** nurses work in the ICU. 这家医院安排了一些辅助护士在重症监护室工作。

005
**anterior**
/ ænˈtɪriər /

释 *a.* 前面的；较早的，以前的
例 While you are taking a break, you'll have plenty of opportunity to stretch your calves and strengthen your **anterior** leg muscles. 在休息的时候，你有很多机会来拉伸小腿、强健腿前部的肌肉。
反 posterior

006
**succinctly**
/ səkˈsɪŋktli /

释 *ad.* 简明地，简洁地
例 She writes simply and **succinctly**, rarely adding too much adornment. 她的写作朴实简练，很少添加修饰词。

007
**antecedent**
/ ˌæntɪˈsiːdnt /

释 *a.* 先行的 *n.* 祖先；经历
例 He didn't notice any sign **antecedent** to the accident. 他在事故前没有发现任何征兆。
派 antecedence *n.* 居先；在先
反 subsequent

008
**reinforce**
/ ˌriːɪnˈfɔːrs /

释 *v.* 增强，加强；增援
例 These buildings are now **reinforced** to withstand earthquakes. 现在这些建筑已经被加固了，以便抵抗地震。
派 reinforcement *n.* 加固；加强；增援
同 fortify, intensify, strengthen

Day

01 02 03 04 05 06 07 08 09 10 11 12 13 14 15 16 17 18 19 20 21

009
**scrutinize**
/ 'skruːtənaɪz /

释 *v.* 细察

例 The company requires the employees to **scrutinize** and evaluate the work they have done on a monthly basis. 公司要求员工每月审查并评估自己的工作。

派 scrutinization *n.* 细察

同 contemplate, examine, inspect, observe, review

010
**scrutiny**
/ 'skruːtəni /

释 *n.* 详细检查，仔细观察

例 The issue must be submitted for the **scrutiny** of general meeting of shareholders. 这个问题必须提交股东大会审议。

011
**compatible**
/ kəm'pætəbl /

释 *a.* 兼容的；能和睦相处的，合得来的

例 You should choose a roommate more **compatible** to your tastes and temperament. 你应该挑选与你的品位和脾气更相投的人同住一室。

派 compatibility *n.* 适合；共存；相容 compatibly *ad.* 协调地；兼容地

同 harmonious

反 incompatible

012
**predicate**

释 / 'predɪkət / *n.* 谓语 / 'predɪkeɪt / *v.* 断定，宣称

例 Your proposal is acceptable, as we **predicated**. 正如我们所断言的那样，你的建议是可以接受的。

013
**offshoot**
/ 'ɔːfʃuːt /

释 *n.* 支派；衍生物

例 An **offshoot** of the family settled down on the island in the seventeenth century. 这个家族的一支旁系于17世纪在那个岛上定居下来。

同 appendage, byproduct

014
**nonsensically**
/ naːn'sensɪkli /

释 *ad.* 荒谬地，愚蠢地

例 They chattered away **nonsensically** for a while. 他们喋喋不休地胡说了一会儿。

015
**hypothetical**
/ ˌhaɪpə'θetɪkl /

释 *a.* 假说的，臆说的

例 He sounds totally indifferent, as though all these questions were **hypothetical**. 他的语气显得满不在乎，就像所有的问题都是臆想出来的。

同 conjectural, hypothetic, supposed

016
**inclement**
/ ɪn'klemənt /

释 *a.* （天气）严酷的；恶劣的

例 The flight was delayed due to the **inclement** weather. 由于恶劣的天气，航班延误了。

同 cruel, harsh, rough, severe

017
**component**
/ kəm'poʊnənt /

释 *n.* 成分，部件 *a.* 组成的，构成的

例 Revenue from agricultural products is the biggest single **component** part in the country's income. 来自农产品的收益是这个国家收入中最高的一项。

同 constituent, element, factor

018
**resemble**
/ rɪ'zembl /

释 *v.* 像，类似于

例 She may **resemble** her mother in appearance, but in other respects she is nothing like her. 尽管她长得很像她母亲，可是在其他方面她却一点都不像她。

派 resemblance *n.* 相似；相像

019
**division**
/ dɪ'vɪʒn /

释 *n.* 分割；划分；分界线

例 The **division** between the impoverished northern regions and the prosperous southern regions remains. 贫穷的北方地区和富裕的南方地区之间的差距仍然存在。

派 divisional *a.* 分出的；分支的

020
**outcome**
/ 'aʊtkʌm /

释 *n.* 结果，后果

例 Many people believed that civil war will be the eventual **outcome** of the racial tension in the country. 很多人相信，该国紧张的种族关系最终会导致内战。

同 conclusion, consequence, effect

021
**detection**
/ dɪ'tekʃn /

释 *n.* 侦查，探测；察觉，发觉

例 The early **detection** of breast cancer is vitally important. 乳腺癌的早期发现是至关重要的。

022
**chronological**
/ ˌkrɑːnə'lɑːdʒɪkl /

释 *a.* 按时间顺序的

例 In this exhibition, the oil paintings are displayed in **chronological** order. 在本次展览中，油画是按时间顺序展示的。

023
**evaporate**
/ ɪ'væpəreɪt /

释 *v.* 蒸发，挥发；消失

例 When there is sunshine to **evaporate** the water, wet pavements will soon be dried. 当水被太阳照射而蒸发时，潮湿的人行道很快就会变干。

024
**crucial**
/ 'kruːʃl /

释 *a.* 至关重要的；决定性的

例 The next few days after the surgery are **crucial** to the patients. 手术后的几天对病人来说是至关重要的。

同 critical, decisive, important

025
**differentiate**
/ ˌdɪfə'renʃieɪt /

释 *v.* 区分，区别；使不同

例 It is very important for teenagers to learn to **differentiate** between good and evil. 学会区分善恶对青少年来说是非常重要的。

派 differentiation *n.* 区别；分化；变异

同 distinguish, separate, specialise

026
**alternate**

释 / 'ɔːltərnət / *a.* 交替的；间隔的 *n.* 代替者；供替代的选择 / 'ɔːltərneɪt / *v.* 交替，轮流

例 My roommate and I clean our room on **alternate** days. 我和我的室友隔日轮流打扫我们的房间。

派 alternately *ad.* 交替地，轮流地 alternation *n.* 交互，轮流；间隔
同 interchange, switch
反 consecutive

027
**categorization**
/ ˌkætəgəraɪ'zeɪʃn /
释 *n.* 分门别类
例 **Categorization** is the key technology of this system. 分类是这个系统的关键技术。

028
**capitalize**
/ 'kæpɪtəlaɪz /
释 *v.* 以大写字母写；使…资本化；估价
例 She forgot to **capitalize** the first letter in the sentence. 她忘记把句子中的第一个字母大写了。
派 capitalization *n.* 资本化；大写字母的使用

029
**cumbersome**
/ 'kʌmbərsəm /
释 *a.* 笨重的；不方便的
例 This sofa is too **cumbersome** to move. 这个沙发太笨重，搬起来很不方便。
同 awkward, bulky, clumsy

030
**erroneously**
/ ɪ'roʊniəsli /
释 *ad.* 错误地
例 The bank **erroneously** transferred the money to his account. 银行错误地把钱转入到他的账户。

031
**erode**
/ ɪ'roʊd /
释 *v.* 腐蚀，侵蚀；磨损
例 The rocks have **eroded** away over time. 随着时间的推移，这些岩石已经被侵蚀。
同 wear away

032
**erosion**
/ ɪ'roʊʒn /
释 *n.* 腐蚀，侵蚀；磨损
例 In order to prevent **erosion**, we should charge people for using the beaches. 为阻止侵蚀，我们应该对使用海滩的人收费。
搭 soil erosion 水土流失，土壤侵蚀 wind erosion 风蚀，风蚀作用

033
**spill**
/ spɪl /
释 *n.* 溢出，溅出 *v.*（使）溢出；（使）摔下
例 Water had **spilled** out of the glass onto the floor. 水从玻璃杯里溢出来洒到了地板上。
搭 chemical spill 化学溢出物 spill over 溢出

034
**misconception**
/ ˌmɪskən'sepʃn /
释 *n.* 误解；错觉
例 It clarifies a common **misconception** about the use of the air clearner. 它澄清了人们对使用空气净化器的一个普遍误解。

035
**supplant**
/ sə'plænt /
释 *v.* 取代；排挤掉
例 He may be **supplanted** by a younger candidate. 他可能会被一个更年轻的候选人取代。
同 replace, substitute for

036
**conflate**
/ kən'fleɪt /

释 *v.* 合并

例 Some proponents of a so-called "global ethic" have shown a tendency to confuse or **conflate** the two distinct concepts. 在一些所谓"全球伦理"的倡导者那里，存在着一种混淆或合并这两种截然不同的概念的倾向。

同 merge, incorporate with

037
**reef**
/ rif /

释 *n.* 暗礁；矿脉 *v.* 收帆；缩帆

例 His ship was thrown on a **reef**. 他的船撞到了暗礁上。

搭 barrier reef 堡礁；堤礁 the Great Barrier Reef 大堡礁

派 reefy *a.* 多暗滩的，多暗礁的

038
**biosphere**
/ 'baɪəˌsfɪr /

释 *n.* 生物圈

例 This ecosystem is one of the fascinating paradoxes of the **biosphere**. 这个生态系统是生物圈中最令人着迷的悖论之一。

同 ecosphere

039
**prolific**
/ prə'lɪfɪk /

释 *a.* 多产的；丰富的

例 She is a **prolific** writer of essays and short stories. 她是位多产的散文和短篇小说作家。

派 prolificacy *n.* 多产；生产力

同 abundant, productive

040
**symbiotic**
/ ˌsɪmbaɪ'ɑːtɪk /

释 *a.* 共生的；共栖的

例 Underpinning this festival of commerce is the **symbiotic** relationship between sport and the media. 体育和媒体的共生关系是这次商业盛宴的基础。

搭 symbiotic relationship 共生关系；共栖关系

派 symbiosis *n.* 共生；合作关系；共栖

041
**photosynthesis**
/ ˌfoʊtoʊ'sɪnθəsɪs /

释 *n.* 光合作用

例 Through **photosynthesis**, leaves use sunlight to convert water and carbon dioxide into sugar. 叶子通过光合作用，利用阳光把水和二氧化碳转化为糖分。

搭 artificial photosynthesis 人工光合作用

042
**sparse**
/ spɑrs /

释 *a.* 稀少的，稀疏的

例 This symbiotic process allows organisms in the reef community to use **sparse** nutrient resources efficiently. 这个共生的过程可以使礁类群落中的有机体有效地利用稀有的营养资源。

搭 sparse matrix 稀疏矩阵

派 sparsity *n.* 稀疏，稀少；贫乏

同 exiguous, infrequent

043
**degradation**
/ ˌdegrə'deɪʃn /

释 *n.* 退化；降格；堕落

例 However, decades of poverty, environmental **degradation**, violence, instability and dictatorship have left it as the poorest nation in Africa. 然而，数十年的贫穷、环境恶化、暴力、动荡和独裁使得这个国家成为非洲最贫穷的国家。

搭 environmental degradation 环境退化；环境质量下降

派 degrade *v.* 降级，降低；退化

同 regression, corruption, deterioration, degeneration

044
**sewage**
/ 'suːɪdʒ /

释 *n.* 污水；下水道；污物

例 All the **sewage** drains off into the river. 所有污水都排入这条河中。

搭 sewage disposal 污水处理；排污

派 sewer *v.* 为…铺设污水管道；用下水道排除…的污水

045
**destabilize**
/ ˌdiː'steɪbəlaɪz /

释 *v.* 使动摇

例 Terrorists were threatening to **destabilize** the government. 恐怖分子威胁要颠覆政府。

搭 destabilize the region 使该地区不稳定

派 destabilization *n.* 不稳定；扰动

同 unsettle

046
**mutation**
/ mjuː'teɪʃn /

释 *n.* 突变；变化；元音变化

例 The bird flu virus has shown signs of **mutation**. 禽流感病毒已经出现变异迹象。

搭 gene mutation 基因突变

派 mutant *a.* 突变的 mutative *a.* 变化的；生物突变的

同 variation, shift, diversification

047
**epidemic**
/ ˌepɪ'demɪk /

释 *n.* 传染病；流行病 *a.* 流行的；传染性的

例 Although genetic mutations in bacteria and viruses can lead to **epidemics**, some **epidemics** are caused by bacteria and viruses that have undergone no significant genetic change. 尽管细菌和病毒的基因变异能导致传染病，但是一些传染病却是在细菌和病毒并没有显著基因变异的情况下产生的。

搭 epidemic disease 流行病

派 epidemiology *n.* 流行病学；传染病学

同 popular

048
**poliomyelitis**
/ ˌpoʊlioʊˌmaɪə'laɪtəs /

释 *n.* 脊髓灰质炎；小儿麻痹症

例 **Poliomyelitis** mainly affects children under the age of five. 脊髓灰质炎主要影响五岁以下的儿童。

搭 poliomyelitis vaccine 脊髓灰质炎疫苗

同 tephromyelitis

049
## sanitation
/ ˌsænɪ'teɪʃn /

释 *n.* 环境卫生

例 It is said that policymakers can discover ways to improve **sanitation** and health as they try to reduce emissions and adapt to climate impacts. 据说在试图减少排放和适应气候影响的过程中，政策制定者可以找到改善卫生和健康状况的方法。

搭 sanitation facility 卫生设施

派 sanitary *a.* 卫生的，清洁的

050
## paralysis
/ pə'ræləsɪs /

释 *n.* 麻痹；无力；停顿

例 The strike caused total **paralysis** of public transportation in the city. 这次罢工造成了这座城市的公共交通的全面瘫痪。

搭 sleep paralysis 睡眠瘫痪症

派 paralyzed *a.* 瘫痪的；麻痹的 paralytic *a.* 麻痹的；瘫痪的；中风的

同 numbness, asthenia

051
## typhoid
/ 'taɪfɔɪd /

释 *a.* 伤寒的；斑疹伤寒症的 *n.* 伤寒

例 Clean water and good sanitation are an effective prevention against the spread of **typhoid**. 清洁的水和良好的卫生环境可以有效预防伤寒的传播。

搭 typhoid vaccine 伤寒疫苗 typhoid fever 伤寒症

052
## paralytic
/ ˌpærə'lɪtɪk /

释 *a.* 麻痹的；瘫痪的 *n.* 中风患者；麻痹患者

例 The hygiene that helped prevent typhoid epidemics indirectly fostered a **paralytic** polio epidemic. 成功预防了伤寒病流行的卫生环境间接地导致了麻痹性脊髓灰质炎疫情。

搭 paralytic phase 麻痹期

同 torpid

053
## sporadically
/ spə'rædɪkli /

释 *ad.* 零星地；偶发地

例 Lyme disease occurred only **sporadically** during the late nineteenth century but has recently become prevalent in parts of the United States. 在19世纪晚期，莱姆病仅仅在美国的部分地区零星出现，但是近来却流行起来。

搭 distributed sporadically 零星分布

同 contingently, adventitiously

054
## hemorrhagic
/ ˌhemə'rædʒɪk /

释 *a.* 出血的

例 A recent research shows that moderate and high levels of physical activity may reduce the risk of total, ischemic, and **hemorrhagic** strokes. 近期的一项研究表明，适当的和高强度的运动可以降低中风、缺血性中风和出血性中风发生的可能性。

搭 hemorrhagic stroke 出血性中风 hemorrhagic fever 出血热

055
**proliferate**
/ prə'lɪfə,reɪt /

释 *v.* 激增；扩散；增殖

例 Similarly, an outbreak of dengue hemorrhagic fever became an epidemic in Asia in the 1950s because of ecological changes that caused Aedes aegypti, the mosquito that transmits the dengue virus, to **proliferate**. 类似地，在20世纪50年代，亚洲地区登革出血热传染病的爆发就是由生态变化而导致的埃及伊蚊数量的激增所引起的，而埃及伊蚊正是登革热病毒的携带者。

派 proliferation *n.* 增殖；扩散

同 surge

056
**inadvertent**
/ ˌɪnəd'vɜːrtənt /

释 *a.* 疏忽的；不注意的；无意中做的

例 Unfortunately, I made an **inadvertent** remark about Linda's failure while she was present. 很不巧的是，在琳达在场时，我很冒失地提到了她的失败。

派 inadvertence *n.* 不注意；怠慢，疏忽

同 inattentive, negligent

057
**dissemination**
/ dɪˌsemɪ'neɪʃn /

释 *n.* 传染（病毒）；散播；宣传

例 He was fully bent upon the **dissemination** of Chinese culture all over the world. 他一心致力于向全世界传播中国文化。

搭 information dissemination 信息传播，信息传递

派 disseminative *a.* 传播的；散布的

同 publicity, propaganda

058
**breed**
/ brid /

释 *v.* 繁殖；饲养；教育 *n.* 品种；类型

例 More and more people began to visit and inhabit areas in which mosquitoes live and **breed**. 越来越多的人开始游览并居住在蚊子生存和繁殖的地区。

搭 breed improvement 品种改良 pure breed 纯种

派 breeding *n.* 繁殖；饲养；教养

059
**virulent**
/ 'vɪrjələnt /

释 *a.* 剧毒的；恶性的；有恶意的

例 A genetic mutation in Lyme disease bacteria makes them more **virulent**. 基因突变使莱姆菌的毒性更强。

派 virulently *ad.* 恶毒地

同 pernicious, poisonous

060
**enthusiast**
/ ɪn'θuːziæst /

释 *n.* 狂热者，热心家

例 Outdoor recreation **enthusiasts** routinely take measures to challenge themselves. 户外运动爱好者总是会想办法挑战自己。

搭 English enthusiast 英语迷

派 enthusiastic *a.* 热情的；狂热的 enthusiastically *ad.* 热心地；满腔热情地

061
**vaccine**
/ væk'sin /

释 *n.* 疫苗；牛痘苗 *a.* 疫苗的；牛痘的

例 Scientists have not yet developed a **vaccine** that can prevent Lyme disease. 科学家到目前为止还没有研究出预防莱姆病的疫苗。

搭 influenza vaccine 流感疫苗 hepatitis B vaccine 乙肝疫苗
派 vaccinate *v.* 接种疫苗

062
**polycyclic**
/ ˌpalɪˈsɪklɪk /

释 *a.* 多环的，多相的
例 The organization is requesting that the FDA enact a rule that sets a limit on the amount of polycyclic aromatic hydrocarbons deemed safe for pregnant women and young children. 该机构正在要求美国食品药物监督管理局针对多环芳烃对孕妇和儿童无害的最低安全含量做出规定。
搭 polycyclic landform 多旋回地形

063
**aromatic**
/ ˌærəˈmætɪk /

释 *a.* 芳香的；芳香族的 *n.* 芳香植物；芳香剂
例 To prepare the best chamomile tea, the dried flower heads must be relatively fresh and highly **aromatic**. 要准备最好的甘菊茶，干花头必须保持相对新鲜和高度芳香。
派 aromatize *v.* 使芳香；薰以香气
同 fragrant

064
**hydrocarbon**
/ ˌhaɪdrəˈkaːrbən /

释 *n.* 碳氢化合物
例 The organic molecules found in ALH84001 are polycyclic aromatic **hydrocarbons**, or PAHs. 在ALH84001火星陨石中发现的有机分子是多环芳香碳氢化合物，简称PAHs。
搭 hydrocarbon compounds 碳氢化合物
派 hydrate *v.* 与水化合；成水合物

065
**microbe**
/ ˈmaɪkroʊb /

释 *n.* 细菌，微生物；微生物类
例 When **microbes** die, their organic material often decays into PAHs. 在微生物死后，它们的有机物质会腐化为多环芳香碳氢化合物（PAHs）。
同 germ, bacillus

066
**homeostasis**
/ ˌhoʊmioʊˈsteɪsəs /

释 *n.* 体内平衡；内稳态
例 Immune system is a very important system to maintain **homeostasis** in body. 免疫系统是维持机体自身稳定的一个重要系统。
搭 genetic homeostasis 遗传稳态
派 homeostatic *a.* 自我平衡的；原状稳定的 homeostatically *ad.* 自我平衡地；原状稳定地

067
**vertebrate**
/ ˈvɜːrtɪbrət /

释 *n.* 脊椎动物 *a.* 脊椎动物的；有脊椎的
例 The desert rat and the camel in the most water-deprived environments, and marine **vertebrates** in an all-water environment, encounter the same regulatory problem: maintaining adequate internal fluid balance. 沙漠中的老鼠和骆驼在接近无水的环境中，以及海洋脊椎动物在全水环境中，都面临同样的调节问题：维持体内正常的液体平衡。

搭 vertebrate paleontology 古脊椎动物学
派 vertebral *a.* 脊椎的；有脊椎的
同 backboned

068
**osmotic**
/ ɑːz'mɑːtɪk /

释 *a.* **渗透性的，渗透的**
例 Dissolved protein is one of the most important substances that increase the **osmotic** pressure in the blood. 溶解的蛋白质是增加血液中的渗透压的最重要物质之一。
搭 osmotic coefficient 渗透系数
同 infiltrative, saturated

069
**pant**
/ pænt /

释 *n.* **气喘；喘息** *v.* **喘息；渴望**
例 He found himself **panting** for breath after he reached the top of the hill. 当他爬到山顶时，他发现自己已经气喘吁吁。
搭 pant for 渴望
同 aspire

070
**unexceptional**
/ ˌʌnɪk'sepʃənl /

释 *a.* **普通的；非例外的**
例 The novels of this author are fairly predictable and **unexceptional**. 这位作家的小说基本没有什么新奇之处，稀松平常。
同 ordinary, general, average

071
**prefigure**
/ ˌpriː'fɪgjər /

释 *v.* **预示；预想**
例 The meeting of the two leaders may **prefigure** an improvement in relations between the two countries. 两位领导人的会晤可能预示着两国关系的改进。
派 prefigurative *a.* 预示的 prefiguration *n.* 预示；预想；征兆
同 indicate, forecast

072
**temperance**
/ 'tempərəns /

释 *n.* **戒酒；节欲；（气候等的）温和** *a.* **温暖的；有节制的**
例 The **temperance** movement was at its peak at the end of the 19th century. 禁酒运动在19世纪末达到了顶峰。
搭 temperance drink 无酒精饮料
派 temperate *a.* 温和的；适度的；有节制的 temperateness *n.* 节制；适度；温和
同 abstinence, nephalism

073
**practitioner**
/ præk'tɪʃənər /

释 *n.* **开业者，从业者**
例 Your doctor, healthcare **practitioner** or psychotherapist will help you determine the best course of action to help you feel better. 你的医生、健康护理从业者或精神治疗师将帮助你确定最好的治疗方案，使你感觉更好些。
搭 general practitioner 全科医师；普通医师

074
**nonpartisan**
/ nɔn'pɑːtɪzn /

释 *n.* 无党派的人 *a.* 无党派的；超党派的

例 **Nonpartisan** commissions should be established to draw legislative district lines to maximize competition and fairness. 应该指派无党派委员会来划分议会选区，以保证最大程度的公平和竞争。

搭 Nonpartisan League 无党派联盟 nonpartisan election 无党派选举

075
**affiliation**
/ əˌfɪli'eɪʃn /

释 *n.* 从属关系；友好关系；加入；联盟

例 In other words, Baker contends, women activists were early practitioners of nonpartisan, issue-oriented politics and thus were more interested in enlisting lawmakers, regardless of their party **affiliation**, on behalf of certain issues than in ensuring that one party or another won an election. 换句话说，贝克争论到，女性活动家都是早期的无党派人士，以问题为导向的政治家，她们更注重帮助制订立法，而并不关心党派之间的联系，主要为了解决问题而不太关心是否在竞选中获胜。

搭 affiliation dissociation 结盟；紧密联合 political affiliation 政治背景；政治立场

派 affiliated *a.* 附属的；有关联的

同 alliance, union, association, league, federation

076
**enumerate**
/ ɪ'nuːməreɪt /

释 *v.* 列举；枚举；计算

例 His academic advisor **enumerated** the benefits for him if he applies for the post-doctoral program. 他的导师为他列举了申请博士后项目的好处。

派 enumerable *a.* 可列举的；可点数的 enumeration *n.* 列举；计算

同 specify, figure

077
**amplify**
/ 'æmplɪfaɪ /

释 *v.* 详述；扩大；增强

例 The leader of the foundation is looking for ways to **amplify** the impact of their activities and resources. 基金会的领导者正在寻找能扩大他们的活动和资源影响力的方法。

派 amplifier *n.* 放大器；扩音器 amplification *n.* 放大（率）；扩大

078
**commitment**
/ kə'mɪtmənt /

释 *n.* 承诺；委托；献身

例 The company's **commitment** to providing qualified service at a reasonable price led to its huge success. 该公司以合理的价格提供优质服务的承诺使它获得了巨大成功。

搭 job commitment 工作承诺；工作认同 financial commitment 财政保证

派 committed *a.* 坚定的；效忠的；承担义务的

同 assurance, certification, guarantee, security, compliance

079
**allude**
/ ə'luːd /

释 *v.* 暗指；略为提及，顺便提到

例 The problem of water shortage and desertification had been **alluded** to briefly in earlier discussions. 在早前的讨论中，关于缺水和沙漠化的问题就已经被简要提及了。

搭 allude to 暗射；暗示；提及

同 advert

080
**logging**
/ 'lɑːgɪŋ /

释 *n.* 记录；伐木工作
例 The machine also performs some additional tasks, such as **logging** and storing the details for future use. 这台机器也执行一些额外任务，比如记录和存储细节，以便将来使用。
搭 logging in 登录；请求联机

081
**anthropological**
/ ˌænθrəpə'lɑdʒɪkl /

释 *a.* 人类学的，人类学上的
例 **Anthropological** data of his research shows that early farmers used ten times as much land per person as modern farmers. 在他的研究中，人类学的数据显示早期的农民人均使用了十倍于现代农民的耕地面积。
搭 anthropological viewpoint 人类学观点 anthropological studies 人类学研究
派 anthropology *n.* 人类学

082
**supplement**

释 / 'sʌplɪment / *v.* 补充，增补 / 'sʌplɪmənt / *n.* 补充，补遗；补充物
例 The donation of alumni is a **supplement** to the university funding. 校友捐赠是大学经费的一种补充。
搭 dietary supplement 膳食补充 nutritional supplement 营养补充品；营养增补剂
派 supplementary *a.* 补充的；追加的 supplemental *a.* 补充的；追加的 supplementation *n.* 补充；增补

083
**posterity**
/ pɑː'sterəti /

释 *n.* 子孙，后裔，后代
例 Aboriginal art forms have been preserved for **posterity**. 原住民的艺术形式为后代保存了下来。
搭 go down to posterity 载入史册
同 child, progeny

084
**perversion**
/ pər'vɜːrʒn /

释 *n.* 反常；颠倒；曲解；堕落
例 Her accusation was a **perversion** of the truth. 她的指控是对事实的歪曲。
派 perverse *a.* 堕落的，不正当的；违反常情的 pervert *n.* 堕落者；行为反常者
同 corruption, distortion, deterioration

085
**tinge**
/ tɪndʒ /

释 *v.* 微染；使带气息 *n.* 淡色；风味
例 This week, however, as they feasted to the spectacular display of fireworks to greet the New Year, their celebrations had an anxious **tinge**. 然而，这个礼拜，当他们以盛大的烟火表演迎接新年时，其庆祝活动中也夹杂一丝焦虑的味道。
搭 romantic tinge 浪漫气息
同 flavor

086
**ethnological**
/ ˌeθnə'lɑːdʒɪkl /

释 *a.* 民族学的，人种学的
例 Autobiography remains a useful tool for **ethnological** research. 自传对民族学研究非常有用。
搭 ethnological museum 民族博物馆

087
**reminiscence**
/ ˌremɪ'nɪsns /

释 *n.* 回忆；怀旧；引起联想的相似事物
例 The book is a collection of his **reminiscences** about his childhood. 本书收集了他对童年的回忆。
派 reminiscent *a.* 怀旧的，回忆往事的 reminiscent *n.* 回忆录作者；回忆者
同 memory, recall

088
**chronicle**
/ 'kranɪkl /

释 *v.* 记录；把…载入编年 *n.* 编年史；记录
例 The historical backgrounds of two currently used research methods are **chronicled**. 当前使用的两种研究方法的历史背景都是有记录的。

089
**propose**
/ prə'poʊz /

释 *v.* 建议；打算，计划；求婚
例 When the usefulness of a research method is questioned, then a new method will be **proposed**. 当一种研究方法的有用性被质疑，随后就会提出一种新的方法。
搭 propose to sb 向某人求婚 propose sb for 推荐某人；提名某人
派 proposition *n.* 命题；提议；主题
同 schedule, design

090
**divulge**
/ daɪ'vʌldʒ /

释 *v.* 泄露；暴露
例 A stockbroker refuses to **divulge** the source of her information on the possible future increase in a stock's value. 股票经纪人拒绝泄露未来价值可能增长的股票信息的来源。
搭 divulge secrets 泄露秘密
同 reveal, ooze out

091
**referral**
/ rɪ'fərəl /

释 *n.* 提及，介绍；参照；被推举的人
例 Particularly with first-time clients, an unconditional guarantee can be an effective marketing tool if the clients are very cautious, the firm's fees are high, the negative consequences of bad service are grave, or business is difficult to obtain through **referrals** and word-of-mouth. 特别是对于第一次消费的客户，如果他们很谨慎，那么一份无条件的购物保障会是一种有效的营销工具，公司的费用高，低质服务的负面效果是严重的，或者说很难通过介绍和口口相传获得生意。
搭 internal referral 内部推荐
派 reference *v.* 引用 *n.* 参考，参照
同 mention

092
**lawsuit**
/ 'lɔsut /

释 *n.* 诉讼
例 He filed a **lawsuit** against his wife's surgeons for medical malpractices. 他因医疗事故而对他妻子的外科医生提起了诉讼。
搭 lawsuit writs 诉讼文书 civil lawsuit 民事诉讼
同 litigation, suit, law

093
**commensurate**
/ kə'mɛnʃərət /

释 *a.* 相称的；同量的

例 Salary will be **commensurate** with your working experience and the contribution you make. 工资将与你的工作经历和你所做出的贡献相称。

搭 commensurate with 与…相应；与…相当

094
**gimmick**
/ 'gɪmɪk /

释 *n.* 骗人的玩意；暗机关 *v.* 使暗机关

例 Any firm that implements an unconditional guarantee without undertaking a commensurate commitment to the quality of service is merely employing a marketing **gimmick**. 任何公司如果对其服务做出无条件的保证却没有相应地对服务的质量做出承诺，那么这实际上仅仅是一种营销噱头罢了。

搭 marketing gimmick 营销噱头

095
**attainment**
/ ə'teɪnmənt /

释 *n.* 达到；成就；学识

例 The young woman of impressive educational **attainments** has achieved a lot while she was in college. 还在大学时，这个有着令人印象深刻的教育素养的年轻女士就已经取得了许多成就。

搭 academic attainment 学术造诣

派 attainability *n.* 可达到性；可获得性

同 achievement, success, wisdom, accomplishment

096
**sue**
/ suː /

释 *v.* 请求；控告

例 The celebrity **sued** the paparazzi for violating her privacy. 女明星控告狗仔队侵犯了她的隐私。

搭 sue for 控告 sue out 向法院请求得到

同 accuse

097
**agitate**
/ 'ædʒɪteɪt /

释 *v.* 骚动；摇动；煽动

例 The workers who worked in these factories had begun to **agitate** for better working conditions and higher salaries. 在这些工厂工作的工人开始为更佳的工作条件和更高的薪酬而抗争。

搭 agitate for 鼓动

派 agitative *a.* 煽动性的 agitated *a.* 焦虑的；鼓动的

098
**solidarity**
/ ˌsɑːlɪ'dærəti /

释 *n.* 团结一致

例 The strike fostered a sense of **solidarity** among the workers. 罢工促进了工人之间的团结。

搭 group solidarity 团结一致

派 solidification *n.* 凝固；团结；浓缩 solidify *v.* 使凝固；使团结；使充实

同 unity, consolidation

099
**uncompromising**
/ ʌn'kaːmprəˌmaɪzɪŋ /

释 *a.* 不妥协的，不让步的；坚定的

例 The film makers were inspired by the **uncompromising** personality of the creative genius and decided to make a film of his legendary life. 电影制作人被这个富有创造性的天才的永不妥协的个性所启发，决定制作一部关于他传奇人生的电影。

搭 uncompromising integrity 坚持原则

同 confirmed, firm

100
**accommodationist**
/ əˌkaməˈdeɪʃənɪst /

释 *a.* 妥协的，迁就的 *n.* 妥协迁就者

例 They criticized the senator's conduct as being **accommodationist**. 他们批评参议员妥协的行为。

派 accommodation *n.* 住处；调节；和解

同 compromised

101
**tactic**
/ 'tæktɪk /

释 *n.* 策略，战略 *a.* 按顺序的，依次排列的

例 The editorial surprised many African Americans who viewed him as a chief opponent of the accommodationist **tactics**. 这篇社论使很多非裔美国人感到惊讶，他们原本认为他是妥协策略的主要反对者。

派 tactical *a.* 战术的；策略的；善于策略的

102
**protest**

释 / prə'test / *v.* 抗议；断言 / 'proʊtest / *n.* 抗议 *a.* 表示抗议的；抗议性的

例 The building work will continue, despite the **protests** from local residents. 尽管当地居民提出抗议，但建设工作仍将继续。

搭 protest against / about 反对，对…提出抗议 without protest 心甘情愿地

派 protestant *a.* 抗议的；持异议的 *n.* 抗议者；持异议者 protestation *n.* 抗议；异议；声明；断言

同 aver

103
**compromise**
/ 'kaːmprəmaɪz /

释 *n.* 折中，妥协，和解 *v.* 妥协；危害；让步

例 After several rounds of negotiation, the two sides finally reached a **compromise**. 经过几轮谈判，双方终于达成了妥协。

搭 reach a compromise 达成妥协

派 compromising *a.* 妥协的；让步的

104
**teller**
/ 'telər /

释 *n.* 出纳员；讲述者；讲故事者

例 All the advances in electronic banking have made a **teller** work in a very different way now. 银行业电子化的进展使得现如今出纳员的工作方式跟过去的大不一样了。

搭 bank teller 银行出纳 automatic teller machine 自动出纳机

派 telling *a.* 有效的；生动的；显著的

105
**inertia**
/ ɪ'nɜːrʃə /

释 *n.* 惯性；惰性；不活动
例 The bank managers did not recognize the level of customer **inertia** in the consumer banking industry that arises from the inconvenience of switching banks. 银行经理并没有认识到由转换银行不便造成的消费者在个人银行业中的惰性问题。
搭 moment of inertia 惯性矩，转动惯量 rotational inertia 转动惯量；转动惯性
派 inertial *a.* 惯性的；不活泼的

106
**parity**
/ 'pærəti /

释 *n.* 相等；同等；平价
例 The service of the bank needed to be improved to attain **parity** with the service provided by competing banks. 这家银行的服务质量应该被提高以达到银行业间竞争对手的同等水平。
搭 be on a parity with 和…平等
同 equation

107
**pitfall**
/ 'pɪtfɔːl /

释 *n.* 陷阱，圈套；缺陷；诱惑
例 It illustrates the **pitfalls** of choosing to invest in service at a time when investment is needed more urgently in another area. 它解释了当某一领域急需投资的时候投资服务的陷阱。
搭 potential pitfall 潜在危险
同 deficiency; trap, web

108
**clerical**
/ 'klerɪkl /

释 *a.* 办事员的；牧师的 *n.* 牧师
例 In an attempt to improve the overall performance of **clerical** workers, many companies have introduced computerized performance monitoring and control systems. 在尝试提高职员的整体效率方面，许多公司引进了计算机效率监督控制系统。
搭 clerical work 行政工作 clerical error 写错；记录错误
派 clergyman *n.* 牧师；教士 clericalism *n.* 教权主义

109
**neotropical**
/ ˌniːəu'trɔpɪkəl /

释 *a.* 新热带区的
例 **Neotropical** zoogeographic region consists of South and Central America with tropical Mexico. 新热带动物地理区域包括南美洲、中美洲和墨西哥的热带地区。
搭 neotropical region 新热带区

110
**zonal**
/ 'zoʊnl /

释 *a.* 带状的；形成地带的
例 Neotropical coastal mangrove forests are usually **zonal**, with certain mangrove species found predominantly in the seaward portion of the habitat. 新热带地区海边的红树林分布通常是带状的，某些特定的品种主要生长在近海区域。
搭 zonal circulation 纬向环流
派 zonary *a.* 带状的；像带子的
同 ribbon-like

111
**zonation**
/ zou'neɪʃən /

释 *n.* **成带；地理学的地带分布；带状配列**
例 The result of this study will be important for the new generation of seismic **zonation**. 这项研究的结果将对新一代地震区的划分十分重要。
搭 stratigraphic zonation 地层分带性

112
**accretion**
/ ə'kriːʃn /

释 *n.* **添加；增加物；冲积层**
例 A coral reef is formed by the **accretion** of tiny and identical organisms. 珊瑚礁是由相同的小型微生物累积形成的。
派 accretive *a.* 增积的
同 addition, adjunction

113
**succession**
/ sək'seʃn /

释 *n.* **连续，接连发生；继承**
例 The gunman fired back to the police officers seven times in rapid **succession**. 枪手快速地连续七次开枪，回击警察。
搭 in succession 接连地，连续地 a succession of 一连串；一系列
派 successive *a.* 连续的；依次的；接替的 successor *n.* 继承者；后续的事物
同 series; heritage

114
**paradigm**
/ 'pærəˌdaɪm /

释 *n.* **范例；词形变化表**
例 However, the space shuttle **paradigm** is only one model of space access. 无论如何，航天飞机的范例只是太空旅行的一种模式。
搭 paradigm shift 典范转移；思考模式的转移
派 paradigmatic *a.* 词形变化的；范例的
同 exemplification

115
**salinity**
/ sə'lɪnətɪ /

释 *n.* **盐度；盐分；盐性**
例 In recent years, the research for the **salinity** tolerance of plants has become a heated topic. 近几年来，关于植物耐盐的研究已经成为一个热点。
搭 soil salinity 土壤盐渍度
派 saline *a.* 盐的；含盐分的

116
**merger**
/ 'mɜːrdʒər /

释 *n.* **合并，并购**
例 Such a **merger** would be the largest in US banking history, giving the two banks combined assets of about $150 billion. 这将是美国银行业历史上最大的一次合并，使两家银行的总资产达到1500亿美元左右。
搭 merger and acquisition 收购兼并
派 merged *a.* 合并的

117
**consummate**

释 / 'kaːnsəmeɪt / *v.* **完成；做成；使达到极点** / 'kaːnsəmət / *a.* **至上的；完美的；圆满的**

例 Findings from several studies on corporate mergers and acquisitions during the 1970s and 1980s raise questions about why firms initiate and **consummate** such transactions. 几份关于七八十年代公司收购与兼并的研究提出了对这些公司为何发起并完成这些事务的疑问。

同 accomplish, achieve, complete

118
**premium**
/ 'priːmiəm /

释 *n.* **额外费用；保险费；奖金**

例 The annual **premium** can be a little steep, but will be beneficial if your come across any accident. 每年要交的保险费可能有点高，但如果你遇到意外就会受益。

搭 insurance premium 保险费 premium rate 保险费率

同 bonus, dividend

119
**terminate**
/ 'tɜːrmɪneɪt /

释 *v.* **可以除尽；终止，结束**

例 The manager is considering to **terminate** the company's cooperation with the supplier. 经理正在考虑终止公司与供应商的合作。

派 termination *n.* 终点；结局；终止

120
**familiarize**
/ fə'mɪliəraɪz /

释 *v.* **使某人熟悉；使通晓**

例 The goal of the experiment was to **familiarize** the people with the new regulations. 试行的目的就是要让人们熟悉新的规则。

# Day 08

## Previous Check

- □ drawback
- □ sector
- □ counter
- □ fire
- □ membrane
- □ exert
- □ cyclic
- □ locomotion
- □ stumbling
- □ emancipatory
- □ segregation
- □ femininity
- □ hoary
- □ stereotype
- □ purview
- □ aspiration
- □ beckon
- □ juxtapose
- □ procreative
- □ downplay
- □ attendant
- □ coexist
- □ irreconcilable
- □ condemn
- □ patriarchal
- □ spiral
- □ primordial
- □ prosper
- □ abdicate
- □ subsidy
- □ reap
- □ opponent
- □ sustenance
- □ immunity
- □ encroach
- □ documented
- □ rebuttal
- □ biography
- □ validity
- □ deliberately
- □ withhold
- □ reveal
- □ vulnerability
- □ veer
- □ discredit
- □ fieldwork
- □ repercussion
- □ cautiousness
- □ reservation
- □ align
- □ militant
- □ suspend
- □ exceptional
- □ trivial
- □ accumulation
- □ veracity
- □ albeit
- □ err
- □ derivation
- □ refutation
- □ inherently
- □ emancipate
- □ perpetuate
- □ antiquate
- □ reconciliation
- □ overstatement
- □ harmonize
- □ speculate
- □ spectroscopy
- □ privatization
- □ eligibility
- □ accelerate
- □ counterargument
- □ strategize
- □ scenario
- □ constraint
- □ tradeoff
- □ dichotomous
- □ radius
- □ obtuse
- □ bypass
- □ challenging
- □ sequentially
- □ orient
- □ sensibly
- □ competence
- □ tangential
- □ mechanics
- □ persistent
- □ virtually
- □ evasive
- □ conspicuously
- □ address
- □ obliterate
- □ forcibly
- □ outstanding
- □ far-fetched
- □ invent
- □ inherent
- □ repetitious
- □ endorse
- □ memorandum
- □ supervision
- □ reallocate
- □ innovative
- □ craving
- □ satiety
- □ apathetic
- □ dramatically
- □ numerous
- □ heed
- □ promotional
- □ delight
- □ dropout
- □ impressive
- □ anticipation
- □ unprecedented
- □ environmentally
- □ vigilant
- □ marijuana

001
**drawback**
/ 'drɔːbæk /

释 *n.* 缺点；不利条件；退税
例 Research demonstrates the benefits of corporate mergers and acquisitions and examines some of the **drawbacks** that acquisition behavior entails. 研究指出了公司并购的收益，同时也检测了并购行为所承担的一些风险。
搭 duty drawback 关税退税
同 defect, deficiency, disadvantage

002
**sector**
/ 'sektər /

释 *n.* 部门；扇形 *v.* 把…分成扇形
例 Once the **sector** dam broke, the water will flood the entire valley. 一旦扇形水坝决堤，水将会淹没整个山谷。
搭 public sector 公共部门 private sector 私营成分；私营部门
派 sectorial *a.* 扇形的；适于切割的 section *v.* 把…分段；对…进行划分
同 ministry, division, department

003
**counter**
/ 'kaʊntər /

释 *v.* 反击；反对 *a.* 相反的 *n.* 计数器；柜台
例 I asked the salesman standing behind the **counter** if they had any wrapping paper. 我问站在柜台后面的售货员这里是否有包装纸。
搭 counter measure 对策；防范措施 counter attack 反攻，逆袭
派 counteractive *a.* 反作用的；反对的 counterattack *v.* 反击；反攻
同 contrary, opposite, adverse

004
**fire**
/ 'faɪə /

释 *v.* 刺激，激励；点燃 *n.* 激情，热情；火
例 A cigarette thrown into the woods in dry weather may start a **fire**. 在天气干燥时把点燃的烟扔进树林可能会引起火灾。

005
**membrane**
/ 'membreɪn /

释 *n.* 膜；薄膜；羊皮纸
例 A vibrating **membrane** in the ear helps to convey sounds to the brain. 耳膜的振动帮助声音传送到大脑。
搭 cell membrane 细胞膜
同 panniculus

006
**exert**
/ ɪg'zɜːrt /

释 *v.* 发挥；运用；施以影响
例 Antique shops **exert** a peculiar appealing fascination on a great many people. 古玩店对许多人来说有一种特殊的魅力。
搭 exert oneself 努力，尽力 exert an influence on 对…产生影响
同 handle

007
**cyclic**
/ 'sɪklɪk /

释 *a.* 环的；循环的；周期的
例 A number of neurotransmitters exert their effects by first increasing **cyclic** AMP concentrations in target neurons. 许多神经传导物质首先通过增加环腺苷酸浓度对目标神经细胞施加影响。
搭 cyclic code 循环码
派 cycloid *a.* 圆形的；循环性格的 cyclicity *n.* 周期性；循环性
同 circular, periodic

008
**locomotion**
/ ˌloʊkə'moʊʃn /

释 *n.* 运动；移动；旅行
例 Food sources also elicit oriented **locomotion** and recognition behavior patterns in most insects. 食物源也诱导了大多数昆虫的定向迁移和识别行为模式。
派 locomotive *a.* 火车头的；运动的；移动的 *n.* 机车；火车头
同 movement, removal

009
**stumbling**
/ 'stʌmblɪŋ /

释 *a.* 障碍的
例 Snyder et al. suggest that this is not a major **stumbling** block to their hypothesis. Snyder 以及其他人都指出对于他们的假说，这并不是一个主要的障碍。
搭 stumbling block 绊脚石；障碍
同 impedimental

010
**emancipatory**
/ ɪ'mænsɪpeɪtərɪ /

释 *a.* 解放的；有助于解放的
例 Generally speaking, the female **emancipatory** course formed its characteristics along with historical progress. 概括地说，女性追求自身解放的历程随着历史的前进而形成了自己的特点。
同 lib, unchained

011
**segregation**
/ ˌsɛgrə'geɪʃn /

释 *n.* 隔离，分离；种族隔离
例 Partitions provided a **segregation** between the smoking and non-smoking areas in the restaurant. 隔断把餐厅分隔成了吸烟区和非吸烟区。
搭 racial segregation 种族隔离
派 segregationist *n.* 种族隔离主义者
同 separation, insulation, isolation

012
**femininity**
/ ˌfɛmə'nɪnəti /

释 *n.* 温柔；柔弱性；女子本性
例 Long hair was traditionally regarded as a sign of **femininity**. 长头发在传统上被认为是女性气质的象征。
搭 emphasized femininity 凸显女性特质
派 feminine *a.* 女性的，妇女（似）的 feminize *v.* 使女性化；使带女子气
同 softness, tenderness

013
**hoary**
/ 'hɔːri /

释 *a.* 久远的，古老的；灰白的
例 He told us a **hoary** old joke that we'd all heard many times before. 他给我们讲了一个我们都听了很多次的老掉牙的笑话。
派 hoariness *n.* 灰白；老年
同 old, ancient; grey

014
**stereotype**
/ 'steriətaɪp /

释 *n.* 老套，陈腔滥调；铅版 *v.* 使一成不变；使用铅版
例 Unfortunately, they have become the target of the cultural **stereotype** and discrimination. 不幸的是，他们已经成为文化成见和歧视的目标。
搭 comic stereotype 滑稽的模式
同 truism, conventionality

015
**purview**
/ 'pərvju /

释 *n.* 范围，权限；视界
例 These questions, however, lie outside the **purview** of our inquiry. 但是，这些问题都不在我们的调查范围之内。
同 boundary, region, spectrum, territory

016
**aspiration**
/ ˌæspə'reɪʃn /

释 *n.* 渴望；抱负；呼气
例 What he did revealed an **aspiration** for freedom from the imposed limitations. 他的所作所为表现出了冲破种种束缚去追求自由的强烈愿望。
搭 aspiration pipe 吸入管道
派 aspirant *a.* 上进的；有野心的 *n.* 有抱负的人；野心家 aspirational *a.* 有雄心壮志的
同 longing for, eagerness

017
**beckon**
/ 'bɛkən /

释 *v.* 吸引；召唤；示意 *n.* 表召唤地点头；手势
例 The beaches and resorts in Florida **beckon** travelers from all over the world. 佛罗里达州的海滩和度假胜地吸引了来自世界各地的旅行者。
同 attract, engage, draw, summon

018
**juxtapose**
/ ˌdʒʌkstə'poʊz /

释 *v.* 并列；并置
例 Ancient Greek temples **juxtapose** tall vertical columns and wide horizontal entablatures to create rigid perpendiculars. 古希腊庙宇将高大的立柱与宽阔的横檐一并使用，以创造精确的垂线。

019
**procreative**
/ 'prəukrieitiv /

释 *a.* 生产的；生殖的；有生殖力的
例 The issue of **procreative** worship has always been attracting the attention of many researchers from different subjects. 关于生殖崇拜问题的研究，历来受到多个学科研究者的关注。
搭 procreative ability 生育能力
派 procreate *v.* 生育（子女）；产生
同 productive

020
**downplay**
/ 'daʊnpleɪ /

释 *v.* 不予重视；将…轻描淡写
例 One thing you should not do in writing the personal statement for college application is **downplay** your accomplishments. 在写大学申请的个人陈述时，你不应该对你的成就轻描淡写。

021
**attendant**
/ ə'tɛndənt /

释 *a.* 伴随的；侍候的 *n.* 服务员；随员
例 Her dream was to become a flight **attendant**, but instead she became a ballet dancer. 她的梦想曾是成为一名空姐，但她却成了一名芭蕾舞演员。
搭 train attendant 列车服务员
派 attendance *n.* 出席；到场；出席人数
同 accompanied; waiter

022
**coexist**
/ ˌkoʊɪɡˈzɪst /

释 *v.* 共存；和平共处

例 Before the late nineteenth century, these views that **coexisting** within the feminist movement, often found in the writings of the same individual. 在19世纪末以前，与女权运动共存的这些观点，往往并存于同一个体的写作中。

023
**irreconcilable**
/ ɪˌrɛkənˈsaɪləbl /

释 *a.* 不能协调的；不能和解的；矛盾的

例 At the same time, the goals of the two approaches began to seem increasingly **irreconcilable**. 与此同时，两种方式的目标似乎开始越来越不协调。

同 contradictory, conflictive

024
**condemn**
/ kənˈdɛm /

释 *v.* 谴责

例 The reporter of the newspaper was **condemned** as lacking integrity. 报纸的记者被指责缺乏诚信。

派 condemnable *a.* 该受责备的；应定罪的 condemnation *n.* 谴责；征用

同 denounce, deplore

025
**patriarchal**
/ ˌpeɪtriˈɑrkl /

释 *a.* 家长的；族长的；由族长统治的

例 This concept was established in early **patriarchal** cultures when women and children were considered property, and adolescent girls were usually sold into marriage. 这一观念确立于早期父权制文化中，那时女人和小孩被看做财产，而且青春期的女孩通常是买卖婚姻的交易对象。

搭 patriarchal family 父权制家族；父权家庭 patriarchal society 父权社会；宗法社会

派 patriarchic *a.* 族长的；家长的 patriarch *n.* 家长；元老；创始人

026
**spiral**
/ ˈspaɪrəl /

释 *n.* 螺旋；旋涡 *a.* 螺旋形的；盘旋的 *v.* 使成螺旋形；盘旋

例 I can see a **spiral** of smoke rose from the chimney from afar. 我可以看到在远处一缕青烟从烟囱冒出，盘旋上升。

搭 logarithmic spiral 对数螺线；等角螺线

同 screw; helical

027
**primordial**
/ praɪˈmɔrdiəl /

释 *a.* 原始的；根本的；原生的

例 Twenty million years ago, this area was populated by dense **primordial** forest, but now it became a vast desert. 2000万年前，这片土地上到处都是茂密的原始森林，而现在这里却变成了一片广阔的沙漠。

搭 primordial prevention 根本性预防

同 original, fundamental

028
**prosper**
/ ˈprɑspər /

释 *v.* 成功；昌盛，繁荣

例 When people have a personal stake in something, they think about it, care about it, and work to make it **prosper**. 当人们在某事物中有自己的利益时，他们就会考虑它，关心它，并努力使其成功。

派 prosperous *a.* 繁荣的；兴旺的 prosperity *n.* 繁荣；成功

同 thrive

029
**abdicate**
/ 'æbdɪˌkeɪt /

释 *v.* 放弃；退位
例 However, there is no sign that the incompetent king might **abdicate**. 然而，没有任何迹象表明这位不称职的国王可能退位。
派 abdicable *a.* 可辞职的；可放弃的
同 yield, desert, quit, resign

030
**subsidy**
/ 'sʌbsədi /

释 *n.* 补贴；津贴；补助金
例 The government is expected to reject the idea of state **subsidy** for a new high speed railway. 政府应反对为修建一条新的高速铁路提供国家补贴的设想。
搭 price subsidy 价格补贴 export subsidy 出口补贴
派 subsidization *n.* 补助；提供津贴；奖金 subsidize *v.* 资助；给予补助金
同 pension, allowance

031
**reap**
/ rip /

释 *v.* 收获，获得；收割
例 Keep a healthy and balanced diet and you'll **reap** a lifetime of benefits. 保持健康、均衡的饮食，你将一生受益。
搭 reap the benefits of 获得益处
派 reaper *n.* 收割者；收割机；收获者
同 acquire, earn

032
**opponent**
/ ə'poʊnənt /

释 *n.* 对手；反对者 *a.* 对立的；敌对的
例 Comparing to his **opponent**, he appeared to be calm, intelligent and focused in the debate. 相较于他的对手，他在辩论中显得沉着、机智、聚精会神。
搭 political opponent 政敌
同 rival, adverse; contrary
反 ally, confederate

033
**sustenance**
/ 'sʌstənəns /

释 *n.* 食物；生计；支持
例 Zooxanthellae cells of algae, not filter-feeding animals, provide **sustenance** for reef communities. 藻类中的黄藻细胞（并不是滤食性动物）为礁类植物提供食物。
搭 without sustenance 没有寄托
同 food, diet; support

034
**immunity**
/ ɪ'mjunəti /

释 *n.* 免疫力；豁免权；免除
例 **Immunity** to polio is acquired in infancy, but no mention is made of a similar **immunity** to the dengue virus. 小儿麻痹症的免疫是在婴儿时期获得的，但并没有提及登革热病毒的免疫也是这样获得的。
搭 immunity system 免疫系统 innate immunity 先天免疫；自然免疫
派 immune *a.* 免疫的；免于…的 *n.* 免疫者；免除者 immunize *v.* 使免疫；赋予免疫性

035
**encroach**
/ ɪn'kroʊtʃ /

释 *v.* 侵占；蚕食；侵蚀
例 His new additional buildings to his luxurious house **encroach** on his neighbor's land and blocked the view of their houses. 他为他的豪宅新建的屋子侵占了邻居的土地，而且还挡住了他们房子的视线。
搭 encroach on 侵犯；侵害
派 encroaching *a.* 渐渐渗入的
同 erode

036
**documented**
/ 'dɔkjumәntid /

释 *a.* 备有证明文件的
例 These three examples of epidemics are not experiments conducted to support a theory; they are **documented** cases of disease. 这三个传染病样例并不是为了支持某一理论而进行的实验；它们是载入档案的病例。

037
**rebuttal**
/ rɪ'bʌtl /

释 *n.* 反驳；辩驳；反证
例 He gave a firm **rebuttal** to the accusation of being careless and dishonest. 他对指责他粗心大意和不诚实的指控做出了坚定的反驳。
搭 rebuttal evidence 反驳证据
派 rebut *n.* 驳回；提出反证 *v.* 反驳；揭露
同 contradiction, refutation

038
**biography**
/ baɪ'ɑgrәfi /

释 *n.* 传记；档案；个人简介
例 Traditional historians emphasized the work of leaders and government institutions; a **biography** of a foreign affairs minister fits this focus perfectly. 传统的历史学家强调领导人和政府机构的工作，而一部外交部部长的传记则完美地体现了这一点。
派 biographic *a.* 传记的；传记体的 biographer *n.* 传记作者
同 file, record

039
**validity**
/ vә'lɪdәti /

释 *n.* 有效性；正确；正确性
例 Shocked by the results of the elections, they decided to challenge the **validity** of the vote. 选举结果令他们震惊，他们决定对选举的有效性提出质疑。
搭 period of validity 有效期 legal validity 法律上的效力
派 validating *a.* 确认的；有效的 validness *n.* 有效；正确
同 availability, right

040
**deliberately**
/ dɪ'lɪbәrәtli /

释 *ad.* 故意地；谨慎地；慎重地
例 According to media reports, these severe environmental pollutions were caused either **deliberately** or because of neglect by large enterprises. 据媒体报道，这些严重的环境污染，要么是故意造成的，要么是大企业的疏忽造成的。
派 deliberative *a.* 审议的；慎重的
同 intentionally, purposely

041
**withhold**
/ wɪθ'hoʊld /

释 *v.* 保留；隐瞒；抑制
例 It was neither wise nor unscrupulous of their lawyer to **withhold** evidence. 他们的律师隐瞒证据是既不明智也不道德的。
搭 withhold information 隐瞒消息 withhold wage 欠薪
派 withholding *n.* 扣缴税款 withholder *n.* 抑制因素
同 reserve, restrain

042
**reveal**
/ rɪ'vil /

释 *v.* 显示；透露；揭露 *n.* 揭露；暴露
例 Researchers are developing the frontiers, overcoming barriers and opening doors to **reveal** why it happened and how it works. 研究者们正在拓展研究领域、克服障碍、发现研究途径，以揭示它发生的原因和机理。
派 revealing *a.* 透露真情的；有启迪作用的
同 disclose, expose

043
**vulnerability**
/ ˌvʌlnərə'bɪləti /

释 *n.* 易损性；弱点
例 Parents should be fully aware of the **vulnerability** of newborn babies to disease. 家长应充分了解新生儿对于疾病的脆弱性。
派 vulnerable *a.* 易受攻击的；易受伤害的；有弱点的
同 weakness

044
**veer**
/ vɪr /

释 *v.* 转向；改变观点；风向顺时针转 *n.* 转向
例 These led the author to **veer** off in a radically new direction and to produce perhaps his most thought-provoking book. 这些使作者转向了全新的方向，写出他最发人深省的著作。
搭 veer out 松出；放出
派 veering *a.* 犹豫的；改变的 *n.* 顺时针转向

045
**discredit**
/ dɪs'krɛdɪt /

释 *v.* 不信；使…丢脸 *n.* 怀疑；无信用；名声的败坏
例 The flaws in those two chapters alone **discredit** the storyline of his book. 光是那两章的缺陷就足以让他这本书的故事情节不可信了。
搭 be a discredit to 成为…的耻辱，给…丢脸 fall into discredit 变得声名狼藉
派 discreditable *a.* 丢脸的；有损信用的；败坏名声的

046
**fieldwork**
/ 'fildwərk /

释 *n.* 野外工作；现场工作
例 After enduring the hardship of the arduous **fieldwork**, the archaeological team finally discovered a new site of the buried palace. 考古队餐风饮露、历尽辛苦，最终找到了这座被埋藏宫殿的一个新遗址。
搭 graduation fieldwork 毕业实习

047
**repercussion**
/ ˌriːpər'kʌʃn /

释 *n.* 反响；弹回；反射
例 The personnel changes within the board would inevitably evoke a strong **repercussion** for the whole company. 董事会的人事变动将不可避免地引起对整个公司的强烈反响。
同 reflection, resonance

048
**cautiousness**
/ 'kɔːʃəsnəs /

释 *n.* 谨慎，小心

例 In some Asian cultures, not calling elders by their first name is a sign of **cautiousness** and respect. 在一些亚洲文化中，不直呼长辈的名字是一种谨慎和敬重的表现。

派 caution *n.* 小心；警告 *v.* 警告

同 care, wariness

049
**reservation**
/ ˌrɛzər'veɪʃn /

释 *n.* 保留；预约，预订

例 Ella has made a **reservation** for a flight to Hawaii with a discount. 艾拉预订了飞往夏威夷的折扣机票。

搭 hotel reservation 酒店预订；订旅馆 make a reservation 预订（房间、票）；预约

同 preservation, retention; booking

050
**align**
/ ə'laɪn /

释 *v.* 使结盟；使成一行；匹配

例 He is sure that his current work **aligns** with his career goals. 他确信他现在的工作和他的职业目标是一致的。

搭 align with 与…结盟

派 alignment *n.* 队列；成直线；校准；结盟

051
**militant**
/ 'mɪlətənt /

释 *a.* 好战的 *n.* 富有战斗性的人；好斗者

例 Even the **militant** members of the group were in favor of negotiation rather than expelling him by force. 甚至连小组里的好战分子都赞成谈判，而不是强行驱逐他。

搭 militant protester 激进的抗议者

派 militancy *n.* 战斗性；交战状态 militarism *n.* 军国主义；职业军人的精神

同 fighting, combative

052
**suspend**
/ sə'spɛnd /

释 *v.* 延缓，推迟；使暂停；使悬浮

例 The surgeon was **suspended** while the complaint was under investigation. 在调查投诉过程中，外科医生被停职了。

派 suspensive *a.* 暂停的；悬而不决的；可疑的

053
**exceptional**
/ ɪk'sɛpʃənl /

释 *a.* 例外的；异常的 *n.* 超常的学生

例 The past year that I spent in France have been an **exceptional** experience for me. 在法国度过的一年对我来说是一次不同寻常的经历。

搭 exceptional circumstances 特殊情况；例外情况

054
**trivial**
/ 'trɪviəl /

释 *a.* 不重要的，琐碎的；琐细的

例 A **trivial** detail may sometimes bring about undesirable consequences. 一个微不足道的细节有时也会导致人们不愿意见到的后果。

搭 trivial matters 无关重要的事情

派 trivialize *v.* 使平凡；使琐碎

同 unimportant

055
**accumulation**
/ əˌkjumjə'leʃən /

释 *n.* 积聚，累积；堆积物
例 The capitalists only care about the **accumulation** of wealth. 资本家只在乎财富的积累。
搭 accumulation fund 积累基金
派 accumulative *a.* 累计的；累积的 accumulator *n.* 蓄电池；积聚者

056
**veracity**
/ və'ræsəti /

释 *n.* 诚实；精确性；老实
例 We have total confidence in the **veracity** of our news report. 我们对我们新闻报道的真实性有十足的把握。
派 veracious *a.* 诚实的；真实的
同 honesty, integrity

057
**albeit**
/ ɔl'biət /

释 *conj.* 虽然；即使
例 **Albeit** she has failed twice in the championship, she is not discouraged. 虽然在锦标赛中两次失利，但她并没有气馁。
同 although, though

058
**err**
/ ɛr /

释 *v.* 犯错；犯罪；走上歧途
例 She did not **err** by a hair's breadth in her calculation. 她的计算结果没有一丝一毫的差池。
搭 err in 弄错，犯错误
派 erring *a.* 做错的；错误的 errancy *n.* 错误；错误状态

059
**derivation**
/ ˌdɛrə'veɪʃn /

释 *n.* 引出；来历；派生物
例 Bureaucracy is the **derivation** of feudal despotism, and it is a long and complex historical phenomenon. 官僚主义是封建专制主义的派生物，并且是一种长期存在的、复杂的历史现象。
搭 theoretical derivation 理论推导
派 derivative *a.* 派生的；引出的 derivational *a.* 得来的；诱导的

060
**refutation**
/ ˌrefju'teɪʃn /

释 *n.* 反驳，驳斥，辩驳
例 His **refutation** of the accusations was short and persuasive. 他对指控的驳斥简短而有力。
派 refutal *n.* 驳斥，反驳 refute *v.* 反驳，驳斥
同 contradiction, rebuttal

061
**inherently**
/ ɪn'hɪrəntli /

释 *ad.* 内在地；固有地；天性地
例 Firefighting is an **inherently** dangerous occupation. 消防工作本身是一个危险的职业。
派 inherence *n.* 内在；固有；天赋 inhere *v.* 固有；生来即存在
同 internally, intrinsically

062
**emancipate**
/ ɪ'mænsəˌpeɪt /

释 *v.* 解放；释放
例 Women have been struggling to **emancipate** themselves from old restrictions of various kinds. 妇女们一直在为摆脱各种老旧的束缚而斗争。
搭 emancipate productivity 解放生产力
派 emancipative *a.* 解放的；有助于解放的 emancipated *a.* 被解放的

063
**perpetuate**
/ pər'pɛtʃuˌeɪt /

释 *a.* 长存的 *v.* 使不朽；保持
例 They decide to build a statue in order to **perpetuate** the memory of the great leader. 他们决定建立一个雕像以永远纪念这位伟大的领袖。
派 perpetuation *n.* 不朽，永存
同 retain, keep

064
**antiquate**
/ 'æntəˌkwet /

释 *v.* 废弃；使…过时
例 This latest invention will **antiquate** the old device. 这一最新发明将废弃旧的设备。
派 antiquated *a.* 过时的；陈旧的；年老的
同 outdate

065
**reconciliation**
/ ˌrɛkənˌsɪli'eɪʃn /

释 *n.* 和解；调和；和谐
例 In the immediate aftermath of the crisis, a mood of hope and **reconciliation** sprang up. 危机过后紧接着出现了期待未来与盼望和解的气氛。
派 reconcilable *a.* 不矛盾的；可和解的 reconcile *v.* 使一致；使和解；调解
同 coordination, accordance, harmony

066
**overstatement**
/ 'oʊvərsteɪtmənt /

释 *n.* 大话，夸大的叙述
例 It is not an **overstatement** that the Internet has revolutionized the way we live, work and study. 互联网已经彻底改变了我们生活、工作和学习的方式，这绝不是夸大其词。
派 overstated *a.* 夸张的；过高的

067
**harmonize**
/ 'hɑrməˌnaɪz /

释 *v.* 使一致；使和谐；以和声唱
例 The rich colors applied in the ancient Chinese architecture **harmonize** with the architectural style. 中国古代建筑运用的丰富色彩与其建筑风格相一致。
派 harmonious *a.* 和谐的；悦耳的 harmony *n.* 协调；和睦；融洽 harmonics *n.* 和声学；泛音

068
**speculate**
/ 'spekjuleɪt /

释 *v.* 推测；投机；思索
例 The researchers **speculate** that a lifetime of obesity might have negative effects on longevity. 研究人员推测，终生肥胖可能会对寿命有负面影响。
搭 speculate about 推断，对某事做出推测 speculate on 考虑
派 speculative *a.* 投机的；推测的 speculator *n.* 投机者；思索者

069
## spectroscopy
/ spɛk'trɑskəpi /

释 *n.* 光谱学

例 The researchers made **spectroscopy** a primary tool of chemical analysis. 研究者把光谱学作为化学分析的主要工具。

搭 photoelectron spectroscopy 光电子光谱学

派 spectroscopic *a.* 光谱学的；分光镜的 spectrum *n.* 光谱；频谱；范围

070
## privatization
/ ˌpraɪvətə'zeɪʃn /

释 *n.* 私有化

例 The unions were afraid that at least 100,000 jobs will disappear as a result of **privatization**. 工会担心私有化至少会造成10万个工作岗位的丧失。

搭 Privatization Movement 民营化运动

派 privatize *v.* 使私有化；使归私有

071
## eligibility
/ ˌelɪdʒə'bɪləti /

释 *n.* 适任，合格；被选举资格

例 **Eligibility** to receive the food aid shall be limited to people who live in disadvantaged regions. 领取食物资助的资格应限于贫困地区的居民。

搭 eligibility assessment 资格审核

派 eligible *a.* 合格的；合适的；符合条件的 *n.* 合格者；有资格者

072
## accelerate
/ ək'sɛləˌreɪt /

释 *v.* 加速；促进；增加

例 The government promised to **accelerate** improvement in unemployment insurance, workers' compensation and maternity insurance. 政府承诺将加快完善失业保险、工伤保险和生育保险制度。

派 accelerating *a.* 促进的；加速的；催化的 accelerative *a.* 加速的；促进的；催促的

同 improve, increase

073
## counterargument
/ 'kaʊntəˌɑrgjʊmənt /

释 *n.* 用来反驳的论点；抗辩，辩论

例 A convincing **counterargument** is that those who have been deeply involved in an industry know it best. 一个令人信服的反驳意见则说，只有那些真正参与到工业领域的人才最了解这个领域。

搭 compelling counterargument 令人信服的反驳观点

同 debate, dispute, controversy

074
## strategize
/ 'strætəˌdʒaɪz /

释 *v.* 制订战略；筹划；策划

例 Successful leaders not only have a great vision, but they also are able to **strategize** a plan to reach their goal. 成功的领导者不仅有伟大的远见，而且他们还能制订战略计划以实现自己的目标。

同 plan, plot

075
## scenario
/ sə'næriοʊ /

释 *n.* 可能发生的情况；剧本；情节梗概

例 In the worst-case **scenario**, more than ten thousand people might be affected by the epidemic disease. 在最坏的情况下，有一万多人可能会受到流行性疾病的影响。

派 scenarist *n.* 剧本作家；编剧家

076
**constraint**
/ kən'streɪnt /

释 *n.* 约束；强制；约束条件

例 Water shortages in this area will be the main **constraint** on development. 水资源匮乏将是制约这个地区发展的一个主要因素。

搭 constraint on 限制

同 restraint, limit, confine

077
**tradeoff**
/ 'tredˌɔf /

释 *n.* 交易；交换；权衡

例 The economic basis of cooperation is the **tradeoff** between selfishness and generosity. 合作的经济学基础是自私与慷慨之间的权衡。

078
**dichotomous**
/ daɪ'kɒtəməs /

释 *a.* 二分的；叉状分枝的

例 He starts with the stating **dichotomous** views on the use of the Internet. 开篇他就提出了关于使用网络的两分观点。

搭 dichotomous choice method 二项选择法

派 dichotomously *ad.* 二分地

同 half

079
**radius**
/ 'reɪdiəs /

释 *n.* 半径；半径范围

例 They deliver to within a 5-mile **radius** of the store. 他们在距离商场五英里的范围内送货上门。

080
**obtuse**
/ əb'tuːs /

释 *a.* 钝的；迟钝的

例 Even the most **obtuse** men have something special in their personality. 即使是头脑最迟钝的人，也会有些与众不同的个性。

搭 obtuse angle 钝角

派 obtuseness *n.* 迟钝

081
**bypass**
/ 'baɪpaːs /

释 *v.* 绕开；忽视 *n.* 旁道

例 My father took the **bypass** to avoid the rush-hour traffic in the center of town. 爸爸为了避开高峰时期市中心的交通而走了旁道。

搭 bypass a difficulty 避开困难

同 avoid

082
**challenging**
/ 'tʃælɪndʒɪŋ /

释 *a.* 有挑战性的；有吸引力的

例 All of the materials are designed to be **challenging**. 所有的材料都富有挑战性。

083
**sequentially**
/ sɪ'kwenʃlɪ /

释 *ad.* 顺序地；继续地

例 Text passages often build ideas **sequentially**. 篇章中的意义构建都是有序可循的。

同 orderly

084
**orient**
/ 'ɔːrient /

释 *v.* 使适应；使朝东；标定方向
例 We must **orient** our products to the demands of the market. 我们必须使我们的产品适应市场的需要。
搭 orient oneself 适应；顺应（新环境等）
派 oriented *a.* 以…为方向的；以…为目的的 orientation *n.* 熟悉；适应

085
**sensibly**
/ 'sensəblɪ /

释 *ad.* 明智地；合理地
例 You should **sensibly** invest the bonus money rather than spending it without restraint. 你应该把奖金用于合理投资而不是没有节制地花掉。
同 advisably

086
**competence**
/ 'kaːmpɪtəns /

释 *n.* 能力；胜任；称职
例 Writing ability is an essential part of the language learner's communicative **competence**. 写作能力是语言学习者交际能力的重要组成部分。
搭 competence in （在某一方面的）能力
派 competency *n.* 能力；胜任；技能
同 ability, capacity

087
**tangential**
/ tæn'dʒenʃl /

释 *a.* 离题的
例 During the group discussion, they first put several issues aside that are **tangential** to the main theme. 在小组讨论中，他们首先抛开了几个和主题无关的问题。
搭 tangential matters 无关的事情
派 tangentially *ad.* 无关地
同 digressive, irrelevant

088
**mechanics**
/ mə'kænɪks /

释 *n.* 技巧；构成
例 These improvements have been mostly shown in terms of craftsmanship, **mechanics** and technology. 这些改进主要体现在工艺、构成和技术方面。
派 mechanism *n.* 机制，机理；办法，途径

089
**persistent**
/ pər'sɪstənt /

释 *a.* 连续的；坚持不懈的，执意的
例 There have been **persistent** rumors of the merging of the two companies. 关于两家公司要合并的传闻始终未断。
搭 persistent errors 持续出现的错误
派 persistently *ad.* 坚持地 persistence *n.* 坚持；毅力
同 relentless

090
**virtually**
/ 'vɜːrtʃuəli /

释 *ad.* 实际上；事实上
例 In my eyes, my mother is the most amazing woman, because she **virtually** raised four of us by herself. 在我眼里，我的妈妈是最了不起的女人，因为她几乎是一个人把我们四个孩子养育大。
同 practically

091
**evasive**
/ ɪ'veɪsɪv /

释 *a.* 躲避的；逃避的；回避的
例 The pilot took **evasive** action to avoid a collision with the enemy's aircraft. 驾驶员采取了躲避动作以免与敌机相撞。
搭 evasive action 躲避动作
派 evasively *ad.* 逃避地 evasiveness *n.* 模棱两可
同 elusive

092
**conspicuously**
/ kən'spɪkjuəslɪ /

释 *ad.* 明显地；惹人注目地
例 He is always dressed nicely and appropriately, but not too **conspicuously**. 他总是穿得很好看也很得体，但不是太引人注目。
同 obviously, markedly

093
**address**
/ ə'dres /

释 *v.* 提出；处理
例 The government is unlikely to **address** this financial problem this year. 政府今年不太可能处理这个财政问题。
搭 address sth to sb / sth 对某人/某事物提出（意见或书面陈述）

094
**obliterate**
/ ə'blɪtəreɪt /

释 *v.* 涂去；擦去；删除
例 Because of the collision she experienced in the car crash, everything happened that night was **obliterated** from her memory. 由于她在车祸中经历了撞击，那晚发生的一切都从她的记忆中被抹去了。
派 obliteration *n.* 涂去；抹消；删除
同 erase, delete

095
**forcibly**
/ 'fɔːrsəbli /

释 *ad.* 强有力地；强烈地
例 This nightmare awoke the child so **forcibly** that he still felt terrified in the morning. 这个孩子被一场噩梦惊醒，以至于到早上他还十分害怕。
同 powerfully

096
**outstanding**
/ aʊt'stændɪŋ /

释 *a.* 优秀的；突出的
例 The girl who has won the scholarship three years in a row is quite an **outstanding** student. 那个连续三年获得奖学金的女孩是一位出色的学生。
派 outstandingly *ad.* 醒目地；显著地
同 distinguished, prominent
反 commonplace

097
**far-fetched**
/ 'fɑr'fɛtʃt /

释 *a.* 牵强的；不自然的
例 His **far-fetched** explanation could hardly convince anybody. 他牵强附会的解释很难让大家心服口服。
搭 far-fetched to do sth 做某事是牵强的

098
**invent**
/ ɪn'vent /

释 *v.* 捏造；虚构

例 He tried to **invent** a plausible excuse but failed to say anything. 他试图编造一个合理的借口，但却什么都没说出来。

派 invention *n.* 发明（物）；捏造 inventor *n.* 发明者

同 contrive, devise

099
**inherent**
/ ɪn'hɪrənt /

释 *a.* 内在的；固有的；生来就有的

例 This is likely to reflect an **inherent** relationship between culture and economy. 这很可能反映了文化与经济之间的内在关系。

搭 inherent in 固有的

派 inherently *ad.* 天性地；固有地

同 internal, instinctive

反 acquired

100
**repetitious**
/ ˌrepə'tɪʃəs /

释 *a.* 多次反复的；重复的

例 This kind of music style, featuring fast and **repetitious** rhythms, was influenced by the pop and rock music. 这种以快节奏和重复旋律为特色的音乐深受流行乐和摇滚乐的影响。

派 repetitiously *ad.* 重复地；反复性地 repetitiousness *n.* 反复；重复

同 repeated, repetitive

101
**endorse**
/ ɪn'dɔːrs /

释 *v.* 赞同；支持

例 The committee hoped to prevail upon them to **endorse** the proposal. 委员会希望说服他们赞同这项提案。

搭 endorse a proposal / an idea 赞同或支持某提议/意见

派 endorsement *n.* 支持；认可；背书

同 approve, support

102
**memorandum**
/ ˌmemə'rændəm /

释 *n.* 备忘录；记录

例 The secretary noted down the date of the meeting in the **memorandum** book. 秘书把会议日期记在了备忘录里。

103
**supervision**
/ ˌsuːpər'vɪʒn /

释 *n.* 管理；监督

例 A toddler requires close **supervision** and care at all times. 刚学步的孩子时刻需要寸步不离的照看和关心。

搭 under the supervision of 在…的监督之下

同 oversight

104
**reallocate**
/ ˌriː'æləkeɪt /

释 *v.* 再分配；再指派

例 Thus some of the city's funds for supporting the arts should be **reallocated** to public television. 因此，政府用于支持艺术事业的一部分资金应该被投入到公共电视中去。

派 reallocation *n.* 重新分配

105
**innovative**
/ 'ɪnəveɪtɪv /

释 *a.* 创新的；新颖的
例 Many companies in the US have been pumping out plenty of **innovative** products. 美国的很多公司一直在生产大量富有创意的产品。
搭 innovative technology 创新技术
派 innovation *n.* 新方法；新事物；创新
同 advanced, innovational

106
**craving**
/ 'kreɪvɪŋ /

释 *n.* 强烈的欲望
例 She skipped normal meals to satisfy her **craving** for chocolate cakes and ice cream. 她没吃正餐，而是以巧克力蛋糕和冰淇淋果腹以满足食欲。
搭 craving for 渴望
同 desire, lust

107
**satiety**
/ sə'taɪəti /

释 *n.* 饱足；满足
例 The fat and fiber in almonds contribute a feeling of **satiety** that helps prevent mindless snacking. 杏仁中的脂肪和纤维有助于使人产生饱腹感，从而避免无意识地过多摄入。
同 satiation

108
**apathetic**
/ ˌæpə'θetɪk /

释 *a.* 缺乏感情的；缺乏兴趣的
例 He found his wife was becoming increasingly depressed and **apathetic** after she was diagnosed with cancer. 他发现他的妻子在被确诊患有癌症后变得越来越消沉而且越来越冷漠了。
搭 apathetic about 对…漠不关心
派 apathetical *a.* 冷淡的 apathetically *ad.* 无兴趣地；冷淡地
反 passionate

109
**dramatically**
/ drə'mætɪkli /

释 *ad.* 戏剧地；引人注目地
例 Our quality of life has improved **dramatically** over the last ten years. 在过去十年里我们的生活质量有了巨大提升。

110
**numerous**
/ 'nuːmərəs /

释 *a.* 众多的；许多的
例 There are **numerous** activities you might enjoy while you are on the island, such as hiking and canoeing. 在岛上时，你可以享受许多活动，比如远足和划独木舟。
派 numerously *ad.* 多数地；无数地
同 abundant, considerable

111
**heed**
/ hiːd /

释 *n.* / *v.* 注意；留心
例 The songwriter pays no **heed** at all to the critique of the media and continues to write his own music. 歌曲作者对媒体的批评充耳不闻，而是继续创作他自己的音乐。
搭 give / pay heed to 对…加以注意（留意）
同 care, mind

112
**promotional**
/ prəˈmoʊʃənl /

释 *a.* 推销的；增进的；晋升的

例 The manager asked us to devise a **promotional** advertising campaign for Christmas. 经理要求我们设计圣诞广告促销计划。

搭 promotional activity 促销活动

113
**delight**
/ dɪˈlaɪt /

释 *n.* 高兴；快乐 *v.*（使）高兴；（使）欣喜

例 The children exclaimed in **delight** when they saw the presents under the Christmas tree. 孩子们看到圣诞树下的礼品时高兴地叫了起来。

派 delighted *a.* 高兴的；喜欢的 delightful *a.* 令人愉快的；可喜的

同 pleasure

反 grief, sorrow

114
**dropout**
/ ˈdrɑːpaʊt /

释 *n.* 退学学生

例 He never regrets having been a college **dropout**, because he has made a great fortune in business. 他从来没有后悔从大学辍学，因为他在商界发了大财。

115
**impressive**
/ ɪmˈpresɪv /

释 *a.* 给人印象深刻的

例 The castle is not as **impressive** as some guides told you. 这座城堡并不像有些导游说的那么雄伟。

派 impressively *ad.* 令人难忘地；令人印象深刻地 impressiveness *n.*（给人）深刻印象

同 unforgettable

116
**anticipation**
/ æn͵tɪsɪˈpeɪʃn /

释 *n.* 预期；预料

例 He bought extra food in **anticipation** of the storm lasting longer than it was forecasted. 他预料暴风雪会比预报的持续更长时间，就多买了些食物。

搭 in anticipation of 预期

同 expectation

117
**unprecedented**
/ ʌnˈpresɪdentɪd /

释 *a.* 空前的；前所未有的

例 The party on New Year's Eve was disrupted by **unprecedented** protesting against the government decision. 新年前夜的派对被针对政府决议的一次空前抗议所打断。

派 unprecedentedly *ad.* 空前地

同 exceptional, extraordinary

118
**environmentally**
/ ɪn͵vaɪrənˈmentəli /

释 *ad.* 在环境方面地

例 Building the proposed new dam would damage the surrounding areas **environmentally**. 修筑那条拟建的新水坝会对周边地区造成环境破坏。

119
## vigilant
/ 'vɪdʒɪlənt /

释 *a.* 警戒的；警惕的

例 Authorities have become more **vigilant** in their efforts to prevent illegal drugs. 有关方面在应对非法药品的过程中变得更加警惕。

派 vigilantly *ad.* 警惕地；留心地 vigilance *n.* 警惕；警戒

同 alert, cautious, watchful

120
## marijuana
/ ˌmærə'wɑːnə /

释 *n.* 大麻；大麻烟

例 Most states in the US have outlawed the use of **marijuana**. 美国的大多数州都宣布使用大麻为非法行为。

同 cannabis

Ordinary people merely think how they shall spend their time; a man of talent tries to use it.
普通人只想到如何度过时间，有才能的人设法利用时间。
——德国哲学家 叔本华（Arthur Schopenhauer, German philosopher）

# Day 09

## Previous Check

- ☐ bulky
- ☐ rigorousness
- ☐ censor
- ☐ legislator
- ☐ projection
- ☐ expectancy
- ☐ prudent
- ☐ squad
- ☐ sophisticated
- ☐ prestigious
- ☐ metropolitan
- ☐ initiate
- ☐ alumnus
- ☐ durability
- ☐ sleek
- ☐ overwhelming
- ☐ marketability
- ☐ convenience
- ☐ badge
- ☐ tanning
- ☐ emporium
- ☐ grooming
- ☐ accessory
- ☐ vagrancy
- ☐ idle
- ☐ shrink
- ☐ coupon
- ☐ convince
- ☐ billboard
- ☐ regulatory
- ☐ plumbing
- ☐ obesity
- ☐ remarkable
- ☐ deluxe
- ☐ prolonged
- ☐ deter
- ☐ trample
- ☐ foliage
- ☐ vandalism
- ☐ sequel
- ☐ trash
- ☐ unfavorable
- ☐ ballot
- ☐ alertness
- ☐ resemble
- ☐ screenplay
- ☐ inflate
- ☐ deplete
- ☐ persist
- ☐ brewery
- ☐ franchise
- ☐ parlor
- ☐ tardiness
- ☐ absenteeism
- ☐ hospitalize
- ☐ gourmet
- ☐ accordion
- ☐ indulge
- ☐ prevalence
- ☐ tenfold
- ☐ stagnant
- ☐ patronize
- ☐ therapeutic
- ☐ rectify
- ☐ appraisal
- ☐ countertop
- ☐ beverage
- ☐ lobby
- ☐ intestinal
- ☐ interpret
- ☐ ponder
- ☐ diagram
- ☐ scan
- ☐ fractional
- ☐ shortcut
- ☐ approximate
- ☐ figure
- ☐ intend
- ☐ position
- ☐ measure
- ☐ project
- ☐ schedule
- ☐ fiscal
- ☐ budget
- ☐ allocation
- ☐ value
- ☐ rectangular
- ☐ area
- ☐ fare
- ☐ case
- ☐ contain
- ☐ carton
- ☐ clip
- ☐ sum
- ☐ prime
- ☐ rainstorm
- ☐ reservoir
- ☐ gallon
- ☐ prior
- ☐ graph
- ☐ symmetric
- ☐ vertical
- ☐ subtract
- ☐ raffle
- ☐ consecutively
- ☐ random
- ☐ import
- ☐ item
- ☐ portion
- ☐ excess
- ☐ dealership
- ☐ average
- ☐ fencing
- ☐ enclose
- ☐ yard
- ☐ fresh
- ☐ bakery
- ☐ remain
- ☐ package
- ☐ weigh

001
**bulky**
/ 'bʌlki /

释 *a.* 庞大的；笨重的

例 The components of the machine were very large and **bulky**, and the wires were relatively small and light. 机器的部件又大又笨重，相比之下导线又细又轻。

派 bulkiness *n.* 庞大；笨大

同 giant, gigantic, colossal

002
**rigorousness**
/ 'rɪgərəsnəs /

释 *n.* 严厉；残酷；严谨

例 English for law has striking characteristics in aspects of diction, syntax and discourse, and it reflects solemnness, **rigorousness** and accuracy. 法律英语在词汇用语、句法选择和语篇结构等方面具有鲜明的特点，体现了法律语言的庄重性、严谨性和准确性。

003
**censor**
/ 'sensər /

释 *n.* 检查员；检察官 *v.* 检查

例 To combat this problem we must establish a board to **censor** certain movies. 为了解决这个问题，我们必须建立审定特定电影的委员会。

派 censorship *n.* 检查制度

同 inspect

004
**legislator**
/ 'ledʒɪsleɪtər /

释 *n.* 立法者

例 His family and campaign team were booming him for **legislator**. 他的家人和他的竞选团队力捧他竞选立法者。

派 legislatorial *a.* 立法者的；议会的

005
**projection**
/ prə'dʒekʃn /

释 *n.* 预测；设计；放映

例 The board asked sale manager to draw up sale **projection** for the next three years. 董事会要求销售经理草拟出今后三年的销售预测。

派 projection for 对…的预测

同 conjecture, prediction

006
**expectancy**
/ ɪk'spektənsi /

释 *n.* 预期；期待；预期数额（如寿命）

例 Generally speaking, women have much longer life **expectancy** than men. 一般说来，女性的寿命比男性长得多。

搭 life expectancy 寿命

派 expectant *a.* 期待的；预期的

同 anticipation

007
**prudent**
/ 'pruːdnt /

释 *a.* 有远见的；精明的；小心谨慎的

例 Even after he became famous, the movie star has always remained to be modest and **prudent**. 即使在成名之后，这位影星始终保持谦虚和谨慎。

搭 It is prudent (for sb) to do sth （某人）做某事是有远见的

派 prudence *n.* 谨慎

同 careful, cautious

反 imprudent

008
## squad
/ skwaːd /

释 *n.* 小队；小组
例 He was disappointed with his exclusion from the Germany **squad**. 他对自己没有入选德国队感到失望。
搭 ambulance squad 救护车队
同 group, company

009
## sophisticated
/ sə'fɪstɪkeɪtɪd /

释 *a.* 尖端的；老练的；精密的；世故的
例 She has become very **sophisticated** since she moved to New York City. 自从搬到纽约之后，她变得世故了很多。
搭 sophisticated equipment 精良的装备
派 sophistication *n.* 老练；精明；复杂 sophisticatedly *ad.* 复杂地；老练地

010
## prestigious
/ pre'stɪdʒəs /

释 *a.* 有名望的；有威信的
例 She went abroad and studied chemistry at a **prestigious** university in America. 她出国后，在美国的一所名牌大学里学习化学。
搭 prestigious university 享有声望的大学
派 prestigiously *ad.* 有声望地
同 famous, famed, renowned

011
## metropolitan
/ ˌmetrə'paːlɪtən /

释 *a.* 大城市的；大都会的
例 After he moved to Chicago, he found that he cannot adjust himself to the fast pace of **metropolitan** life. 搬到芝加哥后，他发现自己无法适应大都市的快节奏生活。
搭 metropolitan area 大都市区
同 urban, municipal

012
## initiate
/ ɪ'nɪʃieɪt /

释 *v.* 创始；开始；初步了解
例 The government plans to develop and **initiate** a new project in support of vocational service this year. 政府计划在今年发展并开始一个提供职业服务支持的新项目。
派 initiation *n.* 开始；启蒙
同 originate, begin

013
## alumnus
/ ə'lʌmnəs /

释 *n.* 男校友；男毕业生
例 The university appealed to all of its **alumni** for help to raise money for its new foundation. 这所大学呼吁所有校友来帮助它为新的基金会筹集资金。
同 alumna

014
## durability
/ ˌdʊrə'bɪləti /

释 *n.* 持久性；耐久性
例 This product is characterized by its fine workmanship, bright color, unique design and **durability**. 这个产品的特点是工艺精湛、颜色鲜亮、设计独特、经久耐用。
派 durableness *n.* 耐久性
同 persistence, endurance

015
**sleek**
/ sliːk /

释 *a.* 光滑的；圆滑的 *v.* 使光滑
例 It was the biggest crow she had ever seen, plump and **sleek**, with rainbows shining in its black feathers. 这是她见过的最大的一只乌鸦，它丰满而且光滑，黑色的羽毛闪烁着彩虹般的光芒。
派 sleekly *ad.* 光滑地，光泽地
同 glossy, smooth
反 coarse, crude

016
**overwhelming**
/ ˌoʊvərˈwelmɪŋ /

释 *a.* 势不可挡的；压倒的；巨大的
例 The task seems to be challenging, but you won't feel so **overwhelming** if you break it down into small and easy-to-accomplish steps. 这项任务看起来极具挑战性，但如果将它细分为简单易行的若干步骤来做，你便不会感到如此无所适从了。
派 overwhelmingly *ad.* 压倒性地；不可抵抗地

017
**marketability**
/ ˌmaːrkɪtəˈbɪləti /

释 *n.* 适销性；有销路；市场性
例 The company is reluctant to conduct clinical trials in children, fearing a negative impact on **marketability**. 公司不愿意在儿童中进行临床试验，担心会对销路造成负面影响。

018
**convenience**
/ kənˈviːniəns /

释 *n.* 方便；合宜；便利设施
例 Clearly, the customer's main concern is the **convenience** afforded by one-stop shopping. 很明显，消费者首要考虑的是一站式购物的方便性。
搭 at one's convenience 在（某人）方便的时候
派 convenient *a.* 便利的；方便的 conveniently *ad.* 方便地；合宜地
反 inconvenience

019
**badge**
/ bædʒ /

释 *n.* 徽章；标识
例 All staff are required to wear helmet, working clothes, safety shoes and **badge** when entering the site. 员工必须戴安全帽、着工作服、穿工作鞋、佩戴胸卡方可进入施工现场。
搭 an identification badge 证章

020
**tanning**
/ ˈtænɪŋ /

释 *n.* 晒成褐色
例 **Tanning** in the sun can be dangerous to the skin. 在太阳下把皮肤晒成古铜色可能对皮肤造成危害。
搭 tanning salon 日光浴沙龙

021
**emporium**
/ emˈpɔːriəm /

释 *n.* 商场；商业中心
例 She bought a lot of things at a nearby **emporium**. 她在附近的一个商场买了很多东西。
搭 an antique emporium 古玩商场
同 bazaar, mall

Day

01 02 03 04 05 06 07 08 09 10 11 12 13 14 15 16 17 18 19 20 21

022
**grooming**
/ ˈɡruːmɪŋ /

释 *n.* （动物）梳理毛发；修饰；美容

例 British gentlemen always pay a lot attention to **grooming** and personal hygiene. 英国的绅士们总是注重仪容仪表和个人卫生。

搭 a pet-grooming shop 宠物美容院

023
**accessory**
/ əkˈsesəri /

释 *n.* 装饰品；附（零，配）件

例 Her favorite fashion **accessory** is a diamond bracelet that she inherited from her grandmother. 她最喜欢的时尚配饰是一个从她祖母那里继承的钻石手镯。

同 supplement

024
**vagrancy**
/ ˈveɪɡrənsi /

释 *n.* 流浪罪；漂泊

例 The city council has enacted strict regulations to control **vagrancy** and panhandling in the past twenty years. 过去20年来，市议会对流浪乞讨行为进行了相当严厉的立法管制。

派 vagrant *n.* 流浪者

025
**idle**
/ ˈaɪdl /

释 *v.* 空转；无所事事；虚度 *a.* 闲置的；懒惰的；停顿的

搭 lie / stand / remain idle 无所事事

派 idler *a.* 懒汉；游手好闲的人

同 workless; motionless; void, vacant

反 active, busy, employed, used

026
**shrink**
/ ʃrɪŋk /

释 *v.* 退缩；萎缩；缩小 *n.* 收缩；萎缩

例 There was a general acceptance that the defense budget would **shrink**. 人们普遍相信国防预算将会缩减。

派 shrinkage *n.* 减少；收缩；缩水

同 dwindle, decrease

反 expand, enlarge

027
**coupon**
/ ˈkuːpɑːn /

释 *n.* 礼券；优惠券

例 This **coupon** cannot be redeemed for cash. 此优惠券不能兑换现金。

搭 discount coupon 折扣券

同 voucher

028
**convince**
/ kənˈvɪns /

释 *v.* 使确信；使信服；说服

例 The travel agent tried to **convince** them of the safety of travelling by airplane. 旅行社代理人努力说服他们相信乘飞机旅行的安全性。

搭 convince sb (of sth) 使某人确信；使某人明白

派 convinced *a.* 信服的；确信的 convincing *a.* 有说服力的；有力的

同 persuade

029
**billboard**
/ 'bɪlbɔːrd /

释 *n.* 广告牌 *v.* 宣传

例 In the storm, the **billboard** was blown off to the ground by heavy wind, and luckily, no one was hurt. 在暴风雨中，广告牌被大风吹倒，掉到地上，幸运的是没有人受伤。

030
**regulatory**
/ 'regjələtɔːri /

释 *a.* 管理的；控制的；调整的

例 In theory, **regulatory** negotiation can provide a superior format for encouraging cooperation. 理论上，管理式谈判能够提供优越的形式来鼓励合作。

搭 regulatory agency 管理机构

派 regulation *n.* 管理；规章；规则 regulative *a.* 调整的；调节的；管理的

031
**plumbing**
/ 'plʌmɪŋ /

释 *n.* 管道装置；铅管工行业

例 We did all the **plumbing** in our new house ourselves. 我们的新房子里所有管道工作都是我们自己做的。

032
**obesity**
/ oʊ'biːsəti /

释 *n.* 肥胖；肥大

例 **Obesity** is a great problem among pet dogs, just as it among their human owners. 肥胖是宠物狗面临的一大问题，就像他们的主人一样。

同 corpulence, fleshiness

033
**remarkable**
/ rɪ'maːrkəbl /

释 *a.* 引人注目的；异常的；非凡的

例 There was a **remarkable** resemblance between Sam and his father. 山姆和他的爸爸之间有着惊人的相似之处。

搭 remarkable for （因…）显著的，引人注目的

派 remarkableness *n.* 显著；异常

同 exceptional, marvelous, notable

034
**deluxe**
/ ˌdə'lʌks /

释 *a.* 豪华的；高级的

例 She booked a **deluxe** suite for her five-day trip in Las Vegas. 她为她的拉斯维加斯五日之旅预订了豪华套房。

同 luxurious, sumptuous

035
**prolonged**
/ prə'lɔːŋd /

释 *a.* 持续很久的

例 Her **prolonged** visit to Paris had been the most valuable and unforgettable. 她在巴黎的长期逗留是最难得也是最难忘的事。

搭 a prolonged stay 长期滞留

派 prolongation *n.* 延长，延长部分

同 elongated, extended

036
**deter**
/ dɪ'tɜːr /

释 *v.* 阻止；威慑，威吓

例 The stormy weather did not **deter** those people from swimming in the sea. 暴风雨的天气没有阻挡那些人下海游泳。

搭 deter sb (from doing sth) 使某人决定不做某事

派 deterrent *a.* 威慑的；制止的 deterrable *a.* 可威慑住的；可制止的
同 hinder, prevent, prohibit

037
**trample**
/ 'træmpl /

释 *v.* 践踏；轻视 *n.* 踩踏
例 Don't **trample** on the flowers while you play in the garden. 在花园里玩耍时不要踩坏花。
搭 trample on 踩碎，踩坏；蹂躏
同 tread, tramp

038
**foliage**
/ 'foʊliɪdʒ /

释 *n.* <总称>叶子
例 The path to my house was completely covered by the dense **foliage**. 通向我家的小路被一层厚厚的树叶盖住了。
同 leafage, leaf

039
**vandalism**
/ 'vændəlɪzəm /

释 *n.* （对公物）恶意破坏
例 While the taggers see graffiti as street art, the authorities tend to see it as a deliberate act of **vandalism**. 虽然涂鸦者把他们的作品视为街头艺术，但行政当局倾向于将此视为蓄意破坏公物的行为。
派 vandalize *v.* 肆意破坏

040
**sequel**
/ 'siːkwəl /

释 *n.* 结局，后果；续集，续篇
例 A **sequel** to the Harry Potter series is eagerly anticipated by many of its loyal readers. 许多忠实的读者都热切地期待着哈利·波特系列小说续集的问世。
搭 as a sequel to 作为…的结果
同 outcome, result

041
**trash**
/ træʃ /

释 *n.* 废物；垃圾 *v.* 废弃；捣毁
例 Our municipality should build a plant for burning **trash**. 市政当局应该建造一座垃圾焚烧厂。
派 trashy *a.* 垃圾似的；没用的；碎屑的
同 rubbish, litter

042
**unfavorable**
/ ʌn'feɪvərəbl /

释 *a.* 不利的；不适宜的
例 The **unfavorable** reviews of his first album were a great discouragement to him. 他第一张专辑的负面评论令他灰心丧气。
同 adverse, harmful, unsatisfactory
反 favorable

043
**ballot**
/ 'bælət /

释 *n.* 投票；投票总数；选票 *v.* 投票表决
例 They found out that the **ballot** boxes have been switched. 他们发现投票箱被人调换了。
搭 ballot paper 选票
同 poll, vote

044
**alertness**
/ ə'lɜːrtnəs /

释 *n.* 警戒；机敏

例 This statistic shows that the change in speed limit adversely affected the **alertness** of drivers. 数据表明限速的改变对司机的警惕性产生了不利影响。

045
**resemble**
/ rɪ'zembl /

释 *v.* 像；类似于

例 In these respects, the fossils **resemble** modern humans. 在这些方面，这些化石类似于现代人类。

搭 resemble sb / sth (in sth) 与（他人或他物）相似

派 resemblance *n.* 相似；形似

反 differ

046
**screenplay**
/ 'skriːnpleɪ /

释 *n.* （电影）剧本

例 A Hollywood producer read his novel and asked him to work on a **screenplay** based on it. 好莱坞的一位制片人读了他的小说，建议他根据小说写电影剧本。

047
**inflate**
/ ɪn'fleɪt /

释 *v.* 使膨胀；使得意；使通货膨胀

例 Air bags are designed to **inflate** rapidly in an accident. 气囊的作用是在事故中快速膨胀。

派 inflated *a.* 充气的；膨胀的 inflatable *a.* 可充气的

同 enlarge, expand, increase

048
**deplete**
/ dɪ'pliːt /

释 *v.* 耗尽；使枯竭

例 She has to **deplete** most of her savings to pay for the furniture. 她不得不用自己大部分的存款来支付家具费用。

派 depletion *n.* 耗尽；枯竭 depleted *a.* 枯竭的；废弃的

同 consume, exhaust

049
**persist**
/ pər'sɪst /

释 *v.* 坚持不懈；执意；持续

例 Just two weeks after the surgery, he **persisted** that he was strong enough to go back to work. 手术后仅仅两周，他就坚持说自己的身体已经好了，可以去上班了。

搭 persist in 坚持

派 persistence *n.* 坚持；毅力 persistent *a.* 坚持的；连续的；固执的

同 endure, persevere

050
**brewery**
/ 'bruːəri /

释 *n.* 啤酒厂

例 The opening of the World Cup has brought such a demand for beer that several **breweries** will operate over the weekend. 世界杯的开幕使得对啤酒的需求大增，几家啤酒厂周末都要加班了。

051
**franchise**
/ 'fræntʃaɪz /

释 *n.* 选举权；特许权

例 This is the company that has an exclusive **franchise** to offer shuttle service for all the universities in the city. 这家公司在为这座城市的所有大学提供班车服务方面具有独家特许经营权。

搭 grant / withdraw a franchise 授予/撤销特权

052
## parlor
/ 'pɑːrlər /

释 *n.* 小店；客厅；接待室；（旅馆中的）休息室

例 My grandmother has nothing to do in the afternoon except lying on a small settee in the **parlor**. 我的祖母在下午无事可做，只是躺在客厅的小长椅上。

搭 an ice-cream parlor 冰淇淋店

053
## tardiness
/ 'tɑːrdinəs /

释 *n.* 缓慢；迟延

例 The teacher warned her students that **tardiness** would not be tolerated in her class. 老师警告她的学生说，迟到在她的班里是不可容忍的事情。

同 slowness

反 promptitude, rapidity

054
## absenteeism
/ ˌæbsən'tiːɪzəm /

释 *n.*（无故）旷课；（无故）旷工

例 The rate of **absenteeism** is high in the week before Christmas. 圣诞节前的一周缺勤率很高。

055
## hospitalize
/ 'hɑːspɪtəlaɪz /

释 *v.* 就医；使住院

例 He was **hospitalized** immediately after the sudden illness. 他突然生病后就立即住院了。

派 hospitalization *n.* 入院（治疗）；住院期间

056
## gourmet
/ 'gʊrmeɪ /

释 *n.* 美食家

例 Chocolate cake and tiramisu are often sold at **gourmet** food stores and coffee shops. 巧克力蛋糕和提拉米苏常常在美食店和咖啡馆出售。

同 epicure, gastronome

057
## accordion
/ ə'kɔːrdiən /

释 *n.* 手风琴

例 The background music of the movie was provided by an excellent **accordion** player. 影片的背景音乐是由一位优秀的手风琴演奏家演奏的。

派 accordionist *n.* 手风琴演奏者，手风琴演奏家

058
## indulge
/ ɪn'dʌldʒ /

释 *v.* 沉溺（于）；纵容

例 As a parent, I never **indulge** my children with plenty of pocket money. 作为家长，我从不放任我的孩子，给他们大量的零用钱。

搭 indulge in 沉溺，纵情（于…）

派 indulgent *a.* 纵容的；任性的；溺爱的 indulgence *n.* 沉迷；宽容；恩惠

059
## prevalence
/ 'prevələns /

释 *n.* 传播；流行；普及

例 The **prevalence** of the disease should be significantly reduced by the new medication treatment. 该疾病的传播应该可以通过新的药物治疗得到显著减缓。

派 prevalent *a.* 流行的；普遍的

同 popularity

060
**tenfold**
/ ˈtenfoʊld /

释 *a.* 十倍的 *ad.* 成十倍
例 In the past ten years, the population of the country increased **tenfold**. 在过去的十年里，这个国家的人口增长了十倍。

061
**stagnant**
/ ˈstæɡnənt /

释 *a.* 停滞的；萧条的
例 The president is seeking advice on how to revive the **stagnant** economy. 总统正在就如何振兴低迷的经济征求意见。
派 stagnancy *n.* 停滞；沉滞；不景气 stagnation *n.* 停滞
同 inactive, sluggish

062
**patronize**
/ ˈpeɪtrənaɪz /

释 *v.* 惠顾；赞助
例 The ladies of Paris like to **patronize** the cafes along the street for coffee and little cakes. 巴黎的女士们喜欢光顾沿街的咖啡馆，在那里喝咖啡、吃蛋糕。
派 patronizing *a.* 以恩人自居的；居高临下的
同 sponsor

063
**therapeutic**
/ ˌθerəˈpjuːtɪk /

释 *a.* 治疗的
例 When I am sad or upset, music has a **therapeutic** effect to cheer me up. 当我伤心或者烦恼时，音乐可以治愈我。
派 therapeutics *n.* 治疗学；疗法
同 remedial, curative

064
**rectify**
/ ˈrektɪfaɪ /

释 *v.* 纠正；修复
例 Once I realized I've made a mistake, I immediately began to **rectify** it. 当我意识到我犯了一个错误时，我便立刻开始纠正。
搭 rectify a mistake 改正错误
派 rectifiable *a.* 可矫正的 rectification *n.* 改正；校正；提纯
同 amend, remedy

065
**appraisal**
/ əˈpreɪzl /

释 *n.* 估计；估量；评价
例 The professor stopped for a while, then went on with his **appraisal**. 教授停顿了一会，然后接着谈他的看法。
搭 appraisal of 评价；评估
同 assessment, estimate

066
**countertop**
/ ˈkaʊntərtɑːp /

释 *n.* （厨房的）工作台面
例 On Thanksgiving Day when everyone in my family were busy in the kitchen, I finally found a space on the **countertop** to cut the carrots. 感恩节时，我家里的每个人都在厨房里忙着，我终于在厨房台面上找了个空地切胡萝卜。

067
**beverage**
/ ˈbevərɪdʒ /

释 *n.* 饮料
例 One long swallow of the cold **beverage** cooled his sweating body. 痛饮一口冰凉的饮料让他冒汗的身体顿觉清爽无比。

068
**lobby**
/ 'lɑːbi /

释 *n.* 大厅；休息室 *v.* 游说
例 The tour bus is scheduled to pick up tourists in front of the main **lobby** of the hotel at seven in the morning. 观光巴士计划在早上七点于酒店大堂前接游客。
派 lobbyist *n.* 活动议案通过者；说客 lobbyism *n.* 运动

069
**intestinal**
/ ɪn'testɪnl /

释 *a.* 肠的
例 Surgery is the major treatment to primary small **intestinal** tumor. 手术是治疗原发性小肠肿瘤的主要手段。
同 enteral

070
**interpret**
/ ɪn'tɜːrprɪt /

释 *v.* 解释，说明；理解；做口译；表明
例 The businesswoman spoke little English, so her husband came with her to **interpret**. 女商人几乎不会说英语，因此她丈夫跟着来给她做翻译。
搭 interpret sth as sth 将…解释为…
派 interpretation *n.* 解释；理解；口译；表明 interpreter *n.* 口译员

071
**ponder**
/ 'pɑːndər /

释 *v.* 仔细考虑；反思；衡量；沉思
例 Do not spend valuable time checking answers or **pondering** problems that you find difficult. 不要将宝贵的时间花费在检查答案或者思索你觉得很难的题目上。
搭 ponder on / over sth 仔细考虑某事物（尤指以便做出决定）；深思

072
**diagram**
/ 'daɪəgræm /

释 *n.* 图表，图解，示意图 *v.* 用图解法表示，图示
例 The owner sent us a **diagram** that he drew to show us how to get to his house. 房主寄给我们一张他画的示意图，告诉我们到他家该怎么走。
派 diagrammatic *a.* 图解的
同 drawing; depict

073
**scan**
/ skæn /

释 *v.* 粗略一看，浏览；扫描；细看 *n.* 浏览；扫描；细看
例 **Scan** the answer choices before attempting to answer a question. 在试图回答一个问题之前，先浏览一下答案选项。
派 scanner *n.* 扫描仪
同 examine, inspect

074
**fractional**
/ 'frækʃənl /

释 *a.* 分数的；部分的；少量的；碎片的
例 The difference between her salary and yours is only **fractional**. 她的薪水和你的只差一点点。
搭 a fractional expression 分数式

075
**shortcut**
/ 'ʃɔːrtkʌt /

释 *n.* 快捷办法；捷径，近路
例 If you take the **shortcut**, you can get to school for less than five minutes. 如果你抄近路走，不到五分钟就能到学校。
同 crosscut

Day
01
02
03
04
05
06
07
08
09
10
11
12
13
14
15
16
17
18
19
20
21

076
**approximate**

释 / ə'prɑːksɪmeɪt / *v.* **大致估算；取近似值；接近** / ə'prɑːksɪmət / *a.* **近乎正确或精确的；极相似的；大约的**
例 You may be able to **approximate** 48 percent of a number by using half. 你可以将一个数值的48%按照“一半”来估算。
搭 approximate figure 近似值 be approximate to 近似，约计
派 approximation *n.* 近似值；近乎准确的量或估计

077
**figure**
/ 'fɪgjər /

释 *n.* **数字；算术；图解；轮廓** *v.* **计算；扮演角色；推测**
例 Even in her fifties, she retains her slim **figure** and is free of wrinkles. 即使在她50多岁的时候，她依然保持着苗条的身材，脸上也没有皱纹。
搭 figure up 计算，把…加起来 figure on 预料；指望；计划 figure sb / sth out 理解某人或某事物，弄明白；解决
同 amount, number; chart, diagram; outline

078
**intend**
/ ɪn'tend /

释 *v.* **意欲，计划；意指或意味**
例 He **intends** to stay in Los Angeles and find a job in the movie industry. 他打算留在洛杉矶，在电影行业找个工作。
搭 be intended to do 意思是；打算做 intend for 打算供…使用；打算使成为…
派 intending *a.* 预计中的；未来的 intended *a.* 有意的；预期的
同 aim, plan

079
**position**
/ pə'zɪʃn /

释 *n.* **位置；地位；态度；状态** *v.* **安置；把…放在适当位置；给…定位**
例 He was sound asleep there, curled up in the fetal **position**. 他像胎儿一样蜷曲着，在那里安详地睡着。
搭 be in position 在适当的位置 be out of position 不在适当的位置上
派 positional *a.* 位置的；地位的
同 location, spot; attitude

080
**measure**
/ 'meʒər /

释 *n.* **数值；测量；措施** *v.* **测量；估量**
例 It was difficult to **measure** the precise impact of the strike of the university staff. 学校工作人员罢工的确切影响很难衡量。
搭 beyond measure 不可估量；极其 measure out 量出；配出 measure up 达到或符合某标准
派 measurable *a.* 可测量的，可量度的 measured *a.* 仔细斟酌的，慎重的 measureless *a.* 无法估量的；无限的 measurement *n.* 测量，衡量
同 assess

081
**project**

释 / 'prɑːdʒekt / *n.* **计划；工程；课题** / prə'dʒekt / *v.* **放映；计划；展现**
例 A series of setbacks have put the whole **project** in jeopardy. 一系列的挫折使整个项目面临失败。
搭 project sth (on / onto sth) 投射
派 projection *n.* 预测；规划；设计 projector *n.* 投影仪；放映技师
同 plan; item

082
**schedule**
/ 'skedʒuːl /

释 *v.* 排定，安排 *n.* 时刻表；明细表；预定计划

例 Thanks to the help of our academic advisor, we accomplished the task ahead of **schedule**. 多亏了我们学术导师的帮助，我们提前完成了任务。

搭 be scheduled for 定于…时间举行

派 scheduling *n.* 行程安排；时序安排

同 arrange; list

083
**fiscal**
/ 'fɪskl /

释 *a.* 财政上的，会计的；税收的 *n.* 财政年度，会计年度

例 They intend to cut the federal budget deficit for the next **fiscal** year. 他们计划削减下一财年的联邦预算赤字。

搭 fiscal year 财政年度 fiscal policy 财政政策 fiscal balance 财政平衡

同 financial

084
**budget**
/ 'bʌdʒɪt /

释 *n.* 预算；预算拨款 *v.* 在预算中拨款给；规划；把…编入预算 *a.* 价格低廉的

例 Several employees in the department were laid off because of **budget** cuts. 由于预算削减，部门中的几名员工被解雇了。

搭 budget account 预算账户

派 budgetary *a.* 预算的

同 allowance, ration; arrange

085
**allocation**
/ ˌælə'keɪʃn /

释 *n.* 分配额（或量）；配给；划拨的款项

例 The four sons quarreled bitterly over the **allocation** of their father's heritage. 四个儿子为如何分配他们父亲的遗产而吵得不可开交。

搭 allocation of share 股票分配

同 allotment, assignation

086
**value**
/ 'væljuː /

释 *n.* 数值；价格；意义；重要性 *v.* 评价；重视；估价，给…定价

例 After she attended the drug rehabilitation program, she learned to appreciate the **value** of her life. 参加戒毒康复计划之后，她学会了珍视她的人生价值。

搭 face value 票面价值，面额 value-added tax 增值税

派 valuable *a.* 贵重的，宝贵的 *n.* 贵重物品，财宝 valuation *n.* 估价；评价 valueless *a.* 无价值的；无效果的

同 importance, significance

087
**rectangular**
/ rek'tæŋgjələr /

释 *a.* 矩形的；有直角的；成直角的；直角坐标的

例 He found a **rectangular** box under his bed, inside which were toys from his childhood. 他在床下发现了一个长方形的盒子，里面是他童年时的玩具。

搭 a rectangular floor 长方形地板 rectangular prism 直角棱镜

同 orthogonal

088
**area**
/ 'eriə /

释 *n.* 面积；区域，范围；领域
例 She always calls at her grandparents whenever she is in that **area**. 只要她在那一带，她总会去拜访她的祖父母。
同 size; range, sphere

089
**fare**
/ fer /

释 *n.* 票价；费用 *v.* 经营；进展；遭遇
例 He could barely afford the flight **fare** to Paris. 他几乎买不起去巴黎的飞机票。
搭 compensation fare 补票
同 fee, charge

090
**case**
/ keɪs /

释 *n.* 容器；事例；情况；案件 *v.* 把…装入箱（或盒等）内；包围
例 The judge decided that their testimony would be irrelevant to the **case**. 法官认定他们的证词与案件无关。
搭 a (good) case in point （很好的）例证 in any case 无论如何，总之 in no case 在任何情况下都不
派 casing *n.* 包装，套
同 box, container; example; circumstance, situation, condition; lawsuit

091
**contain**
/ kən'teɪn /

释 *v.* 包含，容纳；克制
例 She could hardly **contain** her anger when the boy kicked her dog. 当那个男孩踢她的狗时，她简直控制不住自己的怒气了。
派 container *n.* 容器；集装箱，货柜 containment *n.* 牵制；容量
同 comprise, include; curb, hold

092
**carton**
/ 'kaːrtn /

释 *n.* 纸板盒；塑料盒 *v.* 用盒包装
例 The boy took a ballpoint pen and punched a hole in the **carton**. 这个男孩拿了一支圆珠笔，在纸盒上戳了一个洞。
同 box, package

093
**clip**
/ klɪp /

释 *n.* 回形针；修剪；剪报；剪辑片段 *v.* 用别针别在某物上；剪掉
例 She scrounged around in his desk drawer for a paper **clip**. 她在他的书桌抽屉里翻来翻去找回形针。
搭 paper clip 回形针，曲别针 hair clip 发夹 clip sth out of sth 从…上剪下
派 clipping *n.* 剪报，剪下的东西
同 cut

094
**sum**
/ sʌm /

释 *n.* 总数；金额；概略 *v.* 总计；总结，概括，归纳
例 The **sum** of money has been transferred into her account. 那笔钱已经转到了她的账户。
搭 sum up 合计；总结，概括 lump sum 一次付清总额；总额
派 summarize *v.* 总结，概述 summary *n.* 概要，摘要；总结 summation *n.* 总和；加在一起
同 entirety, total, whole

095
**prime**
/ praɪm /

释 *a.* 质数的，素数的；基本的 *n.* 精华；全盛时期 *v.* 使准备好；填装
例 My mother has bought a **prime**-quality turkey in preparation for Thanksgiving dinner. 我的妈妈为了准备感恩节晚餐，买了一只质量最好的火鸡。
搭 prime number 质数，素数 prime meridian 本初子午线，零度经线
派 primacy *n.* 第一，首位；卓越 primal *a.* 第一的，最初的 primary *a.* 主要的；根本的

096
**rainstorm**
/ ˈreɪnstɔːrm /

释 *n.* 暴风雨，大暴雨
例 I would have arrived here sooner, but the **rainstorm** kept me back. 要不是被暴雨所阻，我早就到了。
同 storm, tempest

097
**reservoir**
/ ˈrezərvwaːr /

释 *n.* 水库，蓄水池；贮液器
例 A rainstorm increased the amount of water stored in the State **reservoirs**. 一场暴风雨增加了这个州水库的蓄水量。

098
**gallon**
/ ˈɡælən /

释 *n.* 加仑
例 The price of gas is coming down by four cents a **gallon**. 汽油的价格每加仑降了四美分。
搭 a gallon of petrol 一加仑汽油

099
**prior**
/ ˈpraɪər /

释 *a.* 在…之前的；优先的；占先的 *n.* 小修道院院长；行政长官
例 He made the decision by himself, without his parents' **prior** knowledge. 他在父母不知情的情况下，自己做出了决定。
搭 prior to 在…之前，先于
派 priory *n.* 小的修道院
同 before, earlier, former, previous, anterior
反 posterior

100
**graph**
/ ɡræf /

释 *n.* 图表，曲线图 *v.* 用曲线图表示，把…绘入图表
例 The **graph** shows a bulge in the price of housing. 该图表显示了房价的暴增。
搭 graph paper 方格纸，坐标纸
派 graphic *a.* 绘画似的；图解的
同 chart, diagram; outline

101
**symmetric**
/ sɪˈmetrɪk /

释 *a.* 对称的；相称性的，匀称的
例 He is a very timid and shy person, which is not **symmetric** with his robust figure. 他是一个非常胆小且害羞的人，与他魁梧的身材很不相称。
搭 symmetric axis 对称轴
反 asymmetric

102
**vertical**
/ 'vɜːrtɪkl /

释 *a.* 垂直的；头顶的；顶点的 *n.* 垂直线，垂直面
例 The graph is symmetric with respect to the **vertical** line. 该曲线与这条垂直线对称。
搭 vertical line 垂线
同 erect, upright, perpendicular
反 horizontal

103
**subtract**
/ səb'trækt /

释 *v.* 减去，减少；扣除；做减法
例 Before she began her first year at primary school, the little girl has already known how to add and **subtract**. 在上小学一年级之前，这个小女孩就已经知道怎么做加减法。
搭 subtract sth from sth 从…中减去…
派 subtraction *n.* 减；减法
同 deduct, discount, remove
反 add

104
**raffle**
/ 'ræfl /

释 *n.* 抽奖；废物，垃圾 *v.* 抽彩；以抽彩方式出售
例 We won a television as a prize in the **raffle**. 我们在抽奖中赢得了一台电视机。
搭 raffle ticket 彩券；奖券

105
**consecutively**
/ kən'sekjətɪvli /

释 *ad.* 连续地
例 Their swim team have won the medals at the Olympics **consecutively**. 他们的游泳队连续在奥运会上赢得奖牌。
同 continuously
反 alternately

106
**random**
/ 'rændəm /

释 *n.* 随意；偶然的行动 *a.* 任意的；随机的；胡乱的
例 In the field interview, the questionnaires were given to a **random** sample of students. 在实地采访中，他们随机抽选出部分学生进行了问卷调查。
搭 at random 随机地；偶然地；任意地
同 haphazard, aimless, irregular, unorganized

107
**import**

释 / ɪm'pɔːrt / *v.* 进口；输入 / 'ɪmpɔːrt / *n.* 进口；输入
例 Our country has **imported** an incredible amount of wool from Australia. 我国从澳大利亚进口了数量惊人的羊毛。
搭 import tax / duty 进口税
派 importation *n.* 进口 importer *n.* 进口商
反 export

108
**item**
/ 'aɪtəm /

释 *n.* 一件商品（或物品）；条；项目 *ad.* 也，又
例 The revenue from tourism is the biggest single **item** in the state's invisible earnings. 旅游业收入是这个州无形收益当中最大的一项。

搭 new item 新品种 news item（一则或一条）新闻
派 itemize *v.* 逐项列出或记载
同 article; entry; piece

109
**portion**
/ ˈpɔːrʃn /

释 *n.* 部分；分得的财产；命运 *v.* 把…分成份额；分配
例 My mother has spent a fairly considerable **portion** of her life living in London. 在我妈妈的生命中有相当长的一段时光是在伦敦度过的。
搭 portion sth out 把某事物按份分给…
同 division, fraction, fragment, piece, segment
反 whole

110
**excess**
/ ɪkˈses /

释 *n.* 超过，多于；超额量 *a.* 超重的；过量的；额外的
例 You have to pay for **excess** luggage when you travel by plane. 乘飞机旅行时，你得为超重的行李付费。
搭 in excess of 超过 to excess 无度，过度
派 excessive *a.* 过分的；过度的 excessively *ad.* 过分地；极度地
同 surplus; extra
反 deficiency; insufficient

111
**dealership**
/ ˈdiːlərʃɪp /

释 *n.* 代理权，经销权；代理商
例 The car **dealership** has a large inventory of second-hand cars. 这家汽车经销商拥有数量庞大的二手车。
搭 automobile dealership 汽车代理商
同 franchise

112
**average**
/ ˈævərɪdʒ /

释 *a.* 平均的；平均数的；平常的 *n.* 平均水平 *v.* 计算…的平均值
例 She spends on **average** two hours a day on practicing piano. 她平均每天用两小时练习钢琴。
搭 the average number 平均数 on average 平均 average sth out 算出…的平均数
同 mean
反 maximum, minimum

113
**fencing**
/ ˈfensɪŋ /

释 *n.* 围墙；筑栅栏的材料；剑术
例 The old man put up **fencing** around his house to deter trespassers. 老人在他的房子四周建起了围栏，以防止入侵者。
同 barrier, enclosure

114
**enclose**
/ ɪnˈkloʊz /

释 *v.* 把…围起来；把…装入信封；附入
例 Before posting a letter, you should **enclose** it in an envelope. 在把信寄出之前，你应该把它装入信封内。
搭 enclose sth with sth 用…把…围住
派 enclosure *n.* 围墙；围绕；附件 enclosed *a.* 被附上的；与世隔绝的
同 encircle, surround; envelop, include
反 disclose

115
**yard**
/ jaːrd /

释 *n.* 码；院子；场地
例 As the fox sneaked into the **yard**, the chickens began squawking in alarm. 当狐狸悄悄溜进院子时，小鸡们开始惊恐地叫起来。
搭 back yard 后院
派 yardage *n.* 码数，平方码数

116
**fresh**
/ freʃ /

释 *a.* 新鲜的；无经验的；淡水的 *ad.* 刚；最新 *n.* 开始；新生；淡水
例 A good daily diet should include plenty of **fresh** vegetables and fruits. 良好的日常饮食应该包含大量的新鲜蔬菜和水果。
搭 fresh out of sth 刚用完…，一点不剩 be fresh from 刚从某地来 fresh water 淡水
同 new, unused, original
反 old, experienced

117
**bakery**
/ ˈbeɪkəri /

释 *n.* 烘烤食品；面包房，面包店
例 A delicious smell of bread drifted from the distant **bakery**. 一阵面包的香味从远处的面包房飘来。
搭 bakery product 烘烤食品

118
**remain**
/ rɪˈmeɪn /

释 *v.* 剩余；留下；保持 *n.* 剩余物，残骸；残余
例 He will have to **remain** in hospital for at least ten days after the surgery. 手术后，他至少还要在医院里住十天。
搭 remain to be seen 需拭目以待；未见分晓
派 remaining *a.* 剩余的，剩下的
同 remnant

119
**package**
/ ˈpækɪdʒ /

释 *n.* 包裹；套装；整批交易 *v.* 包装；捆扎
例 The boy raced into the living room with the **package** from his father, excitedly pulling at the wrapping paper. 男孩拿着爸爸寄给他的包裹冲进客厅，兴奋地撕开包装纸。
搭 package deal 一揽子交易，整批交易 package tour 包办旅行
派 packaging *n.* 包装
同 parcel; packing; bundle
反 unfold

120
**weigh**
/ weɪ /

释 *v.* 重量为；具有重要性；权衡 *n.* 权衡；称重量
例 You need to **weigh** the pros and cons before making a decision. 在做决定之前，你需要权衡利弊。
搭 weigh one's words 斟词酌句，推敲
同 measure

# Day 10

## Previous Check

- □ carpenter
- □ construct
- □ sandbox
- □ roll
- □ ratio
- □ constant
- □ identical
- □ workgroup
- □ rope
- □ score
- □ mutual
- □ decrease
- □ efficiency
- □ circle
- □ shade
- □ match
- □ gasoline
- □ solid
- □ marble
- □ staff
- □ ounce
- □ evaporate
- □ orangeade
- □ purchase
- □ planet
- □ inch
- □ grader
- □ highway
- □ lane
- □ stock

- □ exchange
- □ gym
- □ equidistant
- □ vertex
- □ rotate
- □ clockwise
- □ favor
- □ resolution
- □ riverfront
- □ parking
- □ reciprocal
- □ miscellaneous
- □ board
- □ interest
- □ semiannually
- □ maturity
- □ bolt
- □ gross
- □ dealer
- □ battery
- □ original
- □ extend
- □ democrat
- □ republican
- □ candidate
- □ hydrogen
- □ oxygen
- □ intensity
- □ phenomenon
- □ correspond

- □ outlet
- □ enrollment
- □ lawyer
- □ orchard
- □ thrive
- □ chart
- □ terminating
- □ deviation
- □ pharmaceutical
- □ royalty
- □ assignment
- □ brass
- □ trim
- □ uniformly
- □ income
- □ mileage
- □ display
- □ participant
- □ code
- □ alphabetical
- □ upward
- □ maximum
- □ gratuity
- □ exclude
- □ labor
- □ hire
- □ snack
- □ capita
- □ various
- □ pellet

- □ retrace
- □ define
- □ indefinitely
- □ load
- □ dock
- □ crew
- □ contribute
- □ rudder
- □ bottom
- □ surround
- □ earning
- □ virtual
- □ therapy
- □ sweaty
- □ palm
- □ vomit
- □ dizziness
- □ mixture
- □ refund
- □ season
- □ lifesaving
- □ preparatory
- □ toss
- □ axis
- □ tangent
- □ bead
- □ major
- □ chemistry
- □ biology
- □ finite

001
**carpenter**
/ 'kaːrpəntər /
释 *n.* 木工，木匠 *v.* 当木匠；做木工活
例 Inside the **carpenter**'s shop, the floor was covered with shavings. 木匠店里，地板上满是刨花。
派 carpentry *n.* 木工工艺；木工艺品

002
**construct**
/ kən'strʌkt /
释 *v.* 修建；构成；创立 *n.* 结构；构想
例 It took them one whole year just to **construct** the gate of the palace. 光是修建宫殿的大门就花费了他们一整年的时间。
派 constructor *n.* 建筑者；建造者
同 build, manufacture
反 demolish, destroy, ruin, smash

003
**sandbox**
/ 'sændbaːks /
释 *n.* 沙箱，沙盒；沙坑
例 A carpenter constructed a rectangular **sandbox** with a capacity of 10 cubic feet. 一位木匠制作了一个容积为十立方英尺的矩形沙箱。

004
**roll**
/ roʊl /
释 *n.* 面包卷；翻滚；卷状物 *v.* 滚动；辗
例 A bakery opened yesterday with its daily supply of 40 dozen **rolls**. 昨天，一家每日供应40打面包卷的面包房开业了。
搭 roll in money 有许多钱 rolling in the aisles 乐不可支，捧腹大笑 roll back 使滚回；使卷起；（计划等）中止
派 rolling *a.* 旋转的；起伏的，波动的
同 rotate, swirl

005
**ratio**
/ 'reɪʃioʊ /
释 *n.* 比，比率；比例；系数 *v.* 求出比值，除
例 The **ratio** of men to women in our department is 1 to 6. 我们部门的男女比例是1比6。
同 proportion

006
**constant**
/ 'kaːnstənt /
释 *a.* 不断的，持续的；永恒的 *n.* 常数，常量；不变的事物
例 After the car crash, he suffered from **constant** pain in his left hand. 遭遇车祸后，他忍受着左手上持续的疼痛。
搭 constant temperature 恒温
同 unchangeable, invariable, unaltered
反 changeable, inconstant, mutable

007
**identical**
/ aɪ'dentɪkl /
释 *a.* 完全同样的，相同的 *n.* 完全相同的事物；同卵双胞胎
例 Running at the same constant rate, six **identical** machines can produce a total of 270 bottles per minute. 六台完全相同的机器以同样的速率运转，一分钟之内共可生产270个瓶子。
搭 be identical to / with sb / sth 和某人（或某物）完全相同 identical twins 同卵双胞胎
同 alike, duplicate
反 different

008
**workgroup**
/ 'wɜːrkgruːp /

释 n. 工作组

例 Of the 50 researchers in a **workgroup**, 40 percent will be assigned to Team A and the remaining 60 percent to Team B. 同一个工作组的50名研究人员中，有40%被分配到A组，余下的60%被分到B组。

009
**rope**
/ roʊp /

释 n. 粗绳，绳索 v. （用绳子）捆；系牢

例 A **rope** of 40 feet long is cut into two pieces. 一条长40英尺的绳子被切为两段。

搭 learn the ropes 熟悉门道；学习窍门

派 roper n. 结绳者；套绳者

同 cord, string

010
**score**
/ skɔː /

释 n. 分数，得分 v. 得分；获胜

例 The final **score** of the football match tonight is 4 to 1. 今晚足球比赛的最终比分是4比1。

搭 on that score 关于那一点；为了这一点 score off sb 驳倒某人

派 scorer n. 比赛记分员；得分的运动员

同 mark; win

011
**mutual**
/ 'mjuːtʃuəl /

释 a. 共有的；共同的；彼此的

例 She left the company by **mutual** consent last December. 去年12月，经双方同意，她离开了公司。

搭 mutual understanding 相互理解 mutual benefit 共同利益 mutual trust 相互信任

同 common

反 respective

012
**decrease**
/ dɪ'kriːs /

释 v. 减少；减小；降低 n. 减少量；减小

例 Comparing to that of last year, the number of traffic accidents in the city has **decreased** this year. 与去年相比，今年该城市交通事故的数量减少了。

搭 be on the decrease 正在减少

派 decreasingly ad. 渐减地

同 diminish, lessen, reduce, shorten

反 increase

013
**efficiency**
/ ɪ'fɪʃnsi /

释 n. 效率，效能；实力；性能

例 He suggested that we should try our best to achieve the maximum of **efficiency**. 他建议说我们应该尽最大的努力取得最高的效率。

搭 fuel efficiency 燃料效率；热效率 labor efficiency 劳动效率

014
**circle**
/ 'sɜːrkl /

释 n. 圆；循环；周期 v. 圈出；包围；环绕

例 On New Year's Eve, people formed a **circle** at the square and sang *Auld Lang Syne*. 新年前夜，人们在广场上围成一个圆圈，唱起了《友谊地久天长》。

搭 circle around 环绕 go around in circles 在原地兜圈子；毫无进展

同 ring

015
**shade**
/ ʃeɪd /

释 *v.* 图阴影于…之上；遮蔽 *n.*（画的）阴暗部分；遮棚
例 The girl raised her hand to **shade** her eyes from the sun. 女孩抬起手遮住眼睛来挡住阳光。
搭 shade into 逐渐变成… put sb / sth in the shade 使黯然失色；使相形见绌
反 illuminate

016
**match**
/ mætʃ /

释 *v.* 使配对；使相配或相称；使较量 *n.* 比赛；相配的人（或物）；火柴
例 John has ten pairs of **matched** socks. 约翰有十双成对的袜子。
搭 meet one's match 遇到强劲的对手；棋逢对手 be no match for 不能与…相比；敌不过 match up 使相配
派 matching *a.* 相配的；一致的 matchless *a.* 无敌的；无比的
同 compare; competition

017
**gasoline**
/ 'gæsəliːn /

释 *n.* 汽油
例 We stopped at the gas station because the car was getting low on **gasoline**. 我们在加油站停了下来，因为汽油快没有了。
搭 gasoline vapor 汽油蒸汽
同 petrol

018
**solid**
/ 'sɑːlɪd /

释 *a.* 固体的；结实的；立体的 *n.* 固体；立方体
例 He argued that his theory was established on the **solid** basis of facts. 他争辩说他的理论是建立在坚实的事实基础之上的。
搭 solid geometry 立体几何 solid evidence 确凿的证据
派 solidity *n.* 固体；体积；坚硬 solidify *v.* 使团结起来；使结晶 solidness *n.* 坚硬；团结
同 strong, durable, firm

019
**marble**
/ 'mɑːrbl /

释 *n.* 大理石；理智；常识 *a.* 大理石的；冷酷无情的 *v.* 使具有大理石的花纹
例 This table is made of **marble**. 这个桌子是大理石的。
搭 lose one's marbles 失去理智 marbled cover 有大理石纹路的封面

020
**staff**
/ stæf /

释 *n.* 全体职员，员工 *v.* 给…配备职员；担任…的职员
例 The company always plans a special feast for the **staff** around Christmas. 圣诞节前后，这家公司总会为全体职员准备一次特殊的晚宴。
搭 be staffed by 由…担任工作人员；由…供职
派 staffer *n.* 编辑；职员

021
**ounce**
/ aʊns /

释 *n.* 盎司；少量，一点儿
例 One of the glasses was filled with ten **ounces** of water. 其中的一个玻璃杯里装了十盎司的水。
搭 an ounce of sth 少量，一点

Day

01
02
03
04
05
06
07
08
09
10
11
12
13
14
15
16
17
18
19
20
21

022
**evaporate**
/ ɪ'væpəreɪt /

释 *v.* 蒸发；消失

例 In the morning, the sun will **evaporate** the mist. 在早上，太阳会使雾气蒸发。

派 evaporation *n.* 蒸发；挥发

同 disappear, vanish

023
**orangeade**
/ ˌɔːrɪndʒ'eɪd /

释 *n.* 橘子水，橙味饮料

例 **Orangeade** was made by mixing a certain amount of orange juice with an equal amount of water. 橙味饮料是通过将一定量的橙汁兑以相同比例的水制成的。

同 orange juice

024
**purchase**
/ 'pɜːrtʃəs /

释 *v.* 买，购买；赢得 *n.* 购买；价值；购买的物品

例 They **purchased** an used car at a reasonable price. 他们以一个合理的价格买到了一辆二手车。

搭 purchasing power 购买力

派 purchaser *n.* 购买人，买主

同 buy, shop

反 sell

025
**planet**
/ 'plænɪt /

释 *n.* 行星； 星相

例 Early astronomers firmly believed that our **planet** was the center of the universe. 早期的天文学家坚定地认为我们的星球是宇宙的中心。

派 planetary *a.* （似）行星的

026
**inch**
/ ɪntʃ /

释 *n.* 英寸；少量 *v.* （使）缓慢地移动；渐进

例 We received only two tenths of an **inch** of rain during the entire month of July. 整个七月，我们这里的降水量只有0.2英寸。

搭 by inches 差一点；险些；几乎 inch by inch 一点一点地；慢慢地

027
**grader**
/ 'ɡreɪdər /

释 *n.* （中小学的）…年级生；分类者

例 The short film tells story of the fifth-**grader** Anne who rescued a dog while hiking in the forest. 短片讲述了一个五年级的学生安妮在森林远足时救了一只狗的故事。

028
**highway**
/ 'haɪweɪ /

释 *n.* 公路；公用通道；途径，方法

例 There's nothing but woods on each side of the **highway**. 公路两边只有树林。

搭 information highway 信息高速公路

同 expressway, freeway

029
**lane**
/ leɪn /

释 *n.* 行车道；小巷；航道

例 The highway has two **lanes** in the same direction. 这条高速公路在相同的方向上有两条行车道。

搭 fast lane 快车道

同 road, path

030
**stock**
/ stɑːk /

释 *n.* 股份，股票，证券；库存；家畜 *v.* 购买货物；备有；储备 *a.* 常备的；存货的
例 Experts have forecast there might be a downturn in the **stock** market. 专家已预测股票市场价格可能会有下降趋势。
搭 stock exchange 证券/股票交易所 be in / out of stock 有/无现货的
派 stockbroker *n.* 证券/股票经纪人 stocktaking *n.* 盘货，清点存货

031
**exchange**
/ ɪks'tʃeɪndʒ /

释 *n.* 交易所；交易；兑换（率）*v.* 交换；兑换；调换
例 It was one of the city's prime locations, near the New York Stock **Exchange**. 这是城里最好的地段之一，离纽约证券交易所很近。
搭 exchange opinion 交换意见 in exchange of 交换
派 exchangeable *a.* 可交换的；可兑换的
同 change, substitute, switch; trade

032
**gym**
/ dʒɪm /

释 *n.* 体育（活动）；体育馆，健身房；体操
例 She spent more time perfecting her dance moves instead of **gym** work. 她把更多的时间用于完善舞蹈动作，而不是健身训练。
搭 gym shoes 运动鞋

033
**equidistant**
/ ˌekwɪ'dɪstənt /

释 *a.* 距离相等的；等距的
例 Our house is **equidistant** from the two restaurants in the village. 我们的房子离村子里的两家饭店距离相等。
搭 be equidistant from 与…距离相等
派 equidistance *n.* 等距离

034
**vertex**
/ 'vɜːrteks /

释 *n.* 角的顶点；最高点；顶点
例 Point P is equidistant from **vertices** A, B, and C. P点到顶点A、B和C的距离相等。
派 vertical *n.* 垂直线；垂直面 *a.* 顶点的；直立的
同 apex, peak

035
**rotate**
/ 'roʊteɪt /

释 *v.* 旋转，转动；轮流，交替
例 The pilot told us to stay well away from the helicopter when its blades start to **rotate**. 飞行员告诉我们直升机的螺旋桨开始转动时，尽量离远点儿。
搭 rotate crops 轮种作物
派 rotation *n.* 旋转；转动；作物的轮种 rotatory *a.* 旋转的；轮流的
同 gyrate, spin, turn

036
**clockwise**
/ 'klɑːkwaɪz /

释 *a.* / *ad.* 顺时针方向转动的（地）；右旋的（地）
例 He told me to turn the key in a **clockwise** direction. 他告诉我要按顺时针方向转动钥匙。
反 anti-clockwise

037
**favor**
/ 'feɪvər /

释 *n.* 赞成，赞同；偏袒；特权 *v.* 偏爱；给予；支持

例 Recent polls show that 80 percent of people **favor** the new policy proposed by the mayor. 最近的民意调查显示，80%的人赞成市长提出的新政策。

搭 in favor of 赞成，支持；有利于 do sb a favor 帮某人一个忙

038
**resolution**
/ ˌrezə'luːʃn /

释 *n.* 决议，决定；决心

例 The unexpected blow did not stagger her **resolution**. 这个意外的打击并没有动摇她的决心。

派 resolutive *a.* 使溶解的；解除的；消肿性的

同 decision; firmness; settlement

039
**riverfront**
/ 'rɪvərfrʌnt /

释 *n.* 滨河区；（城镇的）河边地区

例 There is a carousel near the **riverfront**, which attracts a lot of children. 河畔有一个旋转木马，吸引了很多孩子。

040
**parking**
/ 'pɑːrkɪŋ /

释 *n.* （车辆等的）停放；停车场所

例 He drove round the museum and finally found a convenient **parking** place. 他围着博物馆开了一圈，终于找到了一个方便的停车位。

搭 parking lot 停车场 parking ticket 违章停车罚单

041
**reciprocal**
/ rɪ'sɪprəkl /

释 *n.* 倒数；对应的事物 *a.* 倒数的；相互的

例 M is the sum of the **reciprocals** of the consecutive integers from 201 to 300, inclusive. M是201到300之间（含201和300）连续整数的倒数之和。

搭 reciprocal pronoun 相互代词 reciprocal trade 互惠贸易 reciprocal agreement 共同协定

同 mutual

042
**miscellaneous**
/ ˌmɪsə'leɪniəs /

释 *a.* 各种各样的；混杂的；多方面的

例 Around Christmas, **miscellaneous** household items are on sale in the shopping mall. 圣诞节前后，商场里各种各样的生活用品都在减价销售。

搭 miscellaneous items 杂项 miscellaneous income 杂项收入

同 combined, jumbled, mixed

043
**board**
/ bɔːrd /

释 *n.* 董事会；甲板 *v.* 上（船、车或飞机）；收费供…膳宿；搭伙

例 The **Board** of Directors has approved the proposal unanimously. 董事会成员一致批准了该项提议。

搭 board of education 学校董事会 on board 在火车（或轮船、飞机上）

派 boardroom *n.*（公司董事会的）会议室 boarder *n.* 寄宿者

同 committee; embark

044
## interest
/ ˈɪntrəst /

释 *n.* 利息；兴趣；利益 *v.* 使产生兴趣；引起…的意愿

例 If the raging inflation returns, then **interest** rates will shoot up. 如果再发生严重的通货膨胀，那么利率就会迅速上调。

搭 annual interest rate 年利率 be interested in 对…感兴趣 in the interest of 为了（或符合）…的利益；有助于

派 interested *a.* 感兴趣的；有权益的 interesting *a.* 有趣的

同 hobby; concern, curiosity

045
## semiannually
/ ˌsemiˈænjuəli /

释 *ad.* 每半年

例 The majority of banks pay interest **semiannually**. 大部分银行都是每半年付一次利息。

046
## maturity
/ məˈtʃʊrəti /

释 *n.* （票据等的）到期；成熟

例 The interest on time deposit is only due at **maturity**. 定期存款利息必须到期支付。

搭 at maturity （票据）到期；（动植物）成熟时期

反 immaturity

047
## bolt
/ boʊlt /

释 *n.* 螺栓，螺钉；闪电；门闩 *v.* 筛选；（把门、窗等）闩上

例 Machine A produces **bolts** at a uniform rate of 120 every 40 seconds. A机器每40秒钟能以相同的速率生产出120个螺钉。

搭 a bolt from the blue 晴天霹雳；出人意料的事

048
## gross
/ ɡroʊs /

释 *a.* 总的；粗俗的 *n.* 总额 *v.* 总共收入

例 Net salary equals to **gross** salary minus tax and national insurance deduction. 净工资等于工资总额减去税收并扣除国民保险。

搭 gross profit 总利润，毛利润 gross income 总收入；总收益

派 grossness *n.* 粗野；粗壮；严重

同 whole, entire; coarse, vulgar

反 net; elegant; little, small, tiny

049
## dealer
/ ˈdiːlər /

释 *n.* 经销商，商人；庄家

例 You can ask the **dealer** for a discount if you are going to pay by cash. 如果用现金支付的话，就可以要求经销商打折。

派 dealership *n.* 代理权；经销权

同 trader, monger, merchant

050
## battery
/ ˈbætəri /

释 *n.* 电池，蓄电池

例 A dealer originally bought a hundred identical **batteries** at a total cost of three hundred dollars. 一个经销商最初以300美元的总价购买了100节相同的电池。

搭 recharge one's batteries 给某人的电池充电 a battery of 一系列，一套，一组

同 cell

051
**original**
/ ə'rɪdʒənl /

释 *a.* **最初的；原始的；独创的** *n.* **原文；原型**
例 He decided to abandon his **original** plan and start from a new angle. 他决定放弃他最初的计划，并从一个新的角度出发。
搭 original equipment manufacturer (OEM) 原装设备厂商
派 originality *n.* 创造力；独创性
同 primal, pristine, raw

052
**extend**
/ ɪk'stend /

释 *v.* **伸展；（空间、时间等）延伸；增加**
例 The ladder of a fire truck is elevated to an angle of 60° and **extended** to a length of 70 feet. 消防车的梯子被抬高至60°角，伸长至70英尺。
搭 extended family 大家庭
派 extendible *a.* 可伸长的；可扩张的 extension *n.* 延长；范围；扩充 extensive *a.* 广阔的；多方面的
同 lengthen, expand
反 shrink

053
**democrat**
/ 'deməkræt /

释 *n.* **拥护民主党者；民主党党员；民主主义者**
例 She was putting herself forward as a **Democrat**. 她以民主党人的身份推举自己。
派 democracy *n.* 民主政治；民主主义 democratic *a.* 民主的；民主主义的；民主政体的 democratize *v.*（使）民主化
反 dictator, monocrat, autocrat

054
**republican**
/ rɪ'pʌblɪkən /

释 *n.* **拥护共和党（或政体）者；<美>共和党员** *a.* **共和国的；共和政体的**
例 In a certain city, 60 percent of the registered voters are Democrats and the rest are **Republicans**. 在某一城市，60%的注册选民拥护民主党，其他选民则拥护共和党。
搭 Republican Party 共和党
派 republicanism *n.* 共和主义；共和制

055
**candidate**
/ 'kændɪdeɪt /

释 *n.* **候选人；报考者；求职者**
例 He was proposed as a **candidate** for the president of the university. 他被推举为大学校长的候选人。
派 candidature *n.* 申请人或候选人的资格或身份
同 applicant, seeker

056
**hydrogen**
/ 'haɪdrədʒən /

释 *n.* **氢；氢气**
例 Water can be dissolved into **hydrogen** and oxygen. 水可以被分解为氢和氧。
搭 hydrogen bomb 氢弹 hydrogen peroxide 过氧化氢
派 hydrogenous *a.* 氢的；含氢的 hydrogenate *v.* 加氢；氢化

057
**oxygen**
/ 'ɑːksɪdʒən /

释 *n.* **氧；氧气**
例 Water consists of hydrogen and **oxygen**. 水含有氢和氧。
搭 oxygen mask 氧气面罩 shortage / lack of oxygen 缺氧
派 oxygenate *v.* 供氧；使氧化

058
**intensity**
/ ɪn'tensəti /

释 *n.* 强度，烈度；（感情的）强烈程度
例 Working at high **intensity** can cause anxiety and other health problems. 高强度的工作会导致精神焦虑和其他健康问题。
搭 signal intensity 信号强度 pressure intensity 压强 work intensity 劳动强度
派 intensive *a.* 加强的
同 strength

059
**phenomenon**
/ fə'nɑːmɪnən /

释 *n.* 现象，事件；奇迹
例 Scientists haven't worked out any reasonable interpretation of that **phenomenon** yet. 科学家们尚未能给出任何对这个现象的合理解释。
搭 rare phenomenon 罕见现象 common phenomenon 常见现象
派 phenomenology *n.* 现象学

060
**correspond**
/ ˌkɔːrə'spɑːnd /

释 *v.* 符合，一致；相应；通信
例 The table I ordered online has arrived, but it does not quite **correspond** to the the picture posted by the seller. 我在网上订购的桌子到货了，可是它与卖家发的图片很不相符。
搭 correspond to 与…相类似或相对应 correspond with sb 与某人通信
派 correspondence *n.* 相符；通信；对应 correspondent *n.* 记者；通信者 corresponding *a.* 符合的；一致的；对应的
同 resemble; communicate

061
**outlet**
/ 'aʊtlet /

释 *n.* 排水口；出口；专营店；发泄（情感）的方法
例 The water from one **outlet**, flowing at a constant rate, can fill a swimming pool in nine hours. 从一个排水口匀速流出的水在九小时内可以灌满一个游泳池。
搭 outlet valve 排气阀
反 inlet

062
**enrollment**
/ ɪn'roʊlmənt /

释 *n.* 注册；登记；入伍
例 Students will be given a reading list at **enrollment**. 注册时，学生们会收到一份阅读书单。
搭 enrollment rate 就学率
同 registration

063
**lawyer**
/ 'lɔːjər /

释 *n.* 律师（尤指事务律师）；法学家
例 She has become a shrewd **lawyer** with the ability of uncovering paper trails of fraud. 她已经成为一名精明强干的律师，能从一连串文件中找出诈骗的蛛丝马迹。
搭 trial lawyer （出庭的）辩护律师
派 lawyeress *n.* 女律师
同 attorney, counsel

Day
01
02
03
04
05
06
07
08
09
10
11
12
13
14
15
16
17
18
19
20
21

064
**orchard**
/ ˈɔːrtʃərd /

释 *n.* 果园；果园里的全部果树
例 The farmer increased the number of trees in a certain **orchard**. 农夫增加了某个果园中树木的数量。
搭 apple orchard 苹果园
同 grove

065
**thrive**
/ θraɪv /

释 *v.* 茁壮成长，长得健壮；兴旺发达
例 Very few plants or animals **thrive** under the harsh condition of desert. 极少数植物或者动物能在沙漠的恶劣环境下茁壮成长。
同 flourish, prosper

066
**chart**
/ tʃɑːrt /

释 *n.* 图表；排行榜；航海图 *v.* 绘制地图；记录
例 The **chart** shows that the revenue of the company has increased rapidly in the recent three years. 图表显示，最近三年公司的收益快速提高。
搭 bar chart 柱状图 pie chart 饼状图
同 graph

067
**terminating**
/ ˈtɜːrmɪneɪtɪŋ /

释 *a.* 有尽的
例 In decimal form, rational numbers are either **terminating** or repeating decimals. 在十进位中，有理数的位数或是有限的，或是重复的。
搭 terminating decimal 有限小数
同 finite, limited
反 infinite, unlimited

068
**deviation**
/ ˌdiːviˈeɪʃn /

释 *n.* 偏离；绝对偏差；偏航
例 A minimal **deviation** they once ignored has resulted in wide divergence. 那个被他们一度忽视的微小偏差导致了广泛的分歧。
搭 deviation from the rules 违背规则
同 deflection, deviance, difference

069
**pharmaceutical**
/ ˌfɑːrməˈsuːtɪkl /

释 *a.* 制药的；制药学的 *n.* 药物
例 He has donated money to establish a **pharmaceutical** laboratory. 他捐款成立了一个药剂实验室。
搭 pharmaceutical industry 制药工业 pharmaceutical company 药品公司

070
**royalty**
/ ˈrɔɪəlti /

释 *n.* 版税；王权；堂皇
例 The writer gets an eight percent **royalty** on each copy of his book. 作者从每本卖出的书中可得到8%的版税。
搭 be descended from royalty 皇室后裔

071
**assignment**
/ əˈsaɪnmənt /

释 *n.* （分配的）任务；分给；指定
例 In order to complete a reading **assignment** on time, Terry planned to read 90 pages per day. 为了能按时完成一项阅读任务，特瑞计划每天读90页。
同 designation

072
**brass**
/ bræs /

释 *n.* 黄铜；黄铜饰品 *v.* 把…包铜

例 Nowadays, people in this area still use utensils made of **brass**. 现在，这个地区的人们仍然使用铜制的餐具。

搭 brass band 铜管乐队 as bold as brass 厚颜无耻的

派 brassy *a.* 黄铜色的；刺耳的

073
**trim**
/ trɪm /

释 *n.* 装饰（物）；整齐；修剪 *v.* 修剪；装饰 *a.* 整齐的，整洁的

例 She wore a dress with golden lace **trim** to her sister's wedding. 她穿了一条有金色花边装饰的裙子去参加她姐姐的婚礼。

搭 be trimmed with 以…镶边、装饰或点缀 trim away 剪掉；削减；删除

派 trimmer *n.* 修剪人；装饰者 trimming *n.* 装饰品

同 adorn, decorate, beautify, garnish

反 disfigure

074
**uniformly**
/ 'juːnɪfɔːrmli /

释 *ad.* 均匀地，一致地；相同地

例 The performances and recordings of the band are **uniformly** excellent. 乐队的现场演出和录音同样出色。

075
**income**
/ 'ɪnkʌm /

释 *n.* 收入，收益；进入

例 Mary's **income** is 60 percent more than Tim's. 玛丽的收入比蒂姆的收入高60%。

搭 income tax 所得税

派 incomer *n.* 进入者，新来者 incoming *n.* 进来；到来 *a.* 进来的，新来的

同 salary, earnings, wage, payment

076
**mileage**
/ 'maɪlɪdʒ /

释 *n.* 里程；好处；利润

例 The car rental company charges customers according to the actual **mileage** they cover. 汽车租赁公司根据顾客所走的里程数向他们收费。

搭 mileage allowance 汽车里数津贴

077
**display**
/ dɪ'spleɪ /

释 *n.* 显示器；展览；展览品；炫耀 *v.* 显示；陈列

例 The ratio of the length to the width of a rectangular advertising **display** is approximately 3.3 to 2. 一个矩形广告显示屏的长宽比大约是3.3比2。

搭 liquid crystal display 液晶显示器 on display 被展示，被陈列

同 demonstrate, exhibit

反 conceal, hide

078
**participant**
/ pɑːr'tɪsɪpənt /

释 *n.* 参加者；与会代表；参与国 *a.* 参加的；有关系的

例 She has been an active **participant** in the heated discussion. 她是这次热烈讨论中的积极参与者。

同 participator, player

079
**code**
/ koʊd /

释 *n.* 代号；密码；行为准则；法典；编码 *v.* 将…译成电码；编码；加密
例 He is still no closer to deciphering the **code**. 他还是无法破译这个密码。
搭 bar code 条形码 break / crack a code 破译密码 code of behavior 行为准则
派 coded *a.* 密码的；编码的；暗讽的
同 signal

080
**alphabetical**
/ ˌælfəˈbetɪkl /

释 *a.* 按字母（表）顺序的；字母的
例 He arranged these books on the shelf in **alphabetical** order. 他把书架上的书按字母顺序排列整理。
搭 in alphabetical order 按照字母顺序

081
**upward**
/ ˈʌpwərd /

释 *ad.* 向上地；上升地 *a.* 向上的；上升的
例 An object thrown directly **upward** is at a height of h feet after t seconds. 一个被垂直上抛的物体在t秒之后会位于h英尺的高度。
搭 upwards of 超过（某数） upward mobility 向上流动
同 up, upwardly
反 downward, down, downwardly

082
**maximum**
/ ˈmæksɪməm /

释 *a.* 最大的；最高的 *n.* 最大的量、体积、强度等
例 On highway, drivers must not exceed a **maximum** of 55 miles per hour. 在高速公路上，司机开车的最高时速不得超过每小时55英里。
搭 maximum height 最大高度 maximum price 最高价
同 greatest, largest, uppermost
反 minimum

083
**gratuity**
/ grəˈtuːəti /

释 *n.* 小费；报酬；赠物；养老金
例 The price of lunch for 15 people was $207, including a 15 percent **gratuity** for service. 15个人一顿午饭的开销是207美元，其中包含15%的服务费。
同 tip; gift; pension

084
**exclude**
/ ɪkˈskluːd /

释 *v.* 排除，不包括；排斥；驱除
例 The doctor informed the patient that further examination is needed to **exclude** the possibility of cancer. 医生告诉病人，说他需要进一步检查以排除癌症的可能性。
搭 exclude sb / sth from sth / doing sth 防止某人（或某物）进入某处（或做某事）
派 exclusion *n.* 排除；逐出；除外 exclusive *a.* 独占的；排外的；唯一的 exclusiveness *n.* 排斥性；排外性
同 forbid, prohibit, reject
反 include

085
**labor**
/ 'leɪbər /

释 *n.* 劳动（力）；努力；工作 *v.* 劳动；艰难进行 *a.* 劳工的；（英国或英联邦国家）工党的

例 The local newspaper ran a series of reports on child **labor**. 当地报纸刊登了一系列关于童工的报道。

搭 labor cost 人工成本，劳动工资 Labor Party 工党 labor union 工会

派 labored *a.* 缓慢而困难的 laborer *n.* 劳工，工人

同 effort; toil, task, work

086
**hire**
/ 'haɪər /

释 *v.* 受雇；租用 *n.* 租金；酬金

例 The couple **hired** a freelance photographer to take their wedding pictures. 这对夫妇雇了一位自由摄影师来拍摄他们的婚纱照。

搭 for hire 供出租，待租 hire out 出租；受雇

派 hirable *a.* 可租用的 hireling *n.* 可被雇用的人

同 employ; lease, rent

087
**snack**
/ snæk /

释 *n.* 快餐；点心；加餐 *v.* 吃快餐

例 She only had a little time for a hasty **snack** before the train departed. 在火车开车前，她只有一点时间匆忙地吃一顿快餐。

搭 snack bar 小吃店，小餐馆

088
**capita**
/ 'kæpɪtə /

释 *n.* 人数；（牲畜）头数

例 Up to 2009, the growth of per **capita** income averaged one percent per year. 一直到2009年，人均收入平均每年增长1%。

搭 per capita 每人的，人均的；按人分配的

089
**various**
/ 'veriəs /

释 *a.* 各种各样的；多方面的

例 Our school has received **various** grants from the education department. 我们学校得到了教育部门的多项资助。

同 different, diverse

反 uniform

090
**pellet**
/ 'pelɪt /

释 *n.* 小圆球，小丸；炮弹 *v.* 用小球扔；用子弹射击

例 He threw a hard **pellet** of snow at his sister. 他把一个坚实的雪球扔向了他的妹妹。

搭 paper pellet 纸团

同 piller, bullet

091
**retrace**
/ rɪ'treɪs /

释 *v.* 折回，折返；回忆；追溯

例 She turned her car around and began to **retrace** towards the restaurant where she just had lunch. 她把车调了个头，开始折回到她刚吃过午饭的饭店去。

搭 retrace one's steps 顺原路返回

同 untread

092
**define**
/ dɪ'faɪn /

释 *v.* 定义，解释；阐明；规定
例 At first, the doctors were unable to **define** what caused his pain. 一开始，医生们并不能确定是什么导致了他的疼痛。
搭 define sth as... 将某事物定义为…
派 defined *a.* 轮廓分明的；清晰的 definable *a.* 可下定义的；可解释的 definite *a.* 明确的；一定的 definition *n.* 定义 definitive *a.* 限定的；决定性的
同 clarify, describe, explain; set; outline

093
**indefinitely**
/ ɪn'defɪnətli /

释 *ad.* 无限地；模糊地；不定期地
例 Allison wrote that she was coming back to Paris to stay **indefinitely**. 艾莉森来信说她要回巴黎长期待下去。
同 boundlessly, interminably
反 definitely; limitedly

094
**load**
/ 'loʊd /

释 *v.* 装载；加载；使担负 *n.* 负担；装载；工作量
例 He taught his thirteen-year old son how to **load** and handle a gun. 他教给他13岁的儿子如何给枪装子弹和怎么用枪。
搭 a load / loads of 很多，大量
派 loaded *a.* 装货的；装有弹药的 loading *n.* 装载，装填
同 fill; burden
反 unload

095
**dock**
/ dɑːk /

释 *n.* 码头，船坞；月台 *v.*（使）船停靠码头；削减
例 They spent all day sitting around the **dock** and looking at the ships come and go. 他们整天坐在码头一带，看着轮船来来往往。
搭 the loading dock 装货码头
派 dockyard *n.* 造船厂，修船厂
同 anchor

096
**crew**
/ kruː /

释 *n.* 全体工作人员；全体船员；一群 *v.* 当（尤指船上的）工作人员，当机务人员
例 At the loading dock, each worker on the night **crew** loaded 3/4 as many boxes as each worker on the day **crew**. 在装货码头，每个夜班工人所装载的箱子数量是每个日班工人的四分之三。
搭 camera crew （电影或电视）摄制组，剧组
派 crewman *n.* 机员，船员
同 staff; gang

097
**contribute**
/ kən'trɪbjuːt /

释 *v.* 贡献出；捐赠（款项）；撰稿；出力
例 The clean, comfortable and exotic environment of the Thai food restaurant **contributes** to its high popularity. 这家泰国餐馆干净、舒适且富有异国情调的就餐环境使它有了很高的知名度。
搭 contribute to 为…做贡献；促使

派 contribution *n.* 捐助；贡献；捐献之物 contributor *n.* 捐赠者；贡献人；投稿人 contributory *a.* 贡献的；捐助的 *n.* 贡献者；捐助者
同 donate, give, provide

098
**rudder**
/ 'rʌdər /

释 *n.* 船舵，方向舵；指导人
例 The trapezoid shown in the figure above represents a cross section of the **rudder** of a ship. 上图所示的梯形代表了一个船舵的横截面。
搭 rudder blade 舵叶；方向舵
派 rudderless *a.* 无舵的；无指导者的
同 helm

099
**bottom**
/ 'bɑːtəm /

释 *n.* 底部；基层；末端；臀部 *a.* 底部的 *v.* 到达底部；建立基础
例 He asked me to sign my signature at the **bottom** of the page. 他让我在这页纸的底部签上我的名字。
搭 at bottom 实际上，实质上 from the bottom of one's heart 衷心地，发自内心地 bottom line 底线
派 bottomless *a.* 无底的，极深的
同 base, foundation
反 summit, surface, top

100
**surround**
/ sə'raʊnd /

释 *v.* 包围，围绕 *n.* 外围物，环绕物
例 The elderly professor loved to **surround** himself with young people. 那位老教授非常喜欢年轻人围在他左右。
搭 be surrounded by 被…包住或围住
派 surrounding *a.* 周围的，临近的 surroundings *n.* 环境；周围的事物
同 encircle, enclose, encompass, envelope, wrap

101
**earning**
/ 'ɜːrnɪŋ /

释 *n.* 收益，利润；收入；工资
例 That unemployed young man lives on the **earnings** of his parents. 那个失业的年轻人靠他父母的收入维持生活。
同 profit; income, salary, wage

102
**virtual**
/ 'vɜːrtʃuəl /

释 *a.* 虚拟的，模拟的；实质上的 *n.* 虚拟
例 A firewall acts like a **virtual** security guard to protect your computer from computer virus. 防火墙像一个虚拟的保安一样保护你的电脑不受病毒侵害。
搭 virtual reality 虚拟实境 virtual community 虚拟社区

103
**therapy**
/ 'θerəpi /

释 *n.* 治疗，疗法；心理治疗；疗效
例 After the surgery on his leg, he will need to have the physical **therapy** every few months repeatedly. 在进行腿部手术之后，他将需要每隔几个月就进行一次物理治疗。
搭 conventional drug therapy 常规药物疗法 hormonal therapy 激素疗法
派 therapist *n.* 治疗专家
同 treatment

104
**sweaty**
/ 'sweti /

释 *a.* **出汗的；汗臭的**

例 The boy broke his left leg, and his forehead was **sweaty** from the great pain he was in. 男孩的左腿摔断了，因为剧烈的疼痛，他的额头布满了汗珠。

同 sweatful

105
**palm**
/ pɑːm /

释 *n.* **手掌；掌状物；荣誉** *v.* **将…藏于掌中**

例 His mother wrapped a handkerchief around his bleeding **palm**. 他的母亲把一块手帕缠绕在他出血的手掌上。

搭 in the palm of 在…的手心里；在…的完全掌控中 palm tree 棕榈树

派 palmar *a.* 手掌的；掌中的 palmate *a.* 掌状的；有蹼的 palmist *n.* 看手相的人

106
**vomit**
/ 'vɑːmɪt /

释 *v.* **呕吐；大量喷出** *n.* **呕吐，呕吐物；催吐剂**

例 The unpleasant smell made her feel sick, and she began to **vomit**. 那难闻的味道使她感觉不舒服，她开始呕吐起来。

搭 vomit blood 吐血 vomit sth out / forth（指火山等）喷出某物

派 vomitive *n.* 催吐剂 *a.* 呕吐的 vomiturition *n.* 干呕

同 retch, puke

107
**dizziness**
/ 'dɪzinəs /

释 *n.* **眩晕；头昏眼花**

例 A fit of **dizziness** came over her, and she collapsed on the floor. 她突然感到一阵眩晕，倒在了地板上。

108
**mixture**
/ 'mɪkstʃər /

释 *n.* **混合物；混合，混杂**

例 Now our debate team is a good **mixture** of experience and youth. 如今，我们的辩论队既经验丰富又充满朝气。

同 assortment, mixing

109
**refund**
/ 'riːfʌnd /

释 *n.* **资金偿还，退款；退还** *v.* **退还；归还**

例 Of all the cameras ordered, six were never sold and were returned to the manufacturer for a **refund** of 50 percent of the dealer's initial cost. 在经销商所订购的全部相机中，有六台一直没有销售出去，这些相机被退回给生产商，生产商退还了经销商最初付款的一半。

派 refundable *a.* 可退还的，可偿还的 refundment *n.* 退款；退还

同 pay back, reimburse, repay

110
**season**
/ 'siːzn /

释 *n.* **赛季；季节；时令** *v.* **使适应；调味**

例 During a certain **season**, this team won 80 percent of its first 100 games and 50 percent of its remaining games. 在某个赛季，这支球队在前100场比赛中的胜率是80%，在其余比赛中的胜率是50%。

搭 in season 当令，在旺季 slack season 淡季 busy / boom season 旺季 regular season 常规赛

派 seasonable *a.* 合于时宜的，应时的 seasonal *a.* 季节性的，周期性的 seasoned *a.* 经验丰富的，老练的 seasoning *n.* 调味品，调味料

同 time, period

111
**lifesaving**
/ ˈlaɪfˌseɪvɪŋ /

释 *a.* 水难救生的，救命的
例 Thirty percent of the members of a swim club have passed the **lifesaving** test. 一个游泳俱乐部的会员中有30%通过了救生测试。
搭 lifesaving appliance 救生设备 lifesaving rehearsal 救生演习

112
**preparatory**
/ prɪˈpærətɔːri /

释 *a.* 预备的，准备性的 *n.* <美>大学预科；<英>私立预科学校
例 This private school requires all international students to take **preparatory** language courses. 这所私立学校要求所有国际学生参加语言预备课程。
搭 preparatory school 预备学校 preparatory course 预备课程 preparatory to 在…之前；作为…的准备
同 preparative, propaedeutic

113
**toss**
/ tɑːs /

释 *n.* 掷硬币的动作；投掷 *v.*（为…）掷硬币决定；突然抬起
例 The probability is 1/2 that a certain coin will turn up heads on any given **toss**. 在每次抛硬币的时候出现正面的可能性都是二分之一。
搭 argue the toss 为不重要的事争论不休 toss and turn 翻来覆去，辗转反侧
同 cast, fling, throw

114
**axis**
/ ˈæksɪs /

释 *n.*（坐标）轴，轴线；中枢；地轴
例 The boy dropped his toy ship in the swimming pool, and it pivoted on its central **axis**. 男孩把他的玩具船扔进了游泳池，小船以它的中心轴为中心转动。
搭 axis of rotation 转动轴 the horizontal and vertical axes 横竖坐标轴
派 axial *a.* 轴的；成轴的

115
**tangent**
/ ˈtændʒənt /

释 *a.* 相切的，正切的；离题的 *n.* 切线；正切；突然转移话题
例 The circle with center C shown above is **tangent** to both axes. 上图中所示的圆心为C的圆与两个坐标轴相切。
搭 go off at a tangent 突然偏离原来的思路；突然离题 tangent point 切点
派 tangential *a.* 切线的；正切的；相切的
反 cotangent

116
**bead**
/ biːd /

释 *n.* 有孔小珠，念珠；水珠 *v.* 用小珠装饰
例 In a certain game, a large container is filled with red, yellow, green, and blue **beads**. 在某次游戏中，一个大容器内装满了红色、黄色、绿色和蓝色的珠子。
搭 bead of sweat 汗珠
派 beading *n.* 珠或制珠的材料；起泡剂
同 pearl; drop

117
**major**
/ ˈmeɪdʒər /

释 *v.* 主修，专攻 *a.* 主要的；重要的；主修的 *n.* 主修科目；陆军少校
例 After I took my personal interest and my parents' opinion into consideration, I decided to **major** in art history. 考虑过我的个人兴趣和父母的意见之后，我决定主修艺术史。
搭 major in 主修（某科目）

派 majority *n.* 多数，大多数
同 more; main
反 minor

118
**chemistry**
/ 'kemɪstri /

释 *n.* 化学；化学作用
例 He wasn't too keen on physics and **chemistry**. 他对物理和化学不是特别喜爱。
搭 chemistry experiment 化学实验 Organic Chemistry 有机化学
派 chemical *a.* 化学的；化学用的 chemist *n.* 化学家

119
**biology**
/ baɪ'ɑːlədʒi /

释 *n.* 生物学；（生物的）生命机理
例 Influenced by his highschool **biology** teacher, he took up the study of medicine. 在高中生物老师的影响下，他从事了医学研究。
搭 molecular biology 分子生物学
派 biological *a.* 生物的；生物学的 microbiology *n.* 微生物学 biologist *n.* 生物学家

120
**finite**
/ 'faɪnaɪt /

释 *a.* 有穷的；有限的；限定的
例 The world's natural resources are **finite**, so we are trying to recycle sustainable resources. 世界的自然资源是有限的，我们将尽量回收利用可持续资源。
搭 finite number 有限数
同 limited, terminable
反 infinite

To him I owe the discovery that even very short periods of time add up to all useful hours I need, if I plunge in without delay.
我感激他使我发现即使是很短的时刻，只要我分秒必争地一头钻进工作，积累起来就成为我需要的特别有用的几个钟头。
——美国教育家 厄斯金·J.（John Erskine, American educator）

# Day 11

## Previous Check

- □ positive
- □ degree
- □ radical
- □ root
- □ quadrilateral
- □ width
- □ absolute
- □ shipment
- □ express
- □ term
- □ percent
- □ spot
- □ incline
- □ perform
- □ combine
- □ statistics
- □ lessen
- □ computation
- □ congruent
- □ formula
- □ duplication
- □ interval
- □ completeness
- □ odd
- □ even
- □ simultaneous
- □ variable
- □ corresponding
- □ supplementary
- □ conversion
- □ hence
- □ committee
- □ estimation
- □ tedious
- □ regardless
- □ solution
- □ obtain
- □ ascending
- □ theorem
- □ entry
- □ restrict
- □ minus
- □ negative
- □ notation
- □ state
- □ intersection
- □ dashed
- □ simplicity
- □ pertinent
- □ equivalently
- □ investigate
- □ graphically
- □ depict
- □ interchange
- □ extra
- □ relative
- □ parenthesis
- □ exterior
- □ nonadjacent
- □ intercept
- □ horizontal
- □ rounding
- □ percentage
- □ namely
- □ endow
- □ premise
- □ consequently
- □ exploitation
- □ emphasize
- □ conviction
- □ resistance
- □ necessity
- □ notably
- □ proximity
- □ command
- □ implication
- □ excavate
- □ seasonal
- □ counterpart
- □ eliminate
- □ circulation
- □ encounter
- □ attest
- □ substantial
- □ visual
- □ detract
- □ constantly
- □ adjustment
- □ erratic
- □ tiredness
- □ problematic
- □ inability
- □ enlargement
- □ simultaneously
- □ imply
- □ habitat
- □ displacement
- □ abandon
- □ predator
- □ migrate
- □ inland
- □ administer
- □ pose
- □ obstacle
- □ compensate
- □ radically
- □ plunge
- □ expense
- □ mandatory
- □ update
- □ critical
- □ necessitate
- □ rigorous
- □ robust
- □ conditioned
- □ impose
- □ density
- □ vacation
- □ destination
- □ strenuous

001
**positive**
/ 'pɑːzətɪv /
释 *a.* 正的；积极的；肯定的；阳性的 *n.* 正面；正片
例 I was **positive** that this arrangement would be beneficial in the future. 我确信这样的安排在未来是有益的。
搭 positive pole 正极；阳极
同 assured, convinced, certain
反 negative

002
**degree**
/ dɪ'ɡriː /
释 *n.* 程度；学位；度；音阶
例 She completed her master's **degree** in two years. 她用两年时间完成了硕士学位。
搭 by degrees 逐渐地

003
**radical**
/ 'rædɪkl /
释 *a.* 根的；激进的；基本的；彻底的 *n.* 激进派，激进分子
例 The group leader made a **radical** change in the plan. 小组组长对计划做了彻底的修改。
派 radicalism *n.* 激进主义，激进的思想和原则

004
**root**
/ ruːt /
释 *n.* 根；（植物的）根；根源 *v.* 使生根；使固定
例 Four is the square **root** of sixteen. 4是16的平方根。
搭 square root 平方根 cube root 立方根 take roots （想法、观念等）深入人心，根深蒂固 root sth out 根除某事物
派 rootless *a.* 无根的，无根基的
同 cause, derivation, origin, source

005
**quadrilateral**
/ ˌkwaːdrɪ'lætərəl /
释 *n.* 四边形 *a.* 四边形的
例 A trapezoid is a **quadrilateral** with two parallel sides. 梯形是具有两个平行边的四边形。
搭 isosceles quadrilateral 等腰四边形 inscribed quadrilateral 内接四边形

006
**width**
/ wɪdθ /
释 *n.* 宽度；宽大；宽阔
例 Each fold in the dress should be exactly the same **width**. 裙子每条皱折的宽度应该是完全一样的。
同 breadth
反 depth

007
**absolute**
/ 'æbsəluːt /
释 *a.* 绝对的；完全的 *n.* 绝对；绝对事物
例 Our team has **absolute** confidence in winning the match. 我们的团队有绝对的信心来赢得比赛。
搭 absolute value 绝对值 absolute zero 绝对零度
派 absoluteness *n.* 绝对性 absolutism *n.* 绝对论；专制主义
同 complete
反 relative

008
**shipment**
/ 'ʃɪpmənt /

释 *n.* 装运；载货量；装货

例 The online shop promised I would receive the **shipment** by the end of September. 网店保证我会在九月底收到货物。

同 cargo, load

009
**express**
/ ɪk'spres /

释 *v.* 表达；快递 *n.* 快车 *a.* 明确的；迅速的

例 Many musicians **express** their world view in their music. 许多音乐家在他们的音乐作品中表达他们的世界观。

派 expressly *ad.* 清楚地；明确地

同 describe; speedy

010
**term**
/ tɜːrm /

释 *n.* 项；学期；术语 *v.* 把…称为

例 The agreement should have a very positive effect in the long **term**. 从长远来看，这个协议将会产生非常积极的效果。

搭 in terms of 在…方面；从…角度看；根据…来说

派 terminal *a.* 末端的；极限的；终点的

同 period, duration

011
**percent**
/ pər'sent /

释 *n.* 百分比，百分数；百分之一 *a.* 百分之…的

例 This year, about 60 **percent** of the graduates of our high school advanced to Ivy League universities. 今年，我们高中60%的毕业生升入了常青藤联盟大学。

派 percentage *n.* 百分率，百分比；部分；比例

012
**spot**
/ spaːt /

释 *n.* 位置；职位；地点；斑点 *v.* 弄污；认出 *a.* 现场的；现货的

例 The clearing in the woods looks like a nice **spot** for a picnic. 树林里的那片空地看起来像是野餐的好地方。

搭 put sb on the spot 使某人陷入困境，使某人为难

派 spotless *a.* 无脏污的；无可挑剔的

同 position; post; stain; discern

013
**incline**
/ ɪn'klaɪn /

释 *v.* 倾向于，使偏向；使倾斜 *n.* 斜坡；坡度；倾斜

例 I **incline** to the view that we should take actions to prevent the pollution from advancing. 我倾向于认为我们应该采取行动以阻止污染的恶化。

搭 incline to 使倾向；使趋向

派 inclination *n.* 倾向；倾斜度；意愿

同 lean; slope

014
**perform**
/ pər'fɔːrm /

释 *v.* 做；执行；表演；（机器等）工作，运转

例 Before surgery, the doctor went over the steps of the operation he had to **perform** in his mind. 手术之前，医生在他的脑海里重温了一遍自己所要做的手术的步骤。

搭 perform a ceremony 举行典礼、仪式等

派 performer *n.* 表演者；演出者 performance *n.* 演出，演奏；表现

同 carry out, do; act

015
## combine

释 / kəm'baɪn / *v.* **合并；使结合；使化合** / 'kaːmbaɪn / *n.* **联合；联合集团**

例 The design of the furniture manages to **combine** practicality with elegance. 家具的设计将实用和典雅完美结合。

搭 combine sth with sth 将…与…结合

派 combination *n.* 结合；团体；联盟 combined *a.* 联合的；化合的

同 blend, connect, join, mix, unite

反 depart

016
## statistics
/ stə'tɪstɪks /

释 *n.* **统计，统计学，统计法**

例 **Statistics** suggest that the unemployment rate will be decreased by about five percent in the next ten years. 统计表明，今后十年内失业率将会下降5%。

搭 accurate statistics 精密统计 demographic statistics 人口统计

017
## lessen
/ 'lesn /

释 *v.* **减少；轻视**

例 These measures can't help to **lessen** the existing tension between the two countries. 这些措施不能帮助缓和两国间的紧张局势。

同 decrease

反 increase, raise

018
## computation
/ ˌkaːmpju'teɪʃn /

释 *n.* **计算；计量；估计**

例 The following is one way to reduce the amount of arithmetic **computation**. 以下是减少计算量的一种方法。

019
## congruent
/ 'kaːŋgruənt /

释 *a.* **相等的；全等的；相似的；一致的**

例 Vertical angles are **congruent**. 对顶角（的度数）是相等的。

搭 be congruent with 与…是一致的、相符的

派 congruence *n.* 适合；一致；全等 congruous *a.* 适合的；适当的；全等的

同 equal; accordant

反 incongruent

020
## formula
/ 'fɔːrmjələ /

释 *n.* **公式；分子式；规则**

例 Lily memorized **formula** in order to calculate the area of a circle. 为了算出圆的面积，莉莉记下了公式。

搭 formula for （为达到预期目的而制订的）方法、计划、原则

派 formulate *v.* 用公式表示；明确地表达 formulation *n.* 公式化；构想；规划

021
## duplication
/ ˌduːplɪ'keɪʃn /

释 *n.* **副本；复制；成倍**

例 This is a **duplication** of Da Vinci's masterpiece *Mona Lisa*. 这是达・芬奇的名作《蒙娜丽莎》的复制品。

搭 wasteful duplication of effort （无谓的）重复劳动

同 counterpart, copy

022
**interval**
/ 'ɪntərvl /

释 *n.* 幕间休息；距离；区间
例 During the **interval** of the show, he went outside to buy snacks and coffee. 在演出的间隙，他去外面买了点心和咖啡。
搭 at intervals 每隔…时间；间或；不时
同 section; break

023
**completeness**
/ kəm'pliːtnəs /

释 *n.* 完整，完整性；完全；圆满
例 The full moon is a symbol for **completeness** and family reunion. 满月象征着圆满和家庭团聚。
同 totality
反 incompleteness

024
**odd**
/ ɑːd /

释 *a.* 奇数的；剩余的；零散的；古怪的 *n.* 奇特的事物
例 There is an **odd** number of representatives who attended the conference. 参加会议的代表人数为奇数。
搭 odd number 奇数 odd jobs 零工
派 oddish *a.* 有点怪的 oddity *n.* 奇异，奇妙 oddness *n.* 奇怪，古怪
同 spare; bizarre, eccentric
反 even; common

025
**even**
/ 'iːvn /

释 *a.* 偶数的；一致的；均衡的 *v.* 使公平；使相等 *ad.* 甚至；更加
例 **Even** Tom, who seldom smiled, laughed out loud a few times when he heard the joke. 甚至是平时很少笑的汤姆在听到这个笑话后也几次笑出声来。
搭 even number 偶数 even if 即使；尽管；纵然
派 evenness *n.* 公平；平坦；平稳
同 equal, same; flat
反 odd; irregular; uneven

026
**simultaneous**
/ ˌsaɪml'teɪniəs /

释 *a.* 同时存在或发生的；同步的；联立的
例 The conference hall is equipped with facilities for **simultaneous** interpretation in eight languages. 这个会议大厅配有八种语言的同声传译设备。
搭 simultaneous equations 联立方程组 simultaneous interpretation 同声传译

027
**variable**
/ 'væriəbl /

释 *n.* 变量；可变因素 *a.* 变化的；反复无常的；变量的
例 Decisions of whether to make the purchase could be made on the basis of price, delivery dates, after-sales service or any other **variables**. 购买决定可能会基于价格、送货日期、售后服务以及其他可变因素。
派 variability *n.* 变化性；可变性

028
**corresponding**
/ ˌkɔːrə'spaːndɪŋ /

释 *a.* 同位的；相当的；对应的；通信的
例 What the company required you to do is **corresponding** to the contract. 公司要求你做的事情符合合同规定。
搭 corresponding angles 同位角，对应角

029
**supplementary**
/ ˌsʌplɪˈmentri /

释 *a.* 互补的；补足的；附加的 *n.* 补充者；增补物
例 They will need **supplementary** food and firewood as the blackout will last for another three days. 他们需要得到食品和木柴的补给，因为这次断电还会持续三天。
搭 supplementary benefit 补助金 supplementary condition 补充条款
同 subsidiary, supplemental

030
**conversion**
/ kənˈvɜːrʃn /

释 *n.* 换算；转变
例 The increasing demand for beef has fostered considerable **conversion** of forest to pasture. 对牛肉需求的不断增加促进了森林向牧场的转化。
搭 conversion table 换算表
同 changeover, transition

031
**hence**
/ hens /

释 *ad.* 因此，所以；从此以后
例 The police suspects they are trying to hide something, **hence** an independent inquiry is needed. 警方怀疑他们在企图隐瞒什么事，因此有必要进行独立调查。
派 henceforth *ad.* 从此以后，今后
同 therefore, consequently

032
**committee**
/ kəˈmɪti /

释 *n.* 委员会，全体委员
例 The new **committee** will hold its first meeting this Sunday morning. 这个周日早晨，新委员会将举行第一次会议。
搭 standing committee 常务委员会
同 council, delegation

033
**estimation**
/ ˌestɪˈmeɪʃn /

释 *n.* 估计；评价；判断
例 The **estimation** of crowd density is very important to building designs and crowd safety. 对人群密度的估计对于建筑物的设计和人群安全至关重要。
同 approximation; judgment

034
**tedious**
/ ˈtiːdiəs /

释 *a.* 冗长乏味的；单调沉闷的；令人生厌的
例 Even she has stayed here for six months, she still couldn't get used to the **tedious** life in this small town. 虽然在这里已经待了六个月，但她依然无法适应这个小城镇单调乏味的生活。
派 tediousness *n.* 乏味，无聊
同 boring, dreary, dull, monotonous, wearisome
反 exciting

035
**regardless**
/ rɪˈɡaːrdləs /

释 *a.* 不顾虑的，不关心的；不重视的
例 He jumped into the cold water to the rescue of a drowning child, **regardless** of his personal safety. 他跳进冰冷的水里抢救落水儿童，把自己的安危置之度外。
搭 regardless of 不顾；不管；不论
派 regardlessness *n.* 不顾一切；不重视

036
**solution**
/ sə'luːʃn /

释 *n.* 解，答案；解决办法；溶解

例 We are trying to find an easier, more effective **solution** to solve the problem. 我们正试图寻找一个更简单、更有效的解决问题的方法。

搭 find no solution to... 对…毫无办法

同 answer, result

037
**obtain**
/ əb'teɪn /

释 *v.* 获得，得到；达到（目的）

例 Many of the big cities **obtain** their water supplies from surface water. 许多大城市都从地表水获得水源。

派 obtainable *a.* 可获得的，能得到的

同 acquire, earn, gain, receive

反 lose

038
**ascending**
/ ə'sendɪŋ /

释 *a.* 上升的，向上的；渐进的

例 They watched the mists **ascending** from the valley below. 他们看着薄雾从下面的山谷中升起。

搭 ascending order 升序

同 rising

反 descending

039
**theorem**
/ 'θɪərəm /

释 *n.* 定理；一般原理，公理

例 Based on these results, we can establish a **theorem** of equivalence. 在这些结果的基础上，我们可以建立一个等价定理。

搭 Pythagorean Theorem 毕达哥拉斯定理，勾股定理

040
**entry**
/ 'entri /

释 *n.* 条目，事项；进入；入口处

例 There are eleven **entries** in the table. 这个表格中有11项。

搭 accounting entry 会计分录

派 entryway *n.* 入口通道

同 item; entrance; access

041
**restrict**
/ rɪ'strɪkt /

释 *v.* 限制，限定；约束

例 The hotel may **restrict** bookings to people who use credit cards as the method of payment. 这家宾馆可能会限定只有使用信用卡支付的人才能预约。

搭 restrict to 将…限制在…

派 restricted *a.* 有一定限制的 restriction *n.* 限制；约束；限制性规定

同 confine, limit, restrain

反 release, liberate

042
**minus**
/ 'maɪnəs /

释 *prep.* 减去；没有 *n.* 减号；负号 *a.* 负的；减的

例 The temperature dropped sharply to **minus** ten degrees centigrade today. 今天气温骤降到了零下10摄氏度。

派 minuend *n.* 被减数

反 plus

043
**negative**
/ 'negətɪv /

释 *a.* 负的；消极的；阴性的 *n.* 否定；负数
例 This theorem can be used for all integers, both positive and **negative**. 这个定理可用于一切整数，包括正数和负数。
同 minus
反 affirmative, positive

044
**notation**
/ noʊ'teɪʃn /

释 *n.* 标记法；记号，标志
例 Music has a special system of **notation**. 音乐有一套特殊的标记法。
搭 abstract notation 抽象符号

045
**state**
/ steɪt /

释 *v.* 说明，陈述；规定 *n.* 国家；州；状况
例 The doctor **stated** the case and several possible treatments clearly, and he assured the patient that he should not worry. 医生清楚地陈述了患者的病情和几种可行的治疗方法，并向病人保证他无须担心。
搭 in / into a state 处于激动或焦躁的情绪中 a state of affairs 情况，局势
派 statement *n.* 陈述，说明
同 express; country; status, situation; official

046
**intersection**
/ ˌɪntər'sekʃn /

释 *n.* 十字路口；横断；交叉
例 As she reached a road **intersection**, her car suddenly flamed out. 走到十字路口时，她的车突然熄火了。
搭 major intersection 主要路口
同 crossing, crossroad

047
**dashed**
/ dæʃt /

释 *a.* 虚线的
例 These margins may show up as light **dashed** lines on the screen. 在屏幕上，这些边线可能会显示为浅色的虚线。
搭 the dashed line 虚线

048
**simplicity**
/ sɪm'plɪsəti /

释 *n.* 简单，简便；天真
例 One of the things that makes the game so popular is its **simplicity**. 让这个游戏变得如此流行的原因之一就是它的简单。
派 simplification *n.* 单纯化，简单化
同 simpleness, briefness
反 complexity

049
**pertinent**
/ 'pɜːrtɪnənt /

释 *a.* 有关的，相关的；恰当的；切题的
例 After the lecture, she asked the professor some **pertinent** questions. 讲座之后，她向教授请教了几个相关的问题。
派 pertinence *n.* 相关性；针对性
同 relevant

050
**equivalently**
/ ɪ'kwɪvələntli /

释 *ad.* 相等地，对等地
例 Therefore, we should not treat the two situations **equivalently**. 因此，我们不应该等同对待这两种情况。

051
**investigate**
/ ɪn'vestɪgeɪt /

释 *v.* 仔细研究，调查；审查
例 The FBI has been called in to **investigate** the bank robbery. 联邦调查局奉命去调查银行抢劫案。
派 investigation *n.* 调查研究 investigatory *a.* 调查的，侦查的；审查的 investigator *n.* 调查者，侦查者；审查者
同 examine, explore, inspect, review, scrutinize

052
**graphically**
/ 'græfɪkli /

释 *ad.* 用图表表示地，通过图表的方式；生动地
例 My grandfather described his adventure in Alaska so **graphically** that I could almost see it. 祖父把他在阿拉斯加的冒险描述得活灵活现，我似乎身处其境。

053
**depict**
/ dɪ'pɪkt /

释 *v.* 描述，描绘；刻画
例 In the poem, the poet **depicted** the splendor of the sunrise poetically. 在诗歌中，诗人把日出的光彩描绘得诗情画意。
搭 depict sb / sth as 将某人或某物描绘成…
派 depiction *n.* 描绘；刻画

054
**interchange**
/ 'ɪntərtʃeɪndʒ /

释 *v.* 相互交换；交替（位置等）；交替发生 *n.* 交换；交替
例 What made the debate exciting is the **interchange** of ideas between the two teams. 让辩论变得激动人心的是两队间思想的交锋。
派 interchangeable *a.* 可互换的，可交换的
同 exchange, switch

055
**extra**
/ 'ekstrə /

释 *a.* 补充的；附加的；特别的 *ad.* 额外地；特别地 *n.* 附加物，额外的事物
例 He asked the barista for **extra** chocolate and whip cream in his mocha coffee. 他要求咖啡师在他的摩卡咖啡里加额外的巧克力和鲜奶油。
搭 go the extra mile 加倍努力；加把劲 extra time 加时
同 additional, more, supplementary

056
**relative**
/ 'relətɪv /

释 *a.* 相对的；相关的 *n.* 亲戚；相关物
例 The new policy has brought **relative** wealth to peasant farmers in rural areas. 新政策给乡村地区的农民带来了相对的财富。
搭 relative to 与…相比；涉及 relative humidity 相对湿度
派 relativism *n.* 相对论，相对主义 relativity *n.* 有关系；比较性，相关性
反 absolute

057
**parenthesis**
/ pə'renθəsɪs /

释 *n.* 括号，括弧；插入语；附带成分
例 A common syntax error is to omit a **parenthesis**. 一个常见的语法错误就是省略插入语。
搭 in parenthesis 在括号里
派 parenthetic *a.* 插入的；括号里的；括号的

058
**exterior**
/ ɪk'stɪriər /

释 *a.* 外面的，外部的；表面的 *n.* 外部；表面
例 The **exterior** wall of the building was designed elegant and graceful. 这座大厦外墙设计得雅致而优美。
搭 exterior angle 外角 exterior wall 外墙
同 external, outer; surface
反 interior

059
**nonadjacent**
/ 'nɑːnə'dʒeɪsnt /

释 *a.* 不邻近的，不挨着的，不毗连的
例 They built several bridges between the two **nonadjacent** villages. 他们在两个不相邻的村庄之间修建了几座桥梁。
反 adjacent

060
**intercept**
/ ˌɪntər'sept /

释 *n.* 截距；拦截 *v.* 拦截；截球
例 It is illegal to **intercept** a letter before it is delivered. 在送达之前，中途拦截信件是非法的。
搭 intercept the missiles 拦截导弹
派 interception *n.* 拦截；截取 interceptor *n.* 妨碍的人或物，截击机

061
**horizontal**
/ ˌhɔːrə'zɑːntl /

释 *a.* 水平的；地平线的 *n.* 水平线；水平面
例 The deck he built for his house is crooked instead of **horizontal**. 他为房子修造的平台是歪斜的而不是水平的。
搭 horizontal distance 水平距离 horizontal line 地平线，水平线
同 flat, even, plane
反 vertical

062
**rounding**
/ 'raʊndɪŋ /

释 *n.* 舍入；约数；制圆
例 The process of truncating is called **rounding** down. 这个截断的过程叫做往下舍入。
搭 rounding up 向上舍入 rounding down 向下舍入

063
**percentage**
/ pər'sentɪdʒ /

释 *n.* 比例；百分比
例 The **percentage** of girls studying chemistry in the university has increased substantially. 大学里学化学的女生的比例已经大大增加了。
同 proportion, rate, ratio

Day

01
02
03
04
05
06
07
08
09
10
11
12
13
14
15
16
17
18
19
20
21

064
**namely**
/ 'neɪmli /

释 *ad.* 即，也就是

例 The railroad connects two cities, **namely**, London and York. 这条铁路连接了两个城市，即伦敦和约克。

065
**endow**
/ ɪn'daʊ /

释 *v.* 赋予；捐助；使具有某种品质

例 All of her friends thought she was blessed, because she was **endowed** with intelligence and a sense of humor. 她所有的朋友都认为她是有福之人，因为她被赋予了智慧和幽默感。

搭 be endowed with 赋予…

同 award

066
**premise**
/ 'premɪs /

释 *n.* 假设；前提 *v.* 预述；提论；假设

例 I can't agree with the **premise** that economic development has priority over the environment. 我无法赞同经济发展应优先于环境保护这个前提。

同 postulate, assumption

067
**consequently**
/ 'kaːnsəkwentli /

释 *ad.* 从而；因此；所以

例 The company went bankrupt, and **consequently** she lost her job. 公司破产了，因此她失业了。

派 consequence *n.* 结果；重要性；影响 consequent *a.* 作为结果的；随之发生的 consequential *a.* 重要的；间接的；随之发生的

同 accordingly, therefore, hence

068
**exploitation**
/ ˌeksplɔɪ'teɪʃn /

释 *n.* 剥削；开发；开采；利用

例 Once inequality and **exploitation** are eradicated, they can achieve their goal of building a more harmonious society. 一旦不平等和剥削被根除，他们就可以实现建设一个更加和谐的社会的目标。

搭 intensive exploitation 集约开采

069
**emphasize**
/ 'emfəsaɪz /

释 *v.* 强调；着重；使突出

例 We should **emphasize** that environmental protection must be taken into account meanwhile enhancing industrial growth. 在提高工业增长的同时，我们应该强调必须把环境保护纳入考虑范围。

搭 emphasize the importance of sth 强调某事的重要性

派 emphasis *n.* 强调；着重

同 stress, underscore, underline

070
**conviction**
/ kən'vɪkʃn /

释 *n.* 坚信；定罪；信服

例 There was not sufficient evidence to secure a **conviction**. 没有足够的证据来定罪。

搭 form a conviction 确立信念

同 certainty, condemnation

反 acquittal

071
**resistance**
/ rɪ'zɪstəns /

释 *n.* 反对；抵抗；抵触；阻力
例 Such a policy would inevitably draw fierce **resistance** from the residents. 这种政策必然会引起居民的强烈抵制。
搭 lower the resistance 降低阻力
派 resistant *a.* 抵抗的；反抗的
同 opposition, rebellion
反 obedience, support

072
**necessity**
/ nə'sesəti /

释 *n.* 必要性；需要；必需品；必然
例 Nowadays, parents put great emphasis on the **necessity** of education. 如今，父母非常重视教育。
搭 feel the necessity of 感到有…的必要
派 necessary *a.* 必要的；必然的；不可避免的
同 demand, need, requirement

073
**notably**
/ 'noʊtəbli /

释 *ad.* 显著地；值得注意地；特别地
例 A **notably** short, silver-haired man plays basketball with his friends at this court several times a week. 一个特别矮、头发花白的男人每周都会在这个球场和他的朋友打几次篮球。
同 particularly, remarkably, especially

074
**proximity**
/ prɑːk'sɪməti /

释 *n.* 接近；亲近
例 The monument was erected in the **proximity** of the town hall. 纪念碑矗立在市政厅的附近。
搭 in the proximity of 在…附近
同 vicinity, propinquity

075
**command**
/ kə'mænd /

释 *v.* 命令；指挥；掌握 *n.* 命令；指挥；掌握
例 The most desirable properties necessarily **command** astonishingly high prices. 最理想的房产必然会价格不菲。
搭 under sb's command 在某人的指挥下
同 demand, charge, power, control
反 comply, submit, obey

076
**implication**
/ ˌɪmplɪ'keɪʃn /

释 *n.* 含意；暗示；牵连；卷入
例 She gave a long speech of her troubles, with the **implication** that she needed financial aid. 她长篇大论地说了一大堆困难，言外之意是需要资金帮助。
搭 subtle implication 微妙的暗示

077
**excavate**
/ 'ekskəveɪt /

释 *v.* 发掘（古物）；挖掘，挖开
例 The man who **excavated** ancient tombs without permission is facing the charge for larceny. 未经许可就挖掘古墓的人将面临盗窃罪的控诉。

派 excavation *n.* 挖掘；开凿
同 dig, unearth, burrow
反 bury

078
**seasonal**
/ ˈsiːzənl /

释 *a.* 季节的；周期性的；依照季节的
例 The town relies on the **seasonal** tourist industry for job opportunities. 这个城镇依靠季节性旅游业提供就业机会。
搭 seasonal fluctuations 季节性波动
同 patterned, periodic, recurrent, recurring

079
**counterpart**
/ ˈkaʊntərpɑːrt /

释 *n.* 职务相当的人；对应物；相似之物
例 The President had talks with his British **counterpart** during a brief stopover in London. 总统在伦敦的短暂停留期间和英国首相进行了会谈。
搭 counterpart expenditure 对应支出
同 correspondence, equivalent

080
**eliminate**
/ ɪˈlɪmɪneɪt /

释 *v.* 除去；剔除；忽略；淘汰
例 The US wants to **eliminate** tariffs on items such as electronics. 美国打算取消电子产品等的关税。
搭 eliminate differences 消除分歧
派 elimination *n.* 除去；消除；淘汰
同 remove, exclude, exterminate, eradicate
反 add, maintain

081
**circulation**
/ ˌsɜːrkjəˈleɪʃn /

释 *n.* 发行量；流通；循环；消息传播
例 *The New Yorker* once had the highest **circulation** of any magazine in the country.《纽约客》的发行量曾位居全国所有杂志之首。
搭 in circulation 在流通中
同 publication

082
**encounter**
/ ɪnˈkaʊntər /

释 *v.* 遭遇；遇到，偶然碰到 *n.* 意外的相见；遭遇
例 A fortunate **encounter** brought the two friends together after a long separation. 一次幸运的偶遇让两位长期分离的老友再次相聚。
搭 encounter difficulty 遭遇困难
同 meet, come across, confront

083
**attest**
/ əˈtest /

释 *v.* 证明；作证
例 Some historic documents **attest** to the truth of this legend. 一些历史文件证明了这个传说的真实性。
搭 attest to 证实
派 attestation *n.* 证词 attestor *n.* 证人，证明者
同 testify, proof, vouch

084
**substantial**
/ səb'stænʃl /

释 *a.* 大量的；实质的；可观的
例 The radio station plays a **substantial** proportion of jazz music. 电台播放大量的爵士乐。
搭 substantial increase 大幅度增长
派 substantiality *n.* 实在性，实质性；实体
同 affluent; actual, real

085
**visual**
/ 'vɪʒuəl /

释 *a.* 视觉的；视力的；看得见的；形象的
例 The film was much praised at the time for its incredible **visual** effect. 那部电影由于其不可思议的视觉特效而在当时大受褒奖。
搭 visual arts 视觉艺术
派 visuality *n.* 可视性 visually *ad.* 视觉上；外表上；形象化地
同 visible; optical

086
**detract**
/ dɪ'trækt /

释 *v.* 贬低；减损
例 She always tries to **detract** from the achievements of other people in the same field. 她总爱贬低同行的成就。
搭 detract from sth 毁损…
派 detraction *n.* 诽谤 detractive *a.* 减损的；诽谤的
同 dishonor

087
**constantly**
/ 'kaːnstəntli /

释 *ad.* 不断地；经常地
例 She is very insecure and **constantly** on guard against any threat of humiliation. 她非常没有安全感，时刻提防着任何有辱尊严之事。
同 always, continually, repeatedly

088
**adjustment**
/ ə'dʒʌstmənt /

释 *n.* 调整；调节
例 The process of **adjustment** to life in a foreign country can be very long and difficult. 适应国外生活的过程可能会是非常漫长而艰难的。
搭 feedback adjustment 反馈调整

089
**erratic**
/ ɪ'rætɪk /

释 *a.* 不稳定的；古怪的；飘忽不定的
例 The **erratic** fluctuation of market prices is the result of unstable economy. 经济波动致使市场物价忽起忽落。
搭 erratic error 不规则误差
派 erratically *ad.* 不规律地；不定地
同 unstable; odd, irregular, eccentric

090
**tiredness**
/ 'taɪərdnəs /

释 *n.* 疲倦
例 **Tiredness** can seriously impair your ability to drive. 疲劳会严重影响你的驾驶能力。
同 weariness, fatigue, sleepiness

091
**problematic**

/ ˌprɑːblə'mætɪk /

释 *a.* 问题的；有疑问的

例 During the experiment, the researchers found this approach to be limiting and potentially **problematic**. 在实验过程中，研究人员发现了这种方法的限制性，而且存在潜在的问题。

派 problematical *a.* 问题的；有疑问的 problematically *ad.* 成问题地；有疑问地

092
**inability**

/ ˌɪnə'bɪləti /

释 *n.* 无能，无力；无才能

例 When he was traveling in Paris, his **inability** to speak French put him at a disadvantage. 当他在巴黎旅游时，不会说法语这一点使他很吃亏。

搭 employment inability 无就业能力

同 incompetence, incapability, ineptitude

反 ability, capability

093
**enlargement**

/ ɪn'lɑːrdʒmənt /

释 *n.* 扩大；扩建；放大的照片

例 The mother wrote to her son for an **enlargement** of his baby's photograph. 母亲给儿子写信，要他寄一张他孩子的放大的照片。

搭 job enlargement 扩大就业

094
**simultaneously**

/ ˌsaɪml'teɪniəsli /

释 *ad.* 同时地

例 Hundreds of fireworks burst **simultaneously** in the sky at midnight. 午夜时分，成百上千朵烟花在空中同时绽放。

同 meantime

095
**imply**

/ ɪm'plaɪ /

释 *v.* 暗示；意味；隐含；表明

例 Their failure to reply to my job application seems to **imply** a lack of interest. 他们没有回复我的工作申请，这似乎意味着他们对我不感兴趣。

派 implied *a.* 暗指的，含蓄的

同 suggest, infer, insinuate, hint

096
**habitat**

/ 'hæbɪtæt /

释 *n.* 栖息地；住处；产地

例 Some species are in peril of extinction because of the destruction of their natural **habitat**. 一些物种由于栖息地遭到破坏而面临灭绝的危险。

同 domain, territory, residency

097
**displacement**

/ dɪs'pleɪsmənt /

释 *n.* 取代，替代；免职

例 It was the largest **displacement** of civilian population since World War One. 这是自第一次世界大战以来规模最大的平民迁移。

搭 displacement activity 替换活动

同 dismissal

098
**abandon**

/ ə'bændən /

释 *v.* 放弃，抛弃；使屈从；终止 *n.* 放任，放纵

例 They decided to **abandon** the trip they have planned because of financial constraints. 因为财力拮据，所以他们决定放弃计划好的旅行。

搭 abandon a bad habit 革除恶习
派 abandonment *n.* 放弃；抛弃；中止 abandoned *a.* 被放弃的；被遗弃的
同 quit, desert
反 maintain, conserve, retain

099
**predator**
/ 'predətər /
释 *n.* 捕食性天敌；食肉动物；掠夺者
例 The little boy is very interested in the race and fights between **predator** and prey. 小男孩对捕食者和猎物之间的竞争和打斗十分感兴趣。
搭 predator chain 捕食链
同 marauder

100
**migrate**
/ 'maɪgreɪt /
释 *v.* 迁移；迁徙；转移
例 In America, wealthy people often **migrate** to Florida in winter. 在美国，富人常常会搬到佛罗里达州去过冬。
搭 migrate between 在…之间迁移
派 migration *n.* 迁移，移居 migrator *n.* 候鸟；移居者 migratory *a.* 迁移的
同 transmigrate, transfer
反 remain, settle, stay

101
**inland**
释 / ˌɪn'lænd / *ad.* 向内地，在内陆 / 'ɪnlænd / *n.* 内地，内陆；国内 *a.* 内地的，内陆的；国内的
例 In recent years, the economy of the **inland** cities of our country has developed rapidly. 近年来，我国内陆城市的经济得到了迅速发展。
搭 inland trade 国内贸易
派 inlander *n.* 内地人
同 upcountry, internal, interior

102
**administer**
/ əd'mɪnɪstər /
释 *v.* 用（药）；管理；执行
例 You must **administer** the medicine slowly, allowing the child to swallow between sips. 你应该慢慢给药，让小孩子在喝药时有充分的时间吞咽。
搭 administer the affair 管理事务
派 administrable *a.* 可管理的；可处理的 administration *n.* 管理；行政机关
同 execute, manage, preside

103
**pose**
/ poʊz /
释 *v.* 造成；提出；假装；摆姿势 *n.* 姿态；姿势；装腔作势
例 This might **pose** a threat to jobs in the petroleum industry. 这可能会给石油产业的就业造成威胁。
搭 pose for 为…摆好姿势

104
**obstacle**
/ 'ɑːbstəkl /
释 *n.* 障碍；障碍物
例 Her father's opposition remained the only **obstacle** for them to get married. 她父亲的反对是他们结婚的唯一阻碍。
搭 clear away / remove obstacles 清除障碍
同 obstruction, impediment

105
**compensate**

/ 'kaːmpenseɪt /

释 *v.* 补偿，赔偿；报酬；抵消

例 The firm has promised the employees to **compensate** them for their traveling costs. 公司已经答应员工补偿他们的旅行费用。

搭 compensate for 弥补

同 balance, pay for

106
**radically**

/ 'rædɪkli /

释 *ad.* 彻底地；完全地；根本地；激进地

例 It was after the Second World War that things began to change **radically**. 在第二次世界大战以后，一切开始发生剧变。

同 completely

107
**plunge**

/ plʌndʒ /

释 *v.* 下降，突降；使投入；跳入 *n.* 投入；跳入

例 After warming up, he **plunged** into icy water for a swim. 热身之后，他跳入冰冷的水中游泳。

搭 plunge in debt 债台高筑

同 down, swoop, drop, fall

108
**expense**

/ ɪk'spens /

释 *n.* 费用，花费的钱；消耗

例 The rent on her apartment was her biggest monthly **expense**. 房租是她每个月最大的开支。

搭 necessary expenses 必要的开支 at one's expense 由某人付费

同 fee, price, consumption

反 income

109
**mandatory**

/ 'mændətɔːri /

释 *a.* 强制的；命令的；受委托的

例 It is **mandatory** for students to finish reading books on this list before the end of this semester. 学生必须在本学期结束前读完这张表上的书籍。

搭 mandatory arbitration 强制仲裁

派 mandatorily *ad.* 命令地

同 imperative

110
**update**

释 / ˌʌp'deɪt / *v.* 更新；使现代化；校正 / 'ʌpdeɪt / *n.* 现代化；更新的信息

例 The doctor came out of the operation room to **update** the wife about the condition of her husband in surgery. 医生走出手术室，告知病人的妻子关于她手术中的丈夫的最新状态。

搭 system update 系统更新

派 updatable *a.* 可更新的

同 apprise, renew

111
**critical**

/ 'krɪtɪkl /

释 *a.* 关键的；决定性的；批评的；爱挑剔的

例 Her father remained in a **critical** condition after having a severe heart attack. 在一次严重的心脏病发作之后，她父亲的病情一直危重。

搭 critical evidence 决定性的证据
派 criticality *n.* 危险程度；临界 critically *ad.* 批判性地；苛求地
同 urgent, crucial, decisive

112
**necessitate**
/ nə'sesɪteɪt /

释 *v.* 使…成为必要；需要；强迫，迫使
例 His new job as a morning newscaster **necessitated** him getting up at 4 a.m. every day. 他的新工作是早间新闻播报员，这需要他每天早上四点就起床。
同 require, oblige

113
**rigorous**
/ 'rɪgərəs /

释 *a.* 严格的；严密的；缜密的；枯燥的
例 The soldiers were not yet adjusted to the **rigorous** climate at the frontier region. 士兵们尚未适应边疆地区这种严酷的气候。
搭 rigorous study 严密的研究
派 rigorously *ad.* 严厉地；残酷地；严密地 rigorousness *n.* 严厉；残酷
同 severe, rigid, harsh, strict

114
**robust**
/ roʊ'bʌst /

释 *a.* 强健的；稳固的；耐用的
例 Her grandmother is almost ninety years old, but she is still very **robust**. 她的祖母快90岁了，但身体仍然非常强健。
派 robustness *n.* 坚固性；健壮性
同 stalwart, potent, mighty
反 slender, weak, delicate

115
**conditioned**
/ kən'dɪʃnd /

释 *a.* 习惯于…的；有条件的；受限制的
例 The gift to the child was **conditioned** on his good behavior. 给孩子的礼物是以他的表现好坏为条件的。
搭 conditioned reflex 条件反射
反 absolute

116
**impose**
/ ɪm'poʊz /

释 *v.* 强加；征税；以…欺骗
例 Parents often **impose** their own values on their children. 父母常常把自己的价值观强加给孩子。
搭 impose a tax 征税
同 levy, set, burden

117
**density**
/ 'densəti /

释 *n.* 密度；浓度；比重
例 This region has a very high population **density**. 这个地区的人口密度很高。
搭 absolute density 绝对密度
同 thickness, denseness

118
**vacation**
/ və'keɪʃn /

释 *n.* 假期，休假 *v.* 度假
例 He kept in touch with us by e-mail while he was on **vacation**. 他在度假期间用邮件与我们保持联系。

搭 go on vacation 开始度假
派 vacationer *n.* 度假者，休假者 vacationist *n.* 度假者，休假者
同 rest, recess, holiday

119
**destination**
/ ˌdestɪˈneɪʃn /

释 *n.* 目的地，终点；目的，目标
例 They encountered unexpected difficulties before they reached their **destination**. 在到达目的地之前，他们遇到了很多意想不到的困难。
搭 final / ultimate destination 最终目的
同 end, goal, objective

120
**strenuous**
/ ˈstrenjuəs /

释 *a.* 艰苦的；费力的；紧张的
例 **Strenuous** efforts had been made to improve the living conditions in the rural areas. 已经做了大量的努力来改善农村地区的生活条件。
搭 strenuous exercise 剧烈运动
派 strenuously *ad.* 奋发地；勤奋地
同 arduous, difficult, hard

A man is not old as long as he is seeking something. A man is not old until regrets take the place of dreams.
只要一个人还有所追求，他就没有老。直到后悔取代了梦想，一个人才算老。
——美国演员 巴里穆尔（J. Barrymore, American actor）

# Day 12

## Previous Check

- □ derive
- □ ramification
- □ methodology
- □ withdrawal
- □ logical
- □ initial
- □ fume
- □ vehicular
- □ emission
- □ significantly
- □ expose
- □ exposure
- □ well-being
- □ sediment
- □ reverse
- □ secure
- □ benefit
- □ parallel
- □ illogically
- □ parallelism
- □ confusing
- □ modify
- □ predication
- □ rhetorical
- □ awkward
- □ extinguish
- □ omit
- □ wordy
- □ concise
- □ subordinate
- □ fragment
- □ component
- □ reliable
- □ spontaneously
- □ context
- □ unidiomatic
- □ comparative
- □ idiomatic
- □ comma
- □ omission
- □ apposition
- □ syntactic
- □ ambiguous
- □ violate
- □ distort
- □ singular
- □ compound
- □ dense
- □ requisite
- □ pronoun
- □ virtue
- □ ungrammatical
- □ conjunction
- □ balk
- □ connector
- □ awkwardly
- □ confusingly
- □ unconstitutional
- □ inverted
- □ emphatic
- □ complicated
- □ phrasing
- □ muddy
- □ choppy
- □ infinitive
- □ biological
- □ relevant
- □ military
- □ consistently
- □ ineffective
- □ comprehend
- □ assume
- □ proceed
- □ humanity
- □ accompany
- □ highlight
- □ precede
- □ unify
- □ restatement
- □ paraphrase
- □ pointedly
- □ explicit
- □ figuratively
- □ discern
- □ argumentation
- □ diction
- □ clarification
- □ sphere
- □ overlap
- □ advantageous
- □ disperse
- □ advocate
- □ indecision
- □ prey
- □ distracting
- □ inability
- □ laudable
- □ vulnerable
- □ archeology
- □ excavation
- □ outrageous
- □ stroke
- □ inducement
- □ artifact
- □ pottery
- □ indistinguishable
- □ bulge
- □ clandestine
- □ provenance
- □ stratigraphically
- □ analogous
- □ outermost
- □ gradient
- □ bout
- □ crater
- □ comet
- □ asteroid
- □ bombardment
- □ resurface
- □ constituency

001
**derive**
/ dɪ'raɪv /
释 *v.* 得到；导出；源于；（从…中）提取
例 These stories are **derived** from his experiences during the Second World War. 这些故事源自他在第二次世界大战期间的经历。
搭 derive knowledge 获得知识
派 derivable *a.* 可引出的；可推论的；可诱导的
同 acquire, secure, get, receive, obtain

002
**ramification**
/ ˌræmɪfɪ'keɪʃn /
释 *n.* 分叉；分支；衍生物；结果
例 Electronic information crimes are **ramification** from modern high-technology development. 电子信息犯罪是现代高科技发展的衍生物。
同 result

003
**methodology**
/ ˌmeθə'dɑːlədʒi /
释 *n.* 方法学；方法论
例 Her current work focuses on the study of **methodology** in teaching. 目前她的工作集中在研究教学法上。
搭 scientific methodology 科学方法论
派 methodological *a.* 方法的；方法论的 methodologist *n.* 方法论者，方法学者
同 technique

004
**withdrawal**
/ wɪð'drɔːəl /
释 *n.* 取消；撤退；退回
例 The security forces had made a tactical **withdrawal** from the village. 维和部队已经从这个村庄战术性撤离。

005
**logical**
/ 'lɑːdʒɪkl /
释 *a.* 逻辑（上）的；符合逻辑的；合乎常理的
例 It seems **logical** to check every step of the experiment before we publish the result. 在我们公布结果之前，检查实验的每一个步骤是符合常理的做法。
搭 logical conclusion 合乎逻辑的结论
派 logicality *n.* 逻辑性 logically *ad.* 逻辑上；符合逻辑地
同 reasonable, sane, rational
反 illogical

006
**initial**
/ ɪ'nɪʃl /
释 *a.* 开始的；最初的；字首的 *n.*（词）首字母 *v.* 签姓名的首字母于…
例 After an **initial** burst of enthusiasm for jogging, she gradually lost interest. 一时的热情过后，她对慢跑逐渐失去了兴趣。
搭 initial point 起点，出发点
同 earliest, first, introductory, original
反 final

007
**fume**
/ fjuːm /
释 *n.* 烟；汽；愤怒 *v.* 冒烟；愤怒
例 Several minutes after the fire started, the house was full of suffocating **fumes**. 大火燃烧了几分钟后，房屋里已充满了令人窒息的烟雾。
搭 exhaust fume 废气
派 fumy *a.* 冒烟的；多蒸汽的
同 rage; vapor, smoke

Day

01
02
03
04
05
06
07
08
09
10
11
12
13
14
15
16
17
18
19
20
21

008
**vehicular**
/ viːˈhɪkjələr /

释 *a.* 车辆的；用车辆运载的；作为媒介的

例 The main streets in the city are closed to **vehicular** traffic due to the snow storm. 由于暴风雪的缘故，城市的主干道停止车辆通行。

搭 vehicular equipment 车用设备

009
**emission**
/ iˈmɪʃn /

释 *n.* 排放物；散发物（尤指气体）；排放；（书刊）发行

例 The government has pledged to set a new standard for **emission** of gases. 政府已经承诺设置气体排放的新标准。

搭 emission standard 排放标准

同 eruption, discharge, release

010
**significantly**
/ sɪɡˈnɪfɪkəntli /

释 *ad.* 较大地；意味深长地；重要地

例 Developing a healthy diet will **significantly** lessen the risk of heart disease. 养成健康的饮食习惯可以显著减轻患心脏疾病的风险。

同 considerably, appreciably, drastically

反 insignificantly

011
**expose**
/ ɪkˈspoʊz /

释 *v.* 使暴露；使曝光；揭露，揭发

例 In order to **expose** the bone, the surgeon cut through the connective tissue. 为了使骨头露出来，外科医生割开了结缔组织。

搭 expose the secret 揭穿秘密

派 exposure *n.* 暴露；揭发；公开

同 disclose, uncover, reveal

012
**exposure**
/ ɪkˈspoʊʒər /

释 *n.* 暴露；揭发；公开

例 His face had been reddened by unaccustomed **exposure** to the sun. 由于不习惯暴露在阳光下，他的脸都晒红了。

搭 make exposures 照相

同 disclosure, revelation

013
**well-being**
/ ˈwɛlˌbiːɪŋ /

释 *n.* 福利；幸福；生活安宁

例 Taking a walk after dinner can often induce a feeling of **well-being**. 饭后散步常常会使人感到身心舒畅。

同 fitness, welfare

014
**sediment**
/ ˈsedɪmənt /

释 *n.* 沉淀物

例 When the **sediment** settled, the water will become clear. 杂质沉淀后，水就会变清。

派 sedimentation *n.* 沉淀，沉积 sedimentary *a.*（似）沉淀物的；由沉淀物形成的

015
**reverse**
/ rɪˈvɜːrs /

释 *v.* 逆转；倒退；互换；改变 *a.* 相反的；反面的 *n.* 相反；背面

例 The company has to do something to **reverse** the situation that their profits are dropping rapidly. 公司不得不采取一些措施来扭转利润急速下滑的情况。

搭 in reverse 相反，反之
派 reversely *ad.* 相对地 reversion *n.* 恢复，回复

016
**secure**
/ sə'kjʊr /

释 *v.* 使安全；获得；固定 *a.* 安全的；牢靠的
例 The mother swaddled her newborn son so that he feels **secure**. 妈妈把刚出生的儿子用襁褓包裹住，这样他会有安全感。
搭 secure against 使…免受
派 securable *a.* 可得到的 securely *ad.* 安全地
同 obtain, fix; attached, sheltered
反 perilous, insecure, dangerous

017
**benefit**
/ 'benɪfɪt /

释 *n.* 利益，好处；津贴 *v.* 有益于；得益
例 Stella didn't have the **benefit** of a formal college education. 斯特拉没能接受正规的大学教育。
搭 for the benefit of 为…的利益
同 help, advantage; worth, reward
反 loss, harm, damage

018
**parallel**
/ 'pærəlel /

释 *a.* 平行的；相同的；类似的 *n.* 对比；平行线（面）*v.* 相比；与…平行
例 The road and the railway line run **parallel** to each other. 道路与铁路是平行的。
搭 parallel to / with 与…平行
同 alike, comparable; comparison
反 contradictory, opposite; unlikeness; differ

019
**illogically**
/ ɪ'lɑːdʒɪkli /

释 *ad.* 没有道理地，不合逻辑地
例 Under the great pressure, the student answered the question **illogically**. 在巨大的压力下，学生的回答毫无逻辑性。
同 irrationally, inconsistently
反 logically

020
**parallelism**
/ 'pærəlelˌɪzəm /

释 *n.* 平行；相似
例 The last thing we should do is make any **parallelism** between the murderer and his victims. 我们最不应该做的一件事就是拿凶手和被害人来比较。
同 analogy

021
**confusing**
/ kən'fjuːzɪŋ /

释 *a.* 混乱的；混淆的；令人困惑的
例 The girl slept fitfully, and her mind crowded with **confusing** dreams. 她断断续续地睡着，脑子里做着各种奇怪的梦。
搭 confusing coloration 混淆色
同 perplexing, puzzling, baffling, bewildering

022
**modify**
/ 'mɑːdɪfaɪ /

释 *v.* 修饰；修改；更改；缓和
例 The novel had to be **modified** to meet the requirement of parents. 为迎合家长的要求，这部小说需要修改。

搭 modify the terms 修改条款
派 modifiable *a.* 可更改的 modificatory *a.* 修改的，更正的；修饰的
同 adjust, alter, change, reduce

023
**predication**
/ ˌpredɪˈkeɪʃən /
释 *n.* 述谓；声明；断定
搭 predication analysis 述谓结构分析

024
**rhetorical**
/ rɪˈtɔːrɪkl /
释 *a.* 修辞的；修辞学的；辞藻华丽的
例 The professor asked a **rhetorical** question, obviously expecting no answer from the class. 教授用了一个反问，显然并不期待班上任何人的回答。
派 rhetorically *ad.* 在修辞学上；讲究修辞地

025
**awkward**
/ ˈɔːkwərd /
释 *a.* 别扭的；尴尬的；笨拙的
例 On the stage, she felt nervous, **awkward** and unsure of the speech she was about to make. 在台上，她对自己要做的演讲感到紧张、尴尬和不确定。
搭 awkward question 棘手的问题
派 awkwardly *ad.* 笨拙地；困难地 awkwardness *n.* 笨拙；粗劣；尴尬
同 difficult, embarrassing, inconvenient, troublesome
反 pleasant, easy, comfortable

026
**extinguish**
/ ɪkˈstɪŋgwɪʃ /
释 *v.* 熄灭；使…不复存在
例 The lighting and **extinguishing** of the Olympic Flame symbolizes the opening and closing of the Olympic Games. 奥运圣火的点燃和熄灭标志着奥运会的开幕和闭幕。
搭 extinguishing agent 灭火剂
同 quench

027
**omit**
/ əˈmɪt /
释 *v.* 删掉；省略；遗漏
例 My mother always reminds me not to **omit** locking the door when I leave home. 我妈妈总是提醒我出门时不要忘了锁门。
搭 omit from 从…中删去
派 omissible *a.* 可省略的，可删节的
同 skip, exclude, neglect, miss
反 keep

028
**wordy**
/ ˈwɜːrdi /
释 *a.* 冗长的；多言的；文字的
例 The professor's **wordy** and empty speech made the whole class drowsy. 教授冗长又空洞的演讲让全班昏昏欲睡。
派 wordily *ad.* 冗长地；唠叨地 wordiness *n.* 冗长；唠叨；多嘴
同 gabby, chatty

029
**concise**
/ kənˈsaɪs /
释 *a.* 简明的，简洁的
例 The instruction book of the washing machine is **concise** and easy to follow. 洗衣机的说明书简明易懂。

搭 concise description 简洁的描述
派 concisely *ad.* 简明地 conciseness *n.* 简洁，简明
同 short, brief, terse
反 diffuse, wordy, verbose, redundant

030
**subordinate**

释 / sə'bɔːrdɪnət / *a.* 从属的；下级的；次要的 *n.* 属下；附属物 / sə'bɔːrdɪneɪt / *v.* 使服从；把…放在次要
例 The manager's quick rejection discouraged the **subordinate** who had spent months developing a plan for the project. 经理的迅速否决令花费数月时间才做出项目计划的下属灰心丧气。
派 subordination *n.* 次级；附属 subordinative *a.* 从属的，表示从属关系的
同 secondary, inferior, dependent
反 co-ordinate

031
**fragment**

释 / 'frægmənt / *n.* 碎片；片段 / fræg'ment / *v.* 使破碎；分裂
例 The little boy overheard a **fragment** of the conversation between his parents about their divorce. 小男孩无意间听到了他父母关于他们要离婚的一部分谈话。
搭 shell fragments 弹片
派 fragmental *a.* 断片的
同 portion, part, division, section, segment

032
**component**
/ kəm'pounənt /

释 *n.* 成分；零部件；元件；组成部分 *a.* 组成的；构成的
例 He has made an unarguable point in his essay that our desires and preferences have a social **component**. 他在论文中表述了一个无可争议的观点，即我们的欲望和喜好都掺杂着社会因素。
搭 chemical component 化学成分
同 section, constituent, fraction, ingredient, constituent

033
**reliable**
/ rɪ'laɪəbl /

释 *a.* 可靠的；可信赖的
例 Trains are **reliable** and cheap for long-distance journeys. 火车对长途旅行来说，既安全可靠，又费用低廉。
搭 reliable information 可靠的信息
同 responsible, honest, safe, sure

034
**spontaneously**
/ spɒn'teɪniəsli /

释 *ad.* 自发地；自生地；自然产生地
例 During the road trip, they decided **spontaneously** to take Route 66 to traverse the State of Missouri. 在公路旅行中，他们临时决定走66号公路横穿密苏里州。
搭 spontaneously ignitable 自燃的
同 unprompted, naturally

035
**context**
/ 'kaːntekst /

释 *n.* 上下文；环境；背景
例 His new book shows only a superficial understanding of the historical **context**. 他的新书仅表现出对历史背景肤浅的理解。

搭 context condition 上下文条件
派 contextual *a.* 文脉上的；前后关系的 contextually *ad.* 根据上下文
同 background

036
**unidiomatic**
/ 'ʌnɪdiəˌmætɪk /

释 *a.* 不符合语言习惯的
例 He occasionally uses **unidiomatic** expressions in his English writing assignments. 在他的英语写作作业中，他偶尔会使用不符合语言习惯的表达方式。

037
**comparative**
/ kəm'pærətɪv /

释 *a.* 比较的；相当的 *n.* 比较级
例 He escaped to the **comparative** serenity of the kitchen, while the women were chatting loudly in the living room. 他逃到相对安静的厨房里，而女人们则在客厅大声地聊天。
搭 comparative degree 比较级

038
**idiomatic**
/ ˌɪdiə'mætɪk /

释 *a.* 惯用的；符合语言习惯的；通顺的
例 In his lecture, he emphasized on the importance of **idiomatic** usage in a language. 在他的演讲中，他强调了在语言中习惯用法的重要性。
搭 idiomatic expressions 习惯用语；习惯表达法
派 idiomatically *ad.* 符合语言习惯地；惯用地

039
**comma**
/ 'kaːmə /

释 *n.* 逗号；停顿；间歇
搭 comma operator 逗点算符

040
**omission**
/ ə'mɪʃn /

释 *n.* 删除；省略；遗漏；疏忽
例 Everyone was surprised at his **omission** from the first string of the game tonight. 他未列入今晚比赛的首发阵容使大家感到惊讶。
搭 error of omission 遗漏误差
派 omissive *a.* 省略的；删节的；遗漏的

041
**apposition**
/ ˌæpə'zɪʃn /

释 *n.* 同位，同格；同位关系
搭 apposition fabric 同生组构
派 appositional *a.* 同位格的

042
**syntactic**
/ sɪn'tæktɪk /

释 *a.* 句法的
搭 syntactic analysis 句法分析
派 syntactical *a.* 依照句法的 syntactically *ad.* 依照句法地；在语句构成上

043
**ambiguous**
/ æm'bɪgjuəs /

释 *a.* 含糊的，不明确的；引起歧义的
例 The Prime Minister's remarks clarify an **ambiguous** statement issued earlier this week. 首相的讲话对本周较早时候发表的一份模棱两可的声明做出了澄清。
搭 ambiguous answer 模棱两可的回答
派 ambiguously *ad.* 含糊不清地
同 uncertain, unclear, vague
反 clear, definite, direct, frank, obvious

044
**violate**
/ 'vaɪəleɪt /

释 v. 违反；妨碍；侵犯；亵渎
例 Those who **violate** traffic regulations should pay fines accordingly. 那些违反交通规则的人应当支付相应的罚款。
派 violator *n.* 违反者 violable *a.* 易受侵犯的
同 break, infringe
反 keep, obey, observe

045
**distort**
/ dɪ'stɔːrt /

释 v. 歪曲，扭曲；曲解；使变形
例 The tabloids are often guilty of **distorting** the truth. 小报经常歪曲事实。
派 distorted *a.* 歪曲的 distortedly *ad.* 被歪曲地 distortion *n.* 扭曲，变形；失真
同 twist, misrepresent, contort, falsify

046
**singular**
/ 'sɪŋgjələr /

释 n. 单数 a. 单数的；奇特的；非凡的
搭 singular noun 单数名词
派 singularity *n.* 异常，奇怪，奇特
同 rare, noteworthy, fantastic
反 plural

047
**compound**

释 / kəm'paʊnd / v. 使严重；混合 / 'kaːmpaʊnd / a. 化合的；复合的 n. 化合物；复合词；复合物
例 Common salt is a **compound** of sodium and chlorine. 普通食盐是钠和氯的化合物。
同 combination, mixture

048
**dense**
/ dens /

释 a. 愚钝的；稠密的；浓厚的
例 The danger of shipwreck is much greater in **dense** fog. 在浓雾中船只失事的危险要大得多。
搭 dense structure 致密结构
派 densely *ad.* 浓密地；稠密地，密集地 denseness *n.* 稠密，密集；浓厚
同 compact, solid, thick
反 light, scattered, thin

049
**requisite**
/ 'rekwɪzɪt /

释 a. 必要的；需要的 n. 必需品
例 He lacks the **requisite** qualifications for the job. 他缺少这项工作所需的资质。
搭 requisite condition 必要条件
派 requisitely *ad.* 必要地 requisition *n.* 征用；要求
同 indispensable, essential, necessary

050
**pronoun**
/ 'proʊnaʊn /

释 n. 代词
搭 demonstrative pronoun 指示代词

051
**virtue**
/ 'vɜːrtʃuː /

释 *n.* 优点；美德；德行；贞操
例 He is generous and modest, and the public regards him as a paragon of **virtue**. 他既慷慨又谦虚，并且公众认为他是美德的典范。
派 by virtue of 由于，因为
同 goodness, quality, advantage
反 fault

052
**ungrammatical**
/ ˌʌngrə'mætɪkl /

释 *a.* 不符合语法的，违反语法规则的
派 ungrammatically *ad.* 不合语法；不合文法 ungrammaticalness *n.* 不合语法性
同 ill-formed
反 grammatical

053
**conjunction**
/ kən'dʒʌŋkʃn /

释 *n.* 连词；连接；联合；结合物
搭 close conjunction 密切配合
派 conjunctional *a.* 联结的；连接词的
同 unification, combination, juxtaposition

054
**balk**
/ bɔːk /

释 *v.* 犹豫；突然止步不前；阻止；推诿 *n.* 障碍；错误
例 Even undergraduates who major in biology may **balk** at animal experiments. 面对动物实验，哪怕是生物专业的大学生也会畏缩。
搭 balk at 回避，畏缩
同 error, mistake, obstacle

055
**connector**
/ kə'nektər /

释 *n.* 连接器，连接体
搭 edge connector 边缘连接器

056
**awkwardly**
/ 'ɔːkwərdli /

释 *ad.* 别扭地；笨拙地；尴尬地
例 She stood **awkwardly** in the doorway, not sure what to say. 她尴尬地站在门口，不知道该说什么。
同 clumsily, inelegantly, uneasily

057
**confusingly**
/ kən'fjuːzɪŋli /

释 *ad.* 困惑地
例 He was yelling excitingly while watching the football game, but his girlfriend was looking at the television screen **confusingly**. 他一边看足球比赛一边激动地大喊，可他的女朋友却十分困惑地看着电视屏幕。

058
**unconstitutional**
/ ˌʌnkaːnstə'tuːʃənl /

释 *a.* 违反宪法的，不符合章程（法规）的
例 The Supreme Court unanimously ruled that racial segregation in schools was **unconstitutional**. 联邦最高法院一致裁定学校实行的种族隔离措施违反宪法。
派 unconstitutionality *n.* 违反宪法，不合宪法 unconstitutionally *ad.* 不合宪法地
同 illegitimate, unauthorized, unlawful, illegal
反 constitutional

059
**inverted**
/ ɪn'vɜːtɪd /

释 *a.* 反向的；倒转的
例 **Inverted** flight is an acrobatic maneuver of the plane. 倒飞是飞机的一种特技动作。
搭 inverted market 反向市场
同 upside-down

060
**emphatic**
/ ɪm'fætɪk /

释 *a.* 着重的；强调的；显著的
例 He was **emphatic** that he would not approve the marriage of his daughter with his opponent's son. 他强调他不会同意他的女儿与对手的儿子结婚的。
同 outstanding, compelling, distinct

061
**complicated**
/ 'kaːmplɪkeɪtɪd /

释 *a.* 复杂难懂的；结构复杂的
例 No matter how **complicated** the case is, the lawyer could deal with it successfully. 无论多么复杂的案件，律师都可以成功地处理。
搭 complicated plot 复杂的情节
派 complicatedly *ad.* 复杂地 complication *n.* 错杂；混乱
同 complex
反 easy, simple

062
**phrasing**
/ 'freɪzɪŋ /

释 *n.* 分句法；分句；措辞
同 wording, diction, phraseology

063
**muddy**
/ 'mʌdi /

释 *a.* 糊涂的；泥泞的；浑浊的 *v.* 使…混浊；使迷惑
例 My mother was furious when she saw the dog's **muddy** footprints on her new bedspread. 妈妈看见新床单上有狗的泥脚印时大发雷霆。
搭 muddy roads 泥泞的路
派 muddily *ad.* 下流地；多泥地；污浊地 muddiness *n.* 混浊不清
同 obscure, vague, fuzzy; muddled

064
**choppy**
/ 'tʃaːpi /

释 *a.* 突变的；波涛汹涌的
例 The **choppy** waves made handling the boat a tricky operation. 在起伏的波浪里驾驶小船着实费了一番手脚。
搭 choppy stride 碎步
派 choppily *ad.* 波涛汹涌地；突变地 choppiness *n.* 波浪翻滚
同 turbulent, changeable

065
**infinitive**
/ ɪn'fɪnətɪv /

释 *n.* 不定式 *a.* 不定式的
搭 infinitive phrase 不定式短语
派 infinitival *a.* 不定词的
同 indefinite form

066
**biological**
/ ˌbaɪə'lɑːdʒɪkl /

释 *a.* 生物学的；生物的；有血亲关系的
例 Darwin eventually put forward a model of **biological** evolution. 达尔文最终提出了生物进化的模型。
搭 biological control 生物学防治
派 biologically *ad.* 生物学上
同 organic
反 adoptive

067
**relevant**
/ 'reləvənt /

释 *a.* 有关的；中肯的；有重大作用的
例 Museums should play a more involved or **relevant** public role. 博物馆应进一步参与到公众生活或起到更加举足轻重的社会作用。
搭 relevant experience 相关工作经验
同 concerned, involved

068
**military**
/ 'mɪləteri /

释 *a.* 军事的 *n.* 军队
例 The constitution prohibits them from **military** engagement in foreign countries. 宪法禁止他们在外国采取军事行动。
搭 military academy 军事院校
同 troops, armed forces

069
**consistently**
/ kən'sɪstəntli /

释 *ad.* 一致地；始终如一地
例 He is accused of **consistently** and callously abusing his wife. 他被指控长期狠毒地虐待他的妻子。
反 inconsistently

070
**ineffective**
/ ˌɪnɪ'fektɪv /

释 *a.* 无效果的；低效率的；无能力的
例 This method is **ineffective** and a waste of scarce resource. 这种方法是没有效率的，而且是对稀缺资源的浪费。
搭 ineffective demand 无效需求
派 ineffectively *ad.* 无效地，不起作用地 ineffectiveness *n.* 无效果，不起作用
同 futile, ineffectual
反 effective

071
**comprehend**
/ ˌkɑːmprɪ'hend /

释 *v.* 理解，领会；包括，包含
例 The aim of the course is to help students to **comprehend** the structure of contemporary political systems. 这门课程旨在帮助学生了解当代政治体制的结构。
派 comprehension *n.* 理解；理解力
同 realize, understand; contain, cover
反 exclude

072
**assume**
/ ə'suːm /

释 *v.* 假定，假设；承担，担任；呈现
例 It is reasonable to **assume** that he could finish building the house in five months. 有理由认为他可以在五个月内建好房子。

搭 assume responsibility 承担责任
派 assumption *n.* 假定，臆断
同 suppose, presume

073
**proceed**
/ prəʊ'siːd /

释 *v.* 前进，行进；开始，着手；继续下去；起诉
例 They will **proceed** to build another laboratory building. 他们将着手建造另一座实验大楼。
搭 proceed against 起诉，控诉
派 proceeding *n.* 进程；诉讼
同 advance, progress
反 recede

074
**humanity**
/ hjuː'mænəti /

释 *n.* 人文学科；人道，仁慈；人性
例 We all admire her dedication to the cause of **humanity**. 我们都敬佩她对人类事业的献身精神。
同 humanness, mankind
反 brutality, inhumanity

075
**accompany**
/ ə'kʌmpəni /

释 *v.* 跟随，伴随；陪伴，陪同；伴奏
例 He took time out from the conference to **accompany** his mother to dinner. 他从会议中挤出一点时间陪母亲吃饭。
同 attend, tend, escort
反 leave

076
**highlight**
/ 'haɪlaɪt /

释 *v.* 强调，突出；加亮 *n.* 最精彩的部分；加亮区
例 Specific portions of the passage may be **highlighted** in the related questions. 在解答相关问题时，文章的特定部分可能会突出显示出来。
搭 highlight area 高光区域 research highlight 研究亮点
派 highlighter *n.* 荧光笔，亮光笔
同 emphasize, stress, foreground

077
**precede**
/ prɪ'siːd /

释 *v.* 在…之前，先于；领先，优于；加引言
例 The earthquake was **preceded** by a loud roar that lasted twenty seconds. 地震前有一阵巨大的轰隆声，持续了20秒钟。
搭 precede by 为…加上前言
派 precedent *a.* 在前的；在先的 *n.* 先例
同 forerun, head, lead
反 follow, succeed

078
**unify**
/ 'juːnɪfaɪ /

释 *v.* 使联合；统一；使相同，使一致
例 Each passage is a **unified** whole — that is, the individual sentences and paragraphs support and develop on main idea or central point. 每一篇文章都是一个统一的整体，就是说，每个句子和段落都是为大意和主旨服务的。

派 unification *n.* 统一；联合
同 unite, combine; accord, reconcile
反 divide, separate, split

079
**restatement**
/ ˌriːˈsteɪtmənt /

释 *n.* 重述；再次声明
例 I hope this book is not another **restatement** of some prevailing wisdom. 我希望这本书不会又是一些流行的至理名言的复重。
同 repetition

080
**paraphrase**
/ ˈpærəfreɪz /

释 *v.* 改写；释义；意译 *n.* 释义；改写
派 paraphrasis *n.* 释义；意译
同 rephrase, reword

081
**pointedly**
/ ˈpɔɪntɪdli /

释 *ad.* 明显地；直截了当地；（言语）尖锐地
例 Assign a title that summarizes, briefly and **pointedly**, the main idea developed in the passage. 选出对文章主要内容概括得简明而又贴切的标题。
同 emphatically

082
**explicit**
/ ɪkˈsplɪsɪt /

释 *a.* 明确的；清楚的；直率的；详述的
例 It was the director's intention to make what was only implicit in the play **explicit** in the film. 导演的用意是将剧本中的隐晦含意在电影中清晰明白地表现出来。
搭 explicit memory 外显记忆
同 precise, distinct, specific
反 ambiguous, implicit, vague

083
**figuratively**
/ ˈfɪɡərətɪvli /

释 *ad.* 比喻地；象征性地
例 To answer these questions, you may have to identify the intended meaning of a word used **figuratively** in a passage. 回答这些问题时，你可能要识别出使用比喻手法的单词所要表达的真正意思。
搭 figuratively speaking 打个比方说
同 symbolically, allegorically
反 literally

084
**discern**
/ dɪˈsɜːrn /

释 *v.* 识别，辨明；看出，察觉出
例 It is easy to **discern** a connection between high rents and the lack of housing. 显而易见，高房租和住房缺乏是彼此相关的。
搭 discern technology 识别技术
派 discernable *a.* 可辨别的；可认识的
同 recognize, identify, detect, observe, spot

085
**argumentation**
/ ˌɑːrɡjumənˈteɪʃn /

释 *n.* 论证；争论；辩论
例 This question is relatively easy and only needs brief **argumentation**. 这个问题相对容易，只需要简要论证一下即可。
搭 logical argumentation 逻辑论证

派 argumentative *a.* 好辩的；辩论的
同 reasoning, controversy, debate, dispute

086
**diction**
/ ˈdɪkʃn /

释 *n.* 措辞，用语；发音
例 Style and tone questions ask about the expression of a passage and about the idea in a passage that may be expressed through **diction** — the author's choice of words. 有关行文风格和表达语气的问题，是询问作者对文章内容和概念的措辞，即作者对用词的选择。
搭 ornate diction 辞藻 poetic diction 诗歌用语
同 phrase, speech; pronunciation

087
**clarification**
/ ˌklærəfɪˈkeɪʃn /

释 *n.* 澄清，说明
搭 field clarification 现场澄清 issue a clarification 做出澄清
派 clarify *v.* 澄清；阐明 clarified *a.* 澄清的；透明的
同 elucidation, explanation, purification

088
**sphere**
/ sfɪr /

释 *n.* 范围；领域；球（体）；界
例 This area was formerly within the **sphere** of influence of the US. 这一地区先前属于美国的势力范围。
搭 sphere of influence 势力范围
派 spherical *a.* 球形的，球面的；天体的
同 extent, boundary, spectrum, territory

089
**overlap**
/ ˌoʊvərˈlæp /

释 *v.* 与…重叠；（使）相叠
例 When fish are in a compact group, the spheres of visibility **overlap**. 当鱼群以很紧凑的方式游动时，能见的区域有一部分就重叠在一起了。

090
**advantageous**
/ ˌædvənˈteɪdʒəs /

释 *a.* 有利的；有帮助的，有益的
例 A free trade agreement would be **advantageous** to both countries. 自由贸易协定对两国都会有利。
搭 advantageous condition / resources 优势条件/资源
派 advantage *n.* 优势；利益；有利条件
同 beneficial, favorable, conducive
反 disadvantageous, unfavorable

091
**disperse**
/ dɪˈspɜːrs /

释 *v.* 使散开；分散；传播
例 The police fired shots and used teargas to **disperse** the demonstrators. 警方鸣枪并使用催泪弹来驱散示威者。
搭 disperse knowledge 传播知识
派 dispersive *a.* 分散的；弥散的 dispersal *n.* 分散；传播
同 distribute, scatter, spread
反 gather, collect

092
**advocate**

释 / 'ædvəkeɪt / *v.* 主张，提倡；拥护 / 'ædvəkət / *n.* 提倡者；支持者

例 They **advocate** theory B, the "confusion effect", which can be explained in two different ways. 他们拥护理论B，即"混乱效应"，这个效应可以用两种不同的方式去解释。

搭 consumer advocate 消费者权益倡导者 devil's advocate 故意唱反调的人

派 advocacy *n.* 主张；拥护；辩护 advocator *n.* 提倡者；拥护者

同 maintain, submit, support

反 impugn

093
**indecision**
/ ˌɪndɪ'sɪʒn /

释 *n.* 犹豫不决；优柔寡断，无决断力

搭 career indecision 生涯不确定；职业决策困难

派 indecisive *a.* 犹豫不决的；非决定性的

同 irresolution

094
**prey**
/ preɪ /

释 *n.* 被捕食的动物，猎物；捕食；牺牲者 *v.* 捕食；掠夺；折磨

例 Spider must wait for **prey** to be ensnared on its web. 蜘蛛必须等着猎物被它的网困住。

搭 fall prey to 成为…的牺牲品；深受…之害 prey on 捕食；掠夺

同 quarry; victim

095
**distracting**
/ dɪ'stræktɪŋ /

释 *a.* 分心的；分散注意力的

例 Even the predator makes the decision to attack a particular fish, the movement of other prey in the school can be **distracting**. 即使捕猎者下定决心要去攻击某一条鱼，鱼群里其他鱼的游动也会让其分心。

派 distraction *n.* 注意力分散；消遣

同 disturbing

096
**inability**
/ ˌɪnə'bɪləti /

释 *n.* 无能力；无才能

例 Her **inability** to concent rate could cause an accident. 她无法集中精力可能会导致事故。

同 incapacity , incapability, incompetence

反 ability, capacity, competence

097
**laudable**
/ 'lɔːdəbl /

释 *a.* 值得赞赏的；值得赞美的；可嘉的

例 They see this development as **laudable** but suggest that simply adopting ecoefficiency innovations could actually worsen environmental stress in the future. 他们看到了这项发展令人称道之处，但他们暗示说，仅仅采用生态效率方面的革新实际上只能给未来的环境施加更大的压力。

搭 a laudable endeavor 可嘉之举

同 applaudable, commendable, praiseworthy

098
**vulnerable**
/ 'vʌlnərəbl /

释 *a.* 易受伤的，脆弱的；易受攻击的；易受批评的
例 A company that comes to depend on such innovations to increase its profit and growth may be **vulnerable** in the global market to competition from old-style eco-inefficient industries. 一家公司如果依靠那样的创新发明来提高利润以求发展，那它可能会在与传统的生态低效的厂商们竞争时显得脆弱不堪。
搭 vulnerable groups 弱势群体
派 vulnerability *n.* 易损性；弱点
同 sensitive, fragile; defenseless

099
**archeology**
/ ˌɑːrki'ɑːlədʒi /

释 *n.* 考古学
例 **Archeology** as a profession faces two major problems. 把考古学作为一份职业面临两个主要问题。

100
**excavation**
/ ˌekskə'veɪʃn /

释 *n.* 挖掘；开凿；（出土的）文物古迹
派 excavate *v.* 发掘；细查 excavator *n.* 挖掘机；开凿者
同 digging, disinterment
反 burial, interment

101
**outrageous**
/ aʊt'reɪdʒəs /

释 *a.* 令人惊讶的；无礼的；无耻的；过分的
例 She described his remarks as irresponsible, inflammatory and **outrageous**. 她称他的话不负责任、具有煽动性而且极端无礼。
搭 outrageous fortune 厄运
派 outrage *v.* 凌辱；激怒 *n.* 愤怒，愤慨；暴行
同 disgraceful, insulting, shameful, excessive

102
**stroke**
/ stroʊk /

释 *n.* 打击；中风；尝试；轻抚 *v.* 轻抚；敲击；击球
例 I would like to make an outrageous suggestion that would at one **stroke** provide funds for archeology and reduce the amount of illegal digging. 我斗胆提一个一劳永逸的建议，该建议既能为考古学提供资金，又能减少非法文物挖掘。
搭 at one stroke 一举；马上 on the stroke 准时地
同 blow, shock

103
**inducement**
/ ɪn'duːsmənt /

释 *n.* 诱因，动机；诱导，劝诱；刺激物
例 They offer every **inducement** to foreign businesses to invest in their states. 他们为外国企业提供种种优厚条件，以吸引这些企业到他们所在的州投资。
搭 inducement occasion 诱因
同 incentive, motivator, stimulus

104
**artifact**
/ 'ɑːrtɪfækt /

释 *n.* 人工制品；手工艺品；加工品
例 Moreover, ancient **artifacts** are part of our global cultural heritage, which should be available for all to appreciate, not sold to the highest bidder. 此外，古代制品是我们世界文化遗产的一部分，应该供我们所有人来欣赏，而不是卖给出价最高的竞拍者。

105
**pottery**
/ 'pɑːtəri /

释 *n.* **陶器；陶器制造（术）；陶器厂**

例 I refer to the thousands of **pottery** vessels and ancient lamps that are essentially duplicates of one another. 我指的是成千上万的陶器器皿和古代灯具，它们彼此间基本上都是相互复制的。

搭 painted pottery 彩陶 glazed pottery 釉陶

106
**indistinguishable**
/ ˌɪndɪ'stɪŋgwɪʃəbl /

释 *a.* **难区别的，不能辨别的；不易察觉的；难以理解的**

例 The replica of this painting is almost **indistinguishable** from the genuine one. 这幅画的复制品几乎和真品没什么分别。

派 indistinguishability *n.* 不可分辨性

反 distinguishable, cognizable, diacritical

107
**bulge**
/ bʌldʒ /

释 *v.* **塞满；膨胀；鼓起** *n.* **膨胀；肿胀；暴增**

例 The graph shows a **bulge** in the birth rate after the Second World War. 图表显示了二战后出生率的暴增。

派 bulgy *a.* 凸出的；膨胀的；肿胀的

同 distend, plim, swell; expansion, inflation

108
**clandestine**
/ klæn'destɪn /

释 *a.* **秘密的，私下的；偷偷摸摸的**

例 But the demand for the **clandestine** product would be substantially reduced. 但私下交易的需求会大大减少。

搭 clandestine aircraft 隐形飞机 clandestine marriage 隐婚

同 private, surreptitious, undercover

109
**provenance**
/ 'prɑːvənəns /

释 *n.* **出处，原产地；起源**

例 He is fully aware of the **provenance** of these treasures. 他完全清楚这些珍宝的来源。

搭 provenance information 出处信息

同 birthplace, cradle

110
**stratigraphically**
/ ˌstræti'græfikəli /

释 *ad.* **用地层分析法；地层学地**

例 Who would want an unmarked pot when another was available whose provenance was known, and that was dated **stratigraphically** by the professional archeologist who excavated it? 如果有一件出处明确，并被发现它的专业考古学家用地层分析法确定年代的文物存在，谁还会去买一个毫无标志的水壶呢？

111
**analogous**
/ ə'næləgəs /

释 *a.* **相似的，类似的；可比拟的**

例 The gills of fishes are **analogous** to the lungs of terrestrial animals. 鱼类的鳃与陆上动物的肺类似。

搭 analogous to 与…类似

派 analogy *n.* 类比；类推；类似

同 akin, parallel

112
**outermost**
/ 'aʊtərmoʊst /

释 *a.* 最外层的，离中心最远的
例 This is the **outermost** atmospheric layer. 这是大气层中最外面的一层。
搭 outermost layer 最外层
同 farthermost
反 innermost

113
**gradient**
/ 'greɪdiənt /

释 *n.* 倾斜度，坡度；梯度
搭 pressure gradient 压力梯度 vertical gradient 垂直梯度
同 slope, obliquity

114
**bout**
/ baʊt /

释 *n.* 回合；较量；发作；一阵
同 round, battle, contest

115
**crater**
/ 'kreɪtər /

释 *v.* 在…上形成坑；取消；毁坏 *n.* 坑；火山口
例 In similar fashion, Callisto's surface is very heavily **cratered** from the impact of comets and asteroids. 同样，木卫四的表面由于彗星和小行星的影响变得坑坑洼洼。
同 recall; destroy, damage

116
**comet**
/ 'kaːmət /

释 *n.* 彗星
例 We observed the **comet** for 70 days before it faded from sight. 我们观察了这颗彗星70天，直至它慢慢从视线中消失。
搭 Halley's Comet 哈雷彗星
派 cometary *a.* 彗星的；彗星似的

117
**asteroid**
/ 'æstərɔɪd /

释 *n.* 小行星；海盘车
例 There is an **asteriod** on a collision course with the Earth. 有一颗小行星可能会与地球发生碰撞。
搭 asteroid belt 小行星带
派 asteroidal a. 星状的

118
**bombardment**
/ baːm'baːrdmənt /

释 *n.* 轰炸，轰击；炮击
例 The capital is still under constant **bombardment** by the rebel forces. 首都仍在遭受叛军的持续轰炸。
搭 aerial bombardment 空袭
同 attack, cannonade

119
**resurface**
/ ˌriː'sɜːrfɪs /

释 *v.* 重铺表面；重铺路面；重新露面；浮上水面
例 But because of Io's high degree of geological activity, its surface undergoes more-or-less continuous volcanic **resurfacing**. 但由于木卫一的地质活动高度活跃，其表面在火山的爆发下也不断翻新。

120
**constituency**
/ kən'stʃuənsi /

释 *n.* 选区；选区的选民；支持者
例 Our **constituency** covers the city's poorest areas. 我们的选区包括该城市是贫困的地区。
同 advocate; customer, client, guest

# Day 13

## Previous Check

- □ ethos
- □ segregated
- □ indignity
- □ perceptible
- □ revitalization
- □ receptive
- □ appeal
- □ allegiance
- □ repudiate
- □ foothold
- □ attainment
- □ desegregation
- □ terrestrial
- □ cardiovascular
- □ gravitational
- □ circulate
- □ counteract
- □ orientation
- □ spatial
- □ circulatory
- □ entail
- □ extremity
- □ arboreal
- □ momentarily
- □ wiggle
- □ contraction
- □ torso
- □ apparently
- □ venous
- □ assertion
- □ outweigh
- □ susceptible
- □ tilt
- □ superiority
- □ adversely
- □ acutely
- □ elaborate
- □ neutralize
- □ utility
- □ conceptual
- □ reversible
- □ arbitrariness
- □ pragmatic
- □ arbitrary
- □ execute
- □ diversity
- □ feminist
- □ validate
- □ autobiography
- □ affirm
- □ disinterested
- □ commentary
- □ rhetoric
- □ pivotal
- □ mitigate
- □ throughput
- □ optimal
- □ coordination
- □ bargain
- □ recruit
- □ stockpile
- □ intangible
- □ acquisition
- □ rear
- □ articulate
- □ plausible
- □ substantiate
- □ demographic
- □ correlate
- □ compliance
- □ provision
- □ discretion
- □ exempt
- □ exemplify
- □ misconception
- □ analogy
- □ jurisdiction
- □ sovereignty
- □ implicitly
- □ doctrine
- □ buttress
- □ rescind
- □ defer
- □ isotope
- □ molecule
- □ incorporate
- □ calcium
- □ specimen
- □ periodicity
- □ particulate
- □ predominate
- □ characterization
- □ superintendent
- □ metabolic
- □ secretion
- □ cellular
- □ elicit
- □ prohibit
- □ concur
- □ extant
- □ stringently
- □ cease
- □ contention
- □ hygiene
- □ behavioralist
- □ multinational
- □ candidacy
- □ electoral
- □ hamper
- □ regime
- □ foreshadow
- □ reconcile
- □ egalitarian
- □ maneuver
- □ breakdown
- □ ambiguity
- □ inconsistency
- □ novelty
- □ computation
- □ constrain

001
**ethos**
/ 'iːθɑːs /

释 *n.* 精神；信仰；道德风貌
例 We should think about the reasons of **ethos** imperfection. 我们应该思考民族精神缺失的原因。
搭 school ethos 校风 work ethos 工作精神
同 temperament

002
**segregated**
/ 'segrɪgeɪtɪd /

释 *a.* 被分开的；区分开的；被隔离的
例 Hoping to participate in the traditional American ethos of individual success, many African American people entered the armed forces with enthusiasm, only to find themselves **segregated** from white troops and subjected to numerous indignities. 怀着美国传统中对个人成功的那份精神信仰，许多非裔美国人满怀热情投身于军队之中，结果却发现自己被白人同行孤立对待，受到了莫大的侮辱。
搭 segregated account 独立账户
同 separated, divorced

003
**indignity**
/ ɪn'dɪgnəti /

释 *n.* 侮辱；轻蔑；无礼举动
例 The soldiers who were captured suffered many **indignities**. 被俘的士兵受尽侮辱。
同 affront, dishonor, insult
反 dignity

004
**perceptible**
/ pər'septəbl /

释 *a.* 可察觉的，可感知的；看得见的
例 The increase of price has had no **perceptible** effect on sales. 这次提价没有对销售产生明显的影响。
同 detectable, perceivable, conspicuous, distinguishable, visible
反 imperceptible

005
**revitalization**
/ riːˌvaɪtələ'zeɪʃn /

释 *n.* 复兴；复苏；新生
例 We will continue to promote restructuring and **revitalization** in key industries. 我们将继续推进重点产业调整振兴。
搭 economic revitalization 经济振兴
同 renaissance, renewal

006
**receptive**
/ rɪ'septɪv /

释 *a.* 善于接受的；能容纳的；感受的
例 At the same time, customers are becoming highly **receptive** to new technology. 同时，顾客开始变得更乐于接受新技术。
同 sensory

007
**appeal**
/ ə'piːl /

释 *v.* 有吸引力；迎合爱好；呼吁，恳求；上诉；诉诸
搭 appeal against 提出上诉 appeal to 吸引；申诉
派 appealing *a.* 吸引人的；恳求似的 appealable *a.* 可上诉的
同 attract; beg, entreat, plead

008
**allegiance**
/ ə'liːdʒəns /

释 *n.* **拥护，忠诚；忠贞，忠节**

例 They maintained as civilians their enthusiastic **allegiance** to the armed forces. 他们作为普通市民仍然积极拥护军队。

搭 permanent allegiance 永久效忠

同 devotion, faithfulness, fidelity, loyalty

反 betrayal, sedition

009
**repudiate**
/ rɪ'pjuːdieɪt /

释 *v.* **否认，否定；拒绝；批判；与…断绝关系**

例 The sublet is entitled to **repudiate** the contract within a reasonable period of time. 转租者有权在合理的时间期限内拒绝合同。

搭 repudiate a debt 赖账

派 repudiation *n.* 否认；拒绝；抛弃

同 deny, disclaim, refuse, reject

010
**foothold**
/ 'fʊthoʊld /

释 *n.* **据点，根据地；立足处**

例 The company is eager to gain a **foothold** in Europe. 这家公司急于在欧洲取得一席之地。

搭 a secure foothold 可靠的落脚点

同 footing

011
**attainment**
/ ə'teɪnmənt /

释 *n.* **建树，成就；达到；学识**

例 They expected to fulfill ideals of personal **attainment**. 他们期待实现自己有所成就的理想。

搭 academic attainment 学术造诣

同 accomplishment, achievement

反 failure

012
**desegregation**
/ diːˌsegrɪ'geɪʃn /

释 *n.* **废除种族隔离；废止歧视**

例 They hoped that joining the military would help advance the cause of **desegregation**. 他们希望参军能够把废除种族隔离的事业向前推进。

013
**terrestrial**
/ tə'restriəl /

释 *a.* **陆地的；地球的；人间的**

例 Aquatic food chains are different from **terrestrial** ones. 水生食物链不同于陆地食物链。

搭 terrestrial heat 地热

同 earthly, telluric

014
**cardiovascular**
/ ˌkaːrdioʊ'væskjələr /

释 *a.* **心血管的**

搭 cardiovascular disease 心血管疾病；冠心病

015
**gravitational**
/ ˌɡrævɪˈteɪʃənl /

释 *a.* 重力的；万有引力的，地心吸力的

例 In this experiment, the loss of **gravitational** potential energy of the block equals the gain of elastic potential energy of the spring. 在这个实验中，该物块的重力势能的减少，等于该弹簧的弹性势能的增加。

搭 gravitational force 万有引力；重力

016
**circulate**
/ ˈsɜːrkjəleɪt /

释 *v.* 流通；循环；传播，流传

例 Gravitational pressure can cause blood to pool in the lower regions of the body, making it difficult to **circulate** blood to critical organs such as the brain. 重力的压力能使血液淤积在身体的低位区域，造成血液很难流向像大脑这样的关键器官。

派 circulation *n.* 流通；传播；循环；发行量 circulatory *a.* 循环的

同 distribute, scatter, spread

017
**counteract**
/ ˌkaʊntərˈækt /

释 *v.* 抵消；阻碍；中和

例 The power of red wine to **counteract** high cholesterol has been exaggerated in the press. 红酒降低胆固醇的功效被媒体夸大了。

派 counteractive *a.* 反作用的；抵抗的；反对的 counteraction *n.* 中和；反对的行动；抵抗

同 balance, neutralize, offset

018
**orientation**
/ ˌɔːriənˈteɪʃn /

释 *n.* 方向；定向；适应；倾向性

例 The university offers new students with a day or two of **orientation**. 大学对新生提供一两天的新生报到培训。

搭 customer orientation 顾客导向；以顾客为中心

019
**spatial**
/ ˈspeɪʃl /

释 *a.* 空间的，立体空间的；存在于空间的

例 Major changes are taking place in the **spatial** distribution of the population. 人口的地域分布正发生着巨大的变化。

搭 spatial distribution 空间分布

同 dimensional, spacial

020
**circulatory**
/ ˈsɜːrkjələtɔːri /

释 *a.* 循环的；循环系统的

例 It is said that this disease can destroy the human blood **circulatory** system. 据说这种疾病会破坏人体的血液循环系统。

搭 circulatory system 循环系统

同 cyclic

021
**entail**
/ ɪnˈteɪl /

释 *v.* 必需；使承担；蒙受

例 The heart of sea snakes can be located near the middle of the body, a position that minimizes the work **entailed** in circulating blood to both extremities. 海蛇的心脏位于身体中央的附近，这个位置最容易使血液循环到头尾两端。

派 entailment *n.* 需要；继承人之限制

同 involve

022
**extremity**
/ ɪk'streməti /

释 *n.* 端点；极端；尽头；非常手段；手和足

例 The region has remained undeveloped due to its forbidding geography and the **extremities** of its weather. 这个地区一直未被开发是因为其令人生畏的地理条件和极端的天气状况。

搭 upper / lower extremity 上/下肢 the last extremity 穷途末路，绝境

023
**arboreal**
/ ɑːr'bɔːriəl /

释 *a.* 栖息在树上的；树木的

同 arborous, arborescent

024
**momentarily**
/ ˌmoʊmən'terəli /

释 *ad.* 随时地；暂时地；立刻；顷刻之间

同 immediately, shortly

025
**wiggle**
/ 'wɪɡl /

释 *v.* 扭动；（使…）摆动

派 wiggly *a.* 扭动的；左右摇摆的；蠕动的 wiggler *n.* 摇摆的人；蠕动的东西

同 wriggle, oscillate, swing

026
**contraction**
/ kən'trækʃn /

释 *n.* 收缩，紧缩；痉挛；缩写式

例 The **contraction** of muscles consumes energy and releases heat. 肌肉的收缩消耗能量并且释放热量。

搭 economic contraction 经济紧缩 muscle contraction 肌肉收缩

同 shrinkage

反 expansion

027
**torso**
/ 'tɔːrsoʊ /

释 *n.* 躯干；残缺不全的东西

同 body, truncus, trunk

028
**apparently**
/ ə'pærəntli /

释 *ad.* 显然地；似乎，表面上

例 **Apparently** the girls are not at all amused by the whole business. 显然，女孩子们觉得整件事一点也不好笑。

同 evidently, manifestly, ostensibly, seemingly

029
**venous**
/ 'viːnəs /

释 *a.* 静脉的；有脉纹的

例 By compressing the veins and forcing blood forward, these contractions apparently improve the flow of **venous** blood returning to the heart. 通过收缩静脉和促进血液流动，这些收缩显著地促进了静脉血回流到心脏。

搭 venous cutdown 静脉切开术 venous distention 静脉扩展

同 veinal

030
**assertion**
/ ə'sɜːrʃn /

释 *n.* 论断，断言；声明；主张，要求

例 These institutions have made the **assertion** of ethnic identity possible. 这些制度使实现民族认同的主张成为可能。

同 affirmation, statement, requirement

031
**outweigh**
/ ˌaʊt'weɪ /

释 *v.* 胜过，超过；比…重；比…重要，比…有价值
例 The medical benefits of X-rays far **outweigh** the risk of having them. X光在医学上的益处远甚于它带来的风险。
搭 advantages outweigh disadvantages 利大于弊 demerits outweigh merits 功不补过

032
**susceptible**
/ sə'septəbl /

释 *a.* 易受影响的；敏感的；易感动的；能经受的
例 Young people are the most **susceptible** to these appealing advertisements. 年轻人最容易受引人瞩目的广告的影响。
搭 susceptible to 易受…的影响；对…敏感 susceptible factor 敏感因子
派 susceptibility *n.* 敏感性
同 impressionable, pliant
反 immune

033
**tilt**
/ tɪlt /

释 *v.* 翘起；（使）倾斜，（使）倾侧 *n.* 倾斜；帆布篷
例 The baby **tilted** her head back and looked up at me with a smile. 婴儿向后转过头，抬起头看着我微笑。
搭 tilt cloth 帆布
派 tilter *n.* 倾斜体
同 incline, lean, slant, slope

034
**superiority**
/ suːˌpɪri'ɔːrəti /

释 *n.* 优越（性）；优等
例 He contented himself by assuming an air of **superiority**. 他表现出一副高高在上的样子以获得自我满足。
搭 superiority effect 优势效应 technical superiority 技术优势
同 advantage, edge
反 inferiority

035
**adversely**
/ 'ædvɜːrsli /

释 *ad.* 不利地，有害地；反对地
例 Price changes must not **adversely** affect the living standards of the people. 物价变化一定不能给人们的生活水平带来负面影响。
同 disadvantageously

036
**acutely**
/ ə'kjuːtli /

释 *ad.* 极其；剧烈地；尖锐地
例 They become **acutely** vulnerable to the effects of gravitational pressure on their circulatory system when they are placed in a terrestrial environment. 在陆地环境中，它们的循环系统由于重力压力的作用，变得极其脆弱。
同 pointedly, pungently

037
**elaborate**

释 / ɪ'læbəreɪt / *v.* 详细阐述；精细制作 / ɪ'læbərət / *a.* 详尽的；精心制作的；煞费苦心的
例 She is known for **elaborate** costumes. 她以着装精致而出名。
搭 an elaborate conspiracy 一个精心策划的阴谋
派 elaboration *n.* 苦心经营；精巧；详细阐述

038
**neutralize**
/ 'nuːtrəlaɪz /

释 *v.* 抵消，使…中和；使…无效；使…中立
例 The alkalinity of water is a measure of its capacity to **neutralize** acids. 水的碱性是它中和酸的能力的一种量度。
搭 mutually reinforce and neutralize 相生相克
同 counteract, counterbalance, countervail, nullify

039
**utility**
/ juː'tɪləti /

释 *n.* 公共事业；实用；效用，功用 *a.* 实用的；多功能的
例 Their research project has limited practical **utility**. 他们的研究项目实用价值很有限。
搭 public utility 公用设施
派 utilitarianism *n.* 功利主义；实用主义
同 usefulness; applied

040
**conceptual**
/ kən'septʃuəl /

释 *a.* 概念上的
例 The revenues from public services are self-explanatory and raise few **conceptual** problems. 公共服务业提供收入是理所当然的，不会引起概念的问题。
搭 conceptual design 概念性的设计 conceptual model 概念模型；概念模式

041
**reversible**
/ rɪ'vɜːrsəbl /

释 *a.* 可逆的；可撤销的；可反转的 *n.* 双面布料
例 Finding that the damage is **reversible** will do nothing to prevent unnecessary restrictions. 发现损害是可逆的这一事实无助于阻止不必要的限制。
搭 reversible reaction 可逆反应
同 invertible

042
**arbitrariness**
/ 'ɑːrbətrerinəs /

释 *n.* 武断，主观；任意；霸道；反复无常
例 Such ambiguities reveal the **arbitrariness** of this definition and suggest that, although practical for government purposes, it does not accurately reflect the composition of the current United States economy. 这种意义上的含糊不清说明下定义时的主观武断，同时也表明该定义尽管对于政府目的而言切实可行，但却无法真实地反映美国当今的经济结构。
同 absoluteness

043
**pragmatic**
/ præg'mætɪk /

释 *a.* 实际的；实用主义的；爱管闲事的
例 They have adopted a **pragmatic** approach to management problems. 他们对管理问题采取了务实做法。
派 pragmatically *ad.* 讲究实效地；实用主义地 pragmatism *n.* 实用主义；独断 pragmatist *n.* 实用主义者；爱管闲事的人
同 practical, actual, realistic

044
**arbitrary**
/ 'ɑːrbətreri /

释 *a.* 武断的；任意的；专制的；霸道的
例 The choice of the first string players for the team seemed completely **arbitrary**. 看起来这个队的首发阵容完全是随意选定的。

派 arbitrariness *n.* 武断；任意，恣意；霸道；反复无常
同 random, willful

045
**execute**
/ 'eksɪkjuːt /
释 *v.* 实施；完成；执行；处死
例 Never once did I doubt that I would be able to **execute** my plan. 我从未怀疑过我能执行自己的计划。
搭 execute plan 执行计划
派 executive *a.* 行政的；经营的；执行的，经营管理的 executed *a.* 已执行的；已生效的 executable *a.* 可执行的；可实行的 execution *n.* 执行，实行；完成；死刑
同 perform, implement, enforce

046
**diversity**
/ daɪ'vɜːrsəti /
释 *n.* 多样性；差异
例 His object is to gather as great a **diversity** of material as possible. 他的目标就是尽可能多地搜集各种材料。
搭 biological diversity 生物多样性 diversity management 多样性管理
同 multiplicity, variety

047
**feminist**
/ 'femənɪst /
释 *a.* 女权主义的，主张男女平等的 *n.* 男女平等主义者
例 Current **feminist** theory, in validating women's own stories of their experience, has encouraged scholars of women's history to view the use of women's oral narratives as the methodology, next to the use of women's written autobiography, that brings historians closest to the "reality" of women's lives. 女性自传能使历史学家最大限度地接近女性现实的生活情况。当今的女权主义理论鼓励了从事女性历史研究的学者将女性的口头叙述当做仅次于自传的方法来证实女性自身经历的故事。

048
**validate**
/ 'vælɪdeɪt /
释 *v.* 证实，验证；确认；使生效
例 Additional studies and tests have tended to **validate** this conclusion. 进一步的研究和试验有助于确认这个结论。
派 validation *n.* 确认；批准；生效
同 testify, certify, verify, ratify
反 invalidate

049
**autobiography**
/ ˌɔːtəbaɪ'ɑːgrəfi /
释 *n.* 自传；自传文学
例 His **autobiography** provides an illuminating insight to his mind. 他的自传可以让读者深入洞察他的精神世界。
派 autobiographic *a.* 自传的；自传体的 autobiographer *n.* 自传作者
同 memoir

050
**affirm**
/ ə'fɜːrm /
释 *v.* 肯定，断言；证实，确实
例 Both sides **affirmed** their commitment to the truce. 双方证实了他们对停火的承诺。
派 affirmative *a.* 肯定的；积极的 affirmable *a.* 可断言的；可确定的 affirmation *n.* 主张，肯定；断言

同 assert, declare, certify, confirm
反 deny, negate

051
**disinterested**
/ dɪs'ɪntrəstɪd /

释 *a.* 公正的；无私的；不感兴趣的；不关心的
例 Oral narratives are no more likely than are written narratives to provide a **disinterested** commentary on people or events. 口头叙述和书面叙述一样，都无法客观公正地评价人或事。
同 candid, dispassionate, impartial, apathetic
反 prejudiced, biased, selfish

052
**commentary**
/ 'kaːmənteri /

释 *n.* 评论；解说词；注释；实况报道
例 He kept up a running **commentary** on everyone who came in or went out. 他不断地对上下场的每一名队员进行解说。
同 comment, remark

053
**rhetoric**
/ 'retərɪk /

释 *n.* 雄辩的言辞；华丽的辞藻；修辞，修辞学
例 The political **rhetoric** of a particular era, for example, may influence women's interpretations of the significance of their experience. 例如，某个特殊时期的政治言论可能会影响女性对自我经历意义的理解。
派 rhetorician *n.* 雄辩家；修辞学者
同 eloquence, trope

054
**pivotal**
/ 'pɪvətl /

释 *a.* 关键的；中枢的；枢轴的 *n.* 关键事物；中心事物
例 Russia plays a **pivotal** role in European affairs. 俄罗斯在欧洲事务中扮演举足轻重的作用。
搭 pivotal role 关键角色
同 crucial, key, determining

055
**mitigate**
/ 'mɪtɪgeɪt /

释 *v.* 减轻；缓和下来
例 Governments should endeavour to **mitigate** the issue of poverty. 政府应努力缓解贫困问题。
搭 mitigate risks 规避风险
派 mitigative *a.* 缓和的；减轻的；平静的 mitigatory *a.* 减轻的；缓和的 *n.* 镇静剂 mitigation *n.* 减轻；缓和
同 comfort, obtund
反 increase, intensify, irritate, worsen

056
**throughput**
/ 'θruːpʊt /

释 *n.* 吞吐量；生产量；生产能力
搭 throughput capacity 生产能力；总处理能力 throughput rate 吞吐率
同 productivity

057
**optimal**
/ 'aːptɪməl /

释 *a.* 最佳的，最优的；最理想的
例 Aerobic exercise is the **optimal** method for women attempting to lose weight. 有氧锻炼是女性减肥的最佳方式。

搭 optimal allocation 最优配置 optimal design 优化设计；最佳设计
派 optimum *n.* 最佳效果；最适宜条件 optimization *n.* 最佳化，最优化

058
**coordination**
/ koʊˌɔːrdɪˈneɪʃn /
释 *n.* 协调，调和；对等，同等
搭 in coordination with 与…协调；与…协作
同 harmony

059
**bargain**
/ ˈbɑːrgən /
释 *n.* 特价商品；交易；契约 *v.* 讨价还价；成交；拿…做交易
例 Fresh salmon is a **bargain** at the supermarket this week. 这周超市的新鲜鲑鱼特价销售。
搭 real bargain 合算的交易
派 bargaining *n.* 讨价还价；交易；交涉 bargainer *n.* 交易者；讨价还价的人

060
**recruit**
/ rɪˈkruːt /
释 *v.* 招聘；征募（新兵）；吸收某人为新成员
例 He helped to **recruit** volunteers for the coming Olympic Games. 他为即将开幕的奥运会协助招募志愿者。
派 recruitment *n.* 补充；征募新兵 recruiter *n.* 招聘人员；征兵人员
同 draft, enlist, enroll

061
**stockpile**
/ ˈstɑːkpaɪl /
释 *v.* 储备，储存；囤积，积累 *n.* 库存；积蓄
例 The country has built up a **stockpile** of strategic metals. 该国建立了战略性金属材料贮备。
同 reserve, stock

062
**intangible**
/ ɪnˈtændʒəbl /
释 *a.* 无形的，触摸不到的；难以理解的
例 There are **intangible** benefits besides a rise in the share price. 除了股价上升之外，还有一些无形利益。
搭 intangible asset 无形资产 intangible property 无形财产
派 intangibility *n.* 无形；不确定
同 discarnate, invisible
反 tangible

063
**acquisition**
/ ˌækwɪˈzɪʃn /
释 *n.* 获得，取得；习得；获得物
例 According to the theory, investment in human capita — the **acquisition** of difficult job-related skills — generally benefits individuals by making them eligible to engage in well-paid occupations. 依据这一理论，在人力资本上的投入（获得与工作相关的有难度的技能）通常对个人有利，帮助他们获得从事高薪工作的技能。
搭 data acquisition 数据采集 language acquisition 语言习得 merger and acquisition 收购兼并
同 acquirement, attainment

064
**rear**
/ rɪr /
释 *v.* 养育，抚养；饲养；栽种 *n.* 后面；背部；后方
例 It was not easy for the widowed mother to **rear** up her four children. 一个寡母把她的四个孩子抚养成人确实不易。

搭 bring up the rear 处在最后的位置

派 rearward *a.* 向后方的；在末尾的 rearmost *a.* 最后的

同 cultivate, foster, raise

065

## articulate

释 / ɑːr'tɪkjuleɪt / *v.* **明确有力地表达；清晰地发（音）；用关节连接；使相互连贯** / ɑːr'tɪkjələt / *a.* **发音清晰的；善于表达的；有关节的**

例 She is clearly the most **articulate** and self-possessed member of her family. 显然，她是家里口才最好、最沉着冷静的人。

派 articulation *n.* 关节；接合；清晰度

同 enunciative, eloquent

反 inarticulate

066

## plausible

/ 'plɔːzəbl /

释 *a.* **貌似有理的；貌似真实的；花言巧语的，动听的**

例 That explanation seems entirely **plausible** to me. 那个解释在我看来完全说得通。

同 reasonable, rhetoric

067

## substantiate

/ səb'stænʃieɪt /

释 *v.* **用事实支持，证实；使具体（实体）化**

例 Despite this, more research is needed to **substantiate** the claims. 尽管如此，这种联系还需要更多的研究来证实。

派 substantiation *n.* 证实；实体化

同 affirm, confirm, corroborate, validate

068

## demographic

/ ˌdemə'græfɪk /

释 *a.* **人口统计的；人口统计学的**

例 These **demographic** changes help to create a virtuous circle of growth. 这些人口结构的变化有助于创造一个良性的增长循环。

同 larithmic

069

## correlate

/ 'kɑːrəleɪt /

释 *v.* **关联，互相有关系**

例 However, statistical analyses reveal that demographic changes in the workforce did not **correlate** with variations in tho total number of temporary workers. 然而数据分析显示，劳动人口统计数据的变化与从事临时性工作的总人数的变化并没有相关性。

搭 correlate with 与…相互关联

派 correlative *a.* 相关的，有相互关系的 correlation *n.* 相关，关联；相互关系 correlativity *n.* 相关关系；相互关系

同 associate, link, relate

070

## compliance

/ kəm'plaɪəns /

释 *n.* **遵从，遵守；顺从，服从；承诺**

例 It is extremely important to drive in **compliance** with the traffic laws. 行驶时遵守交通规则是非常重要的。

搭 compliance range 依从范围

同 obedienco, commitment

反 denial

071
## provision
/ prə'vɪʒn /

释 *n.* 规定；条款；准备；供应

例 This department is responsible for the **provision** of residential care services. 这个部门负责提供家庭护理服务。

搭 relevant provision 相关规定 contractual provision 合同条款；契约条款

同 item; preparation; supply

072
## discretion
/ dɪ'skreʃn /

释 *n.* 自行决定；谨慎，慎重；考虑周到；判断力

例 How much to tell terminally ill patients and their family is left to the **discretion** of the doctor. 要告诉绝症患者和他们的家属多少实情是留给医生的自由裁量权。

搭 at the discretion of 任凭…处理 with discretion 慎重地，谨慎地

同 caution, circumspection, prudence, discernment

073
## exempt
/ ɪg'zempt /

释 *a.* 被免除的；被豁免的 *v.* 免除；豁免

例 His bad eyesight **exempted** him from military service. 他因视力不好而免服兵役。

搭 exempt from 豁免；免除 tax exempt 免税的

派 exemption *n.* 免除；豁免；免税

同 excuse, forgive

074
## exemplify
/ ɪg'zemplɪfaɪ /

释 *v.* 举例证明，例证；是（作为）典型（或榜样）

例 It **exemplifies** a misconception mentioned in the passage. 它就文中提到的一种误解进行了举例说明。

同 demonstrate, illustrate

075
## misconception
/ ˌmɪskən'sepʃn /

释 *n.* 误解；错误想法

例 It is a **misconception** to assume that the two continents are similar. 关于这两块大陆相似的假设是一种误解。

搭 common misconception 常见误解

076
## analogy
/ ə'nælədʒi /

释 *n.* 类比；类推；类似

例 It is not always reliable to argue by **analogy**. 靠类推法论证并不总是可靠的。

搭 analogy analysis 类比分析 by analogy 用类推的方法；同样 on the analogy of 根据…类推

同 analogousness, likeness, similarity

077
## jurisdiction
/ ˌdʒʊrɪs'dɪkʃn /

释 *n.* 管辖权；司法权，审判权；权限，权力

例 The court has no **jurisdiction** over foreign diplomats living in this country. 法院对驻本国的外交官无裁判权。

搭 exclusive jurisdiction 专属管辖；专属管辖权 under the jurisdiction of 受…管辖

同 competence, rights

078
## sovereignty
/ 'sɑːvrənti /

释 *n.* **主权，统治权；主权国家；独立国**
例 The **sovereignty** of these islands is in dispute. 这些岛屿的主权有争议。
搭 territorial sovereignty 领土主权
同 dominion, reign

079
## implicitly
/ ɪm'plɪsɪtli /

释 *ad.* **含蓄地；暗中地**
例 The home builder's argument **implicitly** recognizes that there are some residential fires that are not extinguished by household members. 房屋建造者的论证含蓄地承认了有一些家庭火灾不是家庭成员扑灭的。
同 furtively, clandestinely

080
## doctrine
/ 'dɑːktrɪn /

释 *n.* **政府主张；主义；学说；教义；信条**
例 This fact, however, has not barred application of the Winters **doctrine** in Pueblo. 然而这个事实并不影响温特斯法案在普韦布洛的适用性。
搭 Buddhist doctrine 佛法 Truman doctrine 杜鲁门主义
派 doctrinal *a.* 学说的；教义的；教诲的
同 principle, theory, belief, creed

081
## buttress
/ 'bʌtrəs /

释 *v.* **支持；以扶壁支撑** *n.* **扶壁；拱壁；支撑物**
例 He **buttressed** up the argument with lots of solid facts. 他以大量确凿的事实来支持这个观点。
同 back, encourage, support

082
## rescind
/ rɪ'sɪnd /

释 *v.* **废除；解除，取消；撤回**
例 The Union have demanded the government to **rescind** the price rise. 工会已经要求政府阻止价格上涨。
搭 rescind a contract 解约 rescind an order 取消命令
同 annul, retract, revoke

083
## defer
/ dɪ'fɜːr /

释 *v.* **推迟，延期；服从，顺从**
例 Customers often **defer** payment for as long as possible. 顾客常常会尽可能地拖延付款。
派 deferred *a.* 延期的 deference *n.* 顺从 deferment *n.* 延期
同 delay, postpone; submit

084
## isotope
/ 'aɪsətoʊp /

释 *n.* **同位素**
例 The dated **isotope** record shows that the fluctuations in global ice volume over the past several hundred thousand years have a pattern: an ice age occurs roughly once every 100,000 years. 确定年代的同位素记录显示出在过去几十万年中全球冰川变换的规律：冰期大约每十万年出现一次。
搭 isotope analysis 同位素分析 isotope separation 同位素分离

085
**molecule**
/ 'mɑːlɪkjuːl /

释 *n.* 分子；微小颗粒
例 The chemical structure of this particular **molecule** is very unusual. 这个特殊分子的化学结构很不寻常。
搭 water molecule 水分子 molecule biology 分子生物学；分子学
同 atom, particle

086
**incorporate**
/ ɪn'kɔːrpəreɪt /

释 *v.* 结合，把…合并；包含；吸收；组成公司
例 We will **incorporate** your suggestion in this new plan. 我们将把你的建议纳入这个新计划。
派 incorporated *a.* 合并的；组成法人组织的 incorporation *n.* 公司；合并
同 combine, merge, unify, unite

087
**calcium**
/ 'kælsiəm /

释 *n.* 钙
例 Dairy products are an excellent source of **calcium** and protein. 奶制品中富含钙和蛋白质。
搭 calcium oxide 氧化钙，生石灰 calcium nitrate 硝酸钙

088
**specimen**
/ 'spesɪmən /

释 *n.* 样本，样品；标本
例 Job applicants have to submit a **specimen** of handwriting. 求职者必须提交一份笔迹样本。
搭 specimen collection 样本采集 test specimen 测试样本
同 sample

089
**periodicity**
/ ˌpɪriə'dɪsəti /

释 *n.* 周期性；频率
同 cyclicity, frequency

090
**particulate**
/ pɑːr'tɪkjələt /

释 *n.* 微粒，微粒状物质 *a.* 微粒的
例 However, it is important to note that other factors, such as volcanic **particulates** or variations in the amount of sunlight received by the Earth, could potentially have affected the climate. 然而，要注意的是火山微粒和地球所吸收阳光量的变化也可能是影响气候变化的潜在因素。
同 molecule

091
**predominate**
/ prɪ'dɑːmɪneɪt /

释 *v.* 占主导（或支配）地位；占优势
例 In this region, teenage boys tend to **predominate** in the crime statistics. 在这个区域里，十几岁的男孩往往在犯罪统计中占主导地位。
派 predominance *n.* 优势；卓越 predomination *n.* 优势；卓越；支配
同 reign, rule

092
**characterization**
/ ˌkærəktəraɪ'zeɪʃn /

释 *n.* 特性描述；人物塑造
例 I don't fully agree with that **characterization** of the welfare system. 我并不完全同意对福利制度的描述。
同 description, portrayal

093
**superintendent**
/ ˌsuːpərɪnˈtendənt /
释 *n.* 主管人，负责人；监督人；所长
同 director, leader

094
**metabolic**
/ ˌmetəˈbɑːlɪk /
释 *a.* 新陈代谢的；变化的
例 It was once believed that the brain was independent of **metabolic** processes occurring elsewhere in the body. 以前，人们认为大脑独立于身体其他部位进行新陈代谢。
搭 metabolic disorder 代谢失调，代谢障碍

095
**secretion**
/ sɪˈkriːʃn /
释 *n.* 分泌，分泌物；藏匿，隐藏
例 We then decided to see whether the **secretion** of the animal's own insulin similarly affected serotonin production. 然后我们决定看看这只动物自己分泌的胰岛素是否会对递质血清素的产生有相似的影响。
搭 external secretion 外分泌 internal secretion 内分泌
同 excretion; concealment

096
**cellular**
/ ˈseljələr /
释 *a.* 细胞的；多孔的；由细胞组成的
搭 cellular phone 移动电话；便携式电话
派 cellularity *n.* 细胞性；多孔性；细胞结构

097
**elicit**
/ iˈlɪsɪt /
释 *v.* 引起；抽出；引出，诱出
例 Her emotional speech **elicited** great sympathy from her audience. 她动情的演说引起了观众的极大同情。
派 elicitation *n.* 引出；诱出；抽出
同 cause, produce

098
**prohibit**
/ proʊˈhɪbɪt /
释 *v.* 禁止，不准；阻止
例 Your bid is so high that **prohibits** business. 你们的报价太高无法成交。
派 prohibitive *a.* 禁止的；抑制的 prohibition *n.* 禁止；禁令；禁酒
同 ban, bar, deter, forbid

099
**concur**
/ kənˈkɜːr /
释 *v.* 同意；一致；同时发生
例 She has expressed her opposition to the plan, and I fully **concur** with her in this matter. 她反对这个计划，我完全同意她的观点。
搭 concur with 同意；同…一致
派 concurrence *n.* 同时发生；赞同；合作 concurrent *a.* 并发的；一致的；同时发生的 concurring *a.* 同时发生的；一致的
同 agree, grant, cooperate

100
**extant**
/ ekˈstænt /
释 *a.* 现存的；显著的
例 He is universally regarded as one of the best pianist now **extant**. 他是被大家一致称许为现存的第一流钢琴家之一。
同 existing

101
**stringently**
/ ˈstrɪndʒəntli /

释 *ad.* 严格地，严厉地；紧迫的

例 The Society for Promoting the Employment of Women provided convincing evidence that lead poisoning could be avoided if workers were careful and clean and if already extant workplace regulations were **stringently** enforced. 如果工人们小心行事并保持清洁，如果现有的工作场所规章制度能够严格地执行的话，铅中毒能够避免——妇女就业促进协会提供了可信的证据来证明这一点。

同 rigorously, severely, rigidly

102
**cease**
/ siːs /

释 *v.* 停止；终止 *n.* 停止

例 We have to work without **cease** to get the project finished on time. 我们必须不停地工作以便按时完成计划。

搭 without cease 不停地，不断地

派 ceaseless *a.* 不断的；不停的 ceaselessly *ad.* 不停地

同 discontinue, end, halt, quit

反 begin, start

103
**contention**
/ kənˈtenʃn /

释 *n.* 论点；争论，争辩

例 This evidence supports their **contention** that the outbreak of violence was prearranged. 这个证据证实了他们的观点，即此次突发事件是有预谋的。

搭 resource contention 资源冲突；资源竞争

同 argument, contestation, controversy, disputation

104
**hygiene**
/ ˈhaɪdʒiːn /

释 *n.* 卫生；卫生学；保健法

例 Their course of study includes elementary **hygiene** and medical theory. 他们的课程包括基础卫生学和医疗知识。

搭 food hygiene 食品卫生 mental hygiene 心理卫生 oral hygiene 口腔卫生

派 hygienic *a.* 卫生的，保健的；卫生学的

同 health,sanitation

105
**behavioralist**
/ bɪˈheɪvjərɪst /

释 *n.* 行为主义著作；行为主义者

例 In 1995 Maurice Duverger published *The Political Role of Women*, the first **behavioralist**, multinational comparison of women's electoral participation ever to use election data and survey data together. 1995年，莫里斯・迪韦尔热出版了《女性的政治角色》一书，作为第一部行为主义著作；这部书中首次将选举数据和调查数据并用，对女性参与选举的情况进行了多国对比。

106
**multinational**
/ ˌmʌltiˈnæʃnəl /

释 *a.* 多国的；多种国籍的 *n.* 跨国公司

例 This is a huge **multinational** electronics company. 这是一家大规模的跨国电子公司。

搭 multinational company 跨国公司

107
**candidacy**
/ ˈkændɪdəsi /

释 *n.* 候选资格；候选状态；候选人的地位

搭 declaration of candidacy 竞选宣言

108
**electoral**
/ ɪ'lektərəl /

释 *a.* 选举的；选举人的
搭 electoral commission 选举委员会 electoral system 选举制度

109
**hamper**
/ 'hæmpər /

释 *v.* 限制；妨碍，束缚
例 In addition, Duverger's discussion of his findings was **hampered** by his failure to consider certain specific factors important to women's electoral participation at the time he collected his data: the influence of political regimes, the effects of political and social relations between women and men. 此外，迪韦尔热对其研究结果的进一步讨论受到了限制，因为他在收集数据时没有考虑到对女性参与选举有重要影响的某些特殊因素，比如国家政体、女性和男性间的政治社会关系。
同 block, hinder, impede, obstruct, restrain

110
**regime**
/ reɪ'ʒiːm /

释 *n.* 政体，政权；社会制度；管理体制
例 The people here are suffering from a vicious and repressive military **regime**. 这里的人们正遭受着凶恶而专制的军事政权的压迫。
搭 military regime 军事政权
同 authorities, government

111
**foreshadow**
/ fɔːr'ʃædoʊ /

释 *v.* 预示；成为…的前兆
例 The disappointing sales figures **foreshadow** more redundancies. 令人失望的销售额预示着会有更多的人被裁员。
同 bode, omen, portend

112
**reconcile**
/ 'rekənsaɪl /

释 *v.* 使协调；使和谐；调解，调停；使顺从
例 He found it hard to **reconcile** himself to the uncomfortable situation of being surrounded by so many strangers. 他发现自己难以忍受这种被许多陌生人包围的不舒服的状况。
搭 reconcile to 使顺从；使一致；甘心 reconcile with 与…和解；进行调解
派 reconcilable *a.* 不矛盾的；可和解的；可调和的 reconciliation *n.* 和解；调和；和谐
同 accord, harmonize

113
**egalitarian**
/ iˌgælɪ'teriən /

释 *a.* 主张人人平等的，平等主义的 *n.* 平等主义；平等主义者
同 equalitarian

114
**maneuver**
/ mə'nuːvər /

释 *n.* 策略；调遣；演习 *v.*（巧妙地）控制；用计谋，用策略
例 It's a **maneuver** to deflect the attention of the people from what is really happening. 这是为了把公众的注意力从真正发生的事情上转移开而耍的花招。
派 maneuverability *n.* 可操作性；机动性
同 conspire, intrigue, manipulate

115
**breakdown**
/ 'breɪkdaʊn /

释 *n.* 故障；崩溃；分解；分类；衰弱

例 After the sudden death of her five-year old son, she suffered a nervous **breakdown**. 她五岁的儿子突然死亡之后，她一度精神崩溃。

搭 breakdown maintenance 停工检修，故障维修

同 fault; classification, category

116
**ambiguity**
/ ˌæmbɪ'gjuːəti /

释 *n.* 模棱两可；含糊，不明确；暧昧

例 In order to remove **ambiguity**, we have to acquire more accurate information. 为了消除含糊不清，我们必须取得更加精确的信息。

搭 ambiguity resolution 歧义消除

派 ambiguously *ad.* 含糊不清地

同 vagueness, opacity

117
**inconsistency**
/ ˌɪnkən'sɪstənsi /

释 *n.* 矛盾；不一致；易变

例 The report accuses the judicial system of **inconsistency** and partiality. 报告指责司法系统前后不一而且有失公正。

同 disagreement, disparity, variance

反 consistency

118
**novelty**
/ 'nɑːvlti /

释 *n.* 新奇，新颖；新奇的事物

例 There's no doubt that radio broadcasting was quite a **novelty** in those days. 毫无疑问，在那些岁月里无线电广播是个新鲜玩意。

同 freshness, newness, originality

119
**computation**
/ ˌkɑːmpju'teɪʃn /

释 *n.* 计算；估计；计算机应用

例 The wide application of computers in science and technology will free people from the labor of complicated measurement and **computation**. 计算机在科学和技术方面的广泛应用将使人们从复杂的计量和计算中解脱出来。

派 compute *v.* 用计算机计算；估算 computer *n.* 计算机

120
**constrain**
/ kən'streɪn /

释 *v.* 限制；束缚；抑制；强迫

例 The study will examine the factors which may **constrain** local economic development. 这项研究将检验可能抑制当地经济发展的因素。

搭 constrain sb from doing sth 限制某人做某事

派 constraint *n.* 约束；强制

同 restrict

# Day 14

## Previous Check

- □ integrate
- □ capricious
- □ irrational
- □ painstaking
- □ leery
- □ instantaneous
- □ inextricably
- □ instigate
- □ stipulate
- □ managerial
- □ contingency
- □ escalate
- □ eliminable
- □ ailment
- □ efficacy
- □ prohibitive
- □ subgroup
- □ differentiate
- □ advisability
- □ enroll
- □ granite
- □ metamorphic
- □ dehydration
- □ alluvial
- □ unravel
- □ pinpoint
- □ enumerate
- □ geophysical
- □ prioritize
- □ warrant
- □ perpetuate
- □ nonexistent
- □ extinction
- □ moth
- □ camouflage
- □ luminous
- □ galaxy
- □ rotational
- □ velocity
- □ nucleus
- □ converge
- □ configuration
- □ bound
- □ maintenance
- □ victimize
- □ citation
- □ implementation
- □ undertake
- □ hormone
- □ elongate
- □ vascular
- □ hierarchy
- □ preponderance
- □ familiarity
- □ mechanization
- □ obsolescence
- □ lumber
- □ infestation
- □ payroll
- □ eventual
- □ compact
- □ purport
- □ archaeological
- □ antiquity
- □ intact
- □ innermost
- □ dampen
- □ aquatic
- □ vulnerability
- □ occupation
- □ hypothetical
- □ severity
- □ implore
- □ accrue
- □ aggregate
- □ dominance
- □ posit
- □ rationale
- □ dispel
- □ acknowledge
- □ gappy
- □ susceptibility
- □ portray
- □ autonomy
- □ conceivably
- □ convergence
- □ divergence
- □ overarching
- □ culminate
- □ scenario
- □ summation
- □ impediment
- □ empirical
- □ connotation
- □ comprehension
- □ visible
- □ associate
- □ involve
- □ suppose
- □ analyze
- □ appropriately
- □ eliminate
- □ illuminate
- □ specialized
- □ terminology
- □ convention
- □ analysis
- □ effectively
- □ underlying
- □ assumption
- □ explanatory
- □ weaken
- □ commit
- □ aspect
- □ effectiveness
- □ prospect
- □ proposed
- □ substantiated
- □ logically
- □ bisector

001
## integrate
/ 'ɪntɪgreɪt /

释 *v.*（使）成为一体；使…完整；表示…的总和 *n.* 集成体 *a.* 整体的

例 Rather, in their day-by-day tactical maneuvers, these senior executives rely on what is vaguely termed “intuition” to manage a network of interrelated problems that require them to deal with ambiguity, inconsistency, novelty, and surprise; and to **integrate** action into the process of thinking. 相反，这些高级决策者在面对日常的战略性决策时，是依靠“直觉”这个模糊词来解决一系列错综复杂的问题的。这要求他们能处理模棱两可、相互矛盾、新奇惊人的问题，并且在思考的过程中纳入行动措施。

搭 integrate circuit 集成电路 resource integrate 资源整合

派 integration *n.* 集成；综合

002
## capricious
/ kə'prɪʃəs /

释 *a.* 反复无常的，善变的；任性的

例 We can't go camping while the weather is so **capricious**. 天气如此多变，所以我们不能出去宿营了。

同 moonish, wayward

反 faithful, honest, sincere

003
## irrational
/ ɪ'ræʃənl /

释 *a.* 无理性的；失去理智的；不合理的

例 His behavior is becoming increasingly **irrational**. 他的行为变得越来越不理智了。

同 unreasonable, reasonless, ridiculous

反 rational

004
## painstaking
/ 'peɪnzteɪkɪŋ /

释 *a.* 艰苦的；勤勉的；小心的

例 This intuition is not arbitrary or irrational, but is based on years of **painstaking** practice and hands-on experience that build skills. 这种直觉不是武断或者不理智的，而是基于多年的辛苦实践和增强技能的亲身经历之上的。

搭 painstaking effort 呕心沥血的努力 painstaking intention 用心良苦

同 tough, diligent, industrious, meticulous, scrupulous

005
## leery
/ 'lɪri /

释 *a.* 猜疑的；机敏的；狡猾的

搭 leery of 猜疑，警惕地对待，有戒心

同 suspicious; astute, subtle

006
## instantaneous
/ ˌɪnstən'teɪniəs /

释 *a.* 瞬间的；即时的；猝发的

同 flashy, instant, momentary

007
## inextricably
/ ˌɪnɪk'strɪkəbli /

释 *ad.* 分不开地；无法摆脱地；解决不了地

例 Analysis is **inextricably** tied to action in thinking / acting cycles, in which managers develop thoughts about their companies and organizations not by analyzing a problematic situation and then acting, but by acting and analyzing in close concert. 在思考/行动的循环中，分析与行动是密不可分的，在这个循环中管理人员逐渐形成对公司和组织的看法。这种看法的形成不是通过先分析一个产生问题的情况再采取行动，而是通过行动与分析并行的办法。

同 inescapably

008
**instigate**
/ 'ɪnstɪgeɪt /

释 *v.* 使开始；使发生；唆使，怂恿；煽动
搭 instigate trouble 煽动闹事
派 instigation *n.* 煽动；教唆 instigator *n.* 煽动者；教唆者
同 incite, prompt

009
**stipulate**
/ 'stɪpjuleɪt /

释 *v.* 规定；保证
例 This prenuptial agreement would **stipulate** reimbursements at any point the engagement is called off. 这份婚前协定将规定在任何时间段取消婚约应支付的赔偿。
搭 stipulate for 制订；规定
派 stipulation *n.* 规定；条款；契约 stipulatory *a.* 合同的；规定的
同 define, formulate

010
**managerial**
/ ˌmænə'dʒɪriəl /

释 *a.* 管理的；经理的
搭 managerial ability 管理能力；管理才能 managerial experience 管理经验 managerial personnel 管理人员
同 administrative, regulatory

011
**contingency**
/ kən'tɪndʒənsi /

释 *n.* 可能发生的事；偶然事件；意外事件
搭 contingency allowance 应急准备金；临时津贴 contingency plan 应急计划
同 contingence, eventuality

012
**escalate**
/ 'eskəleɪt /

释 *v.*（使）逐步增长；（使）逐步升级
例 Local fighting threatens to **escalate** into full-scale war. 局部战斗有逐步升级为全面战争的危险。
同 intensify

013
**eliminable**
/ ɪ'lɪmɪnəbl /

释 *a.* 可消除的，可消去的；可排除的
同 erasable

014
**ailment**
/ 'eɪlmənt /

释 *n.* 小病，疾病；不安
例 The Greeks took a very active interest in anatomy and medicine, so it shouldn't be too surprising that they had a word for this lung **ailment**. 对于古希腊人有一个针对这种肺部病症的单词，人们无需感到特别惊讶，因为他们本来就十分热衷于解剖学和医学。
同 complaint, unrest

015
**efficacy**
/ 'efɪkəsi /

释 *n.* 功效，效力
例 Patients' ages may also affect a treatment's **efficacy**. 病人的年龄也可能影响疗效。
同 effectiveness

016
**prohibitive**
/ prə'hɪbətɪv /

释 *a.* （价格等）过高的；禁止的；抑制的

例 It can become cost **prohibitive** to replace an entire wardrobe of sweaters, dresses and suits all at once. 一下子更换整个衣柜的毛衣、裙子和西装可能花费过高。

同 exorbitant; prohibitory

017
**subgroup**
/ 'sʌbgruːp /

释 *n.* 小群；隶属的小组织

同 grouplet

018
**differentiate**
/ ˌdɪfə'renʃieɪt /

释 *v.* 区分，区别

例 A child may not **differentiate** between his imagination and the real world. 儿童可能无法将自己的幻想与真实世界区分开来。

派 differentiable *a.* 可辨的；可区分的 differentiation *n.* 变异；区别

同 distinguish

019
**advisability**
/ ədˌvaɪzə'bɪləti /

释 *n.* 明智；可劝性；适当

例 I have doubts about the **advisability** of surgery in this case. 关于该病例做手术的可行性，我持有疑问。

同 wisdom, fitness

020
**enroll**
/ ɪn'roʊl /

释 *v.* 使加入；使入伍；登记

例 Many parents **enroll** their children in public speaking or theater to help them build confidence in speaking in front of others. 很多家长让他们的孩子参加演讲或戏剧以帮助他们增强在公众面前发言的自信。

搭 enroll in 参加；入学

同 recruit, enlist, induct

021
**granite**
/ 'grænɪt /

释 *n.* 花岗石；坚毅；冷酷无情

派 granitic *a.* 花岗石的；坚硬的

同 moorstone

022
**metamorphic**
/ ˌmetə'mɔːrfɪk /

释 *a.* 变质的；变性的；变态的

同 turned, abnormal

023
**dehydration**
/ ˌdiːhaɪ'dreɪʃn /

释 *n.* 干燥，脱水

例 The easiest way to avoid heat disorders such as **dehydration** is to keep your body hydrated. 避免热量失调症（如脱水）最容易的方式，是保证身体补充足够的水。

搭 air dehydration 风干，晾干

同 anhydration

024
**alluvial**
/ ə'luːviəl /

释 *a.* 冲积的，淤积的 *n.* 冲积土，淤积土

搭 alluvial gold 沙金

025
**unravel**
/ ʌn'rævl /

释 *v.* 阐明；解开；解决；拆散

例 The Boston police are still trying to **unravel** the "mystery" of how the thieves stole thirteen paintings from Isabella Stewart Gardner Museum in 1990. 波士顿警方仍在努力解开1990年伊莎贝拉·斯图尔特·加德纳博物馆13幅画的失窃之谜。

同 illustrate, explain, resolve, disentangle

026
**pinpoint**
/ 'pɪnpɔɪnt /

释 *v.* 精确定位；使突出 *a.* 精确的；详尽的

例 The challenge in exploration is therefore to unravel the subsurface geology of an area and **pinpoint** the position of buried minerals. 勘探的挑战在于弄清一个地区地表以下的地质问题并对埋藏的矿藏进行精确定位。

搭 pinpoint technique 精密技术

同 ascertain; accurate, precise

027
**enumerate**
/ ɪ'nuːməreɪt /

释 *v.* 列举，枚举；计算

例 Let me **enumerate** some flaws in your hypothesis. 让我列举你的假设中的一些谬误。

派 enumerable *a.* 可列举的；可点数的 enumeration *n.* 列举；计算；细目

同 list; count, figure, tally

028
**geophysical**
/ ˌdʒiːoʊ'fɪzɪkl /

释 *a.* 地球物理学的

搭 geophysical exploration 地球物理勘探

029
**prioritize**
/ praɪ'ɔːrətaɪz /

释 *v.* 指定优先权；把事情按优先顺序排好

例 You should make a list of all the jobs you have to do and **prioritize** them. 你应该把所有必须做的事都列出来，并按轻重缓急排个顺序。

搭 prioritize goals 将目标按轻重缓急排序

030
**warrant**
/ 'wɔːrənt /

释 *v.* 证实；授权；保证 *n.* 授权令；正当理由，根据

搭 arrest warrant 逮捕证 search warrant 搜查证

派 warranted *a.* 保证的；担保的 warrantee *n.* 被保证人；被担保人 warrantor *n.* 保证人；担保人 warranty *n.* 保证；担保；授权；（正当）理由

同 assure, undertake; authentication, demonstration

031
**perpetuate**
/ pər'petʃueɪt /

释 *v.* 保持；使永存，使不朽

例 In turn, it is our personal actions everyday that mold and **perpetuate** the social systems we have in place. 进而是我们每天的个人行为塑造和保持了我们设置的社会制度。

派 perpetuation *n.* 不朽，永存

同 retain

032
**nonexistent**
/ ˌnɒnɪg'zɪstənt /

释 *a.* 不存在的

派 nonexistence *n.* 不存在；不存在的事

同 beingless, inexistent

033
**extinction**
/ ɪk'stɪŋkʃn /
释 *n.* 灭绝；消失；消灭；废止
例 Many species have been shot to the verge of **extinction**. 很多物种已经被猎杀到灭绝的边缘。
搭 fire extinction 灭火
同 extermination; disappearance

034
**moth**
/ mɔːθ /
释 *n.* 蛾；蛀虫
派 mothy *a.* 多蛾的；虫蛀的

035
**camouflage**
/ 'kæməflaːʒ /
释 *v.* 伪装；掩饰 *n.* 伪装（物）；掩饰；保护色
例 Amid tallgrass the coat of a tiger becomes a cloak of invisibility, and the **camouflage** raises the odds for a successful kill. 在高大的草丛中间行走的老虎几乎完全隐形了，这种出色的伪装增加了猎杀成功的概率。
搭 camouflage coat 迷彩服
派 camouflaged *a.* 伪装的
同 disguise, mask, masquerade

036
**luminous**
/ 'luːmɪnəs /
释 *a.* 发光的；明亮的；清楚的
例 This is one of the most **luminous** and unstable stars in our Galaxy. 这是银河系里最明亮且最不稳定的恒星之一。
派 luminance *n.* 亮度；发光性 luminousness *n.* 透光率
同 beaming, radiant, shining; clear
反 dark, dim

037
**galaxy**
/ 'gæləksi /
释 *n.* 星系；银河，银河系；一群显赫的人
例 But the density of the observable universe — luminous matter in the form of **galaxies** — comes to only a fraction of the critical density. 但是我们可以观测到的宇宙（星系中的发光物质）的密度只是临界密度的一部分。
派 galactic *a.* 银河系的；乳汁的

038
**rotational**
/ roʊ'teɪʃənl /
释 *a.* 环绕的，旋转的；轮流的
搭 rotational speed 旋转速度 rotational grazing 循环放牧，轮牧
同 pivoted , totating

039
**velocity**
/ və'laːsəti /
释 *n.* 速度，速率；迅速；周转率
例 Our contribution to the search for this “missing matter” has been to study the rotational **velocity** of galaxies at various distances from their center of rotation. 为了寻找这些“丢失的物质”，我们研究了星系在距其环绕中心不同位置的环绕速度。
搭 average velocity 平均速度 critical velocity 临界速度
同 quickness, speed, swiftness

040
**nucleus**
/ ˈnuːkliəs /

释 *n.* 核心，中心；核；原子核
搭 cell nucleus 细胞核
派 nucleonics *n.* 核子学；原子核物理学
同 core, heart, hub, kernel

041
**converge**
/ kənˈvɜːrdʒ /

释 *v.* 相互靠拢；聚集，集中
派 convergence *n.* 会聚，集合 convergent *a.* 会聚性的；趋集于一点的
同 cluster
反 diverge

042
**configuration**
/ kənˌfɪgjəˈreɪʃn /

释 *n.* 结构；配置；形态
搭 molecular configuration 分子构型 system configuration 系统配置；系统结构
同 allocation, conformation, framework

043
**bound**
/ baʊnd /

释 *a.* 一定的；受约束的；装订的 *v.* 束缚；跳跃 *n.* 范围；跳跃
例 Attempts to reduce the meaning of technology to cold, hard metal are **bound** to fail, for machinery is just scrap unless it is organized functionally and supported by appropriate systems of operation and maintenance. 企图把科技的意义仅仅归结至冷冰冰的坚硬的金属是必然要失败的，因为一旦把机器按照它们的功能组织起来并有合适的运营和维护系统支持，它们就不再是一堆废品。
搭 lower / upper bound 下/上界 be bound to 必定；一定要
派 boundary *n.* 边界；范围；分界线 boundless *a.* 无限的；无边无际的
同 liable; extent, range, spectrum

044
**maintenance**
/ ˈmeɪntənəns /

释 *n.* 维护，维修；保持；生活费用
搭 operation and maintenance 使用和维护 equipment maintenance 设备维修；设备保养 maintenance cost 维护费用

045
**victimize**
/ ˈvɪktɪmaɪz /

释 *v.* 使受害；使牺牲；使受骗；欺辱
搭 victimize the people 鱼肉人民
派 victimization *n.* 牺牲；欺骗
同 suffer, deceive, fox

046
**citation**
/ saɪˈteɪʃn /

释 *n.* 引用，引证；褒扬；传票
例 Some dictionary writers use **citation** to show what word mean. 有些辞典的编纂者用引文作例证以解释词义。
搭 citation index 引文索引；引证索引
同 quotation

047
**implementation**
/ ˌɪmplɪmenˈteɪʃn /

释 *n.* 安装启用；实现；落实，履行
例 Unfortunately, the **implementation** of this strategy was usually at another community's expense. 很不幸，这种战略通常是以牺牲另外一方为代价被执行的。

搭 policy implementation 政策执行 strategy implementation 策略实施
同 realization, fulfillment

048
**undertake**
/ ˌʌndər'teɪk /
释 *v.* **从事，着手做；承担；同意；保证**
例 She **undertook** the arduous task of monitoring the elections. 她承担了监督选举的艰巨任务。
派 undertaking *n.* 事业；保证 undertaker *n.* 承担者；承办人
同 pursue; accept

049
**hormone**
/ 'hɔːrmoʊn /
释 *n.* **激素；荷尔蒙**
派 hormonal *a.* 激素的；荷尔蒙的
同 endocrine, incretion

050
**elongate**
/ ɪ'lɔːŋgeɪt /
释 *v.* **伸长；拉长；延长**
例 These **elongated** sand bodies are attached to a bulge of the mainland. 这些长条形砂体连接于主陆的突出部位。
派 elongation *n.* 伸长；延伸率；延长
同 extend, lengthen, prolong, stretch

051
**vascular**
/ 'væskjələr /
释 *a.* **脉管的，血管的**
派 vascularity *n.* 多血管；血管质 vascularization *n.* 血管化；形成血管
同 hemal, vasal

052
**hierarchy**
/ 'haɪərɑːrki /
释 *n.* **层级；等级制度；统治集团**
例 There is a rigid **hierarchy** of power in that country. 那个国家有一套严密的权力等级制度。
搭 feudal hierarchy 封建等级制度 knowledge hierarchy 知识体系
派 hierarchical *a.* 分层的；等级体系的

053
**preponderance**
/ prɪ'pɑːndərəns /
释 *n.* **多数；优势**
例 There is a **preponderance** of tiger in the forest. 森林里老虎数量最多。
同 majority; superiority, advantage, dominance

054
**familiarity**
/ fəˌmɪli'ærəti /
释 *n.* **熟悉；精通；亲密；不拘礼节**
例 His **familiarity** with French helped him enjoy his stay in Paris. 他通晓法语，所以在巴黎逗留期间过得很惬意。
同 mastery

055
**mechanization**
/ ˌmekənə'zeɪʃn /
释 *n.* **机械化；机动化**
搭 mechanization of farming 农业机械化 forming mechanization 形成机理
同 motorization

056
**obsolescence**
/ ˌɑːbsəˈlesns /

释 *n.* 陈旧过时；淘汰；退化；作废

例 Some were from the old artisan class of slavery, but they were gradually being pushed out by competition, mechanization, and **obsolescence**. 一些人来自古奴隶制下的技工阶层，然而他们还是逐渐地因为竞争、机械化以及他们过于落后陈旧而遭排挤淘汰。

057
**lumber**
/ ˈlʌmbər /

释 *n.* 木材；废物，无用的杂物 *v.* 伐木；缓慢地移动

派 lumbering *a.* 笨拙的；动作迟缓的 *n.* 伐木业；木材业

同 timber, wood; refuse, waste

058
**infestation**
/ ˌɪnfeˈsteɪʃn /

释 *n.*（鼠等）侵扰；（疾病）传染，感染

例 Locating the source of **infestation** is the first and most important step. 所要采取的首要措施是寻找虫害传染源。

同 affection

059
**payroll**
/ ˈpeɪroʊl /

释 *n.* 工资单，工薪总额；在职人员名单

例 They had 87,000 employees on the **payroll**. 他们的在编员工有87,000名。

搭 payroll tax 工资税

同 payslip

060
**eventual**
/ ɪˈventʃuəl /

释 *a.* 最终的，最后的；可能的

例 There are many people who believe that civil war will be the **eventual** outcome of the racial tension in that country. 有很多人相信，那个国家种族关系的紧张最终将导致内战。

同 final, ultimate; possible, potential

061
**compact**

释 / kəmˈpækt / *v.* 使紧密结合；使简洁 / ˈkɑːmpækt / *n.* 合同，契约；小粉盒

搭 compact disc (CD) 激光唱片，光盘

派 compaction *n.* 压紧；精简；密封 compactness *n.* 紧密，紧密度；简洁

同 agreement, contract

062
**purport**
/ pərˈpɔːrt /

释 *v.* 声称；意图；打算

例 I found it difficult to understand the **purport** of his speech. 我发现要了解他演讲的主旨是非常困难的。

派 purported *a.* 传说的 purportedly *ad.* 据称

同 intend

063
**archaeological**
/ ˌɑːrkiəˈlɑːdʒɪkl /

释 *a.* 考古学的，考古学上的

搭 archaeological site 遗迹；考古遗址

064
**antiquity**
/ ænˈtɪkwəti /

释 *n.* 古代的遗物；高龄；太古

搭 remote antiquity 远古

同 ancientness

065
**intact**
/ ɪn'tækt /
释 *a.* 原封不动的；完整的；未受损伤的
例 He can scarcely survive this scandal with his reputation **intact**. 遇到这则丑闻，他的名誉很难不受损。
派 intactness *n.* 未受损伤；完整无缺
同 untouched, complete, whole

066
**innermost**
/ 'ɪnərmoʊst /
释 *a.* 最接近中心的；最深处的；内心的；秘密的
例 She put the picture of her husband who passed away three years ago into the **innermost** pocket of her purse. 她把她三年前去世的丈夫的照片放在了钱包最里面的口袋里。
同 inmost, internal, inward, secret

067
**dampen**
/ 'dæmpən /
释 *v.* 抑制；使…沮丧；（使）潮湿
例 Nothing seems to **dampen** his perpetual enthusiasm. 似乎没有什么能让他那持久的热情消退。
搭 dampen enthusiasm 挫伤积极性
同 restrain, suppress, discourage; wet

068
**aquatic**
/ ə'kwætɪk /
释 *a.* 水栖的；在水中或水面进行的 *n.* 水生动植物；水上运动
搭 aquatic products 水产品 aquatic resources 水产资源

069
**vulnerability**
/ ˌvʌlnərə'bɪləti /
释 *n.* 弱点；易损性；漏洞
例 Her **vulnerability** makes her even more lovable. 她的脆弱反倒让她更加讨人喜欢。
派 vulnerable *a.* 脆弱的；易受伤害的
同 weakness

070
**occupation**
/ ˌɑːkju'peɪʃn /
释 *n.* 职业，工作；占有；消遣
例 Social status is largely determined by the **occupation** of the main breadwinner. 社会地位很大程度上是由家里经济支柱的职业所决定的。
同 career, profession; possession; entertainment

071
**hypothetical**
/ ˌhaɪpə'θetɪkl /
释 *a.* 假设的，假定的；爱猜想的
例 This is a purely **hypothetical** situation. 这纯粹是一种假设的情景。
同 conjectural, hypothetic, suppositious, supposititious

072
**severity**
/ sɪ'verəti /
释 *n.* 严重；严格；猛烈
例 The rareness of certain species points to the **severity** of the problem, not to its cause. 某物种的稀缺表明问题的严重性，而不是问题的原因。
搭 severity of the problem 问题的严重性
同 rigidity, roughness

073
**implore**
/ ɪm'plɔːr /
释 *v.* 恳求，乞求
例 He threw himself at his mother's feet to **implore** forgiveness. 他跪倒在他母亲的身前，请求她的原谅。
同 appeal, beseech, entreat, plead

074
**accrue**
/ ə'kruː /
释 *v.* 产生，形成；自然增加；积累
例 Ability to think will **accrue** to you from good habits of study. 思考能力将因良好的学习习惯而自然增强。
派 accrual *n.* 自然增长；自然增长额 accruement *n.* 自然增长；获利；利息

075
**aggregate**
释 / 'ægrɪgeɪt / *v.* 聚集；集合；合计 / 'ægrɪgət / *n.* 总数，合计 *a.* 合计的；集合的；聚合的
搭 aggregate income 总收入；收入总额 aggregate surplus 总盈余 in the aggregate 总计；归结起来
派 aggregative *a.* 集合的；集团的，集体的
同 accumulate; total
反 segregate

076
**dominance**
/ 'daːmɪnəns /
释 *n.* 支配地位；优势；统治
例 These economies will no doubt maintain their **dominance** of financial markets. 这些经济制度将毫无疑问地维持他们在金融市场上的主导权。
同 advantage, superiority; governance

077
**posit**
/ 'paːzɪt /
释 *n.* 设想；假设 v. 假定；安置
例 Other historians **posit** that she died of old age around 550 BC. 别的史学家则认为她一直活到公元前550年左右才寿终正寝。
派 position *n.* 位置；职位；姿态

078
**rationale**
/ ˌræʃə'næl /
释 *n.* 基本原理；根据
例 The plan was criticized for its lack of **rationale**. 该计划因缺乏根据而遭到批评。
搭 by this rationale 根据这个原理
同 principle

079
**dispel**
/ dɪ'spel /
释 *v.* 消除；驱散；驱逐
例 This brief experiment would **dispel** any further doubts the students might have. 这个简单的试验会消除学生们可能存有的一切疑虑。
搭 dispel misunderstanding 消除误解
同 eliminate; disperse, scatter

080
**acknowledge**
/ ək'naːlɪdʒ /
释 *v.* 承认；答谢；报偿；公认，认可
例 He is also **acknowledged** as an excellent goalkeeper. 他也被公认为是一名出色的守门员。

派 acknowledged *a.* 公认的；被普遍认可的 acknowledgement *n.* 承认；确认；感谢
同 accept, admit, concede, recognize
反 deny, disregard, ignore

081
**gappy**
/ ˈgæpɪ /
释 *a.* 有缺口（裂缝）的；裂缝多的
同 notched

082
**susceptibility**
/ səˌseptəˈbɪləti /
释 *n.* 敏感性；磁化率；感情
同 sensitivity; affection, sentiment

083
**portray**
/ pɔːrˈtreɪ /
释 *v.* 描写，描绘；扮演，饰演
例 He has worked hard in recent months to **portray** New York in a better light. 最近几个月里他努力从更积极的角度来描绘纽约。
派 portrayal *n.* 描绘；画像，肖像 portrayer *n.* 记述者；肖像画家
同 depict, describe; impersonate, play

084
**autonomy**
/ ɔːˈtaːnəmi /
释 *n.* 自主权，人身自由；自治，自治权
例 Activists stepped up their demands for local **autonomy** last month. 上个月激进分子对地方自治的呼声更高了。
派 autonomic *a.* 自律的；自治的 autonomous *a.* 自治的；自主的；自发的
同 liberty

085
**conceivably**
/ kənˈsiːvəbli /
释 *ad.* 令人信服地；可相信地；想得到地
例 The original method is now simpler and **conceivably** easier to comprehend. 原来的方法变得更简洁了，也更容易理解了。
同 convincingly, persuasively

086
**convergence**
/ kənˈvɜːrdʒəns /
释 *n.* 趋同；汇聚，汇合；收敛
例 There is a **convergence** between capitalist firms and co-operatives in terms of business strategy. 资本主义公司和合作企业在经营战略方面趋于一致。
同 assembly, concentration
反 divergence

087
**divergence**
/ daɪˈvɜːrdʒəns /
释 *n.* 分歧；分开
例 This overall figure conceals wide **divergences** between the main industrial countries. 这项综合数据掩盖了主要工业国家之间的巨大分歧。
同 difference, disagreement, discrepancy

088
**overarching**
/ ˌoʊvərˈaːrtʃɪŋ /
释 *a.* 包罗万象的；支配一切的；首要的
同 principal, all-important

089
**culminate**
/ ˈkʌlmɪneɪt /
释 *v.* 告终；达到高潮；达到顶点
例 A romance extending over several years was **culminated**. 一场维持数年之久的恋爱就此终结。

搭 culminate in 以…告终；达到顶点
派 culmination *n.* 顶点；高潮
同 end, terminate; crown, top

090
**scenario**
/ sə'næriou /
释 *n.* 情境，情节；方案；剧本
例 In the worst-case **scenario**, he could become a homeless person. 最坏的情况是他可能会无家可归。
搭 scenario analysis 情境分析；场景分析
同 action, plot, drama

091
**summation**
/ sʌ'meɪʃn /
释 *n.* 总结，概括；总和；加，加法
例 The defense attorney phrased his **summation** at last. 最后，辩护律师作了辩论总结。
同 summary; addition, plus, sum

092
**impediment**
/ ɪm'pedɪmənt /
释 *n.* 障碍，阻碍；阻止；口吃
例 The level of inflation is a serious **impediment** to economic recovery. 通货膨胀是影响经济复苏的严重障碍。
同 handicap, hindrance, obstruction, prevention

093
**empirical**
/ ɪm'pɪrɪkl /
释 *a.* 经验主义的；凭经验的；以观察或实验为依据的
例 The **empirical** evidence considered here is subject to many qualifications. 此处提及的实验证据有诸多限制条件。
反 theoretical

094
**connotation**
/ ˌkaːnə'teɪʃn /
释 *n.* 言外之意，内涵；含蓄；暗示
例 It's just one of those words that's got so many negative **connotations**. 这只是那些包含太多负面含义的词中的一个。
搭 fundamental connotation 基本内涵
同 implication, reminder

095
**comprehension**
/ ˌkaːmprɪ'henʃn /
释 *n.* 理解；理解力；包含的能力
例 His abnormal behavior was beyond my **comprehension**. 我无法理解他异常的行为。
搭 reading comprehension 阅读理解
同 inclusion

096
**visible**
/ 'vɪzəbl /
释 *a.* 看得见的；明显的，显然的；可察觉到的
例 The expulsion of smoke from the volcano was **visible** from miles away. 火山喷出的烟在几英里之外就能看见。
派 visibility *n.* 可见性；明显性
同 apparent, clear, evident
反 invisible

097
**associate**

释 / ə'soʊʃieɪt / *v.* 使有联系；使联合 / ə'soʊʃiət / *a.* 副的 *n.* 伙伴；伴随的事物
例 The parents warned the boys not to **associate** with bad companions. 家长告诫儿子们不要和坏人交往。
搭 associate with 与…有联系
派 association *n.* 联合；协会
同 connect, ally
反 dissociate

098
**involve**
/ ɪn'vaːlv /

释 *v.* 包含；使卷入；牵涉
例 The purpose of this activity is to **involve** parents more closely in the education of their children. 这个活动的目的是让父母更密切地参与到孩子的教育中。
派 involvement *n.* 卷入；牵连
同 absorb, engross, entail

099
**suppose**
/ sə'poʊz /

释 *v.* 期望；认为应该；料想
例 I **suppose** you should take a break after working for several hours. 我认为你在长时间工作后应该休息一下。
同 assume, consider, deduce

100
**analyze**
/ 'ænəlaɪz /

释 *v.* 分析；细查
例 You need to **analyze** the situation on which each question is based. 你需要分析每道题目所涉及的上下文。
派 analyzable *a.* 可分析的
同 diagnose

101
**appropriately**
/ ə'proʊpriətli /

释 *ad.* 适当地
例 She attended her sister's wedding, dressed **appropriately** in a light blue dress. 她参加了姐姐的婚礼，穿着一件与此场合相称的淡蓝色礼服。
同 suitably, fittingly

102
**eliminate**
/ ɪ'lɪmɪneɪt /

释 *v.* 排除；根除；淘汰；消除
例 The secretary went through the typescript carefully to **eliminate** all errors from it. 秘书认真地检查了打字稿，以排除所有的错误。
派 elimination *n.* 淘汰；消除
同 exclude, get rid of, reject

103
**illuminate**
/ ɪ'luːmɪneɪt /

释 *v.* 阐明；启发；照亮
例 The teacher used games and drawings to **illuminate** the topic of this lesson. 老师使用游戏和绘图阐明这节课的主题。
派 illumination *n.* 阐明；启发；照亮 illuminable *a.* 可启迪的
同 brighten, clarify, explain, show

104
**specialized**
/ 'speʃəlaɪzd /

释 *a.* 专门的，专科的
例 Answering critical reasoning questions requires no **specialized** knowledge of any particular field. 回答逻辑推理题不需要考生具备任何专业知识。
派 specialization *n.* 专门化

105
**terminology**
/ ˌtɜːrməˈnɑːlədʒi /

释 *n.* 术语
例 Mrs. Forbes got confused with the medical **terminology** the doctors used when they were explaining the situation of her husband to her. 当医生向福布斯太太解释她丈夫的情况时，她被他们使用的医学术语弄糊涂了。
同 term, nomenclature

106
**convention**
/ kənˈvenʃn /

释 *n.* 会议；常例；公约
例 Chicago was chosen as the site for the **convention**. 芝加哥被选作大会的会址。
搭 the National Convention 国民议会
同 formula

107
**analysis**
/ əˈnæləsɪs /

释 *n.* 分析；分析报告
例 He made a very thorough **analysis** on poverty and its causes. 他对贫困及其原因做了透彻的分析。
派 analyst *n.* 分析者 analytic *a.* 分析的

108
**effectively**
/ ɪˈfektɪvli /

释 *ad.* 有效地
例 The restaurant must improve the quality of its service to compete **effectively**. 餐厅必须提高服务质量才能有效地参与竞争。
同 efficaciously

109
**underlying**
/ ˌʌndərˈlaɪɪŋ /

释 *a.* 潜在的；含蓄的；基础的
例 The **underlying** reason for the failure of the experiment remains unknown. 实验失败的潜在原因尚未搞清。

110
**assumption**
/ əˈsʌmpʃn /

释 *n.* 假设；假定；承担
例 Traditional economic analysis is premised on the **assumption** that more is better. 传统的经济分析是以多多益善的设想为前提的。
同 speculation
反 conclusion

111
**explanatory**
/ ɪkˈsplænətɔːri /

释 *a.* 说明的，解释的
例 The book has some **explanatory** notes at the end of each chapter. 这本书每章的结尾处都有一些解释性说明。
派 explanation *n.* 解释，说明
同 interpretive, illustrative

112
**weaken**
/ ˈwiːkən /

释 *v.* 使变弱，使减弱
例 They watched their mother gradually **weaken** as the disease progressed. 他们眼睁睁地看着母亲的身体随着病情的加重而渐渐衰弱。
同 undermine, lessen
反 strengthen

113
**commit**
/ kə'mɪt /

释 *v.* 做；犯错误；调拨；使承担义务
例 After years of suffering from depression and anxiety, she **committed** suicide. 经过多年抑郁和焦虑的折磨，她自杀了。
搭 commit a crime 犯罪 commit oneself to 致力于
派 commitment *n.* 承诺；承担的义务
同 perform

114
**aspect**
/ 'æspekt /

释 *n.* 方面；方位，方向；形势
例 The employees are not shy to express their dissatisfaction with this **aspect** of the policy. 员工毫不避讳地表达对政策的这一方面的不满。
同 facet; view

115
**effectiveness**
/ ɪ'fektɪvnəs /

释 *n.* 有效性；有力
例 The painkiller worked well at first but gradually lost its **effectiveness**. 止痛药的效果起初非常好，但后来逐渐失效。
同 effectivity

116
**prospect**

释 / 'prɑːspekt / *n.* 即将要发生的事；可能性；机会 / prə'spekt / *v.* 勘探；留心注意
例 She was alarmed at the **prospect** of traveling alone in a foreign country. 她一想到即将独自去国外旅行的事就害怕。
同 probability, likelihood

117
**proposed**
/ prə'poʊzd /

释 *a.* 被提出的
例 The **proposed** initiative would mandate a reduction of carbon dioxide of 30%. 倡议将强制规定把二氧化碳的排放量降低30%。
派 proposition *n.* 提议，建议

118
**substantiated**
/ səb'stænʃieɪtɪd /

释 *a.* 有根据的；被证实的；加强的
例 The theory of atoms was **substantiated** to a large extent. 原子的理论在很大程度上是有据可查的。
派 substantial *a.* 实在的 substantive *a.* 实在的

119
**logically**
/ 'lɑːdʒɪkli /

释 *ad.* 符合逻辑地；逻辑上地
例 The professional training has taught him to look at things **logically**. 专业训练使他懂得看问题要讲求逻辑。
反 illogically

120
**bisector**
/ baɪ'sektə /

释 *n.* 二等分线
派 bisect *v.* 把…二等分；把…分为两个部分 bisection *n.* 一分为二；二等分

# Day 15

## Previous Check

| | | | |
|---|---|---|---|
| □ detect | □ enterprise | □ mount | □ inspire |
| □ spray | □ extensive | □ exclusive | □ broadcast |
| □ freeze | □ occupational | □ invariably | □ regarding |
| □ bacterium | □ obsolete | □ temple | □ physician |
| □ wastewater | □ manufacturing | □ likelihood | □ prescribe |
| □ purification | □ feasible | □ severe | □ conclusively |
| □ municipality | □ originally | □ transit | □ complication |
| □ conventional | □ investment | □ packer | □ manifest |
| □ prediction | □ institute | □ zealously | □ cabinetmaker |
| □ impurity | □ ensure | □ nevertheless | □ acclaim |
| □ relatively | □ technological | □ compress | □ craft |
| □ homeowner | □ inconsistent | □ densely | □ monetary |
| □ consume | □ presuppose | □ toxin | □ upgrade |
| □ documented | □ genetic | □ regulate | □ expand |
| □ nutritious | □ disparity | □ exhaust | □ passenger |
| □ tropical | □ dwarf | □ concentration | □ chronic |
| □ ranching | □ roughly | □ rival | □ access |
| □ profitable | □ ornamental | □ envision | □ magnet |
| □ nutrient | □ council | □ competitor | □ hub |
| □ revolutionize | □ minimize | □ agency | □ elaborately |
| □ insert | □ incandescent | □ profitability | □ decorative |
| □ beneficial | □ array | □ attendance | □ trait |
| □ employee | □ fixture | □ stimulate | □ extensively |
| □ adoption | □ switch | □ rental | □ inept |
| □ interruption | □ element | □ stool | □ accomplished |
| □ submit | □ luxury | □ arrangement | □ ornamentation |
| □ approval | □ complement | □ management | □ dialect |
| □ interact | □ bid | □ sharply | □ welfare |
| □ alligator | □ executive | □ viewership | □ pension |
| □ commercial | □ spare | □ controversial | □ inflation |

001
## detect
/ dɪ'tekt /

释 *v.* 发现，查明；侦查
例 An argument may have obvious flaws, and one question may ask you to **detect** them. 题目也许会要求你找出论证中存在的明显错误。
派 detectable *a.* 可发现的
同 recognize, discover, find
反 hide, conceal

002
## spray
/ spreɪ /

释 *v.* 喷 *n.* 喷雾，飞沫；浪花
例 The sun was casting a rainbow through the **spray** from the fountain. 太阳在喷泉溅起的水雾上照出了一道彩虹。
同 spatter, splash, sprinkle

003
## freeze
/ friːz /

释 *v.* 使结冰；使冻僵；冷藏；吓呆；冻结（存款等）
例 The children wanted the lake to **freeze** over so they could go ice skating. 孩子们希望湖面结冰，这样他们就可以去滑冰了。
搭 freeze one's blood 使某人吓呆
派 freezer *n.* 制冷器；冷藏库
同 refrigerate; chill, stiffen
反 boil, melt

004
## bacterium
/ bæk'tɪriəm /

释 *n.* 细菌
例 The **bacterium** possibly goes in the human body by the mouth. 细菌可能通过口腔进入人体。
同 germ, virus

005
## wastewater
/ 'weɪstwɔːtər /

释 *n.* 污水，废水
例 Population density can be expected to be related to **wastewater** treatment costs in several ways. 人口密度从多方面影响废水处理的费用。
同 sewer water

006
## purification
/ ˌpjʊrɪfɪ'keɪʃn /

释 *n.* 净化；洗涤；提纯
例 The company is planning to market a wastewater **purification** system. 这家公司正在计划推出一种污水净化系统。
派 purify *v.* 净化；提纯
同 refinement

007
## municipality
/ mjuːˌnɪsɪ'pæləti /

释 *n.* 自治市；市政当局；市民
例 The **municipality** is divided into ten districts. 这个自治市被划为十个区。
同 metropolis, city

008
## conventional
/ kən'venʃənl /

释 *a.* 传统的；习俗的；依照惯例的；约定的
例 This remarkable 3D technology provides far greater clarity than **conventional** X-rays. 这项卓越的3D技术的清晰度比常规的X光高得多。

派 conventionality *n.* 惯例；恪守常规
同 customary, usual, traditional

009
**prediction**
/ prɪ'dɪkʃn /

释 *n.* 预料；预言；预计
例 He was unwilling to make a **prediction** about which book would become a bestseller in the coming year. 他不愿意预测来年哪本书会成为畅销书。
搭 make a prediction 预测
派 predictive *a.* 预料的
同 guess, prophecy

010
**impurity**
/ ɪm'pjʊrəti /

释 *n.* 污染；罪恶；混杂物；不纯
例 Bacteria are not the only **impurities** that must be removed from wastewater. 需要从污水中去除的杂质不仅仅是细菌。
反 purity

011
**relatively**
/ 'relətɪvli /

释 *ad.* 相对地；比较地；关系上地
例 The metal will fuse at a **relatively** low temperature. 这种金属会在不太高的温度下熔化。
派 relativity *n.* 相对性
同 rather, somewhat
反 absolutely

012
**homeowner**
/ 'hoʊmoʊnər /

释 *n.* 自己拥有住房者
例 Home insurance policies are specifically calculated for the needs of the **homeowner**. 房屋保险专门用于房屋所有者的需要。
同 householder

013
**consume**
/ kən'suːm /

释 *v.* 消费；消耗；耗尽；毁灭
例 The fact is that most people **consume** far more protein than they actually need every day. 事实是大多数人每天摄入的蛋白质比他们实际所需的多出许多。
派 consumer *n.* 消费者
同 drink, eat; spend; waste; exhaust
反 produce, earn

014
**documented**
/ 'dɑːkjumentɪd /

释 *a.* 有记录的；备有证明文件的；有执照的
例 This finding marks the first **documented** infection of this species with an avian influenza virus. 这项发现标志着首次记载了这个物种感染了一种禽流感病毒。
搭 well documented 证据充分的
派 documentation *n.* 记录；证明某事属实的证据；参考资料

015
**nutritious**
/ nu'trɪʃəs /

释 *a.* 有营养的；滋养的
例 Hummingbirds have discovered that nectar and pollen are very **nutritious**. 蜂鸟发现花蜜和花粉是很有营养的。
搭 nutritious food 有营养的食物
派 nutrition *n.* 营养；滋养

016
**tropical**
/ 'trɑːpɪkl /

释 *a.* 热带的；炎热的；热情的
例 **Tropical** rainforests have the most varied assemblage of plants in the world. 热带雨林集聚了世界上种类最繁多的植物。
搭 tropical forests 热带雨林

017
**ranching**
/ 'ræntʃɪŋ /

释 *n.* 农场经营，牧场经营
例 The company has been clearing large sections of the tropical Amazon forest for cattle **ranching**. 这家公司为经营牧场清理了热带亚马孙雨林的一大片区域。

018
**profitable**
/ 'prɑːfɪtəbl /

释 *a.* 有利可图的，有益的；可赚钱的，合算的
例 It is **profitable** for them to produce large amounts of cheese. 生产大量的奶酪能让他们获利。
派 profitability *n.* 获利（状况），赢利（情况）
同 rewarding, money-making
反 profitless, unprofitable

019
**nutrient**
/ 'nuːtriənt /

释 *n.* 营养物；营养品；滋养物 *a.* 营养的，滋养的
例 The soil of the Amazon forest is very rich in **nutrients**. 亚马孙雨林的土壤富含营养物质。
派 nutrition *n.* 营养

020
**revolutionize**
/ ˌrevə'luːʃənaɪz /

释 *v.* 彻底改革；发动革命；引起革命
例 There is no question that the laser will continue to **revolutionize** the field of chemistry. 毫无疑问，激光将继续使化学领域发生变革。
派 revolutionary *a.* 革命的 revolutionist *n.* 革命者
同 revolt

021
**insert**

释 / ɪn'sɜːrt / *v.* 插入，嵌入；添加 / 'ɪnsɜːrt / *n.* 插入物；插页
例 The magazine contains a special **insert** about holidays abroad. 这本杂志有一张关于国外度假的特别插页。
派 insertion *n.* 插入，嵌入
同 inject, enter

022
**beneficial**
/ ˌbenɪ'fɪʃl /

释 *a.* 有益的；有利的
例 It cannot be taken for granted that the use of electricity is always **beneficial**. 我们并不能理所当然地认为使用电总能带来益处。
派 beneficiary *n.* 受益人
同 favorable, advantageous
反 harmful, useless

023
**employee**
/ ɪm'plɔɪiː /

释 *n.* 员工，雇员
例 This company requires all **employees** to arrive at work at eight a.m. 公司要求所有员工早上八点上班。

派 employer *n.* 雇主
同 worker, laborer
反 employer

024
## adoption
/ ə'dɑːpʃn /

释 *n.* 采用；收养
例 This book tackles the sensitive issue of **adoption** with care and simplicity. 这本书谨慎、简洁地讨论了收养这一敏感问题。
派 adoptive *a.* 采取的；收养的

025
## interruption
/ ˌɪntə'rʌpʃn /

释 *n.* 打扰，干扰；打断；障碍物；中止；间歇
例 The birth of her daughter was a minor **interruption** to her career. 女儿的出生对她的事业造成一个小小的中断。
派 interruptive *a.* 干扰的；打断的
同 disturbance; break, intermission

026
## submit
/ səb'mɪt /

释 *v.* 提交；使屈服，使服从；忍受
例 The professor requires his students to **submit** their term papers before the deadline. 教授要求他的学生在截止日期前提交学期论文。
同 surrender, comply
反 resist

027
## approval
/ ə'pruːvl /

释 *n.* 认可，嘉许；同意；批准；赞成
例 Elizabeth got her father's **approval** of her marrying Mr. Darcy. 伊丽莎白得到了她父亲对她与达西先生结婚的认可。
搭 seal of approval 正式批准
派 approvable *a.* 可批准的
同 applause; favor
反 disapproval

028
## interact

释 / ˌɪntər'ækt / *v.* 互动；相互影响；相互作用 / 'ɪntərækt / *n.* 幕间休息
例 At a certain temperature, these two chemicals **interact** with each other to produce a substance that could cause an explosion. 在一定温度下，这两种化学药品相互作用并产生一种能引起爆炸的物质。
派 interaction *n.* 相互影响；相互作用

029
## alligator
/ 'ælɪgeɪtər /

释 *n.* 短吻鳄；短吻鳄皮革
例 The **alligator** population of this area has been declining in recent years. 这个地区的短吻鳄数量在近几年持续下降。

030
## commercial
/ kə'mɜːrʃl /

释 *a.* 商业的；贸易的；营利的 *n.* 广告
例 During the Second World War, some of the **commercial** activities were a cover for espionage. 第二次世界大战期间，有些商业活动是为间谍活动打掩护的。
搭 commercial bank 商业银行 commercial break 插播广告时间
派 commercialism *n.* 商业主义 commercialist *n.* 商业家

031
**enterprise**
/ 'entərpraɪz /

释 *n.* 企业；事业；计划；事业心
例 They are involved in an exciting scientific **enterprise**. 他们投身于一项激动人心的科学事业中。
派 enterpriser *n.* 企业家 enterprising *a.* 有事业心的
同 business, corporation, undertaking

032
**extensive**
/ ɪk'stensɪv /

释 *a.* 大范围的；广阔的；外延的
例 Alligators are at risk of extinction as a result of **extensive** hunting. 由于大范围狩猎，短吻鳄正面临灭绝的危险。
搭 extensive reading 泛读
同 wide, broad

033
**occupational**
/ ˌɑːkju'peɪʃənl /

释 *a.* 职业的，工作的
例 Women haven't achieved wage or **occupational** parity in many fields. 女性在很多领域还没能争取到薪金和职位方面的平等。
派 occupation *n.* 职业
同 professional

034
**obsolete**
/ ˌɑːbsə'liːt /

释 *a.* 过时的；废弃的；老式的
例 As the rapid development of technology, the cutting-edge product today could be **obsolete** next week. 随着技术的飞速发展，今天的尖端产品可能在下周就过时了。
派 obsolesce *v.* 过时；废弃
同 antiquated, old-fashioned

035
**manufacturing**
/ ˌmænju'fæktʃərɪŋ /

释 *n.* 制造业，工业 *a.* 制造业的
搭 manufacturing technology 工业技术

036
**feasible**
/ 'fiːzəbl /

释 *a.* 可行的；可能的；可实行的
例 It becomes quite clear that the electric car is technically **feasible**. 变得很明确的是，电动汽车在技术上是可行的。
派 feasibility *n.* 可行性
同 attainable, possible, workable, practical

037
**originally**
/ ə'rɪdʒənəli /

释 *ad.* 最初，原来；独创地；新颖地
例 Women's roles in the plays of Shakespeare were **originally** written to be played by men. 在创作之初，莎士比亚戏剧中的女性角色是打算由男性来扮演的。
派 originative *a.* 有独创能力的

038
**investment**
/ ɪn'vestmənt /

释 *n.* 投资；（时间、精力的）投入；值得买的东西
例 The company will increase its **investment** in ATM (Advanced Manufacturing Technology). 公司会增加其在先进工业技术方面的投资。
搭 business investment 商业投资

039
**institute**
/ 'ɪnstɪtuːt /

释 *v.* 建立；开始；着手 *n.* 学会；协会；教育机构
例 After he obtained his doctor's degree, he thought of trying for a position in a research **institute**. 获得博士学位后，他想方设法在研究机关寻找工作。
派 institution *n.* 建立；社会公共机构
同 launch, set, create

040
**ensure**
/ ɪn'ʃʊr /

释 *v.* 确保；使（某人）获得；使安全
例 Warm milk will **ensure** you a good night's sleep. 热牛奶能保证你睡一夜好觉。
同 guarantee, assure

041
**technological**
/ ˌteknə'lɑːdʒɪkl /

释 *a.* 技术上的；工艺（学）的
例 With the **technological** changes, many traditional skills have become obsolete. 随着技术的革新，许多传统技艺已被淘汰。
派 technologist *n.* 技术专家

042
**inconsistent**
/ ˌɪnkən'sɪstənt /

释 *a.* 前后矛盾的；不一致的；不合逻辑的；反复无常的
例 The report is **inconsistent** with the financial statements. 这个报告与财务报表的内容不一致。
搭 be inconsistent with 与…前后矛盾，不一致
派 inconsistency *n.* 前后矛盾；不一致
反 consistent

043
**presuppose**
/ ˌpriːsə'poʊz /

释 *v.* 假设；预先假定；以…为先决条件；意味着
例 All these plans **presuppose** that the bank decides we are eligible for the loan. 这些计划都是以银行认为我们有资格获得贷款为先决条件的。

044
**genetic**
/ dʒə'netɪk /

释 *a.* 基因的；遗传的；起源的，起因的；演变的
例 The child contains a mixture of the **genetic** blueprint of each parent. 子女遗传了父母双方的基因。
同 genetic blueprint 基因蓝图 genetic code 遗传密码

045
**disparity**
/ dɪ'spærəti /

释 *n.* 不同；不一致；不等
例 It may be possible to conclude that the **disparity** is to a large extent the result of the performance of unnecessary surgeries. 可以得出结论：这种不同在很大程度上是由不必要的外科手术造成的。
搭 economic disparity 经济差异
同 difference, inequality, variance

046
**dwarf**
/ dwɔːrf /

释 *n.* 矮生植物或动物；侏儒 *a.* 矮种的；矮小的；发育不全的
例 Some plant breeders have in fact concentrated on discovering or producing **dwarf** varieties. 事实上，一些培养植物的人将精力集中于发现或培育矮生植物变种上。

047
**roughly**
/ 'rʌfli /

释 *ad.* 大体上；粗略地；粗暴地
例 The office employs men and women in **roughly** equal proportions. 办公室聘用的男员工与女员工人数大致相等。
同 approximately, around
反 precisely

048
**ornamental**
/ ˌɔːrnə'mentl /

释 *n.* 装饰物；观赏植物 *a.* 装饰的
例 Plant varieties used as food by some are used as **ornamentals** by others. 一些人将植物作为食物，而另一些人则将植物用作装饰品。
派 ornamentation *n.* 装饰；点缀

049
**council**
/ 'kaʊnsl /

释 *n.* 委员会；（郡、镇等）政务会
例 The city **council** has drawn criticism from the public for its intervention in the dispute recently. 市政委员会最近因为介入该争端而遭到大众的批评。
搭 city council 市议会
同 assembly, committee

050
**minimize**
/ 'mɪnɪmaɪz /

释 *v.* 把…减至最低数量；极力贬低…的价值；极度轻视
例 You can **minimize** the danger of traffic accident by taking it seriously to obey the traffic regulations. 严格遵守交通规则，你就能把行车危险降到最低。
派 minimization *n.* 最小化
同 reduce; minify, abbreviate
反 maximize

051
**incandescent**
/ ˌɪnkæn'desnt /

释 *a.* 白炽的；白热的；十分明亮的；感情强烈的
例 The **incandescent** quality of his words illuminated the courage of his fellow colleagues. 他炽热的语言点燃了同志们的勇气。
搭 incandescent bulbs 白炽灯泡
同 burning, ablaze

052
**array**
/ ə'reɪ /

释 *n.* 一大批；队列；数组；衣服 *v.* 排列；部署兵力；打扮
搭 an array of 一排，一群，一批

053
**fixture**
/ 'fɪkstʃər /

释 *n.* 固定装置；固定状态；预定的体育活动
例 The cordless kettle may now be a **fixture** in most kitchens. 无绳电热水壶现在可能是多数厨房的固定设备。
同 appliance

054
**switch**
/ swɪtʃ /

释 *v.* 改变；接通（电源等）；转移；鞭打 *n.* 改变；开关；鞭子
例 She groped blindly and **switched** on the light in the dark room. 她在黑暗的房间里摸索，打开了电灯开关。
搭 switch off 失去兴趣 switch sth off / on 关上/打开
同 substitute, replace, exchange

055
**element**
/ 'elɪmənt /

释 *n.* 元素；要素；原理
例 Fitness has now become an important **element** in our lives. 现在健康已经成为我们生活中的一个要素。
同 unit, part, component, constituent

056
**luxury**
/ 'lʌkʃəri /

释 *a.* 豪华的，奢华的 *n.* 奢华；奢侈品；享受
例 The Maxilux car company's design for its new **luxury** model included a special design for the tires. Maxilux汽车公司为其奢华型汽车的设计也包含为其轮胎的独特设计。
派 luxurious *a.* 奢华的

057
**complement**

释 / 'kɑːmplɪment / *v.* 与…相配；补充 / 'kɑːmplɪmənt / *n.* 补充物；补足
例 The floral wallpaper is the perfect **complement** to the antique dresser. 碎花的墙纸完美地衬托了这个古董梳妆台。
派 complemental *a.* 补充的 complementary *a.* 补充的
同 supplement

058
**bid**
/ bɪd /

释 *n.* 出价，投标；努力争取 *v.* 投标；恳求；命令
例 The wealthy old lady decided to **bid** for a Georgian dressing table. 有钱的老太太决定参与一个乔治王朝时期风格梳妆台的竞标。
搭 wining the bid 中标

059
**executive**
/ ɪg'zekjətɪv /

释 *n.* 决策人；行政部门 *a.* 执行的；管理的；政府部门的
例 These **executives** claim that winning the bid will actually make a profit for the company. 这些决策人认为中标会为公司带来利润。
派 executory *a.* 执行上的

060
**spare**
/ sper /

释 *a.* 备用的；多余的；空闲的 *v.* 节省；出让 *n.* 备用零件；节省
例 When my sister has a little **spare** time, she enjoys arranging dried flowers. 我的姐姐稍有空闲，便喜欢摆弄干花。
搭 to spare 有节余

061
**mount**
/ maʊnt /

释 *v.* 安装；登上；攀爬；增加 *n.* 山峰
例 There was **mounting** concern in her voice. 她的声音里流露出越来越多的担心。
搭 mount up 增加；上升
同 ascend, climb; peak, hill

062
**exclusive**
/ ɪk'skluːsɪv /

释 *a.* 独家的；高级的；排斥的 *n.* 独家新闻
例 He attended Eton, the most **exclusive** private school in Britain. 他上的是伊顿公学，英国最高级的私立学校。
派 exclusivist *n.* 排外主义者
同 only, sole

063
**invariably**
/ ɪn'veriəbli /

释 *ad.* 总是，不变地
例 This acute infection of the lung is almost **invariably** fatal. 这种急性的肺感染几乎总是致命的。
派 invariance *n.* 不变性；恒定性

064
**temple**
/ 'templ /

释 *n.* 太阳穴；庙，寺
例 Most bicycle helmets provide little or no protection for the **temple** regions on the sides of the head. 大多数自行车头盔不能保护头部两侧的太阳穴部位。

065
**likelihood**
/ 'laɪklihʊd /

释 *n.* 可能性；有希望的事
例 The doctors assured the patient that the **likelihood** of infection after surgery is minimal. 医生向病人保证手术后感染的可能性很小。
搭 in all likelihood 很有可能
同 probability, possibility, chance

066
**severe**
/ sɪ'vɪr /

释 *a.* 剧烈的；严峻的；严厉的；苛刻的
例 He suffered from **severe** brain damage after a motorbike accident. 在遭遇一次摩托车事故后，他的脑部严重受损。
同 violent; harsh; stern, strict

067
**transit**
/ 'trænzɪt /

释 *n.* 运输，搬运；转变 *v.* 经过；运送
例 Bus and rapid **transit** fares are about to rise following the wage settlements. 在工资问题解决之后，公共汽车和高速交通的费用将要上涨。
搭 in transit 在运输中；在旅途中
同 transportation *n.* 运输；交通

068
**packer**
/ 'pækər /

释 *n.* 包装工人；包装机
例 TrueSave officials instructed the company's **packers** to use more packing material than before. TrueSave的高层让公司的包装工人使用比以前更多的包装材料。

069
**zealously**
/ 'zeləsli /

释 *ad.* 积极地；狂热地；热情地
例 The principle worked **zealously** to raise funds for the literacy project. 校长积极地为扫盲工程募集资金。

070
**nevertheless**
/ ˌnevərðə'les /

释 *conj.* 然而 *ad.* 然而，尽管如此；不过
例 Our defeat was expected; **nevertheless**, it was disappointing. 我们的失败是意料中的事；尽管如此，它还是令人失望。
同 however, but, notwithstanding

071
**compress**

释 / kəm'pres / *v.* 压紧；压缩；精简 / 'kaːmpres / *n.* 止血敷布
例 It is nearly impossible to **compress** this 50-page essay into a few pages. 把这篇50页的论文压缩成几页几乎是不可能的。

派 compression *n.* 压紧 compressible *a.* 可压缩的
同 press; condense, concentrate

072
**densely**
/ densli /
释 *ad.* 紧密地；浓密地
例 The community is **densely** populated. 这个社区人口稠密。
搭 densely populated 人口稠密的

073
**toxin**
/ 'ta:ksɪn /
释 *n.* 毒素
例 Wood smoke contains dangerous **toxins** that cause changes in human cells. 木材产生的烟雾中所含的危险毒素会引起人体细胞的变异。
派 toxicant *a.* 毒的

074
**regulate**
/ 'regjuleɪt /
释 *v.* 管理；控制；调节；校准
例 This system can **regulate** the temperature of the entire building. 这种系统能调节整栋楼的室内温度。
同 manage; rectify, adjust

075
**exhaust**
/ ɪg'zɔ:st /
释 *n.* 排出的废气 *v.* 排气；用尽；使筋疲力尽
搭 exhaust gas 废气
派 exhaustible *a.* 可耗尽的 exhaustion *n.* 气体的排出；耗尽
同 drain, empty, consume

076
**concentration**
/ ˌka:nsn'treɪʃn /
释 *n.* 浓度；集中；专心；关注
例 I found it hard to keep my **concentration** in such a noise place. 在这样一个吵闹的地方，我很难保持精力集中。
同 condensation
反 distraction

077
**rival**
/ 'raɪvl /
释 *n.* 对手 *v.* 与…竞争
例 He defeated all his **rival** for the job with nonchalant ease. 他从容不迫地击败了所有的求职竞争者。
派 rivalry *n.* 竞争；对立

078
**envision**
/ ɪn'vɪʒn /
释 *v.* 展望，预见；想象
例 They **envision** a world of peace and freedom, away from poverty and war. 他们展望了一个和平自由、远离贫困和战争的世界。
同 envisage, conceive, fantasize

079
**competitor**
/ kəm'petɪtər /
释 *n.* 竞争者，对手
例 By defeating its main **competitor**, this firm will corner the wheat market. 由于击败了主要的竞争对手，这家公司即将垄断整个小麦市场。
派 competitive *a.* 竞争的
同 opponent, antagonist

080
**agency**
/ 'eɪdʒənsi /

释 *n.* 机构；代理业务；中介
例 We had to hire maids through an **agency**. 我们得通过中介雇用女佣。
同 medium

081
**profitability**
/ ˌprɑːfɪtə'bɪləti /

释 *n.* 获利状况；收益性；有利
例 The new manager's job is to restore the company to **profitability**. 新经理的工作是让这家公司恢复盈利。
派 profitable *a.* 有利的

082
**attendance**
/ ə'tendəns /

释 *n.* 参加人数；出席人数；参加
例 **Attendance** at the movies is large enough for the cinema operators to make modest profits. 电影院的上座率足以使其经营者获得一定的利润。
搭 in attendance 在场，出席
同 presence

083
**stimulate**
/ 'stɪmjuleɪt /

释 *v.* 刺激；鼓舞；使兴奋
例 They counted on foreign investment to **stimulate** their slumping economy. 他们想依靠外国投资来刺激他们低迷不振的经济。
派 stimulation *n.* 刺激；鼓舞
同 spur, invigorate, motivate
反 deaden

084
**rental**
/ 'rentl /

释 *n.* 租费，租金额 *a.* 租赁的
例 The villa has been let at an annual **rental** of 393,000. 这座别墅以每年39.3万英镑的价格被租了出去。
搭 rental service 租赁行业

085
**stool**
/ stuːl /

释 *n.* 高脚凳，凳子；大便
搭 fall between two stools 两头落空
同 chair

086
**arrangement**
/ ə'reɪndʒmənt /

释 *n.* 安排；整理；排列；布置
例 The change in seating **arrangements** will not result in an increase in the restaurant's seating capacity. 座椅摆放的变化不会使餐馆的座位容量增加。
同 organization

087
**management**
/ 'mænɪdʒmənt /

释 *n.* 管理人员；管理；处事的能力
例 He is known for his political savvy and strong **management** skills. 他以睿智的政治头脑和强势的管理手腕出名。
同 governance

088
**sharply**
/ 'ʃaːrpli /

释 *ad.* 急剧地；突然地；严厉地；明确地
例 The forest's protected black bear population has risen **sharply**. 森林中受保护黑熊的数量急剧上升。
同 greatly

089
**viewership**
/ 'vjuːərʃɪp /

释 *n.* 电视观众
例 The attention and **viewership** he brought to the match is also amazing. 由于他而给比赛带来的关注和收视率是相当惊人的。
同 audience

090
**controversial**
/ ˌkaːntrə'vɜːrʃl /

释 *a.* 有争议的；被争论的；好争论的
例 The new policy is **controversial** which even has attracted international censure. 这项新政策颇有争议，甚至引起了国际社会的批评。
派 controversialist *n.* 争论者
同 disputable, contestable, debatable

091
**inspire**
/ ɪn'spaɪər /

释 *v.* 鼓励；启迪；赋予灵感
例 As a candidate, he has neither the strategies nor personal charisma to **inspire** people. 作为候选人，他既无谋略，又无可以鼓舞大众的个人魅力。
派 inspiration *n.* 鼓励；灵感
同 encourage, prompt
反 depress, deject

092
**broadcast**
/ 'brɔːdkæst /

释 *n.*（电视）节目内容；播放时间 *v.* 播放；使广为人知
例 The concert will be **broadcast** live on television and radio. 音乐会将通过电视和广播现场直播。
搭 broadcast network 广播网络

093
**regarding**
/ rɪ'gaːrdɪŋ /

释 *prep.* 关于；就…而论；至于
例 We often get complimentary remarks **regarding** the cleanliness of our patio. 我们经常听人称赞我们的露台非常干净。
同 concerning

094
**physician**
/ fɪ'zɪʃn /

释 *n.* 医生，内科医生；抚慰者
例 He prefers to be a surgeon rather than a **physician**. 他喜欢当外科医生而不愿作内科医生。
同 doctor

095
**prescribe**
/ prɪ'skraɪb /

释 *v.* 开处方；指定；规定
例 She took twice the **prescribed** dose of sleeping tablets. 她服用了双倍医嘱剂量的安眠药片。
派 prescription *n.* 处方；规定 prescriptive *a.* 规定的
同 recommend, assign

096
**conclusively**
/ kən'kluːsɪvli /
释 *ad.* 令人信服地，确凿地
例 They believed firmly that their theories could explain **conclusively** many natural phenomena. 他们坚信他们的理论可以对许多自然现象做出确凿解释。
同 convincingly

097
**complication**
/ ˌkaːmplɪ'keɪʃn /
释 *n.* 并发症；纠纷，混乱
例 Sleep disorders, if left untreated, might lead to serious medical **complications**. 睡眠紊乱若得不到治疗，可能会引起严重的医疗并发症。

098
**manifest**
/ 'mænɪfest /
释 *v.* 显现；表明；证明 *a.* 明白的；明显的 *n.* 货单
例 He doesn't **manifest** much interest in anything but computer games. 除了电脑游戏之外，他没有对其他任何东西表现出兴趣。
派 manifestation *n.* 显示；表明
同 demonstrate, show; apparent, evident

099
**cabinetmaker**
/ 'kæbɪnətmeɪkər /
释 *n.* 家具木工
例 This woodwork was finished by hand by a famous **cabinetmaker**. 此木制品是由一位著名的木匠手工完成的。
同 carpenter

100
**acclaim**
/ ə'kleɪm /
释 *n.* 赞扬 *v.* 为…喝彩；称赞；欢呼
例 The achievements of Stephen Hawking have earned him the **acclaim** of the entire scientific community. 斯蒂芬·霍金的成就使他赢得了整个科学界的赞誉。
派 acclamation *n.* 欢呼 acclamatory *a.* 称赞的；欢呼的
同 applaud, praise, cheer

101
**craft**
/ kræft /
释 *n.* 技术，手艺；狡诈；行会成员 *v.* 手工制作；精巧地制作
搭 craft guild 行会
派 craftsperson *n.* 工匠
同 trade, handicraft

102
**monetary**
/ 'mʌnɪteri /
释 *a.* 金钱的，货币的；金融的；财政的
例 Artists are not concerned with the **monetary** value of their product. 艺术家并不关注他们作品的货币价值。
派 monetarist *n.* 货币主义者
同 financial, economic, fiscal

103
**upgrade**
/ ˌʌp'greɪd /
释 *v.* 使升级；提高服务档次；提升 *n.* 向上的斜坡；升级
例 She was **upgraded** to business class on her flight from Seattle to Beijing. 在从西雅图到北京的航程中，她被升级到商务舱了。
搭 on the upgrade 改善的
同 promote, ascent, aggrandize
反 downgrade

104
**expand**
/ ɪk'spænd /

释 *v.* 扩展；详述；发展；张开
例 We have to **expand** the size of the image. 我们不得不放大图像的尺寸。
派 expander *n.* 扩展器
同 extend, enlarge, broaden
反 shrink, condense

105
**passenger**
/ 'pæsɪndʒər /

释 *n.* 乘客；过路人；碍手碍脚的人
例 Only experienced pilots could fly large **passenger** aircraft. 只有经验丰富的飞行员才能驾驶大型客机。
同 rider, commuter, voyager

106
**chronic**
/ 'krɑːnɪk /

释 *a.* 长期的；习惯性的；慢性的
例 Ten thousand deaths a year from **chronic** lung disease are attributable to smoking. 吸烟导致每年有一万人死于慢性肺病。
搭 chronic fatigue 慢性疲劳综合征
同 lasting, constant

107
**access**
/ 'ækses /

释 *n.* 入口，出口；接近；增长 *v.* 接近；进入；获取
例 The house is located with easy **access** to grocery stores and other facilities such as banks and gyms. 这所房子位置便利，到杂货店和银行、健身房等其他场所都很方便。
搭 easy of access 容易进入；容易接近
派 accessible *a.* 易接近的

108
**magnet**
/ 'mægnət /

释 *n.* 有吸引力的事物；磁铁
例 He picked all the pins up with a **magnet**. 他用磁铁捡起了所有的大头针。
派 magnetic *a.* 有吸引力的；磁的

109
**hub**
/ hʌb /

释 *n.* 枢纽机场；中心；轮轴；电线插孔
例 Several airlines use Greentown as a regional **hub**. 多条航线将Greentown作为地方枢纽。
搭 hub-and-spoke （空中交通）辐射状的

110
**elaborately**
/ ɪ'læbərətli /

释 *ad.* 精心制作地；苦心经营地；精巧地
例 Shakespeare's plays are often **elaborately** annotated to help readers understand. 莎士比亚剧本通常注释详尽，便于读者理解。
派 elaboration *n.* 精心计划 elaborative *a.* 精心计划的
同 intricately

111
**decorative**
/ 'dekəreɪtɪv /
释 *a.* 装饰性的；装潢用的
例 Sarah revamped her living room with simple **decorative** tricks. 莎拉采用简单的装饰技巧把客厅翻新了。
派 decoration *n.* 装饰 decorator *n.* 装饰者

112
**trait**
/ treɪt /
释 *n.* 特点，特征， 笔； 点，少许
例 Her dominant **trait** was to take all things into earnest consideration. 她性格中最主要的特点是对一切事物都要进行认真思考。
同 feature, characteristic, idiosyncrasy

113
**extensively**
/ ɪk'stensɪvli /
释 *ad.* 全面地；广大地；广阔地
例 All these issues have been **extensively** researched in recent years. 近年来，对所有这些问题都做了全面研究。
同 thoroughly

114
**inept**
/ ɪ'nept /
释 *a.* 笨拙的；不称职的；无能的；愚昧的
例 Young male bowerbirds are **inept** at bower-building. 雄性幼鸟不擅长建造鸟巢。
派 ineptitude *n.* 笨拙；不适当
同 inefficient, awkward

115
**accomplished**
/ ə'kɑːmplɪʃt /
释 *a.* 熟练的；完成的；技艺高超的；学识渊博的
例 They have won plaudits and awards for their **accomplished** film. 他们因其高水准的电影赢得了赞扬和奖项。
派 accomplishment *n.* 成就；完成
同 skilled, professional

116
**ornamentation**
/ ˌɔːrnəmen'teɪʃn /
释 *n.* 装饰；装饰品
例 The chairs were comfortable, functional and free of **ornamentation**. 这些椅子舒适实用，而且看上去不显花哨。
同 decoration, enrichment

117
**dialect**
/ 'daɪəlekt /
释 *n.*（说话等的不同）方式；方言；土语
例 He wrote a play in a local **dialect**. 他用当地方言写了一个剧本。
派 dialectal *a.* 方言的
同 parlance, cant, jargon

118
**welfare**
/ 'welfer /
释 *n.* 福利；幸福；安宁
例 Her kindness and warmth made her particularly effective with staff **welfare**. 她的善良和热心使她将员工福利工作做得相当出色。
搭 welfare work 福利事业
同 well-being, benefit

119
**pension**
/ 'penʃn /

释 *n.* 养老金；生活津贴 *v.* 发给…养老金
例 He was offered a generous **pension** provided he left without making a scene. 他如果一声不吭地离开，就会获得一笔丰厚的养老金。
派 pensionable *a.* 可领取养老金的 pensionary *n.* 领养老金的人
同 stipend, allowance

120
**inflation**
/ ɪn'fleɪʃn /

释 *n.* 通货膨胀；夸张；自命不凡
例 The annual rate of **inflation** since the pension increase has been below five percent. 养老金增加以来的年通货膨胀率在五个百分点以下。
反 deflation

If you would go up high, then use your own legs! Do not let yourselves carried aloft; do not seat yourselves on other people's backs and heads.
如果你想要走到高处，就要使用自己的两条腿！不要让别人把你抬到高处；不要坐在别人的背上和头上。
——德国哲学家 尼采（F. W. Nietzsche, German philosopher）

# Day 16

## Previous Check

| | | | |
|---|---|---|---|
| □ eligible | □ bait | □ incentive | □ ecology-minded |
| □ majority | □ curtail | □ innovation | □ plow |
| □ inefficient | □ commercially | □ medieval | □ residue |
| □ poverty | □ immune | □ composition | □ synthetic |
| □ infection | □ liable | □ exploit | □ reapply |
| □ bark | □ infectious | □ ridership | □ credit |
| □ inevitably | □ annual | □ off-peak | □ cooperative |
| □ authority | □ intervention | □ sparsely | □ dissatisfaction |
| □ propagate | □ significant | □ operational | □ issue |
| □ inaccessible | □ satellite | □ install | □ afflict |
| □ inconclusive | □ orbit | □ brevity | □ insure |
| □ examinee | □ proposal | □ congest | □ isolated |
| □ truthful | □ interference | □ barge | □ community |
| □ collision | □ conceive | □ implement | □ vegetarian |
| □ considerable | □ prohibitively | □ ancestor | □ industrialized |
| □ horticultural | □ inspect | □ dissolve | □ suggestive |
| □ devastate | □ reject | □ sugarcane | □ culprit |
| □ contagious | □ negligible | □ irrigation | □ tendency |
| □ rot | □ whereas | □ strain | □ prestige |
| □ ministry | □ disband | □ pollen | □ marketable |
| □ reassure | □ exporter | □ disperse | □ withstand |
| □ overcome | □ substandard | □ passive | □ tidal |
| □ announcement | □ overestimate | □ hinder | □ juvenile |
| □ quarantine | □ integrity | □ intellectual | □ burrow |
| □ inadvertently | □ exaggerated | □ deficiency | □ discourage |
| □ threaten | □ decade | □ staple | □ surprisingly |
| □ spread | □ publicity | □ subsist | □ dislodge |
| □ recreational | □ specialty | □ cereal | □ shed |
| □ preservation | □ herbal | □ nutritionally | □ reside |
| □ survival | □ supplier | □ biodegradable | □ consistency |

001
**eligible**
/ 'elɪdʒəbl /
释 *a.* 有资格的；合适的；称心如意的 *n.* 合格者
例 He may be **eligible** for the application for the scholarship. 他可能有资格申请奖学金。
派 eligibility *n.* 合格
同 suitable, qualified

002
**majority**
/ mə'dʒɔːrəti /
释 *n.* 多数；（获胜的）票数；法定年龄
搭 the majority of 大多数 be in the majority 占多数
反 minority

003
**inefficient**
/ ˌɪnɪ'fɪʃnt /
释 *a.* 无效率的；不称职的；徒劳的
例 The protesters claim that the government is corrupt and **inefficient**. 抗议者称政府腐败无能。
同 incompetent, incapable
反 efficient

004
**poverty**
/ 'pɑːvərti /
释 *n.* 贫困；不足；贫瘠；低劣
例 **Poverty** and bad housing conditions are still very much in evidence, especially in rural areas. 尤其在农村地区，贫困和糟糕的住房条件仍很常见。
搭 below the poverty line 在贫困线以下
同 penury
反 luxury

005
**infection**
/ ɪn'fekʃn /
释 *n.* 感染；传染病；影响
例 Antibiotics should be used to clear up the **infection**. 应该用抗生素消除感染。
派 infectious *a.* 传染的

006
**bark**
/ bɑːrk /
释 *n.* 树皮；犬吠声 *v.* 吠叫
搭 bark up the wrong tree 找错目标

007
**inevitably**
/ ɪn'evɪtəbli /
释 *ad.* 必然地，无疑地；难免；不可避免地
例 Continued production of the drug must **inevitably** lead to the tree's extinction. 持续制造该药物将必然导致这种树的灭绝。
同 surely

008
**authority**
/ ə'θɔːrəti /
释 *n.* 当权者；权力；学术权威
例 His colleagues isolated him because of his irreverence for **authority**. 因为他对当权者不敬，所以他的同事们孤立了他。
派 authorization *n.* 授权 authoritative *a.* 权威性的
同 specialist; legislature

009
**propagate**
/ 'prɑːpəgeɪt /

释 *v.* 使蔓延；繁殖；扩散

例 The political party started its own newspaper to **propagate** its ideas. 政党创建自己的报纸来传播它的思想。

派 propagation *n.* 蔓延；繁殖 propagator *n.* 传播者

同 breed, produce

010
**inaccessible**
/ ˌɪnæk'sesəbl /

释 *a.* 难以到达的；不可接近的；难懂的

例 This formerly **inaccessible** village can now be reached by road and railway. 这里过去是不通道路的村庄，现在通过公路和铁路都可以到达了。

同 unreachable, unapproachable

反 accessible

011
**inconclusive**
/ ˌɪnkən'kluːsɪv /

释 *a.* 无效的；不确定的；无结果的

例 The jury found the evidence against the suspect **inconclusive** and acquitted him. 陪审团发现控告嫌疑犯的罪证不确凿，所以释放了他。

反 conclusive

012
**examinee**
/ ɪgˌzæmɪ'niː /

释 *n.* 被测试者；应试者

例 **Examinees** are asked to write an argumentation. 题目要求考生写一篇议论文。

反 examiner

013
**truthful**
/ 'truːθfl /

释 *a.* 说实话的；老实的；真实的

例 Such a judgment means that the test has failed to show whether the examinee was **truthful** or untruthful. 这样的判断意味着测试无法测定被测试者是否在说实话。

同 honest, credible

反 untruthful, dishonest

014
**collision**
/ kə'lɪʒn /

释 *n.* 碰撞；（意见等的）抵触；冲突

例 It's the **collision** of disparate ideas that alters one's perspective. 是迥然不同的观点之间的碰撞改变了人们的看法。

搭 car collision 车辆碰撞

015
**considerable**
/ kən'sɪdərəbl /

释 *a.* 相当多的；该注意的；应考虑的

例 It is a **considerable** sum of money. 那是一笔数量可观的钱。

同 numerous

反 inconsiderable

016
**horticultural**
/ ˌhɔːrtɪ'kʌltʃərəl /

释 *a.* 园艺的

搭 World Horticultural Exposition 世界园艺博览会

派 horticulture *n.* 园艺学 horticulturist *n.* 园艺学家

017
**devastate**
/ 'devəsteɪt /

释 *v.* 破坏；毁灭；蹂躏；使荒废

例 Earthquakes can also cause tsunamis, which are likely to **devastate** coastal regions. 地震还可以引发海啸，海啸可能对临海地区造成破坏。

派 devastation *n.* 破坏；蹂躏

同 destroy, ruin, ravage

018
**contagious**
/ kən'teɪdʒəs /

释 *a.* 会传染的；会蔓延的；有感染力的

例 He has got a **contagious** laugh. 他的笑富有感染力。

派 contagion *n.* 接触传染

同 infectious, epidemic, spreading

019
**rot**
/ rɑːt /

释 *n.* 腐烂 *v.* 使腐烂

例 Sugary canned drinks can surely **rot** your teeth. 罐装的甜饮料肯定会腐蚀牙齿。

同 decay

020
**ministry**
/ 'mɪnɪstri /

释 *n.*（政府的）部；神职

例 Mr. White occupies an important position in the **Ministry** of Education. 怀特先生在教育部里担任要职。

同 department

021
**reassure**
/ ˌriːə'ʃʊr /

释 *v.* 使消除疑虑，使安心；再保证

例 The doctors tried to **reassure** her, but she still felt anxious. 医生们设法让她放心，可她还是焦虑不安。

派 reassurance *n.* 再保证

022
**overcome**
/ ˌoʊvər'kʌm /

释 *v.* 克服；战胜；压倒

例 Although she comes from a poor family, she has enough courage to **overcome** her financial difficulty. 尽管她来自一个贫苦的家庭，但她仍有足够的勇气来克服她的经济困难。

同 defeat, vanquish

反 surrender, submit, yield

023
**announcement**
/ ə'naʊnsmənt /

释 *n.* 宣布；通告；布告

例 There has been no official **announcement** of the arrests. 还没有正式发布逮捕这些人的消息。

024
**quarantine**
/ 'kwɔːrəntiːn /

释 *v.* 隔离；对…进行检疫 *n.* 检疫期；隔离期

例 The dog is supposed to be kept in **quarantine** for six months. 这条狗应该被检疫隔离六个月。

同 separation, isolation, segregation

025
**inadvertently**
/ ˌɪnəd'vɜːrtəntli /
释 *ad.* 偶然地；漫不经心地；疏忽地
例 I **inadvertently** pressed the wrong button, and the computer crashed. 我无意中按错了按钮，电脑就死机了。

026
**threaten**
/ 'θretn /
释 *v.* 危及；预示；恐吓
例 He said army officers had **threatened** to destroy the town. 他说陆军军官们曾威胁要摧毁那座小镇。
同 harass, browbeat, menace, terrorize

027
**spread**
/ spred /
释 *n.* 范围；展开 *v.* 摊开；涂；传播
例 To help track the ruffe's **spread**, the government agencies have produced wallet-sized cards about the ruffe. 为了追踪梅花鲈的活动范围，政府机构制作了钱包大小的卡片对其进行描述。
搭 spread one's wings 展开翅膀

028
**recreational**
/ ˌrekri'eɪʃənl /
释 *a.* 娱乐的，消遣的
例 These areas in the city center are set aside for public **recreational** use. 市中心的这些地方被划出来以用于公共娱乐。
派 recreation *n.* 娱乐

029
**preservation**
/ ˌprezər'veɪʃn /
释 *n.* 保护；防护；保存；保持
例 The oil painting is in an excellent state of **preservation**. 这幅油画保存得极为完好。
派 preservable *a.* 可保护的 preservative *a.* 有保护能力的
同 protection, maintenance, conservation

030
**survival**
/ sər'vaɪvl /
释 *n.* 生存；幸存（者）；遗物
例 The miraculous **survival** of some people in the air crash was widely reported by the press. 新闻界广泛报道了空难事件中幸存的一些人。
搭 survival of the fittest 适者生存

031
**bait**
/ beɪt /
释 *n.* 饵；诱惑；休息 *v.* 引诱
例 The **bait** that most people use when fishing for whitefish on the Great Lakes is not attractive to ruffe. 多数人在五大湖地区钓白鲑时所使用的鱼饵对梅花鲈来说不具有吸引力。

032
**curtail**
/ kɜːr'teɪl /
释 *v.* 缩减；剪短；剥夺…特权
例 The reduced military budgets would force the government to **curtail** its foreign involvement. 削减军事预算可以迫使政府减少其在外交方面的参与。
搭 curtail expenditures 节约支出
同 cut, decrease, reduce, shorten
反 extend, increase, lengthen

033
**commercially**
/ kə'mɜːrʃəli /

释 *ad.* 商业上地
例 It was the first **commercially** available machine to employ artificial intelligence. 这是第一台作为商品出售的采用人工智能技术的机器。
派 commercialism *n.* 商业主义

034
**immune**
/ ɪ'mjuːn /

释 *a.* 免疫的；不受影响的
例 Problems arise when the body's **immune** system is not functioning adequately. 免疫系统不能充分发挥作用时，身体就会出现问题。
搭 immune system 免疫系统 immune deficiency 免疫缺陷
派 immunity *n.* 免疫；免除 immunize *v.* 使免疫

035
**liable**
/ 'laɪəbl /

释 *a.* 易…的；有…倾向的；有责任的
例 The insurance company should be held **liable** for the mistakes of one of its agents. 保险公司应该为其保险代理所犯的错误负责。
派 liability *n.* 倾向；责任
同 apt, probable; accountable

036
**infectious**
/ ɪn'fekʃəs /

释 *a.* 有传染性的；易传染的；有感染力的
例 Eva radiates an **infectious** enthusiasm for everything she does. 伊娃做任何事情都充满一种极富感染力的热情。
派 infection *n.* 传染
同 contagious, catching, communicable, epidemic

037
**annual**
/ 'ænjuəl /

释 *a.* 每年的；一年的 *n.* 年刊；一年生植物
搭 annual income 年收入
同 yearly, perennial

038
**intervention**
/ ˌɪntər'venʃn /

释 *n.* 干预；调解；排解
例 The government's **intervention** in this dispute will not work. 政府对这场争论的干预不会起作用。
派 interventionism *n.* 干涉主义
同 meddling, interference, intrusion

039
**significant**
/ sɪg'nɪfɪkənt /

释 *a.* 重大的；有重要意义的；值得注意的
例 This incidence has made him a **significant** figure in the world. 这次事件使他变成了举世闻名的人物。
派 significance *n.* 重要性
同 remarkable, influential
反 insignificant

040
**satellite**
/ 'sætəlaɪt /

释 *n.* 卫星；人造卫星 *v.* 通过通信卫星播送
例 The **satellite** had been inactive since its launch two years ago. 该卫星自从两年前发射以来就一直没起作用。
搭 artificial satellite 人造卫星

041
**orbit**
/ 'ɔːrbɪt /

释 *v.* 环绕轨道运行 *n.* 轨道；势力范围
例 The planet is probably in **orbit** around a small star. 这颗行星可能正环绕着一颗小恒星运行。
搭 into orbit 进入表演最佳状态；万分激动
同 circle, revolve

042
**proposal**
/ prə'poʊzl /

释 *n.* 提议；建议；求婚；投标
例 Environmental groups have given a guarded welcome to the Prime Minister's **proposal**. 环保组织对首相的提议表示谨慎的接受。
派 proposition *n.* 提议；提案

043
**interference**
/ ˌɪntər'fɪrəns /

释 *n.* 干扰；冲突；介入；妨碍
例 They have been accused of deliberately causing **interference** to transmissions. 他们被指控故意干扰信号传输。
派 interferential *a.* 干涉的
反 noninterference

044
**conceive**
/ kən'siːv /

释 *v.* 设想；构思；持有；怀孕
例 I can hardly **conceive** of your doing such a thing. 我很难想象你会做出这种事情。
派 conceivable *a.* 可想到的
同 speculate, conjecture, presume, suppose

045
**prohibitively**
/ prə'hɪbətɪvli /

释 *ad.*（费用等）过高地；禁止地
派 prohibition *n.* 禁止

046
**inspect**
/ ɪn'spekt /

释 *v.* 检查，检验；视察
例 It was strange that nobody **inspected** my ticket before I got on the train. 我上火车前竟然没有人查我的车票，这很奇怪。
派 inspection *n.* 检查 inspective *a.* 检查的
同 review, censor, investigate

047
**reject**

释 / rɪ'dʒekt / *v.* 拒绝；扔掉；排斥 / 'riːdʒekt/ *n.* 被拒绝的人
例 The Cheese Importation Board **rejects** shipment that not meeting specified standards. 芝士进口委员会拒绝不符合标准的货物。
派 rejection *n.* 拒绝
同 discard, refuse

048
**negligible**
/ 'neglɪdʒəbl /

释 *a.* 可以忽略的；微不足道的；无足轻重的
例 The effect was previously thought to be **negligible**, but researchers now say the changes will bring huge effects on people's lives. 其影响在过去被认为是微不足道的，但现在研究人员表示，这些变化会给人们的生活带来巨大的改变。
派 negligent *a.* 疏忽的

049
**whereas**
/ ˌwer'æz /

释 *conj.* 然而；鉴于；反之
例 Some people like coffee, **whereas** others like tea. 有人喜欢咖啡，然而也有人喜欢茶。
同 though, although

050
**disband**
/ dɪs'bænd /

释 *v.* 解体；散伙；遣散
例 The official trade union council voted to **disband** itself and reorganize as a confederation. 这个官方的工会委员投票决定解体然后重新组成联盟。
派 disbandment *n.* 解散
同 disperse, dismiss

051
**exporter**
/ ek'spɔːrtər /

释 *n.* 出口商；输出者，输出国
例 We're a leading **exporter** in electronic components in China. 我们是中国最大的电子零件出口商之一。
反 importer

052
**substandard**
/ ˌsʌb'stændərd /

释 *a.* 标准以下的
例 These are all **substandard** products. 这些都是次品。
同 deficient, inferior

053
**overestimate**
/ ˌoʊvər'estɪmeɪt /

释 *v.* 估计过高；评价过高
例 They **overestimated** his ability when they promoted him. 他们提拔他的时候高估了他的能力。
派 overestimation *n.* 过高估计
同 overrate

054
**integrity**
/ ɪn'tegrəti /

释 *n.* 正直，诚实；完整；保存
例 The ancient palace is still there, but not in its **integrity**. 那座古老的宫殿还在，但是不完整了。
同 uprightness, probity, sincerity, honesty

055
**exaggerated**
/ ɪg'zædʒəreɪtɪd /

释 *a.* 夸大的，言过其实的；过大的
派 exaggeration *n.* 夸大其词
同 overstated

056
**decade**
/ ˈdekeɪd /

释 *n.* 十年；十个一组

例 In the last **decade** there has been a significant decrease in coffee consumption. 过去十年间，咖啡的消费量明显下降。

057
**publicity**
/ pʌbˈlɪsəti /

释 *n.* 宣传；公众信息；公之于众的状况

例 The film star's marriage got a lot of **publicity**. 那位影星的婚礼引起了公众的广泛注意。

派 publicize *v.* 引起公众对…的注意

同 advertisement, propaganda

058
**specialty**
/ ˈspeʃəlti /

释 *a.* 特色的；独立的 *n.* 专长；特点

例 I have never regretted my choice in such **specialty**. 我至今仍不后悔我选择了这个专业。

搭 medical specialty 医学专业

059
**herbal**
/ ˈɜːrbl /

释 *a.* 草本的；药草的 *n.* （草本）植物

搭 herbal tea 凉茶

派 herbalist *n.* 草本植物采集者

060
**supplier**
/ səˈplaɪər /

释 *n.* 供应商；供应者，供给者；补充者

例 Contact your products **supplier** or vendor for return instructions. 有关退货事宜，请与您的产品供应商或售货商接洽。

搭 fuel supplier 燃料供应者 beneficiary supplier 受惠供应国

061
**incentive**
/ ɪnˈsentɪv /

释 *n.* 动机；诱因；鼓励 *a.* 刺激性的；鼓励性的

例 Suppliers in crowded markets will have more **incentive** to reduce prices. 在竞争激烈的市场环境下，供应商降价的动机更大。

派 incentivize *v.* 激励；刺激

同 motive, stimulus

062
**innovation**
/ ˌɪnəˈveɪʃn /

释 *n.* 改革，创新；新观念；新设施

例 This technical **innovation** will save us much time and labor. 这项技术革新将为我们节省出大量时间和劳力。

派 innovative *a.* 革新的 innovator *n.* 革新者

063
**medieval**
/ ˌmediˈiːvl /

释 *a.* 中古的，中世纪的

例 The gallery is a treasure trove of **medieval** art. 这个画廊是中世纪艺术的宝库。

反 modern

064
**composition**
/ ˌkaːmpəˈzɪʃn /

释 *n.* 创作；作文，作曲；布置；妥协

例 Mozart's **compositions** are undoubtedly amongst the world's greatest. 莫扎特的作品无疑位居世界上最伟大的作品之列。

派 composer *n.* 作曲者
同 script, writing, work

065
**exploit**
/ ɪk'splɔɪt /

释 *n.* 功绩 *v.* 开采；利用；剥削
例 Publishers from across the world have gathered in Paris this week to discuss how to **exploit** this growing overseas market. 本周，来自世界各地的出版商齐聚巴黎，商讨如何开发日益增长的海外市场。
派 exploitable *a.* 可开发的 exploitation *n.* 开发
同 deed, feat

066
**ridership**
/ 'raɪdərʃɪp /

释 *n.* 公共交通工具乘客（人数）
例 Subway **ridership** is projected to increase by 20 percent over the next ten years. 预计乘坐地铁的人数在未来十年间将会增长20%。

067
**off-peak**
/ ɔːf'piːk /

释 *a.* 非高峰的
例 Telephone charges are lower during **off-peak** periods. 在非繁忙时，电话收费较低。

068
**sparsely**
/ 'spaːrsli /

释 *ad.* 不足地；稀疏地；贫乏地
搭 sparsely populated 人口稀少的

069
**operational**
/ ˌaːpə'reɪʃənl /

释 *a.* 经营上的；操作上的
搭 operational research 运筹学
派 operationalize *v.* 使起作用

070
**install**
/ ɪn'stɔːl /

释 *v.* 安装；安顿；任命；使…正式就职
例 The company will design, supply and **install** your new kitchen. 该公司将负责你的新厨房的设计、设备供应及安装。
派 installation *n.* 安装
同 fix

071
**brevity**
/ 'brevəti /

释 *n.* 短暂，短促；简洁，简短
例 The **brevity** of the promotion period favors manufacturers because consumers do not become accustomed to the lower price. 促销期短暂对生产商是有利的，因为顾客不习惯于低价格。
搭 brevity code 简码
同 compactness

072
**congest**
/ kən'dʒest /

释 *v.* 拥堵；挤满；充满
例 The only bridge over the channel separating the island from the mainland is **congested**. 这座岛和大陆之间的海峡上唯一的桥出现了拥堵。
派 congestion *n.* 拥堵 congestive *a.* 引起拥塞的

073
**barge**
/ baːrdʒ /

释 *n.* 驳船；游艇 *v.* 蹒跚前进

例 Carrying goods by train costs nearly three times more than carrying them by **barge**. 通过铁路运货的成本比驳船运货成本高出近三倍。

同 boat

074
**implement**

释 / 'ɪmplɪment / *v.* 实施，执行；使生效 / 'ɪmplɪmənt / *n.* 工具；手段

例 The report sets out strict inspection procedures to ensure that the recommendations are properly **implemented**. 报告规定了严格的检查程序，以确保建议得到切实执行。

派 implemental *a.* 起实施作用的 implementary *a.* 实施的

同 carry out

075
**ancestor**
/ 'ænsestər /

释 *n.* 祖先；原型

例 Our daily lives are so different from those of our **ancestors**. 我们的日常生活与我们祖先的生活有着天壤之别。

同 procreator, primogenitor, forefather

076
**dissolve**
/ dɪ'zaːlv /

释 *v.* 解体；使消失；分裂；消除

例 Both salt and sugar **dissolve** easily. 盐和糖都易溶解。

派 dissolvent *a.* 有溶解力的 *n.* 溶媒

077
**sugarcane**
/ 'ʃʊgərkeɪn /

释 *n* 甘蔗

例 Contrary to earlier predictions, demand for **sugarcane** has not increased in recent years. 与之前的预测不同，对甘蔗的需求量在近些年并无上升。

078
**irrigation**
/ ˌɪrɪ'geɪʃn /

释 *n.* 灌溉；水利

例 Water from the river is channeled through a series of **irrigation** canals. 河水被引入一系列灌溉渠中。

派 irrigable *a.* 可灌溉的 irrigative *a.* 灌溉的

079
**strain**
/ streɪn /

释 *n.* （动、植物的）系，株；世系 *v.* 拉紧；尽力使用

例 The vast expansion in secondary education is putting an enormous **strain** on the educational system. 中等教育的大幅扩张正在对教育系统造成巨大的压力。

搭 at full strain 竭尽全力

080
**pollen**
/ 'paːlən /

释 *n.* 花粉 *v.* 传授花粉给

例 He developed an allergy to **pollen**. 他对花粉过敏。

派 pollinate *v.* 给…授粉 pollination *n.* 传粉 pollinator *n.* 传粉媒介

081
**disperse**
/ dɪ'spɜːrs /

释 *v.* 散播；传布（知识等）；使分散

例 Maize pollen is **dispersed** by the wind. 玉米的花粉靠风传播。

派 dispersion *n.* 分散

同 spread, scatter, distribute

反 collect, assemble, gather

082
**passive**
/ 'pæsɪv /

释 *a.* 消极的；被动的；冷漠的 *n.* 动词被动语态
例 He played a **passive** role in the relationship. 他在他们的关系中处于被动地位。
搭 passive smoking 被动吸烟
派 passivism *n.* 消极抵抗论
反 active

083
**hinder**
/ 'hɪndər /

释 *v.* 阻碍；成为阻碍 *a.* 后方的
例 Passive activities such as watching television and listening to music do not **hinder** the development of communication skills in children. 诸如看电视和听音乐这类的消极活动不会阻碍儿童交流技能的发展。
派 hindrance *n.* 阻碍
同 impede, prevent

084
**intellectual**
/ ˌɪntə'lektʃuəl /

释 *a.* 智力的；智力发达的 *n.* 知识分子
例 These views were common among **intellectuals**. 这些观点在知识分子中是很普遍的。
派 intellective *a.* 智力的 intellectual *a.* 智力的；知识的

085
**deficiency**
/ dɪ'fɪʃnsi /

释 *n.* 缺乏；缺陷；不足额
例 Pellagra is a disease that results from niacin **deficiency**. 糙皮病是因缺乏烟酸而引起的。
同 shortage, absence, scarcity
反 adequacy

086
**staple**
/ 'steɪpl /

释 *n.* 主食；主要产品 *a.* 最基本的；最重要的
例 Rice is the **staple** food of more than half the world's population. 稻米是全世界一半以上人口的主食。
派 stapler *n.* 主要产品经营商

087
**subsist**
/ səb'sɪst /

释 *v.*（靠很少的钱或食物）维持生活；存在
例 He **subsisted** mainly on vegetables and fruit. 他主要靠蔬菜和水果维持生命。
派 subsistence *n.* 活命；存在
同 live, exist, survive

088
**cereal**
/ 'sɪriəl /

释 *a.* 谷物的 *n.* 谷类植物
例 **Cereal** products are good for our health. 谷物产品对我们的身体有益。
搭 cereal crop 谷类作物
派 cerealist *n.* 谷物学家

089
**nutritionally**
/ nu'trɪʃənəli /

释 *ad.* 在营养上
派 nutritious *a.* 有营养的 nutrition *n.* 营养；营养品

090
## biodegradable
/ ˌbaɪoʊdɪˈgreɪdəbl /

释 *a.* 能进行生物降解的

例 Waste can be segregated as **biodegradable** and nonbiodegradable. 垃圾可以分为两类：可生物降解的和不可生物降解的。

派 biodegradation *n.* 生物降解

091
## ecology-minded
/ iˈkɑːlədʒiˌmaɪndɪd /

释 *a.* 具有生态意识的

例 Many consumers are **ecology-minded** and prefer to buy a product sold in the partially biodegradable plastic beverage containers. 很多消费者都具有生态意识，更倾向于购买部分含有可降解成分的包装的饮料。

092
## plow
/ plaʊ /

释 *v.* 犁，耕；费力穿过 *n.* 犁

例 They didn't use mules and horses to **plow** their fields any more. 他们已不再用骡子和马来犁地了。

搭 plow into 冲劲十足地工作

093
## residue
/ ˈrezɪduː /

释 *n.* 残余（物）；残渣

例 Always using the same shampoo means that certain **residue** can build up on the hair. 总是使用同一种洗发水就意味着某种残留物会在头发上越积越多。

同 sediment, leftover

094
## synthetic
/ sɪnˈθetɪk /

释 *a.* 合成的；人造的；虚构的

例 Boots made from **synthetic** materials can usually be washed in a machine. 合成材料制成的靴子通常可以机洗。

同 counterfeit, artificial, man-made

095
## reapply
/ ˌriːəˈplaɪ /

释 *v.* 再运用；再申请

例 Synthetic herbicides can be **reapplied** as the crop grows. 在作物生长的时候可以再使用合成的除草剂。

096
## credit
/ ˈkredɪt /

释 *v.* 归功于；相信 *n.* 信誉；学分

例 You can **credit** all that I am telling you. 你可以相信我告诉你的一切。

搭 give someone credit for 称赞某人 credit card 信用卡

派 creditable *a.* 可归功于…的

097
## cooperative
/ koʊˈɑːpərətɪv /

释 *a.* 合作的；共同的 *n.* 合作社

例 The President said the visit would develop friendly and **cooperative** relations between the two countries. 总统说这次访问将会促进两国之间的友好合作关系。

派 cooperation *n.* 合作

同 joint, allied

098
**dissatisfaction**
/ dɪsˌsætɪs'fækʃn /

释 *n.* 不满；令人不满的事物
例 She expressed her **dissatisfaction** with the noisy party held by her neighbors. 她对邻居举办吵闹的晚会表示不满。
同 displeasure, exasperation

099
**issue**
/ 'ɪʃuː /

释 *v.* 颁布；发表；分配 *n.* 问题；期，号
例 Last night he **issued** a statement denying the allegations. 昨晚他发表声明否认了那些指控。
搭 take issue with 提出异议

100
**afflict**
/ ə'flɪkt /

释 *v.* 折磨；使受痛苦；使苦恼
例 AIDS and cancer are maladies that **afflict** humanity. 艾滋病和癌症是折磨人类的疾病。
派 affliction *n.* 苦恼；折磨 afflictive *a.* 折磨人的
同 disturb, agitate
反 relieve, comfort

101
**insure**
/ɪn'ʃʊr /

释 *v.* 为…保险；保证
例 We automatically **insure** your belongings against theft and fire. 我们会自动为您的财产上失窃险和火灾险。
派 insurance *n.* 保险 insurable *a.* 可保险的

102
**isolated**
/ 'aɪsəleɪtɪd /

释 *a.* 偏远的；隔离的；孤独的
例 Many of the refugee villages are in **isolated** areas. 很多难民村落都在偏远地区。
派 isolation *n.* 隔离状态
同 remote; deserted

103
**community**
/ kə'mjuːnəti /

释 *n.* 社会团体；群落；共同体
例 Everyone should invest some time in **community** service. 每个人都应该在社区服务上花些时间。
搭 the international community 国际社会
同 district, society

104
**vegetarian**
/ ˌvedʒə'teriən /

释 *a.* 素食的 *n.* 素食者；食草动物
搭 vegetarian diet 素食
派 vegetal *a.* 植物的；蔬菜的

105
**industrialized**
/ ɪn'dʌstriəlaɪzd /

释 *a.* 工业化的
例 **Industrialized** countries must reduce carbon dioxide emissions. 工业化国家必须减少二氧化碳的排放。
派 industrialization *n.* 工业化

106
**suggestive**
/ sə'dʒestɪv /

释 *a.* 引起联想的；提示的；暗示的
例 His behavior was **suggestive** of a cultured man. 他的举止显示出他是个有教养的人。
派 suggestible *a.* 易受暗示影响的

107
**culprit**
/ 'kʌlprɪt /

释 *n.* 引起不良后果的事物；罪犯
例 These facts do not establish salt as the **culprit** in high blood pressure. 这些事实并未认定盐就是导致高血压的元凶。
同 wrongdoer, felon

108
**tendency**
/ 'tendənsi /

释 *n.* 趋势，倾向；意向；性情
例 There is a growing **tendency** that young people prefer flexible work. 年轻人更喜欢弹性工作，这种趋势正在增加。
搭 have a tendency to 有…的倾向
同 disposition, inclination

109
**prestige**
/ pre'stiːʒ /

释 *n.* 声誉；威信；显赫
例 Inventions bring more **prestige** to universities than do books and articles. 与书籍和文章相比，发明能为大学带来更多声誉。
派 prestigious *a.* 有声望的
同 prominence

110
**marketable**
/ 'maːrkɪtəbl /

释 *a.* 有销路的；可销售的；市场的
派 marketability *n.* 可销售性
同 marketable price 适销价格

111
**withstand**
/ wɪð'stænd /

释 *v.* 抵御；反抗；受得住
例 The mayor promised he would strengthen the levees so that they can **withstand** strong hurricanes. 市长承诺将加固防洪堤，使它们能够承受强大飓风的冲击。
同 oppose, endure, resist

112
**tidal**
/ 'taɪdl /

释 *a.* 潮水的；潮汐的
例 **Tidal** power generation has some advantages. 潮汐发电具有一些优点。
搭 tidal wave 潮汐波；情绪上的大波动

113
**juvenile**
/ 'dʒuːvənl /

释 *a.* 年幼的；少年的 *n.* 青少年；雏鸟
例 They are holding a forum on **juvenile** delinquency. 他们正举行一个有关青少年犯罪的讨论会。
搭 juvenile delinquency 青少年犯罪
同 young

114
**burrow**
/ 'bɜːroʊ /

释 *v.* 挖（洞）；翻寻

例 The larvae **burrows** into the cracks in the floor. 幼虫钻进了地板的缝隙里。

同 tunnel, dig, excavate

115
**discourage**
/ dɪs'kɜːrɪdʒ /

释 *v.* 阻碍；使气馁；劝阻

例 His parents tried to **discourage** his interest in music, but he persisted. 他的父母设法打消他对音乐的兴趣，但他始终坚持着。

派 discouragement *n.* 阻止；泄气

同 hinder, prevent

反 encourage, support

116
**surprisingly**
/ sər'praɪzɪŋli /

释 *ad.* 出人意料地；惊人地

例 I found him **surprisingly** well informed on current world politics. 我发现他对于当前世界政治惊人地熟悉。

同 astonishingly

117
**dislodge**
/ dɪs'lɑːdʒ /

释 *v.* 逐出；移动；移走

例 Tidal currents do not themselves **dislodge** barnacles from the shells of horseshoe crabs. 潮流并没有迫使甲壳动物从鲎的壳上离开。

118
**shed**
/ ʃed /

释 *v.* 蜕（皮）；流出；散布；树叶脱落

例 The government report released this morning has **shed** light on the causes of local floods. 今早发布的政府报告阐明了当地水灾发生的原因。

搭 shed tears 流泪 shed light on 阐明；为…提供线索

119
**reside**
/ rɪ'zaɪd /

释 *v.* 存在；聚集；居住

例 Happiness does not **reside** in strength or money. 幸福不是由实力或金钱决定的。

派 residence *n.* 居住

同 occupy, inhabit, dwell

120
**consistency**
/ kən'sɪstənsi /

释 *n.* 一致性；符合；坚持；浓度

例 There's always a lack of **consistency** in the matter of diplomatic policy. 外交政策总是缺乏连贯性。

派 consistent *a.* 一致的；符合的；和谐的

# Day 17

## Previous Check

- □ suppress
- □ spleen
- □ infest
- □ respiratory
- □ conceal
- □ necessitate
- □ balanced
- □ competitive
- □ deficit
- □ extreme
- □ ravage
- □ conducive
- □ toxic
- □ hypnotize
- □ dissociate
- □ prominent
- □ investor
- □ stake
- □ mysterious
- □ doubtful
- □ outstrip
- □ oppose
- □ reveal
- □ bronze
- □ ceremonial
- □ vessel
- □ mint
- □ inscription
- □ alphabet
- □ scant
- □ scarce
- □ refrigerate
- □ inferior
- □ widespread
- □ fledgling
- □ domestic
- □ offset
- □ unprofitable
- □ assume
- □ modification
- □ rodent
- □ invade
- □ venomous
- □ inlet
- □ fatal
- □ bankruptcy
- □ replacement
- □ transition
- □ novice
- □ usage
- □ reliance
- □ solar
- □ nuclear
- □ overly
- □ centralized
- □ responsible
- □ equitable
- □ spectrum
- □ treatment
- □ squash
- □ superior
- □ progressively
- □ soften
- □ surviving
- □ alphabetic
- □ presumably
- □ equip
- □ exceed
- □ compensation
- □ sustain
- □ spurious
- □ commentator
- □ precaution
- □ sponsor
- □ Mediterranean
- □ carving
- □ attribution
- □ choral
- □ composer
- □ tentative
- □ treatise
- □ misidentify
- □ journal
- □ accelerator
- □ publication
- □ editorial
- □ allergic
- □ preservative
- □ duplicate
- □ paleontologist
- □ dinosaur
- □ glide
- □ conflicting
- □ reinterpret
- □ speculate
- □ physiological
- □ sprinkler
- □ arena
- □ plausibility
- □ overlook
- □ mitigating
- □ complementary
- □ optimism
- □ pessimism
- □ enormous
- □ ultimately
- □ skeptical
- □ mass-produce
- □ retiree
- □ noticeably
- □ taxpayer
- □ correspondingly
- □ depositor
- □ impending
- □ soundness
- □ worrisome
- □ overoptimistic
- □ ownership
- □ administrator
- □ viability

001
**suppress**
/ sə'pres /

释 *v.* 阻止发展；镇压；忍住
例 Some people can be made to **suppress** a particular memory by hypnotic suggestion, an effect called posthypnotic amnesia. 一些人能通过催眠暗示来压制一段特殊的记忆，这种效应被称为催眠后遗忘。
派 suppressive *a.* 镇压的 suppressible *a.* 能压制的
同 repress, inhibit
反 profess

002
**spleen**
/ spliːn /

释 *n.* 脾；坏脾气；怨气
例 The parasite that causes malarial fever travels to cells of the **spleen**. 导致疟疾的寄生虫转移到脾细胞。
派 spleenful *a.* 脾气坏的

003
**infest**
/ ɪn'fest /

释 *v.* 大批出没；寄生于；骚扰
例 Watch out for fleas and ticks that may **infest** your pet. 要注意是否有跳蚤在宠物身上。
派 infestation *n.* 大批出没
同 plague

004
**respiratory**
/ 'respərətɔːri /

释 *a.* 呼吸的
例 Smoking places you at serious risk of cardiovascular and **respiratory** disease. 吸烟会大大增加罹患心血管和呼吸道疾病的风险。
搭 respiratory system 呼吸系统
派 respiration *n.* 呼吸

005
**conceal**
/ kən'siːl /

释 *v.* 隐瞒；隐藏
例 The higher rate, in turn, encourages more people to **conceal** taxable income. 更高的税率反过来刺激更多的人隐瞒应税所得。
搭 conceal income 隐匿收入
派 concealment *n.* 隐藏，隐蔽；隐匿处 concealer *n.* 遮瑕膏
同 hide, cover
反 reveal, disclose, uncover, expose

006
**necessitate**
/ nə'sesɪteɪt /

释 *v.* 迫使；使成为必需
例 It is common that a single requirement will **necessitate** multiple interface elements. 一个需求可以由多个界面元素来满足，这种情况比较普遍。
派 necessitation *n.* 迫使

007
**balanced**
/ 'bælənst /

释 *a.* 收支平衡的；平衡的；和谐的；安定的
例 It makes sense to eat a reasonably **balanced** diet when slimming. 在减肥过程中保持饮食的营养相对均衡是明智的。
搭 balanced diet 均衡饮食

008
**competitive**
/ kəm'petətɪv /

释 *a.* 有竞争力的；比赛的
例 He did not particularly want to take up a **competitive** sport. 他并不是特别想从事竞技体育运动。
派 competition *n.* 竞赛
同 emulous, striving, competing, rival

009
**deficit**
/ 'defɪsɪt /

释 *n.* 赤字；亏损；缺乏；不足
例 By 1973 the government **deficit** equaled thirty percent of GNP. 到1973年，政府财政赤字相当于国民生产总值的30%。
同 shortage
反 surplus

010
**extreme**
/ ɪk'striːm /

释 *a.* 极端的；过激的；极限的 *n.* 极端
例 It is hard to imagine Lineker capable of anything so **extreme**. 很难想象莱恩克尔能做出如此极端的事情。
搭 in the extreme 极其 go to extremes 走极端
派 extremity *n.* 极点；末端

011
**ravage**
/ 'rævɪdʒ /

释 *v.* 毁坏；破坏；掠夺 *n.* 蹂躏；破坏
例 Global droughts continue to **ravage** farmland, intensifying widespread malnutrition and poverty. 全球性干旱继续肆虐农田，进一步加剧营养不良和贫困趋势的扩大。
搭 insect ravage 受昆虫的破坏
同 destroy, ruin, waste
反 aid, assist, help, protect

012
**conducive**
/ kən'duːsɪv /

释 *a.* 有助的；有益的
例 The more slowly water moves, the more **conducive** its temperature is to the growth of algae. 水流越慢，水温就越有助于水藻的生长。
同 favorable, profitable

013
**toxic**
/ 'tɑːksɪk /

释 *a.* 有毒的；中毒的 *n.* 毒剂
例 Nuclear weapons plants across the country are heavily contaminated with **toxic** wastes. 全国的核武器工厂均受到了有毒废弃物的严重污染。
派 toxicant *a.* 毒的 *n.* 毒物 toxication *n.* 中毒
同 venomous, poisonous

014
**hypnotize**
/ 'hɪpnətaɪz /

释 *v.* 对…施催眠术；使着迷；使精神恍惚
例 Surprisingly, the ability to **hypnotize** oneself can be learnt in a single session. 出人意料的是，自我催眠术只要上一次课就可以学会。
派 hypnotic *a.* 催眠的
同 spellbind, entrance, mesmerize

015
**dissociate**
/ dɪ'soʊʃieɪt /
释 *v.* 分离
例 He has failed to **dissociate** himself clearly and unambiguously from the attack. 他未能干净利落地同那起攻击事件撇清关系。
派 dissociable *a.* 可分离的 dissociation *n.* 分离

016
**prominent**
/ 'prɑːmɪnənt /
释 *a.* 著名的；突出的；杰出的；突起的
例 He had an angular face with **prominent** cheek. 他的脸棱角分明，颧骨突出。
派 prominence *n.* 显著；突起
同 well-known, distinguished, eminent
反 recessive, obscure, inconspicous

017
**investor**
/ ɪn'vestər /
释 *n.* 投资者；出资者；包围者
例 The main **investor** in the project is the French bank. 该项目的主要投资商是法国的银行。
派 investment *n.* 投资

018
**stake**
/ steɪk /
释 *n.* 股份；重大利益；桩 *v.* 用桩支撑
例 Dig a large hole and bang the **stake** in first. 挖一个大点儿的洞，先把木桩敲进去。
搭 at stake 濒于险境

019
**mysterious**
/ mɪ'stɪriəs /
释 *a.* 神秘的；不可思议的；难解的
例 If the retailer's other costs also rose, then the paradox of the retailer's profits is even more **mysterious**. 如果零售商的其他成本也增加了，那么关于零售商利润的悖论就更难以理解了。
搭 mysterious experiences 神秘的经历
同 magic, fantastic, mystical

020
**doubtful**
/ 'daʊtfl /
释 *a.* 难以预测的；怀疑的
例 Recently it seemed **doubtful** that he would move at all. 看起来他近期似乎根本不会搬家。
同 uncertain, questioning, incredulous
反 certain, clear

021
**outstrip**
/ ˌaʊt'strɪp /
释 *v.* 超过；优于；做得比…更好；逃脱
例 An increased inventory of finished products often indicates that production is **outstripping** demand. 成品货物存货清单的增加通常意味着供大于求。

022
**oppose**
/ ə'poʊz /
释 *v.* 反对；使相对；使对照；抵制
例 The government called on the workers to **oppose** waste. 政府号召工人反对浪费。
派 opposition *n.* 反对；抵抗
同 contradict
反 agree, support

023
**reveal**
/ rɪ'viːl /

释 *v.* 显露；揭示；泄露 *n.* 揭示；展现
例 Companies should be made to **reveal** more about their financial position. 应该要求公司使其财务状况更为透明化。
派 revealing *a.* 有启迪作用的
同 disclose, display, manifest
反 conceal

024
**bronze**
/ brɑːnz /

释 *a.* 青铜制的 *n.* 青铜；青铜色 *v.* 变成青铜色
例 On the mantelpiece are a pair of **bronze** Ming vases. 壁炉台上是一对明代的青铜花瓶。
搭 bronze medal 铜牌
派 bronzer *n.* 青铜匠

025
**ceremonial**
/ ˌserɪ'moʊniəl /

释 *a.* 仪式的；正式的 *n.* 仪式
例 Feathers of various kinds are used by Native Americans for **ceremonial** purposes. 美洲印第安人在举行仪式时会用到各种羽毛。
派 ceremonious *a.* 仪式的 ceremonialism *n.* 拘泥于礼节

026
**vessel**
/ 'vesl /

释 *n.* 器皿，容器；飞船；血管
例 A fishing **vessel** and a cargo ship collided in rough seas. 一艘捕鱼船和一艘货船在波涛汹涌的大海上相撞了。
同 container, receptacle

027
**mint**
/ mɪnt /

释 *v.* 铸造；发明 *n.* 薄荷；铸币厂 *a.* 崭新的
例 The next step is to combine the beans, chopped **mint** and olive oil in a large bowl. 下一步是将菜豆、切碎的薄荷和橄榄油放在大碗里搅拌。
搭 in mint condition 崭新的

028
**inscription**
/ ɪn'skrɪpʃn /

释 *n.* 碑文；题词
例 Above its doors was a Latin **inscription**. 门的上方刻有拉丁文铭。
派 inscriptive *a.* 铭刻的

029
**alphabet**
/ 'ælfəbet /

释 *n.* 字母系统；字母表；入门
例 The modern English **alphabet** has 26 letters. 现代英语字母表中有26个字母。
派 alphabetical *a.* 字母表的 alphabetize *v.* 按字母顺序排列

030
**scant**
/ skænt /

释 *a.* 不足的；缺乏的；勉强够的 *v.* 减少；节省；限制
例 The firefighters went back into the building with **scant** regard for their own safety. 消防队员回到大楼里，把自己的安危置之度外。
搭 scant resources 稀少的资源
派 scanty *a.* 缺乏的；吝啬的；稀疏的 scantily *ad.* 缺乏地；吝啬地；不充足地 scantiness *n.* 缺乏，不足

同 insufficient, deficient, lacking, scarce
反 abundant, ample, plentiful, substantial

031
**scarce**
/ skers /

释 *a.* **不足的，缺乏的；罕见的** *ad.* **勉强；几乎不**
例 Pecan growers could get a high price for their crop when pecans are comparatively **scarce**. 当山核桃出产相对较少时，种植者往往能得到一个好的价钱。
搭 make oneself scare 躲开；溜走
同 scanty, rare, sparse
反 plentiful, abundant

032
**refrigerate**
/ rɪ'frɪdʒəreɪt /

释 *v.* **冷藏，冷冻**
例 Cover with plastic film and **refrigerate** for 24 hours. 覆上保鲜膜，冷藏24小时。
派 refrigerant *n.* 制冷剂 refrigeration *n.* 冷藏
同 chill, freeze, cool

033
**inferior**
/ ɪn'fɪriər /

释 *a.* **差的；自卑的；下级的，下等的** *n.* **下级；次品**
例 The food at this restaurant is considered **inferior** to the one across the street. 这家餐馆的食物被认为不如街对面的那家。
搭 be inferior to 劣于，次于
派 inferiority *n.* 自卑；下属；次等；下部
反 superior

034
**widespread**
/ 'waɪdspred /

释 *a.* **普遍的；分布广的；广泛应用的**
例 The deaths occurred when police acted to stop **widespread** looting and vandalism. 警方采取行动制止猖狂的打砸抢行为时有多人丧生。
同 epidemic, prevalent, universal

035
**fledgling**
/ 'fledʒlɪŋ /

释 *a.* **刚开始的；无经验的** *n.* **幼鸟；无经验的人**
搭 fledgling company 初露头角的公司
同 youth, adolescent

036
**domestic**
/ də'mestɪk /

释 *a.* **国内的；家庭的；驯养的** *n.* **佣人**
例 Those industries succeeded in expanding the **domestic** market for their products. 这些企业在扩展国内市场方面取得了成功。
派 domesticate *v.* 常在家住；驯养
同 internal
反 foreign

037
**offset**
/ 'ɔːfset /

释 *v.* **补偿；抵消** *n.* **开端；出发** *a.* **分支的**
例 The slowdown in domestic demand was **offset** by an increase in exports. 国内需求放缓和出口增长互相抵消了。
同 compensate; counteract

038
**unprofitable**
/ ʌn'prɑːfɪtəbl /

释 *a.* 无利润的；无益的；没有用的
例 The day proved frustratingly **unprofitable**. 今天是劳而无功的一天，令人十分沮丧。
同 fruitless
反 profitable

039
**assume**
/ ə'suːm /

释 *v.* 假定，假设；以为；承担
例 The jury must **assume** him to be innocent until he is proved guilty. 陪审团必须假定他是无辜的，直到他被证实有罪。
派 assumption *n.* 假设，假定；假装；承担 assumable *a.* 可假设的
同 presume

040
**modification**
/ ˌmɑːdɪfɪ'keɪʃn /

释 *n.* 变异；更改；改良；减轻
例 The design requires considerable **modification**. 这个设计需要做大的修改。
派 modifiable *a.* 可修改的
同 adaptability, adaptation

041
**rodent**
/ 'roʊdnt /

释 *n.* 啮齿目动物
例 When there is a full moon, this nocturnal **rodent** is careful to stay in its burrow. 月圆之夜，这种夜间活动的啮齿类动物会小心地待在地洞里不出来。
派 rodential *a.* 啮齿目的

042
**invade**
/ ɪn'veɪd /

释 *v.* 侵入；挤满；侵袭；干扰
例 I don't want to **invade** your private life unnecessarily. 我不想过多地干涉你的私生活。
派 invasive *a.* 入侵的 invasion *n.* 入侵
同 infringe, trespass

043
**venomous**
/ 'venəməs /

释 *a.*（蛇等）分泌毒液的；有毒的；恶毒的
例 He was surprised by the **venomous** tone of the anonymous calls. 那些匿名电话的恶毒语气很令他吃惊。
同 poisonous, deadly, toxic

044
**inlet**
/ 'ɪnlet /

释 *n.* 进口，入口；小海湾；小河湾
例 He grew up in a fishing village on a small **inlet** of the sea. 他在小海湾边的一个渔村里长大。

045
**fatal**
/ 'feɪtl /

释 *a.* 致命的；毁灭性的；命中注定的；重大的
例 Success is not final, failure is not **fatal**: it is the courage to continue that counts. 成功不是终点，失败也并非末日，最重要的是继续前进的勇气。
搭 be fatal to 对…致命的
派 fatality *n.* 致命性
同 killing, destructive

046
**bankruptcy**
/ 'bæŋkrʌptsi /

释 *n.* 破产，倒闭；彻底失败；（勇气）完全丧失
例 The British East India Tea Company was overextended and faced **bankruptcy**. 英国东印度茶业公司摊子大、开支多，已濒临破产。
同 failure

047
**replacement**
/ rɪ'pleɪsmənt /

释 *n.* 代替；归还；替代者；补充兵员
例 **Replacement** of standard keyboards with the new keyboard will result in an immediate reduction of typing costs. 用新型打字机代替标准打字机能立即减少打字成本。

048
**transition**
/ træn'sɪʃn /

释 *n.* 过渡，转变；变迁
例 In the past this process of **transition** has often proven difficult. 过去这个过渡过程常常很艰难。
同 conversion, change, transformation

049
**novice**
/ 'nɑːvɪs /

释 *n.* 初学者，新手；新信徒
例 He's still a **novice** as far as film acting is concerned. 就电影表演而言，他仍是新手。
同 beginner, freshman, apprentice

050
**usage**
/ 'juːsɪdʒ /

释 *n.* 使用；用法；习惯；惯例
例 This word had long been in common **usage**. 这个词早已被广泛使用。
同 employment

051
**reliance**
/ rɪ'laɪəns /

释 *n.* 依靠，依赖；信任；所信赖的人或物
例 This country's **reliance** on foreign sources for fuel is likely to decline soon. 该国对国外燃料资源的依赖很可能会降低。
同 dependency

052
**solar**
/ 'soʊlər /

释 *n.* 太阳能 *a.* 日光的；利用太阳能的
例 We must strengthen incentives for all energy alternatives and nuclear, clean coal, wind, **solar** and tide. 我们必须提高对所有可替代能源的支持方案，包括核能、清洁煤炭、风能、太阳能和潮汐能。
搭 solar energy 太阳能
反 lunar

053
**nuclear**
/ 'nuːkliər /

释 *a.* 原子能的；细胞核的
例 They have removed all tactical **nuclear** missiles that could strike Europe. 他们已经拆除了所有能够袭击欧洲的战术核导弹。
搭 nuclear power 核动力 nuclear reaction 核反应

054
**overly**
/ 'oʊvərli /

释 *ad.* 过度地，极度地

例 He was acting out his feelings of inferiority by being **overly** aggressive. 他通过过于暴躁好斗的行为来宣泄自卑感。

055
**centralized**
/ 'sentrəlaɪzd /

释 *a.* 中央集权的；集中的

例 The economy conditions at that time made it difficult to support **centralized** rule. 当时的经济状况不利于实行集权统治。

056
**responsible**
/ rɪ'spɑːnsəbl /

释 *a.* 承担责任的；作为缘由的；负责的

例 My reading of her character makes me feel that she was too **responsible** to do those things. 依我对她的性格的了解来看，她是个特别负责任的人，不会做出那些事情的。

派 responsibility *n.* 责任

同 accountable

057
**equitable**
/ 'ekwɪtəbl /

释 *a.* 公正的，公平的；平衡法的

例 We believe you can redistribute this money in a way that's **equitable** to take care of the poor in the inner city. 我们相信你能够重新分配这笔钱，以便公平合理地照顾市中心的贫民。

派 equitability *n.* 公正，公平

同 rightful, proper

058
**spectrum**
/ 'spektrəm /

释 *n.* 范围；谱；辐射源

例 The term “special needs” covers a wide **spectrum** of problems. “特殊需求”一词包含的问题范围很广。

搭 broad spectrum （杀昆虫、微生物等）有效的；广谱的

059
**treatment**
/ 'triːtmənt /

释 *n.* 处理；对待；治疗

例 The earlier the **treatment** is given, the better the patient's chances. 病人越早接受治疗，康复的可能性就越大。

同 management

060
**squash**
/ skwɑːʃ /

释 *n.* 南瓜属植物 *v.* 挤进；压扁；平定（叛乱等）

例 The stage is **squashed** into a small corner of the field. 舞台被挤到了场边的一个小角落里。

搭 summer squash 西葫芦

061
**superior**
/ suː'pɪriər /

释 *n.* 上级；较好的人 *a.* 较高的；较好的

例 His immediate **superior** has singled him out for a special mention. 他的顶头上司特别提到了他。

派 superiority *n.* 优越性

反 inferior

062
**progressively**
/ prəˈgresɪvli /

释 *ad.* 逐渐地；前进地
例 Renewable energy will become **progressively** more important as time goes on. 随着时间的推移，可再生能源将变得愈发重要。

063
**soften**
/ ˈsɔːfn /

释 *v.* 使减轻，使缓和；变软
例 Heat can **soften** the plant material and help release the nutrients. 高温可以软化植物物质，同时帮助释放营养物质。
同 mitigate, relieve, moderate
反 harden

064
**surviving**
/ sərˈvaɪvɪŋ /

释 *a.* 依然存在的；未死的
例 He described the difficulties of **surviving** for four months as a captive. 他描述了被俘四个月里挣扎求生的艰难岁月。

065
**alphabetic**
/ ˌælfəˈbetɪk /

释 *a.* 字母的；按字母次序的
例 The Greeks adopted **alphabetic** writing at least two centuries before these inscriptions were produced. 远在碑文出现的两个世纪之前，希腊人就已经使用了字母书写体系。
派 alphabetize *v.* 按字母顺序排列 alphabetization *n.* 按字母顺序排列

066
**presumably**
/ prɪˈzuːməbli /

释 *ad.* 大概，可能
例 He had gone to the reception desk, **presumably** to check out. 他已经去前台了，可能是要办理退房手续。

067
**equip**
/ ɪˈkwɪp /

释 *v.* 配有，装备；使具备；使有准备
例 Your education will **equip** you to earn a good living. 你所受的教育会使你过上富裕的生活。
派 equipment *n.* 配备
同 prepare, furnish

068
**exceed**
/ ɪkˈsiːd /

释 *v.* 超过；胜过；突出；领先
例 The speed limit is 40 miles an hour, so don't **exceed** this maximum. 限速每小时40英里，不要超过这个极限。
搭 exceed the speed limit 超速
派 exceeding *a.* 超越的
同 surpass, excel

069
**compensation**
/ ˌkaːmpenˈseɪʃn /

释 *n.* 补偿，赔偿；修正；补救办法
例 He was given a conditional discharge and ordered to pay **compensation**. 他被有条件地释放了，而且被责令支付赔偿款。
同 refund, indemnity, reimbursement

070
**sustain**
/ sə'steɪn /

释 *v.* **遭受；支撑；承担；赡养**
例 Their defense markets are too small to **sustain** economically viable production runs. 他们的国防市场太小，就经济可行性而言不足以维持生产。
派 sustainable *a.* 能保持的 sustenance *n.* 生活资料；维持
同 bear, suffer, endure

071
**spurious**
/ 'spjʊriəs /

释 *a.* **伪造的；欺骗性的；谬误的；私生的**
例 It is true that **spurious** reports of whiplash injuries cannot be readily identified. 伪造的颈椎过度屈伸损伤报告难辨真假，这一点是不争的事实。
同 fallacious, deceptive
反 authentic

072
**commentator**
/ 'kaːmənteɪtər /

释 *n.* **评论者；时事评论员；评注者**
例 He was one of the first economists to gain wide following as an economic **commentator** in the mainstream press. 他是率先在主流媒体担任经济评论员、并赢得广泛追捧的经济学家之一。
派 commentary *n.* 评论

073
**precaution**
/ prɪ'kɔːʃn /

释 *n.* **预防；警惕**
例 The fact woke then up to the need for the safety **precaution**. 事实使他们认识到安全防范的必要性。
搭 safety precaution 安全预防措施
派 precautionary *a.* 预防的 precautious *a.* 警惕的
同 notification

074
**sponsor**
/ 'spaːnsər /

释 *v.* **赞助** *n.* **赞助者；发起者**
例 Most companies are looking for opportunities to **sponsor** students on specific courses. 大部分公司都在寻求机会资助学习某些特定课程的学生。
派 sponsorship *n.* 保证人；资助

075
**Mediterranean**
/ ˌmedɪtə'reɪniən /

释 *a.* **地中海的；地中海沿岸地区的**
例 Many of these dishes are typical of the Balkans and indeed the **Mediterranean**, but some are local specialties. 这些菜式中的许多是巴尔干半岛和地中海的典型代表，但是一些是具有地方特色的。
搭 Mediterranean Sea 地中海

076
**carving**
/ 'kaːrvɪŋ /

释 *n.* **雕刻品；雕刻**
例 Wood has not had much luck in **carving** out a career. 伍德想干出点名堂来，可是总不能如愿。

077
**attribution**
/ ˌætrɪ'bjuːʃn /

释 *n.* **归属；归因；属性**
例 **Attribution** of her success solely to wealth is not fair. 认为她的成功完全归结于财富是不公平的。
派 attributable *a.* 可归属的；可归因的

078
**choral**
/ 'kɔːrəl /

释 *n.* 赞美诗；唱诗班 *a.* 合唱队的
例 His collection of **choral** music from around the world is called *Voices*. 他收录自世界各地的合唱音乐集取名为《声音》。
派 chorale *n.* 赞美诗曲调

079
**composer**
/ kəm'poʊzər /

释 *n.* 作曲家；调停人；设计者
例 After his education, Goldschmidt became a pupil of the **composer** Franz Schreker. 学业结束后，戈尔德施米特成了作曲家弗朗兹·施雷克尔的学生。
派 composition *n.* 作曲；组成
同 songster, melodist, symphonist

080
**tentative**
/ 'tentətɪv /

释 *a.* 迟疑不决的；试探性的；犹豫的 *n.* 试探
例 We put forward a **tentative** suggestion at the meeting. 在会上我们提出了一个实验性的建议。
派 tentation *n.* 试验操作
反 definitive

081
**treatise**
/ 'triːtɪs /

释 *n.* 论文，专著；论述
例 The doctor wrote a **treatise** on alcoholism. 那位医生写了一篇关于酗酒问题的论文。
同 essay, discourse, thesis

082
**misidentify**
/ mɪsˌaɪ'dentɪfaɪ /

释 *v.* 错误地鉴定；错误地等同
例 The treatise from the early 1500s **misidentifies** the composers of some of the musical works it considers. 16世纪早期的论文错误地判定了一些音乐作品的作者。
派 misidentification *n.* 错误鉴定

083
**journal**
/ 'dʒɜːrnl /

释 *n.* 期刊，杂志；日报，日志
例 The publishers planned to produce the **journal** on a weekly basis. 出版者计划将该期刊定为周刊。
派 journalism *n.* 新闻工作 journalistic *a.* 新闻业的
同 newspaper, magazine

084
**accelerator**
/ ək'seləreɪtər /

释 *n.* 加速器；油门
例 He pressed down the **accelerator** pedal of his car. 他踩下汽车的加速器踏板。
搭 particle accelerator 粒子加速器
派 acceleration *n.* 加速 accelerative *a.* 加速的

085
**publication**
/ ˌpʌblɪ'keɪʃn /

释 *n.* 出版物；出版，刊印；发表
例 The guide is being translated into several languages for **publication** near Christmas. 该手册正被译成数种语言，将在临近圣诞节时出版。

086
**editorial**
/ ˌedɪ'tɔːriəl /

释 *a.* 编辑的；社论的 *n.* 社论
例 He has said that he will fire **editorial** employees without regard to seniority. 他说过不管资历如何，任何编辑人员他都有可能解雇。
派 editorialist *n.* 社论撰写人 editorialize *v.* 发表社论
同 commentary

087
**allergic**
/ ə'lɜːrdʒɪk /

释 *a.* 过敏的；过敏症的；对…极讨厌的
例 Someone **allergic** to milk is likely to react to cheese. 对牛奶过敏的人可能对奶酪也有不良反应。
搭 be allergic to 对…过敏
派 allergy *n.* 过敏性；变态反应

088
**preservative**
/ prɪ'zɜːrvətɪv /

释 *n.* 防腐剂；防护层 *a.* 防腐的；能保存的
例 The wood is treated with **preservative** to prevent decay. 这块木头用防腐剂处理过以防止腐烂。
派 preservatize *v.* 用防腐剂处理（食品等）

089
**duplicate**

释 / 'duːplɪkeɪt / *v.* 使加倍；重复 / 'duːplɪkət / *a.* 复制的；二倍的 *n.* 复制品
例 He let himself in with a **duplicate** key. 他用一把配的钥匙打开门进去。
搭 in duplicate 一式两份
派 duplication *n.* 复制
同 reproduce, double

090
**paleontologist**
/ ˌpeɪliaːn'taːlədʒɪst /

释 *n.* 古生物学者
例 But after looking at much more recent animal skeletons, **paleontologist** Jack Baily of Ohio University ventures a very different theory. 但在看过大量近期发现的动物骨骼后，来自俄亥俄大学的古生物学家杰克·贝利大胆地提出了一个不同的理论。
派 paleontology *n.* 古生物学

091
**dinosaur**
/ 'daɪnəsɔːr /

释 *n.* 恐龙，过时落后的东西
例 The fossils at **Dinosaur** Cove are embedded in hard sandstones. 恐龙峡谷中的化石都嵌在坚硬的砂岩中。
派 dinosaurian *a.* 恐龙的；似恐龙的

092
**glide**
/ glaɪd /

释 *v.* 滑翔；掠过；悄悄地走；消逝 *n.* 滑行
例 This kind of bird flew by flapping its wings, not by **gliding**. 这种鸟是靠拍动翅膀而不是靠滑翔来飞行的。
派 glider *n.* 滑翔机；滑翔员

093
**conflicting**
/ kən'flɪktɪŋ /

释 *a.* 矛盾的，冲突的
例 There are **conflicting** reports about the identity of the hostage. 有关人质身份的报道相互矛盾。
同 contradictory

094
**reinterpret**
/ ˌriːɪn'tɜːrprɪt /

释 *v.* 重新解释
例 Historical revivalism was born in the Renaissance, and Palladio's villas **reinterpret** the rediscovered principles of Roman architecture. 历史上的复古风格起源于文艺复兴时期，如帕拉迪奥设计的别墅重新诠释了重新发现的罗马建筑风格。
同 re-explain

095
**speculate**
/ 'spekjuleɪt /

释 *v.* 推测；思索；投机
例 Scientists have been **speculated** on the origin of the universe. 长久以来科学家们一直在猜测宇宙的起源。
派 speculation *n.* 推测；思考 speculative *a.* 推测的
同 theorize, guess, conjecture

096
**physiological**
/ ˌfɪziə'lɑːdʒɪkl /

释 *a.* 生理的；生理学的
例 The problem was psychological rather than **physiological**. 问题是心理方面的而不是生理方面的。
搭 physiological demands 生理需求
派 physiology *n.* 生理学

097
**sprinkler**
/ 'sprɪŋklər /

释 *n.* 自动喷水灭火装置；洒水器
例 Installing a lawn **sprinkler** system can save you a lot of money, but require a lot of planning. 安置草坪洒水系统可以为你节省很多钱，但是需要很多的规划。

098
**arena**
/ ə'riːnə /

释 *n.* 表演场地，舞台；竞技场
例 **Arenas** will cost the entertainment industry $25 billion annually. 表演场地每年耗费娱乐业250亿美金。

099
**plausibility**
/ ˌplɔːzə'bɪləti /

释 *n.* 貌似有理；貌似真实
例 Let us consider the charges she faces, and the legal **plausibility** of those charges. 让我们考虑一下她面临的指控以及这些指控在法律上的可信性。
派 plausible *a.* 貌似有理的

100
**overlook**
/ ˌoʊvər'lʊk /

释 *v.* 忽略；眺望；检查 *n.* 从高处眺望到的景色；忽略
例 Since one third of our lives are spent in bed, it is hard to **overlook** the significance of sleep. 人生有三分之一的时间是在床上度过的，因此很难忽视睡眠的重要性。
同 neglect, skip, disregard
反 notice

101
**mitigating**
/ 'mɪtɪgeɪtɪŋ /

释 *a.* 减轻的；缓和的
例 The judge found that in her case there were **mitigating** circumstances. 法官认为她这个案子存在可以减轻罪责的情节。
派 mitigation *n.* 减轻；缓和 mitigative *a.* 缓和的

102
**complementary**
/ ˌkaːmplɪ'mentri /

释 *a.* 补充的；互补的；补足的
例 The school's approach must be **complementary** to that of the parents. 学校与家长的教育方法必须相辅相成。
派 complementarity *n.* 互补性
同 completing, consummating

103
**optimism**
/ 'aːptɪmɪzəm /

释 *n.* 乐观主义
例 They have maintained **optimism** in the face of Great Depression. 面对大萧条，他们保持了乐观的态度。
派 optimistic *a.* 乐观的
反 pessimism

104
**pessimism**
/ 'pesɪmɪzəm /

释 *n.* 悲观主义
例 Optimism was gradually taking the place of **pessimism**. 乐观情绪正逐渐取代悲观主义。
派 pessimistic *a.* 悲观的
反 optimism

105
**enormous**
/ ɪ'nɔːrməs /

释 *a.* 巨大的；庞大的；极恶的；凶暴的
例 Such managers have an **enormous** stake in success. 成功与否对于这样的经理来说有着重大的利害关系。
派 enormity *n.* 巨大；穷凶极恶
同 immense, giant, colossal
反 diminutive, little

106
**ultimately**
/ 'ʌltɪmətli /

释 *ad.* 最后；基本上；根本
例 The exhibition is an enjoyable and, **ultimately**, inspiring experience. 这个展览是一次令人愉快且鼓舞人心的体验。
派 ultimacy *n.* 极限
同 eventually

107
**skeptical**
/ 'skeptɪkl /

释 *a.* 持怀疑态度的；好怀疑的
例 Others here are more **skeptical** about the chances for justice being done. 这里的其他人更为怀疑正义能否得到伸张。
同 cynical, doubtful
反 credulous

108
**mass-produce**
/ mæs,prə'duːs /

释 *v.* 大量生产

例 The factory is now able to **mass-produce** instruments of high-quality. 这家工厂现在能成批生产高质量的乐器了。

派 mass-production *n.* 大量生产

109
**retiree**
/ rɪ,taɪə'riː /

释 *n.* 退休者；退职者

例 Ted, a recent **retiree**, now is talking to his financial planner Sally. 特德最近退休了，现在正在和他的财务顾问萨利谈话。

派 retirement *n.* 退休

110
**noticeably**
/ 'noʊtɪsəbli /

释 *ad.* 显著地，明显地

例 These declines in employees are likely to have a **noticeably** negative economic effect on these business. 雇员人数的下降很可能在经济方面对这些产业造成显著的负面影响。

同 apparently

111
**taxpayer**
/ 'tækspeɪər /

释 *n.* 纳税人；纳税的机构

例 The **taxpayers** are unfavorably disposed towards the recent tax increase. 纳税者对最近的税收上涨十分反感。

112
**correspondingly**
/ ˌkɔːrə'spaːndɪŋli /

释 *ad.* 相应地；比照地

例 When levels of personal retirement savings increase, consumer borrowing always increases **correspondingly**. 当个人退休存款水平增加时，消费者借贷的数额也会相应增加。

同 accordingly

113
**depositor**
/ dɪ'paːzɪtər /

释 *n.* 储户；存放者；沉积器

例 Interest in banking, is the rate of return, or the return itself, paid to the **depositor**. 在银行业务中，利率就是支付给储户的收益率或者报酬。

派 depositary *a.* 存款的 *n.* 受托人 deposition *n.* 储存

114
**impending**
/ ɪm'pendɪŋ /

释 *a.* 即将发生的，迫在眉睫的；迫切的；悬挂的

例 We were well aware of the **impending** disaster. 我们清楚地意识到即将来临的灾难。

同 imminent, forthcoming

115
**soundness**
/ 'saʊndnəs /

释 *n.* 稳固；公正；坚固

例 Top executives evidently have faith in the bank's financial **soundness**. 很明显，总裁们对银行的财政稳固很有信心。

同 stability, solidarity

116
**worrisome**
/ 'wɜːrisəm /

释 *a.* 令人不安的

例 She thought about the whole **worrisome** affair with confused unhappiness for a few days. 她在心里盘算着这件恼人的事情，好几天都为之心烦意乱，闷闷不乐。

同 troublesome

117
**overoptimistic**
/ 'oʊvər,ɑːptɪ'mɪstɪk /

释 *a.* 过分乐观的；无根据乐观的

例 We turned down your proposal because its estimates were **overoptimistic**. 你的提议太过乐观，所以被我们否决了。

118
**ownership**
/ 'oʊnərʃɪp /

释 *n.* 所有权；物主身份；所有制

例 The financing of home **ownership** will continue through the 1990s and beyond. 购房贷款政策将会延续到20世纪90年代及以后。

同 occupation, holding, possession

119
**administrator**
/ əd'mɪnɪstreɪtər /

释 *n.* 管理者；有管理才能的人

例 For safety and security reasons, you aren't going to be connected to the database as the **administrator**. 出于安全方面的原因，不要以管理员的身份连接到数据库。

派 administration *n.* 管理 administrative *a.* 管理的

120
**viability**
/ ,vaɪə'bɪləti /

释 *n.* 持续存在的可能性；生存能力

例 Scientists are experimenting to find ways to ensure the **viability** of seeds for even longer periods of time. 正如我们所说，科学家们正在试验寻找延长种子生命力的方法。

派 viable *a.* 能独立生存的

# Day 18

## Previous Check

- □ entitle
- □ guideline
- □ responsibility
- □ environmentalist
- □ commissioner
- □ marine
- □ endanger
- □ specious
- □ ever-increasing
- □ encroachment
- □ inedible
- □ retailer
- □ merchandise
- □ retaliation
- □ tribunal
- □ gross
- □ audition
- □ sturdy
- □ multistory
- □ psychologist
- □ patron
- □ obligation
- □ genuine
- □ credible
- □ matrix
- □ abstract
- □ debate
- □ fluctuate
- □ irradiation
- □ retard
- □ distributor
- □ perishable
- □ embargo
- □ blockade
- □ discord
- □ unanimously
- □ naval
- □ unanimous
- □ reminiscent
- □ comedian
- □ underlay
- □ tariff
- □ chemical
- □ cleaner
- □ sensitive
- □ allergy
- □ nutritional
- □ incinerate
- □ revamp
- □ truckload
- □ recyclable
- □ surgery
- □ standardize
- □ applicable
- □ anonymously
- □ outlive
- □ linear
- □ mechanically
- □ underutilize
- □ assemble
- □ secrete
- □ pathway
- □ supplement
- □ duration
- □ abnormally
- □ carpentry
- □ subsequently
- □ demolish
- □ apprenticeship
- □ aviation
- □ turbulence
- □ immoderate
- □ unearth
- □ morgage
- □ inhabit
- □ prehistoric
- □ settlement
- □ cultivation
- □ successive
- □ disruption
- □ plague
- □ scribe
- □ deplore
- □ diatonic
- □ musicologist
- □ adjacent
- □ remain
- □ deterioration
- □ preliminary
- □ adhere
- □ canvas
- □ recession
- □ alongside
- □ purify
- □ nutrition
- □ disadvantage
- □ potentially
- □ evaluation
- □ merely
- □ preface
- □ flexible
- □ collaborate
- □ consultation
- □ submission
- □ flexibility
- □ frequent
- □ interaction
- □ motivate
- □ neighboring
- □ puzzling
- □ periodic
- □ merit
- □ essential
- □ barely
- □ dissuade
- □ restrictive
- □ overall
- □ worthy
- □ variable
- □ innumerable

001
**entitle**
/ ɪn'taɪtl /

释 *v.* 使有资格；给予…权利
例 Their educational qualifications **entitle** them to a higher salary. 他们的学历使他们有资格得到更高的薪水。
搭 be entitled to 有权，有…的资格
派 entitlement *n.* 应得的权利；津贴

002
**guideline**
/ 'gaɪdlaɪn /

释 *n.* 指导方针，原则；标准
例 Our **guideline** would be the prevailing world market prices. 我们要以当时的国际市场的价格为标准。
同 criterion

003
**responsibility**
/ rɪˌspɑːnsə'bɪləti /

释 *n.* 责任，职责；责任感
例 Research scientists at this university have few or no teaching **responsibilities**. 这所大学负责研究的科学家没有太多授课的职责。
派 responsible *a.* 需负责任的
同 duty, obligation

004
**environmentalist**
/ ɪnˌvaɪrən'mentəlɪst /

释 *n.* 研究环境问题的专家；环保人士
例 The **environmentalist** launched out at great length on energy preservation. 这位环境保护论者就节约能源问题发表了长篇大论。
同 conservationist

005
**commissioner**
/ kə'mɪʃənər /

释 *n.* 委员会成员；专员；政府官员
例 The **commissioner** has issued a warrant for her arrest. 官员对她发出了逮捕令。
派 commissionership *n.* 委员职位

006
**marine**
/ mə'riːn /

释 *a.* 海的，海产的；海事的 *n.* 水兵；海事
例 Leisure fishery had become the highlight of **marine** tourism and also a new industry of island economy in our country. 休闲渔业已经成为我国海洋旅游的新亮点和海岛经济发展的新兴产业。
搭 marine fish 海鱼
同 oceanic, aquatic

007
**endanger**
/ ɪn'deɪndʒər /

释 *v.* 使遭受危险；危及
例 Toxic waste could **endanger** lives and poison fish. 有毒废物可能危及生命，毒死鱼类。
搭 endangered species 濒危物种
同 hazard, imperil, jeopardize
反 protect

008
**specious**
/ 'spiːʃəs /

释 *a.* 似是而非的
例 He deserves credit for resisting **specious** gambles in September. 他在九月间抵制了一些似是而非的冒险行动，这是值得称赞的。
反 genuine

009
**ever-increasing**
/ ˌevərɪn'kriːsɪŋ /

释 *a.* 不断增长的
例 The world's **ever-increasing** population will cause great problems in the future. 世界人口的不断增长将给未来带来重大的问题。

010
**encroachment**
/ ɪn'kroʊtʃmənt /

释 *n.* 侵占；侵入；侵蚀
例 The problem was to safeguard sites from **encroachment** by property development. 问题是要保护遗址免受房地产开发商的侵占。
同 invasion

011
**inedible**
/ ɪn'edəbl /

释 *a.* 不能食用的
例 Modern technologies waste resources by catching **inedible** fish. 捕食无法食用的鱼类是现代科技对资源的浪费。
派 inedibility *n.* 无法食用性
反 edible

012
**retailer**
/ 'riːteɪlər /

释 *n.* 零售商；传播的人；散布闲话的人
例 Top **retailer** Marks & Spencer has romped in with another set of sparkling results. 零售巨头玛莎百货再次凭借一系列耀眼的成绩轻松胜出。
反 wholesaler

013
**merchandise**
/ 'mɜːrtʃəndaɪs /

释 *n.* 商品，货物 *v.* 销售，买卖
例 The **merchandise** is reasonably priced and offers exceptionally good value. 这些商品定价合理，很是划算。
同 commodities, products

014
**retaliation**
/ rɪˌtæli'eɪʃn /

释 *n.* 报复，反击
例 Lastly comes the question which is uppermost in most minds, the most treacherous question of all—that of **retaliation**. 最后是在所有人心中最重要的问题，也是所有问题中最危险的问题，即关于报复的问题。
派 retaliatory *a.* 报复性的
同 vengeance

015
**tribunal**
/ traɪ'bjuːnl /

释 *n.* 法庭；裁决；法官席
例 Trade disputes should be settled by international **tribunal**. 贸易纠纷应由国际法庭裁决。
同 court

016
## gross
/ groʊs /

释 *a.* 总的，全部的；肥胖的；粗俗的 *n.* 毛利，总收入

例 They estimated that the **gross** of the damage caused by the earthquake was 50 million dollars. 他们估计地震造成的破坏总值为5000万美元。

搭 in gross 一般地；大体上 gross profit 毛利润 gross domestic product （GDP）国内生产总值

017
## audition
/ ɔː'dɪʃn /

释 *v.* 试音；对（演员）进行面试 *n.* 试音；面试

例 If 90 students **audition** for the school musical, how many will be accepted? 如果有90名学生参加校音乐剧的试音，会有多少名学生被录取?

018
## sturdy
/ 'stɜːrdi /

释 *a.* 坚固的，耐用的；强壮的；健全的

例 He managed to haul the loaded basket up the second floor by means of a long and **sturdy** rope. 他设法借助一根长而粗的绳子把一个重载的篮子拉上了二层楼。

同 durable; robust

019
## multistory
/ ˌmʌlti'stɔːri /

释 *a.* 多层的 *n.* 多层停车场

例 Bamboo is unsuitable as a building material for **multistory** buildings. 建造多层建筑物时将竹子作为材料并不合适。

020
## psychologist
/ saɪ'kɑːlədʒɪst /

释 *n.* 心理学家

例 An assessment by an independent educational **psychologist** was essential. 由具有独立见解的教育心理学家进行的评估至关重要。

派 psychology *n.* 心理学

021
## patron
/ 'peɪtrən /

释 *n.* 顾客；赞助人；保护人

例 She was an active **patron** of charities, and also was one of the founding members of the Red Cross. 她是慈善活动的赞助人，而且也是红十字会的创始成员之一。

派 patronage *n.* 资助

022
## obligation
/ ˌɑːblɪ'geɪʃn /

释 *n.* 债务；责任；恩惠；契约

例 When teachers assign homework, students usually feel an **obligation** to do it. 当老师布置家庭作业的时候，学生们通常会觉得做作业是分内之事。

派 obligatory *a.* 有义务的

同 debt

023
## genuine
/ 'dʒenjuɪn /

释 *a.* 真正的；纯种的；真诚的

例 The treaty has failed to arouse **genuine** public outrage. 该协定并未真正激起公愤。

同 pure, true, authentic

反 false, counterfeit

024
**credible**
/ 'kredəbl /

释 *a.* 可信的；可接受的；可靠的
例 Since parapsychology uses scientific methods, it will produce **credible** results. 通灵学运用了科学的方法，因此它的结论是可信的。
派 credibility *n.* 可信性
同 believable, solid, plausible
反 unbelievable

025
**matrix**
/ 'meɪtrɪks /

释 *n.* 基体；子宫；模型；矩阵
例 We now omit the prime on the **matrix** elements. 我们现在把各矩阵元素上的一撇略去。
搭 matrix algebra 矩阵代数

026
**abstract**

释 / 'æbstrækt / *a.* 抽象的；理论上的 *n.* 抽象概念 / æb'strækt / *v.* 提取；概括
例 His painting went through both representational and **abstract** periods. 他的绘画经历了具象风格和抽象风格两个阶段。
搭 in the abstract 泛泛地；抽象地
派 abstraction *n.* 抽象

027
**debate**
/ dɪ'beɪt /

释 *n.* 讨论；辩论 *v.* 仔细考虑
例 This has been the subject of intense scholarly **debate**. 这一直是学术讨论的热门话题。
搭 under debate 讨论中
同 discussion

028
**fluctuate**
/ 'flʌktʃueɪt /

释 *v.* 波动；涨落
例 The average amount of overtime per month worked by any employee in the company generally does not **fluctuate** much from month to month. 公司员工们每月加班的平均时间并无太大波动。
派 fluctuation *n.* 波动

029
**irradiation**
/ ɪˌreɪdi'eɪʃn /

释 *n.* （射线）照射法；照耀；发光
例 Early lesions can be successfully treated with **irradiation**. 早期病变可以有效地用放射线来治疗。
派 irradiative *a.* 会发光的 irradiator *n.* 辐照器

030
**retard**

释 / rɪ'tɑːrd / *v.* 阻止；使减速；妨碍 / 'riːtɑːrd / *n.* 减速；延迟
例 Continuing violence will **retard** negotiations over the country's future. 持续不断的暴力活动会阻碍关系到国家未来的谈判的进行。
搭 in retard 处于落后状态
派 retardance *n.* 阻滞 retardant *a.* 起阻滞作用的
同 inhibit, curb, hinder, detain
反 accelerate

031
**distributor**
/ dɪ'strɪbjətər /

释 *n.* 批发商；分发者；批发公司
例 You can get the book through your local **distributor**. 你可以通过当地经销商买到这本书。
派 distribution *n.* 分发

032
**perishable**
/ 'perɪʃəbl /

释 *a.* 易腐烂的；易消亡的
例 Many fresh foods are highly **perishable**. 许多新鲜食物都极易腐败。
反 imperishable

033
**embargo**
/ ɪm'bɑːrgoʊ /

释 *n.* 禁运（令）；禁止 *v.*（封港）禁运
例 Britain was signaling its readiness to have the **embargo** lifted. 英国表示愿意取消贸易禁令。
同 prohibition

034
**blockade**
/ blɑː'keɪd /

释 *n.* 封锁；障碍物 *v.* 实行封锁；阻塞
例 There's been talk of a retaliatory **blockade** to prevent supplies getting through. 有人在谈论实施报复性封锁，阻止供应物资通过。
同 barrier, obstruction, barricade

035
**discord**
/ 'dɪskɔːrd /

释 *n.* 不和；嘈杂声 *v.* 不一致
例 After they had parted in **discord**, he stood alone outside his gate. 大伙不欢而散以后，他一个人孤零零地站在门外。
派 discordance *n.* 不和 discordant *a.* 不一致的
同 conflict, disagreement
反 accord, harmony

036
**unanimously**
/ ju'nænɪməsli /

释 *ad.* 无异议地，全体一致地
例 Today the executive committee voted **unanimously** to reject the proposals. 今天执行委员会投票一致否决了这些提案。

037
**naval**
/ 'neɪvl /

释 *a.* 船的；海军的；军舰的
例 A **naval** blockade of the port would ensure that no goods enter or leave the country. 对该港口船只的封锁令将确保没有货物能进出这个国家。

038
**unanimous**
/ ju'nænɪməs /

释 *a.* 无异议的，全体一致的
例 Reviewers have been almost **unanimous** in their disparagement of this book. 评论家们几乎一致贬低这本书。

039
**reminiscent**
/ ˌremɪ'nɪsnt /

释 *a.* 使人联想…的；怀旧的 *n.* 回忆录作者
例 The decoration was **reminiscent** of a municipal arts and leisure center. 这种布置让人想起了都市里的艺术休闲中心。
派 reminiscence *n.* 回忆；旧事
同 commemorative

Day



040
**comedian**
/ kə'miːdiən /

释 *n.* 喜剧演员；滑稽的人

例 I'm going to write good jokes and become a good **comedian**. 我打算写一些精彩的笑话，成为出色的喜剧作家。

派 comedic *a.* 关于喜剧的；滑稽的

041
**underlay**
/ 'ʌndərleɪ /

释 *v.* 构成…的基础；引起

例 Einstein's identifying of photons **underlay** the development of many of the advanced electronic inventions of the 20th century. 爱因斯坦对光子的确认奠定了20世纪的许多先进电子发明的开发基础。

042
**tariff**
/ 'tærɪf /

释 *n.* 关税；价格表 *v.* 征收关税

例 Whisky-makers hope the EU will win a big **tariff** reduction under a free-trade agreement that it is negotiating with India. 威士忌厂商希望欧盟能在正与印度政府协商的自由贸易协定中争取下调进口关税。

搭 tariff charge 关税费

同 toll, tax

043
**chemical**
/ 'kemɪkl /

释 *n.* 化学制品 *a.* 化学的；用化学方法制造的

例 The **chemical** companies had amalgamated into a vast conglomerate. 那些化学品公司已经合并成一个庞大的企业集团。

派 chemicalize *v.* 用化学药品处理

044
**cleaner**
/ 'kliːnər /

释 *n.* 清洁剂；保洁员；干洗店

例 Exposure to certain chemicals commonly used in elementary schools as **cleaners** or pesticides causes allergic reactions in some children. 接触在小学内经常使用的化学制剂，如清洁剂或杀虫剂，会使一些小孩子发生过敏反应。

045
**sensitive**
/ 'sensətɪv /

释 *a.* 敏感的；易受影响的 *n.* 敏感的人

例 **Sensitive** Cream will not strip away the skin's protective layer. 敏感肌肤专用面霜不会破坏皮肤表面的保护层。

派 sensitivity *n.* 敏感性

同 sensible, perceptive

反 insensitive

046
**allergy**
/ 'ælərdʒi /

释 *n.* 过敏反应；反感，厌恶

例 **Allergy** to cats is one of the commonest causes of asthma. 对猫类过敏是哮喘病发作最常见的诱因之一。

派 allergic *a.* 对…过敏的 allergist *n.* 过敏症专科医生

047
**nutritional**
/ nu'trɪʃənl /

释 *a.* 营养的；滋养的

例 A diet lacking in **nutritional** value will not keep a person healthy. 缺乏营养价值的饮食不能维持人的健康。

搭 nutritional value 营养价值

派 nutrition *n.* 营养

048
**incinerate**
/ ɪn'sɪnəreɪt /
释 *v.* 把…烧成灰烬，焚化；火葬
例 Last year all refuse collected by the city services was **incinerated**. 去年，由市政服务部门收集来的垃圾全部被焚化。
派 incineration *n.* 烧成灰烬 incinerator *n.* 焚化炉

049
**revamp**
/ ˌriː'væmp /
释 *v.* 改进；修补；换新面 *n.* 修补
例 The **revamp** includes replacing the old navy uniform with a crisp blue and white cotton outfit. 这项改进包括用清新的蓝白棉套装取代旧的海军制服。

050
**truckload**
/ 'trʌkloʊd /
释 *n.* 一货车的容量；许多，大量
例 Donations of medicines have been arriving by the **truckload** since last week. 从上周起，捐赠的药品就开始一车一车地送过来。
搭 by the truckload 许多，大量

051
**recyclable**
/ ˌriː'saɪkləbl /
释 *a.* 可循环再用的
例 Refuse collected by city services will contain a larger proportion of **recyclable** materials. 由市政服务部门收集来的垃圾中含有大量可回收利用的材料。
派 recyclability *n.* 循环利用

052
**surgery**
/ 'sɜːrdʒəri /
释 *n.* 外科手术；外科学；诊断时间
例 A stiff knee following **surgery** forced her to walk with a limp. 手术后她的膝盖活动不便，走路时只能一瘸一拐。
派 surgical *a.* 外科的
同 operation

053
**standardize**
/ 'stændərdaɪz /
释 *v.* 使标准化；用标准校检
例 Efforts to **standardize** English spellings have not been completely successful. 将英语拼写标准化的努力并不完全成功。
派 standardization *n.* 标准化

054
**applicable**
/ ə'plɪkəbl /
释 *a.* 可应用的；适当的
例 Appraisal has traditionally been seen as most **applicable** to those in management and supervisory positions. 传统上认为业绩评定最适用于那些身处管理和监督职位之人。
派 applicability *n.* 应用性

055
**anonymously**
/ ə'nɑːnɪməsli /
释 *ad.* 匿名地；化名地
例 The vast majority of false fire alarms are prank calls made **anonymously** from fire alarm boxes on street corners. 大多数火警骚扰电话都是从街角火警箱处打来的匿名电话。
派 anonymity *n.* 匿名

056
**outlive**
/ ˌaʊt'lɪv /
释 *v.* 比…经久；比…活得长
例 I'm sure Rose will **outlive** many of us. 我确定罗丝会比我们中的很多人长命。

057
**linear**
/ 'lɪniər /
释 *a.* 成一条直线的；线的；直系的；线性的
例 In his art he broke the laws of scientific **linear** perspective. 他在自己的绘画艺术中打破了科学的直线透视法规律。
搭 linear algebra 线性代数

058
**mechanically**
/ mə'kænɪkli /
释 *ad.* 机械地；物理上地；呆板地
例 He nodded **mechanically**, with his eyes fixed on that girl. 他机械地点点头，眼睛直勾勾地盯着那个姑娘。

059
**underutilize**
/ ˌʌndər'juːtəlaɪz /
释 *v.* 未充分利用；浪费地使用
例 This concept base on the situation that as a **underutilize** media, broadcast will not disappear but possess its own unique development potential. 这一概念的提出基于这样的背景：广播虽是弱势媒体，但它不会消亡且有自己的独特发展空间。
派 underutilization *n.* 未充分利用

060
**assemble**
/ ə'sembl /
释 *v.* 组装；集合；收集
例 The number of televisions **assembled** annually has increased significantly during the past three years in that country. 那个国家每年组装的电视机数量在过去三年间大幅增长。

061
**secrete**
/ sɪ'kriːt /
释 *v.* 分泌；隐藏；私下侵吞
例 He **secreted** his winnings in a drawer. 他把赢来的钱藏在抽屉里。
派 secretion *n.* 分泌 secretive *a.* 分泌的

062
**pathway**
/ 'pæθweɪ /
释 *n.* 途径
例 The neural **pathway** by which the pineal gland receives information from the eye probably does not pass through the visual cortex. 松果腺从眼部接收信息的神经途径可能不经过视皮层。

063
**supplement**
释 / 'sʌplɪmənt / *n.* 补充物；增补；增刊 / 'sʌplɪment / *v.* 增补
例 Some people may be entitled to a housing benefit **supplement**. 有些人可能有资格拿到住房补贴。
派 supplementary *a.* 增补的 *n.* 增补者

064
**duration**
/ du'reɪʃn /
释 *n.* 持续，持续的时间；连续；音长
例 His wounds knocked him out of combat for the **duration**. 他的伤病使他在整个期间都无法参赛。
搭 for the duration 直到结束；长期地
派 durative *a.* 持续的
同 continuance, period, length

065
**abnormally**
/ æb'nɔːrməli /

释 *ad.* 不正常地
例 She suggests that women are under constant pressure to be **abnormally** thin. 她暗示说女性总是处在保持身材异常瘦削的压力之下。

066
**carpentry**
/ 'kaːrpəntri /

释 *n.* 木匠活；木工业
例 Provision is also included for the replacement of electrical tools and equipment for **carpentry**, plumbing and welding operation. 经费中还包括替换电动工具以及木工、管道和电焊工作设备。
派 carpenter *n.* 木工

067
**subsequently**
/ 'sʌbsɪkwəntli /

释 *ad.* 随后；接着
例 It **subsequently** emerged that burgers from the same batches were sold in the British outlets of both Tesco and Iceland. 随后的调查发现，同批次的汉堡在英国的乐购超市和冰岛超市中均有销售。
同 henceforth, afterward

068
**demolish**
/ dɪ'maːlɪʃ /

释 *v.* 拆毁；毁坏；推翻；驳倒
例 Our intention was to **demolish** the rumors that have surrounded him. 我们的目的是要彻底击破围绕他的那些谣言。
派 demolition *n.* 拆毁
同 destroy, dismantle, annihilate
反 establish, erect

069
**apprenticeship**
/ ə'prentɪsʃɪp /

释 *n.* 学徒期；学徒身份
例 The average length of **apprenticeship** for carpenters has declined significantly since 1930. 自1930年，木工的平均学徒时间大大减少。

070
**aviation**
/ ˌeɪvi'eɪʃn /

释 *n.* 航空；飞行术；航空学
例 The civil **aviation** minister ordered all the planes to be grounded. 民航部长下令所有飞机不得起飞。
派 aviator *n.* 飞行员

071
**turbulence**
/ 'tɜːrbjələns /

释 *n.* 紊流；骚乱；动荡
例 The **turbulence** in his life has come from illness and accidents. 他一生中的波动来自疾病和不测事故。
派 turbulent *a.* 骚乱的；狂暴的

072
**immoderate**
/ ɪ'maːdərət /

释 *a.* 无节制的；过度的
例 The products of suppressor genes can inhibit **immoderate** growth of cells and their absence also makes a cause of cellular malignant transformation. 抑癌基因的编码产物能抑制细胞的过度生长，其功能丧失能使细胞恶性转化。
派 immoderacy *n.* 过度
反 moderate

073
**unearth**
/ ʌn'ɜːrθ /

释 *v.* 挖掘；揭露；发现

例 It was always safer to leave no facts for anyone else to **unearth**. 不要留下任何让别人发现的事实总是安全的。

同 uncover, disclose, dig

074
**mortgage**
/ 'mɔːrɡɪdʒ /

释 *n.* 抵押；抵押贷款 *v.* （将房屋等）抵押

例 Because they are unable to keep up their **mortgage** payments, their house is about to be repossessed. 由于他们无力继续偿还按揭贷款，他们的房子因此要被收回了。

075
**inhabit**
/ ɪn'hæbɪt /

释 *v.* 居住于；存在于；占据

例 Wild tribes still **inhabit** part of the Philippines. 菲律宾部分地区仍然居住着一些原始部落。

派 inhabitable *a.* 可居住的 inhabitant *n.* 居民 inhabitation *n.* 居住；栖居

同 dwell, lodge, reside

076
**prehistoric**
/ ˌpriːhɪ'stɔːrɪk /

释 *a.* 史前的；陈旧的

例 Local folklore has it that **prehistoric** men drove cattle over these cliffs. 当地民间传说中称，史前人类把野牛从这些悬崖上驱赶下去。

搭 prehistoric times 史前时期

077
**settlement**
/ 'setlmənt /

释 *n.* 定居；移民；居留地；解决

例 Officials have now been delegated to start work on a draft **settlement**. 现在已经委派官员着手起草解决方案。

同 colonization

078
**cultivation**
/ ˌkʌltɪ'veɪʃn /

释 *n.* 耕作；教养；培植

例 These high yields have been achieved largely through better methods of **cultivation**. 这样的高产量主要是通过改良耕作方法取得的。

派 cultivable *a.* 可耕种的 cultivator *n.* 耕种者

同 farming

079
**successive**
/ sək'sesɪv /

释 *a.* 连续不断的；一连串的；依次的

例 Since she made the speech on gender equality, she has received **successive** tons of praise, gratitude and support. 在发表了关于性别平等的发言后，她已经连续收到许多赞美、感激和支持。

搭 successive victories 接连不断的胜利

派 succession *n.* 连续，接连；一系列 successor *n.* 接替者；继任者；继承人

080
**disruption**
/ dɪs'rʌpʃn /

释 *n.* 中断；分裂；瓦解；毁坏

例 The strike is expected to cause delays and **disruption** to flights from Britain. 预计罢工将导致英国航班的延误和中断。

派 disruptive *a.* 破裂的

同 breakdown, disturbance

081
**plague**
/ pleɪg /

释 *n.* 瘟疫；折磨 *v.* 使染瘟疫

例 A letter in handwriting mentions a **plague** that killed many people in Florence in 1148. 一封手写的书信中提到了1148年在佛罗伦萨致使多人死亡的一场瘟疫。

082
**scribe**
/ skraɪb /

释 *n.* 抄写员

例 We had a **scribe** working on details, recording actions, etc. 我们有一名抄写员处理细节，并记录所有措施等等。

083
**deplore**
/ dɪ'plɔːr /

释 *v.* 悲悼；谴责；强烈反对

例 We would very much **deplore** it if a popular program were taken off the air as a result of political pressure. 我们强烈反对一个受欢迎的节目迫于政治压力被拿掉。

同 condemn, denounce, abhor

084
**diatonic**
/ ˌdaɪə'tɑːnɪk /

释 *a.* 全音阶的

例 Thus, this section is geared toward the **diatonic** harmonica. 因此，这个部分是与十孔口琴（演奏）有关联的。

搭 diatonic scale 全音阶

085
**musicologist**
/ ˌmjuːzɪ'kɑːlədʒɪst /

释 *n.* 音乐学者

例 Andrew is a respected **musicologist**. 安德鲁是一位受人尊敬的音乐学家。

派 musicology *n.* 音乐学

086
**adjacent**
/ ə'dʒeɪsnt /

释 *a.* 相邻的；毗连的；接近的；相接触的

例 Two **adjacent** faces of the solid have areas 15 and 24, respectively. 该固体两个相邻面的面积分别是15和24。

087
**remain**
/ rɪ'meɪn /

释 *n.* 遗骸；残余；剩余物 *v.* 留下；保持

例 The $40 million-a-month aid payments will **remain** on ice. 每月4000万美元的援助款项将继续搁置下去。

搭 skeletal remains 骨骼残骸

088
**deterioration**
/ dɪˌtɪriə'reɪʃn /

释 *n.* 磨损；恶化；退化；变质

例 The recent **deterioration** has been caused by an apparently endless recession. 看似永无止境的经济衰退导致了最近的恶化。

派 deteriorative *a.* 恶化的；衰退的

089
**preliminary**
/ prɪ'lɪmɪneri /

释 *a.* 初步的；开端的；序言的 *n.* 准备工作；预赛

例 The winner of each **preliminary** goes through to the final. 每场预赛的获胜者进入决赛。

搭 preliminary to 为…做准备；先于

090
**adhere**
/ əd'hɪr /

释 *v.* 附着；黏附；坚持；追随

例 All members of the association **adhere** to a strict code of practice. 协会的所有成员都遵守一套严格的行为规范。

派 adherence *n.* 附着 adhesive *a.* 黏的 *n.* 黏合剂

同 cling, stick

091
**canvas**
/ 'kænvəs /

释 *n.* 油画布；帐篷；帆布 *v.* 用帆布覆盖

例 She sat down cautiously on the red **canvas** cushions. 她小心翼翼地在红帆布垫上坐下。

搭 under canvas 过着帐篷生活

092
**recession**
/ rɪ'seʃn /

释 *n.* 经济衰退；不景气；撤退；退场

例 The economy remains deep in **recession** with few signs of a pick-up. 经济仍深陷衰退之中，几乎没有好转的迹象。

派 recessional *a.* 衰退的；后退的 recessionary *a.* 衰退的

同 depression

093
**alongside**
/ əˌlɔːŋ'saɪd /

释 *prep.* 和…一起（使用、相比）；在…旁边 *ad.* 在旁边

例 A variety of heavy industries grew up **alongside** the port. 各种重工业沿着港口逐渐发展起来。

094
**purify**
/ 'pjʊrɪfaɪ /

释 *v.* 净化；精炼；使纯洁

例 They open the windows to **purify** the air of the room. 他们打开窗户净化室内空气。

搭 purify sth from 从…提取

派 purification *n.* 净化；提炼 purificant *n.* 净化剂

095
**nutrition**
/ nu'trɪʃn /

释 *n.* 营养；滋养；食物

例 Plants get **nutrition** from the soil in which they grow. 植物从它们赖以生存的土壤中吸收养分。

派 nutritious *a.* 有营养的

096
**disadvantage**
/ ˌdɪsəd'væntɪdʒ /

释 *n.* 不利；短处；损失

例 This statement indicates a **disadvantage** of cattle ranching in the Amazon. 这个陈述表明在亚马孙地带经营养牛场的不利之处。

反 advantage

097
**potentially**
/ pə'tenʃəli /

释 *ad.* 可能地；潜在地；权威地

例 **Potentially** dangerous bacteria are regularly sent from one laboratory to another. 有潜在危险的细菌经常从一个实验室被传到另一个实验室。

098
**evaluation**
/ ɪˌvælju'eɪʃn /

释 *n.* 评估；估算价值；诊断
例 Evaluation is the standard practice for all training arranged through the school. 对学校组织的所有培训进行评估是例行的做法。
派 evaluable *a.* 可评价的 evaluative *a.* 评价的

099
**merely**
/ 'mɪrli /

释 *ad.* 仅仅，只不过
例 This **merely** strengthens our resolve to win the league. 这只会更加坚定我们赢得联赛的决心。
同 simply, only

100
**preface**
/ 'prefəs /

释 *n.* 序，前言；开场白；序幕 *v.* 为（书）作序；以…作为开场白
例 A two-paragraph **preface** is then added to the report. 之后为这篇报告增加了两段序言。
同 foreword

101
**flexible**
/ 'fleksəbl /

释 *a.* 灵活的；易弯曲的；柔韧的
例 Times become more **flexible** off-season, especially in the smaller provincial museums. 尤其是在规模较小的地方博物馆，开放时间在旅游淡季更加灵活。
派 flexibility *n.* 灵活性
反 inflexible

102
**collaborate**
/ kə'læbəreɪt /

释 *v.* 与…合作；勾结；提携
例 This would make it difficult for employees to **collaborate** with each other throughout the workday. 这将使员工在工作时很难与彼此合作。
派 collaboration *n.* 合作 collaborative *a.* 合作的

103
**consultation**
/ ˌkaːnsl'teɪʃn /

释 *n.* 磋商；请教；会诊
例 The plans were drawn up in **consultation** with the World Health Organization. 这些方案是在与世界卫生组织磋商之后起草的。
派 consultative *a.* 磋商的 consultant *n.* 顾问
同 discussion

104
**submission**
/ səb'mɪʃn /

释 *n.* 提交；屈服；投降；柔顺
例 We think an attempt to bully them into **submission** would be counterproductive. 我们认为试图迫使他们屈服会适得其反。
派 submissive *a.* 顺从的

105
**flexibility**
/ ˌfleksə'bɪləti /

释 *n.* 灵活性；柔韧性；机动性
例 The **flexibility** of distance learning would be particularly suited to busy managers. 远程学习的灵活性对于日理万机的经理人来说特别适合。
派 flexible *a.* 灵活的；柔韧的

106
**frequent**

释 / ˈfriːkwənt / *a.* 频繁的；急促的；常见的 / friˈkwent / *v.* 时常出入

例 Bordeaux is on the main Paris-Madrid line so there are **frequent** trains. 波尔多位于巴黎到马德里的铁路主干线上，因此来往列车频繁。

同 regular, habitual

反 infrequent

107
**interaction**
/ ˌɪntərˈækʃn /

释 *n.* 合作；互动；互相影响

例 The following excerpt is illustrative of her **interaction** with students. 接下来的节选部分可以说明她与学生的互动情况。

派 interactive *a.* 相互作用的

108
**motivate**
/ ˈmoʊtɪveɪt /

释 *v.* 激发…的积极性；使有动机；激发；诱导

例 Never let it be said that the manager doesn't know how to **motivate** his players. 绝对不要让人说这位主教练不知道如何激励他的队员。

派 motivation *n.* 诱因

同 stimulate

109
**neighboring**
/ ˈneɪbərɪŋ /

释 *a.* 邻近的

例 Alligators are at risk of extinction due to hunting in **neighboring** countries. 由于邻国的捕杀，短吻鳄正处于灭绝的危险。

同 adjacent, bordering

110
**puzzling**
/ ˈpʌzlɪŋ /

释 *a.* 费解的，令人困惑的；使为难的

例 His very last paintings are perhaps the most **puzzling**. 他去世前的最后一批画作也许是最让人困惑的。

111
**periodic**
/ ˌpɪriˈɑːdɪk /

释 *a.* 定期的；间歇的；回归的

例 Long time ago, we knew the **periodic** motion of a planet. 很久以前，我们就知道行星的周期运动。

派 periodical *n.* 期刊 *a.* 周期的

112
**merit**
/ ˈmerɪt /

释 *v.* 值得，应受 *n.* 长处；功绩

例 For his dedication the Mayor awarded him a medal of **merit**. 为表彰他的奉献精神，市长授予他荣誉奖章。

113
**essential**
/ ɪˈsenʃl /

释 *a.* 必要的；基本的；精华的 *n.* 必需品

例 Speed is the **essential** ingredient of all athletics. 速度是所有田径运动项目的关键要素。

派 essentiality *n.* 必要性

同 vital, important, indispensable

114
**barely**
/ 'berli /

释 *ad.* 几乎不；勉强；赤裸裸地；公然地
例 The commission had **barely** begun to make a dent in the problem. 委员会几乎还没有在这个问题上取得任何进展。
同 scarcely, hardly

115
**dissuade**
/ dɪ'sweɪd /

释 *v.* 劝阻，劝止
例 He considered dropping out of school, but his family managed to **dissuade** him. 他考虑过退学，但他家人劝阻了他。
搭 dissuade sb from doing sth 劝止某人做某事
同 discourage, dehort

116
**restrictive**
/ rɪ'strɪktɪv /

释 *a.* 限制的；约束的；限定的
例 Wood smoke is hazardous, so **restrictive** legislation is needed. 木料燃烧产生的烟雾有害，所以限制性的立法是必要的。
派 restriction *n.* 限制；约束

117
**overall**
/ ˌoʊvər'ɔːl /

释 *a.* 总的；从头到尾的；全面的
例 The college has few ways to assess the quality of education **overall**. 总体看来，这所大学评估教育质量的方法寥寥无几。

118
**worthy**
/ 'wɜːrði /

释 *a.* 值得做的；配得上的；可尊敬的
例 Candidates deemed vote-**worthy** will be rewarded with campaign funds. 被认为有望获胜的候选人将会获得竞选资金。
反 worthless

119
**variable**
/ 'veriəbl /

释 *n.* 变量；可变的事物 *a.* 变化的；可变的；易变的
例 Speed is a **variable** in this experiment. 在这个实验中，速度是一个变量。
派 variability *n.* 可变性；易变性

120
**innumerable**
/ ɪ'nuːmərəbl /

释 *a.* 无数的；数不清的
例 He has invented **innumerable** excuses and told endless lies. 他编造了无数的借口，说了无数的谎话。
派 innumerability *n.* 无数

# Day 19

## Previous Check

- □ revitalize
- □ solely
- □ refusal
- □ prompt
- □ unwillingness
- □ prescription
- □ genuinely
- □ alleviate
- □ aptitude
- □ insufficient
- □ recipient
- □ jeopardy
- □ cultivate
- □ flourish
- □ sweeping
- □ inflict
- □ contributory
- □ insight
- □ consistency
- □ detectable
- □ angler
- □ preserve
- □ symptom
- □ promote
- □ occurrence
- □ temporary
- □ aberration
- □ self-defeating
- □ intentional
- □ accidentally
- □ cogent
- □ inspection
- □ attempt
- □ appropriate
- □ legitimate
- □ incur
- □ faulty
- □ debunk
- □ detrimental
- □ compelling
- □ constrain
- □ terminate
- □ hinge
- □ precision
- □ inhibit
- □ application
- □ maturation
- □ affordable
- □ geriatric
- □ inverse
- □ compel
- □ postulate
- □ familiarize
- □ halve
- □ availability
- □ hypnosis
- □ storage
- □ oversupply
- □ relevance
- □ exceptionally
- □ scarcity
- □ resistant
- □ reluctance
- □ candid
- □ recurrent
- □ deliberately
- □ verify
- □ warrant
- □ consent
- □ predate
- □ tentatively
- □ motive
- □ emigrate
- □ immigrate
- □ shortfall
- □ acceptable
- □ reverse
- □ edible
- □ downturn
- □ retaliatory
- □ permanent
- □ generous
- □ allege
- □ induce
- □ confusion
- □ sacrifice
- □ unanimity
- □ roundabout
- □ presume
- □ dissimilarity
- □ thriving
- □ invalidate
- □ incinerator
- □ terminal
- □ dysfunction
- □ abnormality
- □ apprentice
- □ full-fledged
- □ impede
- □ speculative
- □ morale
- □ boost
- □ elimination
- □ tenure
- □ possession
- □ proprietary
- □ implicit
- □ influx
- □ algebraically
- □ attendee
- □ binomial
- □ bisect
- □ boundary
- □ bouquet
- □ cancellation
- □ Celsius
- □ charter
- □ dealership
- □ defective
- □ equate

001
**revitalize**
/ ˌriːˈvaɪtəlaɪz /

释 *v.* 使复兴；使新生；使恢复元气
例 The government has tried dozens of approaches to **revitalize** decaying urban and rural areas. 政府已试行过数十种方法来重振正在走向衰败的城乡地区。
派 revitalization *n.* 复兴；新生
同 refresh, renew

002
**solely**
/ ˈsoʊlli /

释 *ad.* 唯一地；独一无二地
例 The convictions rest **solely** on disputed witness and confessional statements. 仅仅根据有争议的目击者证言和供词就定了罪。

003
**refusal**
/ rɪˈfjuːzl /

释 *n.* 拒绝；优先取舍权
例 The plan was doomed to fail by their **refusal** to give it any financial support. 由于他们拒绝给予任何资助，该计划注定要失败。
派 refusable *a.* 可拒绝的
同 rejection
反 acceptance

004
**prompt**
/ prɑːmpt /

释 *v.* 引起；促使；鼓舞 *a.* 敏捷的 *n.* 催促；提示
例 There are many emergencies which need **prompt** first aid treatment. 有很多紧急情况需要进行迅速的急救处理。
派 prompter *n.* 敦促者 promptive *a.* 敦促的

005
**unwillingness**
/ ʌnˈwɪlɪŋnəs /

释 *n.* 不情愿；勉强
例 Her **unwillingness** to answer questions undermined the strength of her position. 她不愿回答问题，这不利于她所处的形势。

006
**prescription**
/ prɪˈskrɪpʃn /

释 *n.* 药方；处方药；训令；法规
例 She had to wait for the pharmacist to make up her **prescription**. 她只得等药剂师给她配好药。
搭 prescription drug 处方药
派 prescriptive *a.* 规定的 prescriptible *a.* 可处方治疗的

007
**genuinely**
/ ˈdʒenjuɪnli /

释 *ad.* 真正地；真诚地；诚实地
例 The physician's refusal to prescribe is **genuinely** based on a concern about an unknown risk. 医生拒绝开药方的真正原因是对未知风险的担忧。
同 really

008
**alleviate**
/ əˈliːvieɪt /

释 *v.* 缓解，减轻；使易于忍受
例 A number of measures were taken by the university to **alleviate** the problem. 该大学采取了一系列措施来缓解这个问题。
派 alleviation *n.* 减轻 alleviative *a.* 减轻的 *n.* 缓和剂
同 appease, ease, mollify

009
## aptitude
/ 'æptɪtuːd /

释 *n.* 才能，资质；适合性；倾向

例 Disabled applicants will be given preferential consideration in the case of equal **aptitude**. 残疾的申请者将在同等资质的情况下给予优先考虑。

搭 have an aptitude for 有…的天性，有…的才能

派 aptitudinal *a.* 才能的

010
## insufficient
/ ˌɪnsə'fɪʃnt /

释 *a.* 不足的；不适应的；缺乏能力的

例 If this were the case, their pension increase could have been **insufficient** to raise their standard of living. 如果情况是这样的话，他们养老金的增加将不足以提高生活水平。

派 insufficiency *n.* 不充分

同 inadequate, deficient

反 sufficient, adequate

011
## recipient
/ rɪ'sɪpiənt /

释 *n.* 接受者；容器 *a.* 容易接受的；感受性强的

例 The postman spent almost a whole day looking for the **recipient** of the letter. 邮递员几乎花了整整一天的时间寻找该信的收信人。

派 recipience *n.* 接受

同 receiver

012
## jeopardy
/ 'dʒepərdi /

释 *n.* 危险；风险；危险处境

例 The reckless decisions he made may put his whole career in **jeopardy**. 他做出的鲁莽的决定可能会使他的事业处于危险中。

同 danger, peril, threat

反 safety

013
## cultivate
/ 'kʌltɪveɪt /

释 *v.* 耕种；教养；改善

例 China was the first country in the world to **cultivate** silkworms and develop silk weaving. 中国是世界上最早发明养蚕和丝织的国家。

派 cultivation *n.* 耕种；培养 cultivable *a.* 可耕种的

014
## flourish
/ 'flɜːrɪʃ /

释 *v.* 茂盛；挥舞；活跃 *n.* 挥舞；花样

例 He scrawled his name across the bill, underlining it with a showy **flourish**. 他在账单上潦草地签上自己的名字，并在名字下面画了一条花体线。

同 grow, prosper, sprout, bloom

反 languish, decay

015
## sweeping
/ 'swiːpɪŋ /

释 *a.* 总括的；全面的；打扫的

同 thorough, extensive; scavenging

016
**inflict**
/ ɪn'flɪkt /

释 *v.* 遭受；把…强加给；给予；加刑
例 It can destroy tissue and **inflict** serious harm quite rapidly. 它能破坏组织，并且使其迅速遭受严重的损伤。
派 infliction *n.* 施加 inflictive *a.* 使人痛苦的

017
**contributory**
/ kən'trɪbjətɔːri /

释 *a.* 促成的，促讲的；起作用的
例 Poor organization was certainly a **contributory** factor to the crisis. 组织不善肯定是导致危机的因素之一。
派 contributive *a.* 有助的 contributor *n.* 捐款人

018
**insight**
/ 'ɪnsaɪt /

释 *n.* 深入了解；洞悉；直觉；领悟
例 He got his first **insight** into how inhumane employers can be. 他对雇主的冷酷无情第一次有了深刻认识。
同 perception

019
**consistency**
/ kən'sɪstənsi /

释 *n.* 一致性；符合；坚持；浓度
例 The national basketball team has played with great **consistency** all season. 篮球国家队整个赛季的表现都相当稳定。
派 consistent *a.* 一致的；符合的；和谐的

020
**detectable**
/ dɪ'tektəbl /

释 *a.* 可发现的；可察觉的；可查明的
例 Doctors say the disease is probably inherited but not **detectable** at birth. 医生说该疾病可能是遗传而来，但在出生时无法被查出。
派 detectability *n.* 察觉
同 discernible, perceptible

021
**angler**
/ 'æŋglər /

释 *n.* 垂钓者；钓鱼；追逐（名利等）的人
派 angle *n.* 角；角度 *v.* 垂钓
同 fisherman

022
**preserve**
/ prɪ'zɜːrv /

释 *v.* 保护；保存；保鲜 *n.* 蜜饯；防护用品
例 Those who are interested in **preserving** the lake whitefish will be likely to report catches of ruffe. 只有有志于保护白鲑的人才可能会上报他们抓到梅花鲈。
派 preservation *n.* 保护 preservative *a.* 有保护能力的

023
**symptom**
/ 'sɪmptəm /

释 *n.* 症状；征兆
例 One prominent **symptom** of Alzheimer's disease is the progressive loss of memory. 阿尔茨海默病的一个显著症状就是记忆逐渐丧失。
派 symptomatic *a.* 作为征候的
同 indication, implication

024
**promote**
/ prə'moʊt /

释 *v.* 促进，推进；助长；促销
例 The program has lived up to its promise to **promote** family welfare. 这个项目恪守了其改善家庭福利的承诺。
派 promotion *n.* 促进
同 boost, foster
反 degrade, demote

025
**occurrence**
/ ə'kɜːrəns /

释 *n.* 发生的事件；出现；遭遇
例 This statement suggests that the 1.2 percent inflation rate is an unusual **occurrence** in recent years. 这个陈述表明，1.2%的通货膨胀率在近几年并不是常有之事。

026
**temporary**
/ 'tempəreri /

释 *a.* 短暂的；临时的 *n.* 临时工
例 The painting was returned to Spain on a **temporary** import license. 这幅画凭着临时进口许可证被送回了西班牙。
同 transient, momentary
反 permanent, eternal, lasting

027
**aberration**
/ ˌæbə'reɪʃn /

释 *n.* 偏差，差错；脱离常规；越轨
例 One of the principal advantages of the reflecting glass is its complete freedom from chromatic **aberration**. 反射望远镜的主要优点之一就是它完全没有色差。
派 aberrant *a.* 偏离正路的

028
**self-defeating**
/ selfˌdɪ'fiːtɪŋ /

释 *a.* 自我挫败的；有违自己初衷的
例 Narrowly self-interested behavior is ultimately **self-defeating**. 狭隘自私的行为最终会自拆台脚。

029
**intentional**
/ ɪn'tenʃənl /

释 *a.* 策划的；有意的，故意的
例 She looked at him closely to see if his evasiveness was **intentional**. 她端详着他，想要知道他是否在故意回避。
同 intended, premeditated, predeterminated

030
**accidentally**
/ ˌæksɪ'dentəli /

释 *ad.* 偶然地，意外地；非故意地
例 Many dolphins are **accidentally** killed through entanglement with fishing equipment. 很多海豚因为被渔具缠住而意外死亡。
反 deliberately, designedly, intentionally

031
**cogent**
/ 'koʊdʒənt /

释 *a.* 有说服力的，令人信服的
例 This is not a **cogent** reason for the thought that the proposal to be ill-conceived. 这不是一个令人信服的理由，即认为那个提议是欠考虑的。
派 cogency *n.* 说服力

032
**inspection**
/ ɪn'spekʃn /

释 *n.* 检查；检验；视察；检阅
例 There will be more frequent rounds of **inspection** by our security personnel. 我们的安全人员会进行几轮更加频繁的检查。
派 inspective *a.* 检查的 inspector *n.* 检察员
同 inquiry, investigation, scrutiny

033
**attempt**
/ ə'tempt /

释 *v.* 试图；尝试 *n.* 尝试；努力
例 Army officers plotted a failed **attempt** yesterday to seize power. 军官们昨天夺权未遂。
同 strive, try

034
**appropriate**

释 / ə'proʊpriət / *a.* 恰当的；合适的；适当的 / ə'proʊprieɪt / *v.* 占用；拨出
例 The intercom buzzed and he pressed down the **appropriate** switch. 对讲机发出嗡嗡声，他按下了相应的开关。
派 appropriation *n.* 占用；拨款

035
**legitimate**
/ lɪ'dʒɪtɪmət /

释 *a.* 合法的；合理的；正规的；真正的
例 The government will not seek to disrupt the **legitimate** business activities of the defendant. 政府无意干扰被告的合法经营活动。
派 legitimize *v.* 使合法 legitimacy *n.* 合法性
同 lawful, rightful, legal
反 illegitimate

036
**incur**
/ ɪn'kɜːr /

释 *v.* 遭受；招致；带来
例 While that option would **incur** fewer casualties, it would not be militarily effective. 尽管那种选择造成的伤亡人数可能会更少，却并不能取得军事上的胜利。
派 incurable *a.* 无可补救的

037
**faulty**
/ 'fɔːlti /

释 *a.* 错误的；有过失的；有缺点的；不完美的
例 The **faulty** left-hand engine failed catastrophically as the aircraft approached the airport. 飞机快到机场时，本来有故障的左引擎突然熄火，引发了灾难。
同 fallacious, incorrect

038
**debunk**
/ ˌdiː'bʌŋk /

释 *v.* 指出…的错误；揭穿；暴露
例 The argument is intended to **debunk** the assumption. 这个论证旨在指出这个假设的错误之处。

039
**detrimental**
/ ˌdetrɪ'mentl /

释 *a.* 有害的；不利的 *n.* 有害的人或物
例 The government's policy of high interest rates is having a **detrimental** effect on industry. 政府的高利率政策正对工业产生不利的影响。
搭 be detrimental to 对…有危害
同 deleterious, adverse

040
**compelling**
/ kəm'pelɪŋ /

释 *a.* 令人信服的；激发兴趣的；强制性的
例 Her latest book makes **compelling** reading. 她新出的书读起来扣人心弦。

041
**constrain**
/ kən'streɪn /

释 *v.* 限制；束缚；抑制；强迫
例 The study examined the factors which may **constrain** local economic growth. 这项研究将检验可能抑制当地经济发展的因素。
搭 constrain sb from doing sth 限制某人做某事
派 constraint *n.* 约束；强制
同 restrict

042
**terminate**
/ 'tɜːrmeɪt /

释 *v.* 可以除尽；终止，结束
例 The manager is considering to **terminate** the company's association with the supplier. 经理正在考虑终止公司与供应商的关系。
派 termination *n.* 终点；结局；终止

043
**hinge**
/ hɪndʒ /

释 *v.* 依…而定；使依靠；给…装上铰链
派 hinger *n.* 装铰链的人

044
**precision**
/ prɪ'sɪʒn /

释 *n.* 准确度；精确；严格
例 **Precision** instruments are used to help pilots guide their aircraft. 精密仪器用来帮助飞行员操作飞机。

045
**inhibit**
/ ɪn'hɪbɪt /

释 *v.* 抑制；禁止
例 Charging fees per pound of trash collected will **inhibit** trash growth and protect parkland. 按照垃圾的磅数收费将抑制垃圾的增长并保护公共用地。
派 inhibition *n.* 抑制
同 prohibit, obstruct

046
**application**
/ ˌæplɪ'keɪʃn /

释 *n.* 应用，运用；申请；适用
例 The district council agreed with the objectors and turned down the **application**. 区政务委员会同意反对者的意见，拒绝了这一申请。
派 applicable *a.* 可应用的
同 utilization, employment

047
**maturation**
/ ˌmætʃu'reɪʃn /

释 *n.* 成熟过程；化脓
例 Similar interconversions may occur during the process of seed development and **maturation**. 在种子发育和成熟过程中可能会出现同样的相互转变作用。
派 maturative *a.* 使成熟的

048
**affordable**
/ ə'fɔːrdəbl /

释 *a.* 支付得起的
例 Houses are more **affordable** than at any time in the past five years. 现在房子比过去五年里的任何时候都要便宜。
派 affordability *n.* 支付得起

049
**geriatric**
/ ˌdʒeri'ætrɪk /

释 *a.* 老年的，老人的；老年医学的 *n.* 老年人
例 This is especially important when dealing with the **geriatric** or debilitated patient. 这对老年和虚弱病人尤其重要。
搭 geriatric medicine 老年医学
派 geriatrician *n.* 老年病学专家

050
**inverse**
/ ˌɪn'vɜːrs /

释 *a.* 相反的；倒转的 *n.* 相反 *v.* 使倒转
例 When the direct approach failed, he tried the **inverse**. 当直接方法失败时，他尝试了相反的做法。
派 inversion *n.* 反向；倒转

051
**compel**
/ kəm'pel /

释 *v.* 迫使；强制发生
例 His courage and skill **compel** our admiration. 他的勇气和技巧使我们都很钦佩。
同 coerce, force, oblige

052
**postulate**
/ 'pɑːstʃəleɪt /

释 *v.* 视…为理所当然；假定；提出要求
例 The null result was directly related to a central **postulate** of the theory. 零结果都直接与理论的中心假设相关联。
派 postulation *n.* 假定

053
**familiarize**
/ fə'mɪliəraɪz /

释 *v.* 使某人熟悉；使通晓
例 The goal of the experiment was to **familiarize** the people with the new regulations. 试行的目的就是要让人们熟悉新的规则。

054
**halve**
/ hæv /

释 *v.* 减半；把…分成两半；对分
例 The existing plywood factory is going to **halve** its emission of pollutants. 现存的胶合板工厂计划将其污染物排放量减半。

055
**availability**
/ əˌveɪlə'bɪləti /

释 *n.* 可利用性；有效；有益
例 Before travelling we must ensure the **availability** of petrol and oil. 旅行前，我们必须确保能够买到汽油和机油。

056
**hypnosis**
/ hɪp'noʊsɪs /

释 *n.* 催眠，催眠术
例 She only remembered details of the accident under **hypnosis**. 她只有在催眠状态下才能记起那次事故的细节。
派 hypnotic *a.* 催眠的 hypnotize *v.* 对…施催眠术

057
**storage**
/ 'stɔːrɪdʒ /

释 *n.* 储藏，贮藏；仓库
例 The hinged seat lifts up to reveal a useful **storage** space. 把用铰链连接的座位抬起来后，就会发现下面有一个实用的储物空间。
搭 cold storage 冷藏

058
**oversupply**

释 / ˌoʊvərsəˈplaɪ / *v.* 过度供给 / ˈoʊvərsəˌplaɪ / *n.* 供给过多

例 The market softened because of **oversupply**. 市场因供过于求而疲软。

059
**relevance**
/ ˈreləvəns /

释 *n.* 相关性；实用性

例 This information is of little or no **relevance**. 这个信息基本没有相关性。

派 relevant *a.* 有关的

同 relation, connection

060
**exceptionally**
/ ɪkˈsepʃənəli /

释 *ad.* 尤其地；例外地；特殊地

例 It remained an **exceptionally** rare book until it was reprinted in 1918. 在1918年再版之前，这本书一直非常罕见。

061
**scarcity**
/ ˈskersəti /

释 *n.* 不足，缺乏；萧条

例 The **scarcity** of skilled workers is worrying the government. 熟练工人的缺乏困扰着政府。

同 inadequacy, deficiency

062
**resistant**
/ rɪˈzɪstənt /

释 *a.* 有抵抗力的；顽固的 *n.* 有抵抗力的东西

例 The durable high-impact plastic case is water **resistant** to 100 feet. 这种结实的高强度塑料盒子在水下100英尺以内是防水的。

派 resistance *n.* 抵抗力

063
**reluctance**
/ rɪˈlʌktəns /

释 *n.* 不愿意；勉强；磁阻

例 Though with great **reluctance**, I told her the bad news. 尽管极度不情愿，但我还是告诉了她那个坏消息。

派 reluctant *a.* 不情愿的；顽抗的

064
**candid**
/ ˈkændɪd /

释 *a.* 坦白的；公正的；偷拍的

例 He was quite **candid** about the way the case had been handled. 对于这个案子的处理手法他直言不讳。

同 blunt, outspoken, frank

065
**recurrent**
/ rɪˈkɜːrənt /

释 *a.* 经常发生的；循环的；复发的；回归的

例 For much of his life, he suffered from **recurrent** bouts of depression. 他的大半辈子都反复遭受抑郁症的发作。

派 recurrence *n.* 再发生

同 frequent

066
**deliberately**
/ dɪˈlɪbərətli /

释 *ad.* 故意地；谨慎地；慎重地

例 The accounting firm **deliberately** destroyed documents to thwart government investigations. 会计事务所故意毁坏文件，以阻挠政府的调查工作。

搭 deliberately plan 处心积虑
同 intentionally, purposely, wittingly, willfully
反 unintentionally, unwittingly

067
**verify**
/ 'verɪfaɪ /
释 *v.* 证实；核查
例 People began to **verify** their scientific hypotheses by stringent tests. 人们开始用精确的试验来证实自己的科学假说。
派 verifiable *a.* 可证实的 verification *n.* 证实
同 substantiate, validate

068
**warrant**
/ 'wɔːrənt /
释 *v.* 证明有理；授权给 *n.* 授权；批准；认可
例 These allegations are serious enough to **warrant** an investigation. 这些指控很严重，有必要进行一番调查。
派 warrantable *a.* 可证明为正当的

069
**consent**
/ kən'sent /
释 *v.* 赞成，允许 *n.* 准许；赞同
例 He left the company by mutual **consent** last September. 去年九月，经双方同意，他离开了公司。
搭 by common consent 公认
同 grant, permit
反 refuse, dissent

070
**predate**
/ priː'deɪt /
释 *v.*（时间上）早于；将日期提早
同 antedate

071
**tentatively**
/ 'tentətɪvli /
释 *ad.* 暂时地；试验性地
例 A choral work has been **tentatively** attributed to her based on a single treatise from the early 1500s. 根据16世纪早期的一篇论文，这首合唱歌曲的著作权暂时归她。

072
**motive**
/ 'moʊtɪv /
释 *n.* 动机；主题 *a.* 运动的
例 The police could not find a **motive** for the murder. 警察无法找到谋杀的动机。
派 motivation *n.* 提供动机

073
**emigrate**
/ 'emɪgreɪt /
释 *v.* 移居外国
例 Everybody was astonished when I announced I was going to **emigrate** to Australia. 我宣布要移民去澳大利亚时，所有人都惊呆了。
派 emigration *n.* 移居外国
同 migrate, leave
反 immigrate

074
**immigrate**
/ 'ɪmɪgreɪt /

释 *v.* 移民；移入
例 10,000 people are expected to **immigrate** in the next two years. 在接下来的两年里预计有10,000人会移民至此。
派 immigration *n.* 移民
同 migrate
反 emigrate

075
**shortfall**
/ 'ʃɔːrtfɔːl /

释 *n.* 赤字；缺少，不足
例 There will soon be a **shortfall** in supply of qualified young people. 合格年轻人才的短缺将很快出现。
搭 revenue shortfall 税收赤字

076
**acceptable**
/ ək'septəbl /

释 *a.* 可接受的；合意的；认同的
例 The air pollution exceeds most **acceptable** levels by ten times or more. 大气污染程度超出了普遍认可的标准十倍或更多。
派 acceptance *n.* 接受；赞同 acceptant *a.* 接受的

077
**reverse**
/ rɪ'vɜːrs /

释 *a.* 反面的；颠倒的 *n.* 倒转 *v.* 反转；颠倒
例 The company had to do something to **reverse** its sliding fortunes. 这家公司不得不采取一些措施扭转下滑的运势。
搭 reverse charge（电话）由受话一方付费的
派 reversible *a.* 可反向的

078
**edible**
/ 'edəbl /

释 *a.* 可以吃的
例 The food at the hotel was barely **edible**. 这家旅馆的食物简直不能入口。
派 edibility *n.* 可食性；适食性
反 inedible

079
**downturn**
/ 'daʊntɜːrn /

释 *n.* 低迷时期；衰退；开始下降
例 The passage tells us that the **downturn** in sales in the clothing trade continued into the second year. 文章告诉我们服装贸易的低迷时期持续到第二年。

080
**retaliatory**
/ rɪ'tæliətɔːri /

释 *a.* 报复的
例 There's been talk of a **retaliatory** blockade to prevent supplies getting through. 有人在谈论实施报复性封锁，阻止供应物资通过。
派 retaliation *n.* 报复

081
**permanent**
/ 'pɜːrmənənt /

释 *a.* 耐久的；永恒的；固定的
例 The museum will have a **permanent** exhibition of 60 vintage cars. 这家博物馆将长期展出60辆老爷车。
同 enduring, durable
反 changeable

082
**generous**
/ 'dʒenərəs /

释 *a.* 慷慨的；丰盛的；肥沃的
例 Not everyone thinks that the government is being particularly **generous**. 并非所有人都认为政府特别慷慨。
派 generosity *n.* 慷慨
同 bighearted
反 mean

083
**allege**
/ ə'ledʒ /

释 *v.* 提出；断言；声称
例 The newspaper reporters **alleged** that the man was murdered but they had given no proof. 新闻记者们宣称这个男人是被谋杀的，但他们没提出证据。
派 allegation *n.* 断言；陈述
同 state, declare

084
**induce**
/ ɪn'duːs /

释 *v.* 归纳出；引诱；引起
例 Taking a brisk walk can often **induce** a feeling of well-being. 快步行走常常会使人感到身心舒畅。
派 inducement *n.* 引诱；吸引力
反 deduce

085
**confusion**
/ kən'fjuːʒn /

释 *n.* 混淆；混乱；困惑
例 His unexpected arrival threw us into total **confusion**. 他的突然来访使我们完全不知所措。
派 confusable *a.* 可能被混淆的
同 perplexity, bewilderment

086
**sacrifice**
/ 'sækrɪfaɪs /

释 *v.* 牺牲；献祭；亏本出售；奉献 *n.* 牺牲；祭品；供奉
例 Many people **sacrifice** their personal lives to their work in order to make more money. 很多人为了通过工作挣更多的钱，牺牲了私人生活。
搭 sacrifice oneself 舍命
派 sacrificial *a.* 牺牲的；献祭的
同 spare, surrender, waive, yield

087
**unanimity**
/ ˌjuːnə'nɪməti /

释 *n.* 一致同意；全体一致
例 **Unanimity** was attained when the discussion ended after three hours. 在三个小时的讨论结果后，全体一致同意。
派 unanimous *a.* 全体一致的

088
**roundabout**
/ 'raʊndəbaʊt /

释 *a.* 间接的；绕圈子的 *n.* 绕道；环形交通枢纽
例 The turn is about two kilometers before the **roundabout**. 拐弯就在环岛前面约两公里处。
同 circumlocutory, deviating
反 direct, straightforward

089
**presume**
/ prɪ'zuːm /

释 *v.* 假定；推测；以为；擅自行动
例 We mustn't **presume** too much upon the reliability of such sources. 我们不应过分指望这类消息来源的可靠性。
派 presumable *a.* 可假定的；大概的
同 suppose, assume

090
**dissimilarity**
/ ˌdɪsɪmɪ'lærəti /

释 *n.* 不同；相异
例 Experimental results show that the algorithm has lower miss rate and **dissimilarity**. 实验结果表明，该算法的规则丢失率和相异度均有所下降。
同 discrepancy, difference, variety
反 similarity

091
**thriving**
/ θraɪvɪŋ /

释 *a.* 繁荣的，兴旺的
例 Goreville's central shopping district is **thriving**. Goreville的中央购物区繁荣兴旺。

092
**invalidate**
/ ɪn'vælɪdeɪt /

释 *v.* 使站不住脚；使无效；使作废
例 Any form of physical activity will **invalidate** the results. 任何形式的物理活动都会证明这些结果是错误的。
派 invalidation *n.* 无效
反 validate

093
**incinerator**
/ ɪn'sɪnəreɪtər /

释 *n.*（废物的）焚化炉
派 incineration *n.* 烧成灰烬

094
**terminal**
/ 'tɜːrmɪnl /

释 *n.* 终点站；末端；极限 *a.* 末端的；终点的
例 He was eventually diagnosed as suffering from **terminal** cancer. 他最终被诊断为癌症晚期。
搭 train terminal 火车车站

095
**dysfunction**
/ dɪs'fʌŋkʃn /

释 *n.* 机能失调
例 The question refers only to people who have sleep **dysfunctions**. 这个问题仅仅指那些有睡眠机能失调症的人。

096
**abnormality**
/ ˌæbnɔːr'mæləti /

释 *n.* 反常；变态；畸形
例 Caitlin was born with a life-threatening heart **abnormality**. 凯特琳患有可能致命的先天性心脏畸形。
反 regularity, normality

097
**apprentice**
/ ə'prentɪs /

释 *n.* 学徒；新手 *v.* 使…做学徒
例 He left school at fifteen and trained as an **apprentice** carpenter. 他15岁辍学，当上木工学徒。
同 beginner, novice

098
**full-fledged**
/ ˌfʊl'fledʒd /

释 *a.* 经过充分训练的；羽毛丰满的；正式的
例 The longer a carpenter works as an apprentice, the more skill he or she is apt to have upon becoming a **full-fledged** carpenter. 木工当学徒的时间越长，成为熟练木工所必需的技能就掌握得越多。
反 unfledged

099
**impede**
/ ɪm'piːd /

释 *v.* 阻碍；阻止；妨碍
例 At no time did I make an attempt to **impede** any investigatory effort. 我绝没有试图妨碍过任何调查工作。
派 impediment *n.* 妨碍
同 limit, inhibit, hamper

100
**speculative**
/ 'spekjələtɪv /

释 *a.* 揣测的；投机的；思考的
例 The papers ran **speculative** stories about the mysterious disappearance of that man. 各家报纸都刊登了有关那个男人神秘失踪的猜测性报道。
派 speculation *n.* 猜测；思考
同 conjectural

101
**morale**
/ mə'ræl /

释 *n.* 士气；信念；道德；风纪
例 His generous offer was a tremendous tonic for our **morale**. 他的慷慨相助对我们的士气是种极大的激励。
派 morality *n.* 道德
同 spirit, enthusiasm

102
**boost**
/ buːst /

释 *n.* 增加；促进；吹捧 *v.* 促进；宣扬
例 Without a major **boost** in tourism, the economy will suffer even further. 旅游业如果没有大的起色，经济状况会每况愈下。
派 booster *n.* 向上推的人

103
**elimination**
/ ɪˌlɪmɪ'neɪʃn /

释 *n.* 排除；根除；淘汰
例 Their **elimination** from the competition was a great surprise. 他们在比赛中遭到淘汰是个很大的意外。
派 eliminable *a.* 可排除的

104
**tenure**
/ 'tenjər /

释 *n.* 任期；占有；保有权
例 He remained popular throughout his **tenure** of the office of mayor. 他在担任市长的整个任期内都深得民心。
搭 security of tenure 保有权

105
**possession**
/ pə'zeʃn /

释 *n.* 拥有；领地；财产；所有物
例 The company can lose control over who has **possession** of such critical information. 公司将无法掌控拥有如此关键信息的人。
派 possessive a. 拥有的

106
**proprietary**
/ prə'praɪəteri /

释 *a.* 财产的；所有人的；商品专卖的 *n.* 业主
例 Directors didn't allow any **proprietary** airs about the product they made. 主管们不允许对他们生产的产品以所有者自居。
派 proprietor *n.* 业主

107
**implicit**
/ ɪm'plɪsɪt /

释 *a.* 固有的；不明言的；含蓄的；无疑问的
例 A soldier must give **implicit** obedience to his officers. 士兵必须绝对服从他的长官。
反 explicit

108
**influx**
/ 'ɪnflʌks /

释 *n.* 注入；汇集；流入
例 Schools that get an **influx** of new students would have to hire more teachers. 吸收新学生的学校将要雇用更多教师。
派 influxion *n.* 注入
反 efflux

109
**algebraically**
/ ældʒəb'reɪklɪ /

释 *ad.* 用代数方法地，代数学地
例 **Algebraically**, since $x>0$, $x+y>y$. 在代数学中，因为x大于零，所以x加y大于y。
搭 algebraically dependent 代数相关的 algebraically irreducible 代数不可约的

110
**attendee**
/ ˌæten'diː /

释 *n.* 出席者，参加者，在场者
例 Let T be the total number of **attendees** at the meeting. 用T代表会议出席者的总数。
同 attendant, turnout
反 absentee

111
**binomial**
/ baɪ'noʊmiəl /

释 *a.* 二项式的；双名的；包含两个名称的 *n.* 二项式；双名
搭 binomial probability distribution 二项概率分布 binomial theorem 二项式定理 binomial differential 二项式微分
派 binomialism *n.* 双名法

112
**bisect**
/ baɪ'sekt /

释 *v.* 把（角）二等分；把…分为两个大致相等的部分 *n.* 对剖邮票
搭 bisect angle 角平分 bisect method 断面法
派 bisection *n.* 对等分，对切，一分为二 bisecting *n.* 角平分线

113
**boundary**
/ 'baʊndri /

释 *n.* 边界；限界
例 The bottom **boundary** of the shaded region is the x-axis, which has equation $y=0$. 阴影区域的底边界是x轴，符合方程式$y=0$。
搭 bottom boundary 底边界 boundary condition 边界条件，界面条件 boundary value 边界值
同 frontier, barrier, border, division, limit

114
**bouquet**
/ bu'keɪ /

释 *n.* 花束；香味，芳香
例 These naturally dried flowers will outlast a **bouquet** of fresh blooms. 这些自然风干的花会比一束鲜花更加持久。
搭 a bouquet of 一束 throw bouquet at 赞美
同 corsage; fragrance, redolence

115
**cancellation**
/ ˌkænsə'leɪʃn /

释 *n.* 取消预订；删去的东西
例 The **cancellation** of the football match really upset the football fans. 足球比赛的取消确实让球迷恼火。
搭 cancellation fee 订单取消费 manuscript cancellation 手写注销
同 elimination, deletion, revocation

116
**Celsius**
/ 'selsiəs /

释 *n.* 摄氏度 *a.* 摄氏的
例 The star's surface temperature is reckoned to be minus 75 degrees **Celsius**. 这颗恒星的表面温度估计在零下75摄氏度左右。
搭 degree Celsius 摄氏度 Celsius thermometer 摄氏温度计

117
**charter**
/ 'tʃɑːrtər /

释 *v.* 包租；特许 *n.* 宪章；执照；特许状
例 A certain fishing boat is **chartered** by six people who are to contribute equally to the total **charter** cost of $480. 六人包租了某渔船，总包租费为480美元，由六人平均分摊。
搭 time charter 定期租船 Olympic Charter 奥林匹克宪章
派 chartered *a.* 受特许的 chartering *n.* 租用
同 license, permit; treaty, agreement

118
**dealership**
/ 'diːlərʃɪp /

释 *n.* 代理商；代理权；经销权
例 A certain **dealership** has a number of cars to be sold by its salespeople. 某代理商有一定数量的汽车需要推销员销售。
搭 car dealership 汽车销售公司 dealership competition 代理权竞争
同 agent, attorneyship

119
**defective**
/ dɪ'fektɪv /

释 *a.* 不合格的；次品的 *n.* 有缺陷的人；不完全变化词
例 The factory had received bad publicity over the **defective** products. 工厂因为生产次品而受到了媒体的负面宣传。
搭 defective goods 残次品 defective works 不合规格的工程
派 defectiveness *n.* 有缺陷；缺乏
同 deficient, disabled, flawed
反 excellent, faultless, flawless

120
**equate**
/ i'kweɪt /

释 *v.* 使相等
例 Some parents **equate** successful education with high exam scores. 有些家长把成功的教育等同于较高的考试分数。
搭 equate...with 把…等同于 equate to 相提并论
派 equation *n.* 方程式，等式
同 equalize, balance, liken
反 imbalance, unliken

# Day 20

## Previous Check

- □ equivalency
- □ Fahrenheit
- □ fringe
- □ gross
- □ hardcover
- □ hose
- □ inequality
- □ inlay
- □ inspection
- □ lapse
- □ lot
- □ mayoral
- □ multiplication
- □ newsletter
- □ parallel
- □ paperback
- □ parenthesis
- □ paycheck
- □ pending
- □ misinterpretation
- □ perimeter
- □ plaque
- □ plot
- □ polynomial
- □ preference
- □ prune
- □ pulse
- □ range
- □ reliever
- □ resulting
- □ stipulation
- □ transatlantic
- □ transpose
- □ unique
- □ verification
- □ widget
- □ plane
- □ axis
- □ familiarity
- □ subtlety
- □ construction
- □ factual
- □ lever
- □ operate
- □ cost-effective
- □ clog
- □ mass-transit
- □ vacationer
- □ reflect
- □ radiation
- □ foresee
- □ short-term
- □ cumulative
- □ contractor
- □ historical
- □ economically
- □ considerably
- □ midtown
- □ reconstruction
- □ survey
- □ unpredictably
- □ currently
- □ fee
- □ typically
- □ facility
- □ immune-system
- □ physical
- □ psychological
- □ ecological
- □ fossil
- □ definite
- □ partial
- □ episode
- □ disturbance
- □ selectively
- □ accumulated
- □ gradual
- □ vitamin
- □ agriculturist
- □ flesh
- □ texture
- □ effluent
- □ excessively
- □ advantage
- □ reliably
- □ anatomical
- □ pernicious
- □ unintentionally
- □ insecticide-resistant
- □ fallow
- □ plastic
- □ nonbiodegradable
- □ disposable
- □ discernible
- □ pulp
- □ deregulation
- □ combat
- □ takeoff
- □ slot
- □ allocate
- □ physician
- □ panel
- □ abandon
- □ prerogative
- □ wholesale
- □ retail
- □ inevitably
- □ sensitivity
- □ forger
- □ impractical
- □ causative
- □ entrepreneur
- □ responsive
- □ impairment
- □ stroke-related
- □ latent
- □ capability
- □ arid
- □ evaporation
- □ upstream

001
**equivalency**
/ ɪˈkwɪvələnsi /

释 *n.* 等价；相等（相当于equivalence）
搭 equivalency concept 等价方程 college equivalency 大学同等学力
同 equivalence, equality, parity
反 inequality, dissimilitude, imbalance

002
**Fahrenheit**
/ ˈfærənhaɪt /

释 *n.* 华氏度 *a.* 华氏的
搭 degree Fahrenheit 华氏度 Fahrenheit thermometer 华氏温度计

003
**fringe**
/ frɪndʒ /

释 *a.* 附加的 *n.* 边缘 *v.* 加穗于
例 The tower rises in solitary splendor on the **fringe** of the desert. 这座塔巍然耸立在沙漠的边际，显得十分壮美。
搭 fringe benefits 附加福利 fringe effect 边缘效应
派 fringing *n.* 散射现象 fringy *a.* 有缘饰的；穗状的
同 accessional, additional; edge, brim

004
**gross**
/ ɡroʊs /

释 *a.* 总共的 *n.* 总额
搭 gross profit 毛利润 Gross National Product（简称GNP）国民生产总值
同 aggregate, total; sum, amount
反 part, net

005
**hardcover**
/ ˈhɑːrdkʌvər /

释 *a.* 精装的 *n.* 精装书
搭 hardcover book 精装书
同 hardback
反 paperback

006
**hose**
/ hoʊz /

释 *n.* 软管 *v.* 用软管浇水
例 **Hoses** X and Y simultaneously fill an empty swimming pool that has a capacity of 50,000 liters. 软管X和Y同时向容积为五万公升的空游泳池中注水。
同 flexible pipe

007
**inequality**
/ ˌɪnɪˈkwɑːləti /

释 *n.* 不等式；不平等
搭 integral inequality 积分不等式 quadratic inequality 二次不等式 inequality sign 不等号
同 disparity, difference
反 equality

008
**inlay**
/ ˌɪnˈleɪ /

释 *n.* 镶嵌物；镶嵌 *v.* 把…嵌入，把…镶入
例 Traditional factories of marble **inlay** and carpet weaving still exist in India. 传统的大理石镶嵌工厂和织毯作坊在印度依然存在。
搭 brass inlay 铜嵌体 inlay equipment 镶嵌工具
派 inlaid *a.* 镶嵌的；嵌入的；镶饰的 inlayer *n.* 镶嵌者
同 inset, embed, insert
反 extract, erase, remove

009
**inspection**
/ ɪn'spekʃn /

释 *n.* 视察，检查
例 The soldiers lined up for the daily **inspection** by their officers. 士兵们列队接受军官的日常检阅。
搭 inspection record 检查记录 annual inspection 年检 periodic inspection 定期检查
同 examination

010
**lapse**
/ læps /

释 *n.* 流逝 *v.* 失效；流逝；陷入
例 When she was making a speech, she had a momentary **lapse** of concentration. 演讲时，她走了一会儿神。
搭 time lapse 时间流逝 memory lapse 记忆丧失
派 lapsed *a.* 失效的；堕落的；转归他人的
同 passing

011
**lot**
/ lɑːt /

释 *n.* 一块地；（商品等）一批 *v.* 划分；抽签 *ad.* 非常，相当
例 One week a certain truck rental **lot** had a total of twenty trucks, all of which were on the **lot** Monday morning. 某租车场每周有20辆卡车可供出租，所有这些卡车周一早晨都在租车场上待租。
搭 rental lot 租车场 parking lot 停车场 a production lot 一个生产批量

012
**mayoral**
/ 'meɪərəl /

释 *a.* 市长的
例 The **mayoral** candidate has promised to seek funding for public schools. 市长候选人承诺为公立学校寻找资金。
搭 mayoral election 市长选举

013
**multiplication**
/ ˌmʌltɪplɪ'keɪʃn /

释 *n.* 乘法
搭 principle of multiplication 乘法原理

014
**newsletter**
/ 'nuːzletər /

释 *n.* 时事通讯
例 Members of a social club met to address 280 **newsletters**. 某社交俱乐部的成员聚集讨论280个时事通讯。
搭 Chemical Newsletter 化学通讯
同 bulletin, pamphlet, report

015
**parallel**
/ 'pærəlel /

释 *a.* 平行的；相同的，类似的 *n.* 相似之物，类似物
例 It's an ecological disaster with no **parallel** anywhere else in the world. 这是一场在世界其他地方都没有出现过的生态灾难。
搭 parallel line 平行线
派 parallelism *n.* 平行性 parallelize *v.* 平行放置；使…平行于…
反 nonparallel

016
**paperback**
/ 'peɪpərbæk /
释 *n.* 平装本；廉价本
搭 paperback book 平装书
反 hardcover

017
**parenthesis**
/ pə'renθəsɪs /
释 *n.* 圆括号
例 I should like to mention this by way of **parenthesis**. 我想附带地提一提这个问题。
搭 in parenthesis 作为插入成分；插一句
派 parenthesize *v.* 将…加上括号
同 round brackets

018
**paycheck**
/ 'peɪtʃek /
释 *n.* 付薪水的支票，薪水
例 It is wise to set aside some money from each **paycheck**. 从每次的工资支票中拨出一些钱存起来是明智之举。
搭 fat paycheck 高薪
同 salary, emolument

019
**pending**
/ 'pendɪŋ /
释 *a.* 未决定的；即将发生的
例 The decision on whether he will be offered the full scholarship is still **pending**. 他是否会获得全额奖学金还没有最终决定。
同 unsettled, undecided

020
**misinterpretation**
/ ˌmɪsɪntɜːprɪ'teɪʃn /
释 *n.* 误解；误释
例 What unit of measurement is used is irrelevant to the hiker's **misinterpretation** of the mileposts. 使用哪一种计量单位与徒步旅行者对里程标志的误解无关。
搭 deliberate misinterpretation 刻意曲解
同 misunderstanding, misconception

021
**perimeter**
/ pə'rɪmɪtər /
释 *n.* 周长；边界
例 The river marks the eastern **perimeter** of our land. 这条河标示了我们的土地东面的边界。
搭 perimeter zone 周边区域
同 circumference

022
**plaque**
/ plæk /
释 *n.* 匾；血小板；饰板
搭 wooden plaque 木匾

023
**plot**
/ plaːt /
释 *n.* 图；情节；阴谋 *v.* 密谋；绘图
例 The dialogue of the movie is amusing but the **plot** is weak. 电影的对白很有趣，但是情节平淡。
搭 garden plot 园地
派 plotted *a.* 标绘的 plotter *n.* 绘图机
同 designing, scenario

024
**polynomial**
/ ˌpɔli'nəumiəl /

释 *n.* 多项式 *a.* 多项式的
搭 quadratic polynomial 二次多项式
同 multinomial

025
**preference**
/ 'prefrəns /

释 *n.* 偏爱，倾向；优先权
例 When traveling by air, a window seat is my **preference**. 搭乘飞机时，我喜欢坐在靠窗的位置。
搭 food preference 食物偏好
同 tendency, liability, priority, trend

026
**prune**
/ pruːn /

释 *n.* 李子干；梅干 *v.* 删除；修剪
例 The workers have **pruned** all the dead branches. 工人们已经剪去了所有的枯枝。
搭 preserved prune 陈皮梅；话梅
派 pruning *a.* 修剪用的 *n.* 修剪，剪枝
同 shear, crop

027
**pulse**
/ pʌls /

释 *n.* 脉搏；脉冲 *v.* （使）跳动
例 Most people's **pulse** rate is around 75 beats per minute. 大多数人的脉率大约是每分钟75次。
搭 pulse rate 脉搏率
派 pulsing *a.* 脉冲的 pulseless *a.* 无脉动的
同 impulse; jitter

028
**range**
/ reɪndʒ /

释 *n.* 一系列；范围；值域 *v.* 漫游
例 The company manufactures a **range** of innovative cycles. 这家公司生产了一系列新型的自行车。
搭 color range 颜色范围 range over 涉及，包括
派 ranking *a.* 上级的 *n.* 等级
同 extent, boundary, region, scope

029
**reliever**
/ ri'liːvə /

释 *n.* 缓解物；减压装置
例 Sometimes your word can be either a perfect pain **reliever** or a terrible weapon. 有时候你的话可能是一副完美的镇痛剂，但也可能是一种伤人的武器。
搭 pain reliever 镇痛药
同 supporter, helper

030
**resulting**
/ ri'zʌltiŋ /

释 *a.* 作为结果的
例 The **resulting** salty water will be discharged at sea. 所产生的盐水将被排入大海。
搭 resulting sequence 产生的序列
同 consequent

031
**stipulation**
/ ˌstɪpju'leɪʃn /

释 *n.* 规定，约定
例 We rented the house on the **stipulation** that all the rooms should be furnished. 我们租这座房子时就约定好每个房间都应该有家具。
搭 special stipulation 特殊规定，特别规定
同 provision, convention, appointment

032
**transatlantic**
/ ˌtrænzət'læntɪk /

释 *a.* 横渡大西洋的
搭 transatlantic crossing 穿越大西洋的 transatlantic voyage 横越大西洋航行

033
**transpose**
/ træn'spoʊz /

释 *v.* 代数移项；变换
派 transposable *a.* 可换位的 transposition *n.* 移项
同 counterchange

034
**unique**
/ ju'niːk /

释 *a.* 唯一的；独一无二的 *n.* 独一无二的人或物
例 The tranquil beauty of the countryside scenery is **unique**. 这乡村景色宁静的美丽是独一无二的。
搭 unique solution 唯一解
派 uniquely *ad.* 独特地；珍奇地 uniqueness *n.* 独特性；独一无二；单值性
同 distinct; individual, sole
反 common, ordinary, unexceptional

035
**verification**
/ ˌverɪfɪ'keɪʃn /

释 *n.* 证明，证实
例 All charges against him are dropped pending the **verification** of his testimony. 在他的证词得到核实之前，所有针对他的指控都已撤销。
搭 verification code 验证码
同 confirmation, validation

036
**widget**
/ 'wɪdʒɪt /

释 *n.* 小器具；小装置；小机械
搭 packing widget 组装构件
同 apparatus, appliance, device

037
**plane**
/ pleɪn /

释 *n.* 平面；程度，水平；飞机 *a.* 平的；平面的
例 All the planets orbit the Sun in roughly the same **plane**. 所有的行星大致在同一平面上绕太阳运转。
搭 plane geometry 平面几何
同 extent; even, flat
反 upright, vertical

038
**axis**
/ 'æksɪs /

释 *n.* 轴；轴线；轴心国
例 The **axis** of a circle is its diameter. 圆的轴线是其直径。
搭 y-axis y轴 x-axis x轴
同 shaft, spindle

039
**familiarity**
/ fəˌmɪli'ærəti /

释 *n.* 熟悉，精通；亲密；随便
例 His **familiarity** with the language of French helped him enjoy his stay in Lyon. 他通晓法语，所以在里昂逗留期间过得很惬意。
同 acquaintance
反 unfamiliarity

040
**subtlety**
/ 'sʌtlti /

释 *n.* 细微之处，精妙之处；敏感；微妙
例 Reading the passage a second time may be helpful in illuminating **subtleties** that were not immediately evident. 再读一遍文章可能会帮助你阐明第一遍阅读时没有立刻弄明白的细微之处。
同 delicacy, subtleness, nicety
反 coarseness, robustness, roughness

041
**construction**
/ kən'strʌkʃn /

释 *n.* 构建；创立；建筑；建造
例 The new bridge is a major **construction** project, funded by the government. 新的大桥是政府出资建造的一个大工程。
搭 argument construction 论点构建
同 creation, building, formation
反 destruction, disfigurement, disorganization

042
**factual**
/ 'fæktʃuəl /

释 *a.* 真实的，事实的
例 She gave him a **factual** account of the chronology of her five years of living in New York. 她把自己在纽约生活五年的经过一五一十地告诉了他。
搭 factual information 事实信息
派 factuality *n.* 实在性；事实性
同 real, correct, actual, authentic
反 biased, false, imprecise

043
**lever**
/ 'levər /

释 *n.* 控制杆，杠杆
搭 safety lever 保险杆
派 leverage *n.* 手段，影响力；杠杆作用
同 heaver, pry

044
**operate**
/ 'ɑːpəreɪt /

释 *v.* 操作，操纵
例 Most hotels in Orlando **operate** shuttle service for their guests between hotels and theme parks. 奥兰多的大部分酒店都为客人提供往返于主题公园的大巴服务。
搭 operate mode 操作方式，运算方式
派 operating *a.* 操作的 operative *a.* 有效的；运转着的 operation *n.* 操作；经营
同 perform, function

045
**cost-effective**
/ ˌkɔːstɪ'fektɪv /

释 *a.* 成本效益好的，划算的
搭 cost-effective solution 具成本效益的解决方案
同 profitable, worthwhile
反 unprofitable, disadvantageous

046
**clog**
/ klɔːg /

释 *v.* 阻塞 *n* 障碍
例 The streets are often **clogged** with traffic at rush hours. 高峰时间，街道上经常交通堵塞。
搭 clog with 阻塞
派 clogged *a.* 阻塞的；堵住的 cloggy *a.* 妨碍的；易黏住的
同 blockage
反 clearance, opening

047
**mass-transit**
/ mæs'trænzɪt /

释 *a.* 大规模运输的
搭 mass-transit improvements 大规模运输的改进

048
**vacationer**
/ veɪ'keɪʃnər /

释 *n.* 休假者，度假者
例 A large proportion of air travelers are **vacationers** who are taking long-distance flights. 大部分航空旅客都是乘坐长途航班的度假者。
搭 a seaside vacationer 在海边度假的人

049
**reflect**
/ rɪ'flekt /

释 *v.* 反射；反映；想到（某事）；反思
例 The beginning of a new year is a good time to **reflect** on the many achievements of the past. 新年伊始是反思过去一年诸多成就的好时机。
派 reflective *a.* 反射的；反映的；沉思的 reflection *n.* 反射；沉思；映象 reflector *n.* 反射物；反射镜

050
**radiation**
/ ˌreɪdi'eɪʃn /

释 *n.* 辐射；发光；放射物
搭 electromagnetic radiation 电磁辐射
同 irradiation, radiance, luminescence

051
**foresee**
/ ˌfɔːr'siː /

释 *v.* 预见，预知
例 It is hard to **foresee** how things will turn out. 很难预知事情的结果如何。
搭 foresee the future 预见未来
派 foreseeable *a.* 可预见的
同 predict, anticipate, forecast, foretell

052
**short-term**
/ ʃɔːrt'tɜːrm /

释 *a.* 短期的
搭 short-term dose 短期剂量
同 temporary, momentary
反 long-term, permanent

053
## cumulative
/ 'kjuːmjəleɪtɪv /

释 a. 积累的

例 The effects of this medicine are **cumulative** over extended periods. 这种药的作用在一段较长的时间内是蓄积性的。

搭 cumulative dose 累积剂量

同 accumulated, accumulative

反 decreasing, subtracting

054
## contractor
/ kən'træktər /

释 n. 承包人；立契约者

搭 private military contractor 私营军事承包商

同 declarer, builder, producer

055
## historical
/ hɪ'stɔːrɪkl /

释 a. 历史的；史学的；基于史实的

例 He didn't offer any concrete **historical** background to support his arguments. 他没给出具体的历史背景来支撑他的论点。

搭 historical costing 历史成本计算

同 diachronic, historic

056
## economically
/ ˌiːkə'nɑːmɪkli /

释 ad. 在经济上；经济地；节俭地

例 This region is becoming increasingly important both strategically and **economically**. 这个地区的战略地位和经济地位变得越来越重要了。

搭 economically affordable housing 经济适用房

同 sparingly, thriftily

057
## considerably
/ kən'sɪdərəbli /

释 ad. 相当地，非常

例 The rate of inflation has varied **considerably** over the past twenty years. 在过去的20年中，通货膨胀率差异非常大。

搭 vary considerably 差异很大

同 appreciably, significantly, noticeably, remarkably, substantially

反 inappreciably, insignificantly, unremarkably, slightly

058
## midtown
/ 'mɪdtaʊn /

释 a. 市中心区的 n. 市中心区；商业区和住宅区的中间地区

搭 midtown area 市中心地区

同 urban center, downtown

059
## reconstruction
/ ˌriːkən'strʌkʃn /

释 n. 再建，重建；改造；复兴

例 The country faces a huge task of national **reconstruction** following the war. 战后，该国面临着重建家园的艰巨任务。

搭 war reconstruction 战后重建 reconstruction tax 重建税

同 rebuilding, restoration, resetting

反 breaking, damage, destruction

060
**survey**
/ 'sɜːrveɪ /
释 *n.* 调查；测量；审视 *v.* 调查；勘测；俯瞰；测量土地
例 The **survey** found a wide variation in the prices charged for gas in different East Coast cities. 调查发现美国东海岸各城市汽油的价格相差很大。
搭 construction survey 施工测量；建筑测量
同 scrutiny, examination

061
**unpredictably**
/ ˌʌnprɪ'dɪktəbəlɪ /
释 *ad.* 无法预言地；不可预见地；不能预料地
例 Temperature on this highland always changes **unpredictably**. 高原地区的气温一直这样变化多端。
搭 unpredictably absent 不可预见地缺席

062
**currently**
/ 'kɜːrəntli /
释 *ad.* 当前；一般地
例 She is **currently** studying a business course at Yale University. 她目前在耶鲁大学读一门商科的课程。
同 presently; commonly, generally

063
**fee**
/ fiː /
释 *n.* 费用；酬金；小费
搭 tuition fee 学费
同 charge, cost, tip, fare, toll

064
**typically**
/ 'tɪpɪkli /
释 *ad.* 通常；代表性地；作为特色地
例 The coach is **typically** cool in his pronouncements about his retirement. 教练在发表有关退休的声明时表现出一贯的冷静。
同 usually, commonly, customarily

065
**facility**
/ fə'sɪləti /
释 *n.* 设施；设备；容易；灵巧
例 The hospital hired a full-time helper and invested in **facilities** for providing childcare to sick children. 医院雇用了一个全职的帮手，并通过投资设备为生病的孩子提供儿童护理。
搭 ancillary facility 附属设施；配套设施
同 equipment, plant, fixture

066
**immune-system**
/ ɪ'mjuːnˌsɪstəm /
释 *a.* 免疫系统的
搭 immune-system cells 免疫系统细胞

067
**physical**
/ 'fɪzɪkl /
释 *a.* 物理的；身体的；物质的
例 Mental illness is similar to **physical** disease in its effects on body systems. 心理疾病在影响身体系统方面产生的效果与身体疾病相似。
搭 physical disease 身体疾病
同 corporal, corporeal; material
反 mental, soulful, spiritual

068
**psychological**
/ ˌsaɪkəˈlɑːdʒɪkl /

释 *a.* 心理的；心理学的；精神上的
例 Sandy received constant physical and **psychological** abuse from her father. 桑迪不断遭到父亲在身体和心理上带给她的双重虐待。
搭 psychological treatment 心理治疗
同 mental, emotional, subconscious
反 bodily, physical

069
**ecological**
/ ˌiːkəˈlɑːdʒɪkl /

释 *a.* 生态的，生态学的
例 The overstocking has damaged the grassland's delicate **ecological** balance. 过度放牧对草原脆弱的生态平衡造成了破坏。
搭 ecological crisis 生态危机 ecological environment 生态环境
派 ecologically *ad.* 生态上；从生态学的观点看
同 bionomic, ecologic, environmental

070
**fossil**
/ ˈfɑːsl /

释 *n.* 化石；僵化的事物；顽固不化的人 *a.* 化石的；陈腐的
例 It is difficult to date the **fossil**. 很难确定这块化石的年代。
搭 fossil oil 化石燃料；石油 living fossil 活化石
派 fossilized *a.* 石化的；老化的 fossilization *n.* 石化；僵化
同 relic, remains, vestige

071
**definite**
/ ˈdefɪnət /

释 *a.* 一定的；确切的
例 The police had nothing **definite** against him. 警方没有掌握对他不利的确凿证据。
搭 definite pattern 一定的形式
派 definitive *a.* 决定性的；最后的；限定的 definition *n.* 定义
同 clear, distinct, evident, exact, precise
反 indefinite, indistinct, obscure, vague

072
**partial**
/ ˈpɑːrʃl /

释 *a.* 局部的；偏爱的；不公平的
例 The newspaper criticized the president's proposal, saying that it was **partial** to the middle class. 报纸批评了总统的提议，称该提议偏袒中产阶级。
搭 partial discharge 局部放电；部分放电
派 partiality *n.* 偏袒；偏爱；癖好
同 fractional, fragmentary, partly

073
**episode**
/ ˈepɪsoʊd /

释 *n.* 插曲；一段情节；插话；有趣的事件
例 Unfortunately, it was a rather embarrassing **episode** of his life. 不幸的是，这是他人生中非常尴尬的一段经历。
派 episodic *a.* 插话式的
同 affair, incident, occurrence

074
**disturbance**
/ dɪ'stɜːrbəns /

释 *n.* 干扰，骚乱；忧虑

例 Sometimes, poor academic performance is related to emotional **disturbance**. 有时候，糟糕的学习成绩与情绪困扰有关。

搭 environmental disturbance 环境失调

同 affray, commotion, disruption, flutter

075
**selectively**
/ sɪ'lektɪvli /

释 *ad.* 有选择地

例 Some people prefer to read **selectively** rather than extensively. 一些人喜欢有选择地阅读，而不是广泛地阅读。

反 nonselectively

076
**accumulated**
/ ə'kjuːmjəleɪtɪd /

释 *a.* 累积的；累计的

例 Some species become extinct because of **accumulated** gradual changes in their local environments. 导致一些物种灭绝的原因是这些物种的生存环境发生着累积的渐变。

搭 accumulated value 累加值；累积结余

同 amassed, assembled, collected

077
**gradual**
/ 'grædʒuəl /

释 *a.* 逐渐的；平缓的

例 Learning a foreign language should be a **gradual** process. 学外语应该是一个循序渐进的过程。

搭 gradual change 渐变

同 moderate, slow, steady

反 abrupt, sudden, uneven

078
**vitamin**
/ 'vaɪtəmɪn /

释 *n.* 维生素

例 In parts of South America, **vitamin**-A deficiency is a serious health problem, especially among children. 在南美洲的部分地区，维生素A缺乏症是一个严重的健康问题，尤其是儿童。

搭 vitamin deficiency 维生素缺乏症

079
**agriculturist**
/ 'ægrɪkʌltʃərɪst /

释 *n.* 农业家；农场工作者

同 agronomist

080
**flesh**
/ fleʃ /

释 *n.* 果肉；肉；肉体

例 The **flesh** of the peach is sweet and juicy. 桃子的果肉甜而多汁。

派 fleshy *a.* 肉的；肉质的；丰满的 fleshly *a.* 肉体的；肉欲的

081
**texture**
/ 'tekstʃər /

释 *n.* 口感；手感；纹理，质地；组织

例 This kind of cheese has a crumbly **texture** with a strong flavor. 这种奶酪口感松脆，味道浓郁。

搭 soil texture 土壤质地

同 composition, construction, structure

082
**effluent**
/ 'efluənt /

释 *n.* 污水；流出物；废气
例 The **effluent** from the factory was discharged into the river. 那家工厂的废水被排入河中。
搭 effluent treatment 污水处理
同 wastewater, drainage

083
**excessively**
/ ɪk'sesɪvli /

释 *ad.* 过分地；极度
例 He has often been criticized for an **excessively** pessimistic view of life. 他由于对生活持过度悲观的态度而常常受到批评。
搭 excessively cautious 过分谨慎的
同 extravagantly, extremely, unreasonably
反 mildly, moderately

084
**advantage**
/ əd'væntɪdʒ /

释 *n.* 优势；利益；有利条件 *v.* 获利
搭 comparative advantage 比较利益；比较优势
派 advantageous *a.* 有利的；有益的 advantageously *ad.* 有利地；方便地
同 benefit, gain, leverage
反 disadvantage, handicap

085
**reliably**
/ rɪ'laɪəbli /

释 *ad.* 可靠地；确实地
例 This system performed more **reliably** than the previous one. 现在的系统比以前的执行起来更加可靠。
同 dependably, accurately, assuredly

086
**anatomical**
/ ˌænə'tɑːmɪkl /

释 *a.* 解剖的；解剖学的；结构上的
搭 anatomical feature 解剖特性
同 anatomic

087
**pernicious**
/ pər'nɪʃəs /

释 *a.* 有害的；恶性的；致命的；险恶的
例 The sustained massive use of pesticides in farming has two effects that are especially **pernicious**. 在农场持续使用大量杀虫剂会产生两种尤其有害的影响。
搭 pernicious habits 恶习
派 perniciousness *n.* 危害性；有害
同 damaging, deadly, destructive, detrimental, fatal
反 helpful, innocuous

088
**unintentionally**
/ ˌʌnɪn'tenʃənlɪ /

释 *ad.* 无意地，非故意地，非存心地
例 The secretary had **unintentionally** provided wrong information. 秘书无意中提供了错误的信息。
同 accidentally, inadvertently, incidentally
反 deliberately, intentionally, purposely

089
**insecticide-resistant** / ɪn'sektɪsaɪd,rɪ'zɪstənt /
释 *a.* 抗杀虫剂的
搭 insecticide-resistant pests 抗杀虫剂的害虫

090
**fallow** / 'fæloʊ /
释 *a.* 休耕的
搭 fallow land 休耕地
同 idle, uncultivated

091
**plastic** / 'plæstɪk /
释 *n.* 塑料制品；整形；可塑体 *a.* 塑料的；（外科）造型的；可塑的
搭 plastic pipe 塑料管
派 plasticity *n.* 塑性，可塑性 plasticize *v.* 塑化
同 changeable, flexible
反 hard, inflexible, stiff

092
**nonbiodegradable** / nɑːn,baɪoʊdɪ'greɪdəbl /
释 *a.* 非生物降解的；不能生物降解的
搭 nonbiodegradable waste 非生物降解废料

093
**disposable** / dɪ'spoʊzəbl /
释 *a.* 可任意处理的；可自由使用的；用完即可丢弃的
例 The use of **disposable** products is considered ecologically unsound. 使用一次性产品被认为是不环保的。
搭 disposable chopsticks 一次性餐筷

094
**discernible** / dɪ'sɜːrnəbl /
释 *a.* 可辨别的；可识别的
例 The castle is easily **discernible** even at a distance of several miles. 甚至在几英里之外，城堡都清晰可见。
同 evident, observable
反 indistinct, invisible, obscured

095
**pulp** / pʌlp /
释 *n.* 纸浆；果肉；黏浆状物质 *v.* 使化成纸浆
搭 wood pulp 木浆
派 pulpy *a.* 果肉状的；泥状的；纸浆状的
同 flesh, mush

096
**deregulation** / diː,regju'leɪʃn /
释 *n.* 放松管制
例 Since the **deregulation** of airlines, delays at the country's increasingly busy airports have increased by 25 percent. 自从航空解制以后，发生在逐渐繁忙的机场的延误情况增加了25%。
搭 airline deregulation 航空解制

097
**combat** / 'kɑːmbæt /
释 *v.* 斗争 *n.* 战斗；争论
例 The medical corps were cited for their bravery in the **combat**. 医疗队由于在战场上的英勇表现而受到嘉奖。
搭 actual combat 实战

派 combative *a.* 好战的 combatant *n.* / *a.* 战斗（的）；好斗（的）
同 battle, conflict, fight, war
反 peace, truce

098
**takeoff**
/ 'teɪkɔːf /
释 *a.* 起跳的；起飞的；可卸除的 *n.* 起跳；（飞机等的）起飞
搭 takeoff slot 起飞槽
同 departure, launch
反 arrival, landing

099
**slot**
/ slaːt /
释 *n.* 狭槽；位置；水沟；硬币投币口 *v.* 跟踪；开槽于
例 She dropped a quarter into the **slot** of the pay phone to make a phone call. 她向付费电话的投币孔里投了一枚25分硬币来打电话。
搭 slot machine 自动售货机
同 location, site

100
**allocate**
/ 'æləkeɪt /
释 *v.* 分配；拨出；使坐落于
例 The local government has to learn to **allocate** resources efficiently. 地方政府必须学会有效地分配资源。
搭 allocate profits 分配红利
派 allocable *a.* 可拨出的；可分配的 allocation *n.* 分配，配置；安置
同 apportion, assign, allot

101
**physician**
/ fɪ'zɪʃn /
释 *n* 医师；内科医师
搭 school physician 校医
同 medico, doctor, medic
反 surgeon

102
**panel**
/ 'pænl /
释 *n.* 专门小组
搭 review panel 审查小组
同 board, division, group

103
**abandon**
/ ə'bændən /
释 *v.* 遗弃；放弃 *n.* 狂热；放任
例 They **abandoned** their plan of a ten-day trip to Italy because of financial constraints. 由于财力有限，他们决定放弃去意大利旅行十天的计划。
同 desert, discard, quit, relinquish
反 conserve, maintain, retain

104
**prerogative**
/ prɪ'raːgətɪv /
释 *n.* 特权 *a.* 有特权的
例 In many countries, going to school is still a **prerogative** of the boys. 在许多国家，去学校上学仍然是男孩的特权。
搭 diplomatic prerogative 外交特权
同 franchise, perquisite, privilege

105
**wholesale**
/ 'hoʊlseɪl /

释 *a.* 批发的；大规模的 *n.* 批发 *ad.* 大规模地；以批发方式
例 He does **wholesale** business, while his brother is engaged in retail business. 他经营批发生意，他弟弟则经营零售生意。
搭 wholesale price 批发价格
同 total, overall
反 retail, part, partial

106
**retail**
/ 'riːteɪl /

释 *a.* 零售的 *n.* / *v.* 零售 *ad.* 以零售方式
例 The **retail** dealer buys at wholesale and sells at **retail**. 零售商以批发价购进货物，以零售价卖出。
搭 retail price 零售价格

107
**inevitably**
/ ɪn'evɪtəbli /

释 *ad.* 不可避免地；必然地
例 Thus, although the retail price of cotton clothing at retail clothing stores has not yet fallen, it will **inevitably** fall. 因此，虽然零售商店里棉质衣服的零售价还没有降，但是它不可避免地会下降。
搭 inevitably biased 难免失之偏颇
同 unavoidably, inescapably, surely

108
**sensitivity**
/ ˌsensə'tɪvəti /

释 *n.* 敏感；敏感性；过敏
例 The greater **sensitivity** of some people's messenger molecules is not the issue. 一些人的信号分子具有更大的敏感性不是问题的关键。
搭 sensitivity analysis 灵敏度分析；敏感性分析
同 susceptivity, tenderness

109
**forger**
/ 'fɔːrdʒər /

释 *n.* 伪造者；铁匠
搭 adept forger 老道的伪造者
同 counterfeiter

110
**impractical**
/ ɪm'præktɪkl /

释 *a.* 不切实际的，不现实的；不能实行的
例 It was **impractical** to think that we could build the house in a month. 能用一个月的时间把房子盖好是不切实际的想法。
同 unrealistic, unfeasible, unworkable
反 practical, probable, realistic, reasonable

111
**causative**
/ 'kɔːzətɪv /

释 *a.* 成为原因的；引起…的
例 Poverty is a **causative** factor for crime. 贫穷是导致犯罪的一个因素。
搭 causative factor 诱因

112
**entrepreneur**
/ ˌɑːntrəprəˈnɜːr /

释 *n.* 企业家；承包人；主办者
搭 entrepreneur spirit 企业家精神；事业心
派 entrepreneurial *a.* 企业家的，创业者的；中间商的
同 contractor, enterpriser

113
**responsive**
/ rɪˈspɑːnsɪv /

释 *a.* 响应的；应答的，回答的
例 Three months before birth, fetuses are already **responsive** to sound. 在出生的三个月前，胎儿就已经对声音有反应了。
搭 responsive system 反映系统
派 responsiveness *n.* 响应能力；有同情心；敏感

114
**impairment**
/ ɪmˈpermənt /

释 *n.* 损伤，损害
例 Wound contraction may result in serious functional **impairment**. 伤口收缩可能造成严重的功能障碍。
搭 hearing impairment 听觉障碍，听力损伤
同 harm, damage, damnification

115
**stroke-related**
/ ˌstroʊkrɪˈleɪtɪd /

释 *a.* 与中风相关的
搭 stroke-related aphasia 与中风相关的失语症

116
**latent**
/ ˈleɪtnt /

释 *a.* 潜在的；潜伏的；隐藏的
例 Without training, her musical talent remained **latent**. 由于未经训练，她的音乐天赋未被发掘出来。
搭 latent language capabilities 潜在的语言能力
派 latency *n.* 潜伏；潜在因素
同 potential, hidden, underlying
反 bare, exhibited, exposed

117
**capability**
/ ˌkeɪpəˈbɪləti /

释 *n.* 才能；能力；性能；容量
例 The eight-year old girl has the **capability** to grow into a very fine actress. 这个八岁的女孩有潜力成为一名杰出的演员。
同 ability, competency
反 inability, inadequacy, incompetence

118
**arid**
/ ˈærɪd /

释 *a.* 干旱的；不毛的；荒芜的
例 The forest will shield off **arid** winds and protect the fields. 森林能挡住旱风，保护农田。
搭 arid land 旱地；贫瘠地
派 aridity *n.* 干旱；乏味 aridness *n.* 干燥
同 barren, dry, desert
反 damp, humid, moist, wet

119
**evaporation**
/ ɪˌvæpəˈreɪʃn /

释 *n.* 蒸发；消失
例 The plastic seals the soil and prevents the **evaporation** of water. 这层塑料把土壤封闭，防止水分蒸发。
搭 evaporation rate 蒸发率；蒸发速度
同 dehydration, desiccation, vaporization
反 damponing, ooalking, wetting

120
**upstream**
/ ˌʌpˈstriːm /

释 *a.* 上游的 *ad.* 逆流地；向上游
例 These barriers are lethal to fish trying to swim **upstream**. 这些障碍物对于想要往上游游动的鱼儿来说是致命的。
搭 upstream face 上游面；入水面
反 downstream, downward

Jovons saw the kettle boil and cried out with the delighted voice of a child; Marshal too had seen the kettle boil and sat down silently to build an engine.
杰文斯看见壶开了，高兴得像孩子似地叫了起来；马歇尔也看见壶开了，却悄悄地坐下来造了一部蒸气机。
——英国经济学家 凯恩斯（John Maynard Keynes, British economist）

# Day 21

## Previous Check

- □ downstream
- □ hydroponic
- □ untainted
- □ reproductive
- □ collateral
- □ deactivate
- □ annually
- □ obvious
- □ payout
- □ holder
- □ confer
- □ toughened
- □ profession
- □ ordinance
- □ trigger
- □ marginally
- □ spate
- □ mishap
- □ squeeze
- □ consortia
- □ deteriorate
- □ absorb
- □ nonabsorbent
- □ molding
- □ coarse
- □ radar
- □ eventually
- □ messenger
- □ noxious
- □ muscle
- □ receipt
- □ habitually
- □ depositor
- □ journalist
- □ fulfill
- □ disclosure
- □ gubernatorial
- □ dental
- □ pneumonia
- □ strep
- □ pathogenic
- □ microorganism
- □ rinse
- □ tactic
- □ boycott
- □ acceptance
- □ visibility
- □ equator
- □ fracture
- □ practitioner
- □ routinely
- □ martial
- □ violent
- □ jeopardize
- □ spouse
- □ occasionally
- □ hostility
- □ commander
- □ enforce
- □ boldface
- □ evaluate
- □ workshop
- □ bountiful
- □ meteorologist
- □ pollination
- □ prototype
- □ blade
- □ optical
- □ sensor
- □ manual
- □ implement
- □ appreciably
- □ selection
- □ distinctive
- □ interview
- □ personality
- □ protein
- □ injection
- □ orally
- □ permanently
- □ systematic
- □ leather
- □ by-product
- □ fertilizer
- □ surgical
- □ prosperity
- □ blast
- □ nuclear-missile
- □ defense
- □ disruption
- □ diplomatic
- □ owl
- □ mammal
- □ abundant
- □ hatch
- □ chew
- □ snuff
- □ milepost
- □ degenerative
- □ methodical
- □ diversify
- □ petroleum
- □ prosperous
- □ illusion
- □ promotion
- □ vicious
- □ evasion
- □ bioengineered
- □ overwhelm
- □ stable
- □ mandated
- □ paradox
- □ cashier
- □ withdraw
- □ popularity
- □ traditionally
- □ unreimbursed
- □ eligibility
- □ philanthropic
- □ surplus

001
**downstream**
/ ˌdaʊn'striːm /
释 *a.* 下游的 *ad.* 下游地；顺流而下
搭 downstream industry 下游产业；下游行业
反 upstream

002
**hydroponic**
/ ˌhaɪdrə'pɑːnɪk /
释 *a.* 水栽的，水耕法的
搭 hydroponic vegetables 水栽蔬菜

003
**untainted**
/ ʌn'teɪntɪd /
释 *a.* 未污染的；无污点的
例 The doctor's conscience stays **untainted** in spite of rumors and slanders from the media. 即使处于媒体谣言和诽谤的风口浪尖，这位医生依然能保持一颗纯净的心。
同 unpolluted, inviolate, soilless
反 noxious, diseased, sickening, unhealthful, unhealthy

004
**reproductive**
/ ˌriːprə'dʌktɪv /
释 *a.* 生殖的；再生的；复制的
搭 reproductive maturity 生殖成熟
同 generative, regenerative, procreative

005
**collateral**
/ kə'lætərəl /
释 *a.* 并行的；旁系的；附属的 *n.* 抵押品；旁系亲属
例 To minimize **collateral** damage, maximum precision in explosion was required. 为了尽量降低意外伤害，轰炸必须做到最大程度的精确。
搭 collateral loan 有抵押品借款
同 subsidiary; paralleled

006
**deactivate**
/ ˌdiː'æktɪveɪt /
释 *v.* 停止使用；使无效；遣散
例 The mayor plans to **deactivate** the city's fire alarm boxes, because most calls received from them are false alarms. 市长计划停止使用城市中的火警报警器，因为大部分来自报警器的警报都是假的。
派 deactivation *n.* 减活化作用；钝化作用
同 invalidate, nullify

007
**annually**
/ 'ænjuəli /
释 *ad.* 每年；一年一次
例 Maintaining the fire alarm boxes costs the city more than five million dollars **annually**. 该城市每年在维护火警警报器上的花费是500多万美元。
同 yearly

008
**obvious**
/ 'ɑːbviəs /
释 *a.* 明显的；显著的
例 She insisted on her plan of traveling by herself despite **obvious** objections raised by her parents. 尽管父母提出了明显的异议，她仍坚持独自旅行的计划。
搭 obvious target 明显目标
派 obviousness *n.* 显而易见；明显；显著性
同 distinct, prominent, marked, evident
反 ambiguous, obscure, unclear, vague

009
**payout**
/ 'peɪaʊt /

释 *n.* 支出，花费
搭 annual payouts 年度支付
同 expenditure, spending

010
**holder**
/ 'hoʊldər /

释 *n.* 持有人；固定器；支持物
搭 account holder 开户人；顾客账户
同 bearer

011
**confer**
/ kən'fɜːr /

释 *v.* 授予；给予
例 The university will **confer** degree certificate to qualified students in May. 这所大学将于五月给合格的学生授予学位证书。
派 conference *n.* 会议；协商；讨论；联盟 conferment *n.* 授予；给予；商量

012
**toughened**
/ 'tʌfnd /

释 *a.* 坚韧的；钢化的；严格的
例 **Toughened** hiring standards have not been the primary cause of the present staffing shortage in public schools. 严苛的招聘标准不是现在公立学校教师短缺的主要原因。
搭 toughened glass 钢化玻璃
同 tenacious

013
**profession**
/ prə'feʃn /

释 *n.* 职业，专业；声明，宣布；表白
例 Medicine is her destined **profession**. 医学是她命中注定要从事的职业。
搭 teaching profession 教学工作；教学专业
派 professional *a.* 职业的；专业的

014
**ordinance**
/ 'ɔːrdɪnəns /

释 *n.* 条例；法令；圣餐礼
例 When the demonstrators refused to leave after they were told, they were arrested according to the local **ordinance** of "trespass after warning". 根据当地"被警告而故犯"的法令，当示威者拒绝了让他们离开的要求时，他们被捕了。
搭 proposed ordinance 提议条例
同 ordination, regulation

015
**trigger**
/ 'trɪgər /

释 *v.* 引发，引起；触发 *n.* 扳机；触发器；制滑机
例 A series of emotionally stressful events may **trigger** a relapse of the disease. 一系列令人情绪紧张的事情都可能引起旧病复发。
搭 pull the trigger 开枪
同 produce, cause

016
**marginally**
/ 'mɑːrdʒɪnəli /

释 *ad.* 少量地；最低限度地；在栏外；在页边
例 Sales of this laptop have increased only **marginally** over the past year. 在过去的一年里，这种笔记本电脑的销售额只是略有提高。
同 slightly, lightly
反 considerably, greatly

017
**spate**
/ speɪt /

释 *n.* 一阵；洪水；大雨；突然迸发
搭 a spate of 大量，一连串
同 lot, plenty

018
**mishap**
/ 'mɪshæp /

释 *n.* 灾祸；不幸事故；晦气
例 After a number of **mishaps** she did manage to get back to Germany. 经历了一番波折之后，她终于设法返回了德国。
同 disaster, misfortune

019
**squeeze**
/ skwiːz /

释 *v.* 挤；紧握；勒索；压榨 *n.* 压榨；紧握；拥挤；佣金
例 He reached for the hand of his sick mother and gave it a reassuring **squeeze**. 他伸手握紧病榻上母亲的手，让她安心。
搭 squeeze out 挤出；榨出；排出
派 squeezable *a.* 可压缩的；可压榨的 squeezer *n.* 压榨机；压榨者；压铆机；榨汁器；轧水机
同 cram, crush, pinch, press

020
**consortia**
/ kən'sɔːrtiə /

释 *n.* 合作；联盟；公会
搭 international consortia 国际联盟
同 alliance, union, collaboration, association, league

021
**deteriorate**
/ dɪ'tɪriəreɪt /

释 *v.* 恶化；变坏
例 It was sad for him to watch the condition of his mom **deteriorate** day by day. 看着母亲的健康状况日益恶化，他很难过。
派 deterioration *n.* 恶化；退化；堕落 deteriorator *n.* 堕落者
同 exasperate
反 ameliorate, improve

022
**absorb**
/ əb'sɔːrb /

释 *v.* 吸收；吸引；承受；理解；使…全神贯注
例 This kind of paper does not **absorb** ink. 这种纸不吸墨。
搭 absorb in 集中精力做某事；全神贯注于
派 absorbable *a.* 可吸收的；容易被吸收的 absorption *n.* 吸收；全神贯注，专心致志
同 attract, engage; see, read, seize

023
**nonabsorbent**
/ naːnˌəb'sɔːrbənt /

释 *a.* 无吸收性的；不吸水的
搭 nonabsorbent gesso 不吸水的石膏

024
**molding**
/ 'moʊldɪŋ /

释 *n.* 模塑；铸造；装饰用的嵌线
同 casting, modeling, shaping

025
**coarse**
/ kɔːrs /

释 *a.* 粗糙的；粗俗的；下等的
例 She found their loud laughter and swears **coarse** and rather vulgar. 她觉得他们吵闹的笑声和咒骂趣味低下，甚至俗不可耐。

搭 coarse grinding 粗粉碎，粗磨
派 coarseness *n.* 粗糙；劣等 coarsen *v.* 变粗糙；变粗俗
同 rough; vulgar
反 delicate, fine

026
**radar**
/ ˈreɪdaːr /
释 *n.* 雷达，无线电探测器
搭 radar transmitter 雷达发射器

027
**eventually**
/ ɪˈventʃuəli /
释 *ad.* 最后，终于
例 A reduction in the risk of midair collision would **eventually** lead to increase in commercial airline traffic. 降低空中碰撞的危险最终将带来商业航空运输的增加。
同 finally, ultimately, lastly

028
**messenger**
/ ˈmesɪndʒər /
释 *n.* 报信者，送信者；先驱
搭 messenger molecules 信使分子
同 precursor, forerunner

029
**noxious**
/ ˈnaːkʃəs /
释 *a.* 有害的；有毒的；败坏道德的；讨厌的
例 **Noxious** chemicals are found in the water of the river. 河水里发现了有毒化学物品。
搭 noxious air 有害气体
派 noxiousness *n.* 有毒
同 harmful, toxic, evil, poisonous

030
**muscle**
/ ˈmʌsl /
释 *n.* 肌肉；力量 *v.* 加强；使劲搬动；使劲挤出；使劲行进
搭 muscle cells 肌细胞
派 muscular *a.* 肌肉的；肌肉发达的；强健的 musculature *n.* 肌肉组织；肌肉系统 muscularity *n.* 力大；肌肉发达；强壮
同 brawn; strength

031
**receipt**
/ rɪˈsiːt /
释 *n.* 收到；收据；收入 *v.* 收到
例 She put the **receipt** into the innermost pocket of her purse. 她把收据放在包最里面的口袋里。
搭 receipt of any messages 收到任何消息
同 income, proceeds, earning

032
**habitually**
/ həˈbɪtʃuəli /
释 *ad.* 习惯地；日常地
例 She **habitually** spends an hour before breakfast jogging in the Central Park. 她在吃早饭前，总要用一个小时去中央公园慢跑。
同 routinely, commonly, repeatedly
反 infrequently, rarely, uncommonly

033
**depositor**
/ dɪˈpaːzɪtər /
释 *n.* 存款人；存放者；寄托者
反 payee

034
**journalist**
/ 'dʒɜːrnəlɪst /
释 *n.* 新闻工作者；记日志者
派 journalistic *a.* 新闻业的，新闻工作者的
同 newspaperman

035
**fulfill**
/ fʊl'fɪl /
释 *v.* 满足；实现；履行；使结束
例 The workers are making efforts to **fulfill** this year's plan. 工人们正在努力完成今年的生产计划。
搭 fulfill the requirement 满足要求
派 fulfillment *n.* 履行；实行
同 accomplish, implement, meet
反 fail, miss, neglect

036
**disclosure**
/ dɪs'kloʊʒər /
释 *n.* 披露；揭发；被揭发出来的事情
例 The magazine's **disclosure** of defense secrets caused great attention. 该杂志对防务内幕的透露引起了极大的关注。
搭 financial disclosure 财务状况的披露
同 announcement, revelation
反 secret

037
**gubernatorial**
/ ˌɡuːbərnə'tɔːriəl /
释 *a.* 州长的；统治者的；地方长官的；总督的
搭 gubernatorial elections 州长选举

038
**dental**
/ 'dentl /
释 *a.* 牙科的；牙齿的，牙的
例 You can get free **dental** treatment. 你可以得到免费的牙齿治疗。
搭 dental researchers 牙科研究人员
同 alveolar, odontic

039
**pneumonia**
/ nuː'moʊniə /
释 *n.* 肺炎
搭 bacterial pneumonia 细菌性肺炎

040
**strep**
/ strep /
释 *a.* 链球菌的 *n.* 链锁状球菌
搭 strep throat 链球菌性喉炎；脓毒性咽喉炎

041
**pathogenic**
/ ˌpæθə'dʒenɪk /
释 *a.* 致病的；病原的；发病的
例 It's caused by a **pathogenic** microorganism or agent. 它是由致病微生物或媒介导致的。
搭 pathogenic microorganism 病原微生物；致病微生物
同 morbific

042
**microorganism**
/ ˌmaɪkrə'ɔːrɡənɪzəm /
释 *n.* 微生物；微小动植物
同 organism, animalcule

043
**rinse**
/ rɪns /

释 *v.* 漱；冲洗掉；漂净 *n.* 冲洗；漂洗
例 After I had my wisdom tooth removed, the dentist told me to **rinse** my mouth. 拔完智齿后，医生告诉我要漱口。
派 rinsing *n.* 清水；残渣
同 gargle, wash

044
**tactic**
/ 'tæktɪk /

释 *n.* 策略，战略 *a.* 按顺序的，依次排列的
例 This **tactic** could well help invigorate the struggling campaign team. 这个策略会对鼓舞处境艰难的竞选团队很有帮助。
搭 principal tactic 首要策略
派 tactical *a.* 战术的；策略的；善于策略的 tactics *n.* 策略；战术；用兵学
同 strategy, device, maneuver

045
**boycott**
/ 'bɔɪkɑːt /

释 *v.* 联合抵制；拒绝参加 *n.* 联合抵制
例 The committee advocates people to **boycott** goods from companies that use child labor. 委员会呼吁大家抵制雇用童工的公司的产品。
搭 boycott foreign goods 抵制外货
同 ban, blackball, revolt, strike

046
**acceptance**
/ ək'septəns /

释 *n.* 接受；接纳；承兑；赞同
例 Avant-garde music to this day has not found general public **acceptance**. 先锋音乐时至今日都没有得到大众的广泛认可。
搭 public acceptance 公众谅解，公众接受
同 receiving, adoption
反 refusal

047
**visibility**
/ ˌvɪzə'bɪləti /

释 *n.* 能见度，可见性；能见距离；明显性
例 Because of the dense fog, the **visibility** on top of the Empire State Building was poor. 因为浓雾的缘故，帝国大厦顶上的能见度很低。
搭 daylight visibility 白天能见度
同 seeing, view, viewing, vision
反 blindness

048
**equator**
/ ɪ'kweɪtər /

释 *n.* 赤道
搭 meteorological equator 气象赤道
同 equinoctial

049
**fracture**
/ 'fræktʃər /

释 *n.* 骨折；破裂，断裂 *v.* 破裂；折断
搭 ankle fracture 踝部骨折
同 rhexis, crack, crash, crush

050
**practitioner**
/ præk'tɪʃənər /

释 *n.* 从业者，开业者
搭 general practitioners 全科医生

051
**routinely**
/ ruː'tiːnli /

释 *ad.* 例行公事地；老一套地
例 Visitors are **routinely** checked as they enter the Capitol Hill. 游客进入美国国会山时，要接受例行检查。
搭 routinely scheduled operation 常规安排的手术
同 customarily, generally, habitually
反 exceptionally, unusually

052
**martial**
/ 'mɑːrʃl /

释 *a.* 军事的；战争的；尚武的
例 The officer was convicted of desertion at a court **martial**. 这名军官在军事法庭上被判犯了擅离职守罪。
搭 martial relationships 军事关系
同 military, soldierly, warlike
反 civil, peaceful

053
**violent**
/ 'vaɪələnt /

释 *a.* 暴力的；猛烈的
例 Linda constantly suffers from severe headaches and **violent** mood swings. 琳达经常要忍受严重的头痛和剧烈的情绪波动。
搭 violent arguments 激烈争吵
同 fierce, hard
反 gentle, peaceful

054
**jeopardize**
/ 'dʒepərdaɪz /

释 *v.* 危害；使陷危地；使受危困
例 His rude behavior may **jeopardize** his chance of promotion. 他粗鲁的行为也许会断送他升迁的机会。
同 endanger, threaten, harm, compromise
反 guard, protect, save

055
**spouse**
/ spaʊs /

释 *n.* 配偶 *v.* 和…结婚
派 spousal *a.* 结婚的
同 mateship

056
**occasionally**
/ ə'keɪʒnəli /

释 *ad.* 偶尔，间或
同 infrequently, irregularly, periodically
反 constantly, frequently, regularly, usually

057
**hostility**
/ hɑː'stɪləti /

释 *n.* 敌意；战争行动
例 There is still an atmosphere of great **hostility** and tension between the two groups. 强烈的敌对和紧张的气氛依然存在于两组之间。
搭 hostility against 对…的敌意
同 hatred, enmity, antagonism
反 agreeableness, friendship, gentleness

058
**commander**
/ kə'mændər /

释 *n.* 指挥官；司令官
搭 assistant commander 助理指挥
同 officer, director, captain, chief
反 follower

059
**enforce**
/ ɪn'fɔːrs /

释 *v.* 实施，执行；强迫，强制
例 The officials should not tolerate such behavior but instead **enforce** the laws of the game. 赛事官员不应纵容这种行为，而应严格执行比赛规则。
搭 enforce law 执法
派 enforceable *a.* 可实施的；可强行的；可强迫的 enforced *a.* 实施的；强制执行的 enforcement *n.* 执行，实施；强制
同 perform, administer, administrate, apply

060
**boldface**
/ 'boʊldfeɪs /

释 *n.* 黑体字；粗体铅字
搭 boldface letter 粗体字；黑体字

061
**evaluate**
/ ɪ'væljueɪt /

释 *v.* 评价，估价
例 The store has only been open for a month, so it's hard to **evaluate** its profits. 商店刚开业一个月，现在还很难估计它的利润。
派 evaluative *a.* 可估价的 evaluation *n.* 评价；评估；估价；求值
同 value, rate

062
**workshop**
/ 'wɜːrkʃɑːp /

释 *n.* 车间；研讨会；工场；讲习班
搭 mechanical workshop 机修车间；机械工场
同 plant

063
**bountiful**
/ 'baʊntɪfl /

释 *a.* 丰富的；慷慨的；宽大的
例 They have found a **bountiful** supply of tropical fruits such as pineapple and coconut on the island. 他们发现岛上有充足的热带水果，比如菠萝和椰子。
同 abundant, generous, handsome, ample

064
**meteorologist**
/ ˌmiːtiə'rɑːlədʒɪst /

释 *n.* 气象学者
搭 polar meteorologist 极地气象学家

065
**pollination**
/ ˌpɑːlə'neɪʃn /

释 *n.* 授粉（作用）
例 These flowers get **pollination** by insects. 这些花通过昆虫授粉。
搭 pollination stage 授粉阶段

066
**prototype**
/ 'proʊtətaɪp /

释 *n.* 标准；模范；原型
例 This is the **prototype** for future electric smart cars. 这是未来电动智能汽车的雏形。

搭 prototype machine 样机
派 prototypical *a.* 原型的；典型的 prototypal *a.* 原型的
同 criterion, standard, level, norm

067
**blade**
/ bleɪd /
释 *n.* 叶片；刀片，刀锋；剑
例 Many of these tools have sharp **blades**, so please be careful. 这些工具中的许多都有锋利的刀片，请务必小心。
搭 cutting blade 刀片；切削片
派 bladed *a.* 有叶片的；有刀刃的
同 sword, vane

068
**optical**
/ 'ɑːptɪkl /
释 *a.* 光学的；眼睛的，视觉的
例 Telescopes and microscopes are **optical** instruments. 望远镜和显微镜是光学仪器。
搭 optical sensors 光学传感器
同 visual, ocular

069
**sensor**
/ 'sensər /
释 *n.* 传感器
搭 image sensor 图像传感器
同 transducer

070
**manual**
/ 'mænjuəl /
释 *a.* 手工的；体力的 *n.* 手册，指南
例 His **manual** dexterity and fine spatial skills were highly appreciated by the manager of the workshop. 他灵巧的动手能力和杰出的空间识别能力被车间经理高度青睐。
搭 manual weeding 人工除草
同 handmade
反 automated, automatic

071
**implement**
释 / 'ɪmplɪment / *v.* 实施，执行；实现，使生效 / 'ɪmplɪmənt / *n.* 工具，器具；手段
例 The government has agreed to **implement** the recommendation in the report. 政府已同意实施报告中的建议。
搭 implement a plan 执行计划，实施计划
派 implemental *a.* 器具的；有帮助的 implementation *n.* 实现；履行；安装启用
同 accomplish, perform, fulfill, enforce

072
**appreciably**
/ ə'priːʃəbli /
释 *ad.* 明显地；相当地；可察觉地
例 Summer temperatures are **appreciably** more comfortable in Canada. 在加拿大，夏天的气温明显舒服得多。
同 obviously, clearly, fairly, comparatively
反 insignificantly, slightly, unremarkably

073
## selection
/ sɪ'lekʃn /

释 *n.* 选择，挑选；选集；精选品

例 The **selection** process is based on rigorous tests on competence and experience. 选拔过程基于对能力和经验的严格测试。

搭 natural selection 自然选择；物竞天择说

同 choice

074
## distinctive
/ dɪ'stɪŋktɪv /

释 *a.* 有特色的，与众不同的

例 This homemade wine has a very **distinctive** sweet smell. 这种自制的葡萄酒有一种非常独特的香甜气味。

搭 distinctive feature 辨别属性；显著特征

同 unusual, different

反 common, normal, resembling, similar

075
## interview
/ 'ɪntərvjuː /

释 *n.* 接见，采访；面试，面谈 *v.* 采访；接见；面谈；面试

例 The manager refused to be **interviewed** about their new smart cell phone. 经理拒绝了有关新智能手机的采访。

搭 job interview 求职面试

派 interviewee *n.* 被接见者；被访问者 interviewer *n.* 会见者；面谈者；进行面试者

076
## personality
/ ˌpɜːrsə'næləti /

释 *n.* 个性；品格；名人

例 She has a powerful **personality**. 她有坚强的个性。

搭 healthy personality 健康人格；健全人格

同 individuality

077
## protein
/ 'proʊtiːn /

释 *a.* 蛋白质的 *n.* 蛋白质

例 You need more **protein** to build you up. 你需要增加蛋白质以增强体质。

搭 milk protein 牛奶蛋白；牛乳蛋白质

078
## injection
/ ɪn'dʒekʃn /

释 *n.* 注射；注射剂；充血；射入轨道

例 Those drugs are given by **injection** as well as through the mouth. 那些药品可以注射，也可以口服。

搭 water injection 注水；喷水

同 congestion; inoculability

079
## orally
/ 'ɔːrəli /

释 *ad.* 口头上地；口述地

例 Gypsies frequently pass on recipes **orally** within the family. 吉普赛人经常以口头形式把秘方世代相传。

搭 take orally 口服

同 verbally

080
**permanently**
/ 'pɜːmənəntli /
释 *ad.* 永久地，长期不变地
例 She was severely injured in the explosion, and the blast left her with **permanently** impaired hearing. 她在爆炸中严重受伤，而且爆炸对她的听力造成了永久性损伤。
同 perennially, timelessly
反 temporary

081
**systematic**
/ ˌsɪstə'mætɪk /
释 *a.* 系统的；体系的；有系统的；分类的
搭 systematic way 系统化方法
同 scientific, classified, methodical, organized
反 chaotic, unmethodical, unsystematic

082
**leather**
/ 'leðər /
释 *n.* 皮革；皮革制品 *v.* 用皮革包盖；抽打 *a.* 皮革制的
搭 artificial leather 人造革
同 leder

083
**by-product**
/ ˌbaɪ'prɑːdʌkt/
释 *n.* 副产品；附带产生的结果；意外收获
同 co-product

084
**fertilizer**
/ 'fɜːrtəlaɪzər /
释 *n.* 肥料；受精媒介物；促进发展者
搭 crop fertilizer 作物肥料

085
**surgical**
/ 'sɜːrdʒɪkl /
释 *a.* 外科的；手术上的 *n.* 外科手术；外科病房
例 A biopsy is usually considered as a minor **surgical** procedure. 活组织检查通常被认为是一个很小的外科手术。
搭 surgical procedure 外科手术

086
**prosperity**
/ prɑː'sperəti /
释 *n.* 繁荣；成功
例 Economic **prosperity** depends critically on the development of technology and education. 经济繁荣主要取决于技术和教育的发展。
搭 mutual prosperity 相互繁荣
同 success, victory

087
**blast**
/ blæst /
释 *n.* 爆炸；冲击波；一阵 *v.* 爆炸；损害；使枯萎；猛攻
例 The **blast** caused extensive damage which shattered the windows of the nearby shops. 爆炸造成了巨大的破坏，震碎了附近商店的窗户。
搭 nuclear blast 核爆炸
派 blasted *a.* 枯萎的；被害的 blaster *n.* 导火线；爆裂药；爆破工
同 detonation, burst

088
**nuclear-missile**
/ 'nuːkliərˌmɪsl /
释 *a.* 带核弹头的
搭 nuclear-missile defense system 核导弹防御系统

089
**defense**
/ dɪ'fens /

释 *n.* 防御措施；防卫，防护；防守 *v.* 谋划抵御
例 He realized none of his classmates would come to his **defense**. 他意识到没有一个同学会挺身为他辩护。
搭 defense system 防御体系
派 defenseless *a.* 无防御的；无保护的
同 protection, guard
反 assault, attack, offense

090
**disruption**
/ dɪs'rʌpʃn /

释 *n.* 破坏，毁坏；分裂，瓦解
例 The strike is expected to cause delay and **disruption** to flights from France. 预计罢工将导致法国航班的延误和中断。
搭 market disruption 市场破坏；市场瓦解；市场干扰
同 destruction, breaking, blasting, demolition

091
**diplomatic**
/ ˌdɪplə'mætɪk /

释 *a.* 外交的；外交上的；老练的
例 The Prime Minister's visit is expected to lead to the restoration of **diplomatic** relations. 人们期待首相的访问会恢复外交关系。
搭 diplomatic relations 外交关系
同 politic; tactful
反 tactless

092
**owl**
/ aʊl /

释 *n.* 猫头鹰；枭；惯于晚上活动的人
例 Boreal **owls** range over a much larger area than other **owls** of similar size. 北方的猫头鹰比其他体型相同的猫头鹰有更大的活动区域。
搭 boreal owls 北方的猫头鹰
同 howlet, mopoke

093
**mammal**
/ 'mæml /

释 *n.* 哺乳动物
搭 marine mammal 海洋哺乳动物
派 mammalian *a.* 哺乳类动物的 *n.* 哺乳类 mammalogy *n.* 哺乳动物学
同 suckler

094
**abundant**
/ ə'bʌndənt /

释 *a.* 丰富的；充裕的；盛产的
例 This region is famous for its **abundant** agricultural resources. 这个地区以其丰富的农业资源而闻名遐迩。
搭 abundant rainfall 充足降雨
派 abundance *n.* 充裕；丰富
同 full, ample, plentiful, luxurious

095
**hatch**
/ hætʃ /

释 *v.* 孵化；孵；策划 *n.* 孵化；舱口
例 The hen mistook the pebble for egg and tried to **hatch** it. 这只母鸡错把卵石当成蛋，想去孵化它。

搭 hatch out 孵出；策划
派 hatching *a.* 孵化的 hatchling *n.* 人工孵化的鱼苗或小鸟
同 incubate

096
**chew**
/ tʃuː /

释 *v.* 咀嚼；深思 *n.* 咀嚼；咀嚼物
例 The doctors informed him that he may find it difficult to **chew** and swallow after the operation. 医生告诉他手术后可能在咀嚼和吞咽时会感到困难。
搭 chewing tobacco 咀嚼用烟草
派 chewy *a.* 柔软而会黏着的；难嚼的
同 masticate; consider, pore, reflect

097
**snuff**
/ snʌf /

释 *n.* 鼻烟；烛花 *v.* 掐灭；消灭；嗅出
搭 snuff bottle 鼻烟壶
派 snuffer *n.* 海豚；吸鼻烟者；以鼻吸表示轻视者

098
**milepost**
/ 'maɪlpoʊst /

释 *n.* 里程标志；里程碑
例 A **milepost** on the towpath read "21" on the side facing the hiker as she approached it and "23" on its back. 纤路上的一个里程标志面对着徒步旅行者一侧显示"21"。当她走近时，看到里程标志的背面写着"23"。
同 landmark

099
**degenerative**
/ dɪ'dʒenərətɪv /

释 *a.* 退化的；变质的；退步的
例 Mice infected with a herpesvirus generally develop keratitis, a **degenerative** disease affecting part of the eye. 感染疱疹病毒的老鼠通常会患角膜炎，这是一种退行性疾病，它影响眼睛的某个部分。
搭 degenerative disease 退行性疾病
同 vestigial

100
**methodical**
/ mə'θɑːdɪkl /

释 *a.* 有系统的；有方法的
例 The scientist was very **methodical** in his research, carefully recording his observations and theories. 科学家做研究时十分井井有条，详细记录观察资料和理论学说。
搭 methodical reasoning 有条理的推理
同 systematic, logical, methodized, meticulous
反 confused, disorderly, disorganized, imprecise

101
**diversify**
/ daɪ'vɜːrsɪfaɪ /

释 *v.* 使多样化；使变化
例 Experts therefore urge farmers to **diversify** their crops and to rotate their plantings yearly. 因此专家催促农民在种植时做到多样化并且每年轮流种植不同作物。
同 vary, variegate, broaden

102
**petroleum**
/ pə'troʊliəm /

释 *n.* 石油
搭 petroleum exporter 石油出口商
派 petrochemical *a.* 石化的 *n.* 石油化学产品
同 oil

103
**prosperous**
/ 'prɑːspərəs /

释 *a.* 富裕的；繁荣的
例 This district is getting more and more **prosperous** and bustling. 这一地区变得越来越繁华和喧闹了。
搭 thriving and prosperous 繁荣昌盛
同 flourishing, booming

104
**illusion**
/ ɪ'luːʒn /

释 *n.* 幻觉，错觉；错误的观念或信仰
例 The mirrors hanging all round the walls give an **illusion** of greater space. 四周墙壁上挂的镜子造成一种室内空间很大的假象。
搭 optical illusion 视错觉，错视；光幻觉
同 deception, delusion, misconception
反 disillusion

105
**promotion**
/ prə'moʊʃn /

释 *n.* 促销，推销；晋升；促进；发扬，振兴
例 She ruined her chance of **promotion** by not being a cooperative team player. 她因为不具有团队合作精神而毁掉了自己升职的机会。
搭 promotion period 促销期
同 advancement, acceleration, impetus
反 demotion

106
**vicious**
/ 'vɪʃəs /

释 *a.* 恶毒的；恶意的；堕落的；剧烈的
例 When people evade income taxes by not declaring taxable income, a **vicious** cycle results. 当人们通过不申报应纳税所得额的方式来逃避缴纳收入所得税的时候，一种恶性循环由此产生。
搭 vicious cycle 恶性循环
同 severe, fallen, malicious
反 good, nice, right

107
**evasion**
/ ɪ'veɪʒn /

释 *n.* 逃避；回避；借口
例 The famous TV actress was arrested for tax **evasion**. 著名的电视女星因为逃税而被捕。
搭 tax evasion 漏税，逃税
同 dodging, equivocation, escape

108
**bioengineered**
/ 'baɪəʊˌendʒɪ'nɪəd /

释 *a.* 通过生物工程制成的
搭 bioengineered crops 生物工程作物

109
**overwhelm**
/ ˌoʊvər'welm /

释 *v.* 压倒；淹没；受打击

例 So it is likely that the cotton is simply being **overwhelmed** by corn-bred bollworms. 所以，极有可能仅仅是那些靠吃玉米长大的棉铃虫就把棉花毁掉了。

同 defeat, overcome, vanquish

110
**stable**
/ 'steɪbl /

释 *a.* 稳定的；坚定的 *n.* 马厩；牛棚 *v.* 被关在马厩

例 Production costs for the magazine are expected to remain **stable**. 杂志的生产成本预计会保持稳定。

搭 remain stable 保持稳定

派 stability *n.* 稳定性；坚定，恒心 stabilization *n.* 稳定；稳定化 stabilizer *n.* 稳定剂；稳定器；安定装置 stabilize *v.* 使稳固；使安定

同 steady, settled, firm; mews, cowshed

反 inconstant, shaky, unstable, wobbly

111
**mandated**
/ 'mændeɪtɪd /

释 *a.* 强制执行的

例 It was a **mandated** regulation in Quebec that all immigrants should send their children to French schools. 在魁北克省，所有移民需将子女送进法语学校就读曾是一个强制规定。

搭 mandated increase 强制执行的增长

112
**paradox**
/ 'pærədɑːks /

释 *n.* 自相矛盾的人或事；悖论；似非而是的论点

搭 apparent paradox 显而易见的自相矛盾

113
**cashier**
/ kæ'ʃɪr /

释 *n.* 出纳员；司库 *v.* 解雇；抛弃

例 The majority of the retailer's employees work as cashiers and most **cashiers** are paid the minimum wage. 该零售商的雇员大部分是出纳员，大部分出纳员领取的是最低工资。

同 teller, treasurer

114
**withdraw**
/ wɪð'drɔː /

释 *v.* 撤退；收回；撤销；离开

例 A serious back injury forced the athlete to **withdraw** from the Olympic Games. 严重的背部伤使运动员不得不退出奥运会。

搭 withdraw from production 退出生产

派 withdrawn *a.* 偏僻的；沉默寡言的；孤独的 withdrawal *n.* 撤退；收回；提款；取消；退股

同 quit, recede, remove, retreat

115
**popularity**
/ ˌpɑːpju'lærəti /

释 *n.* 普及；流行；名气

搭 enjoy great popularity 享有盛誉

同 prevalence, diffusedness

116
**traditionally**
/ trə'dɪʃənəli /
释 *ad.* 传统上；习惯上；传说上
同 customarily, commonly, conventionally, habitually

117
**unreimbursed**
/ ˌʌnriːɪm'bɜːrst /
释 *a.* 未（得到）偿付的
例 If hospitals do not find ways of raising additional income for **unreimbursed** care, they must either deny some of that care or suffer losses if they give it. 如果医院不为未（得到）偿付的护理寻找其他增加额外收入的方式，那么他们将必须做出选择——或拒绝提供护理，或承担提供护理造成的损失。
搭 unreimbursed charges 未偿付费用

118
**eligibility**
/ ˌelɪdʒə'bɪləti /
释 *n.* 有资格；合格；被选举资格
例 The government has altered the rules governing **eligibility** for unemployment benefit. 政府已经修改了有关领取失业救济金资格的规章制度。
同 qualification, suitability, suitableness
反 disqualification, inability, inaptitude

119
**philanthropic**
/ ˌfɪlən'θrɑːpɪk /
释 *a.* 博爱的；仁慈的
例 After she retired from making films, she devoted herself into **philanthropic** work in the community. 在息影之后，她致力于在社会上做慈善工作。
搭 philanthropic donations 慈善捐款
同 humanitarian, charitable, altruistic
反 misanthropic, uncharitable

120
**surplus**
/ 'sɜːrpləs /
释 *a.* 剩余的；过剩的 *n.* 剩余；贸易顺差；盈余
例 If retailers buy more than they can sell during the promotion period, they will store the **surplus** in warehouses and sell it later at a regular price. 如果零售商在促销期购进的商品没有卖光，他们会把剩余的商品储存在仓库里，等商品恢复正价的时候再销售。
搭 trade surplus 贸易顺差；贸易盈余
派 surplusage *n.* 剩余物；盈余额
同 remaining, residual, odd, spare

# 附录一　专业词汇

**abscisic acid**【生化】脱落酸

**adenosine** / ə'dɛnəsɪn / *n.*【生化】腺苷，腺苷酸

**adrenal** / ə'driːnl / *n.* 肾上腺

**adrenaline** / ə'drenəlɪn / *n.*【生化】肾上腺素；刺激物

**aerodynamic** / ˌeroʊdaɪ'næmɪk / *a.* 空气动力（学）的

**agave** / ə'gaːvi / *n.* 龙舌兰属植物

**airstrip** / 'erstrɪp / *n.* 飞机跑道

**algae** / 'ældʒiː / *n.* 藻类

**algebra** / 'ældʒɪbrə / *n.* 代数

**algorithm** / 'ælgərɪðəm / *n.* 规则系统；【数】算法

**allergenic** / ˌælər'dʒenɪk / *a.* 引起变态反应的

**altitude** / 'æltɪtuːd / *n.* 高；海拔；高度

**Amazon** / 'æməzaːn / *n.* 亚马孙

**amino acid**【生】氨基酸

**angle** / 'æŋgl / *n.* 角

**anthropologist** / ˌænθrə'paːlədʒɪst / *n.* 人类学家，人类学者

**antibody** / 'æntibaːdi / *n.* 抗体

**antimalarial** / 'æntiˌmə'leriəl / *a.* 抗疟的

**aphasia** / ə'feɪziə / *n.* 失语症

**appositive** / ə'pɔzɪtɪv / *n.* 同位语，同位成分

**arithmetic** / ə'rɪθmətɪk / *n.* 算术

**arthritis** / aːr'θraɪtɪs / *n.* 关节炎

**aspartame** / 'æspaːrteɪm / *n.* 阿斯巴甜（一种人造甜味剂）

**asphalt** / 'æsfɔːlt / *n.* 沥青；柏油

**assembler** / ə'semblər / *n.* 装配工；汇编程序

**asthma** / 'æzmə / *n.* 哮喘；气喘

**auxin** / 'ɔːksɪn / *n.* 植物生长素；植物激素

**average** / 'ævərɪdʒ / *n.* 平均数

**barnacle** / 'baːrnəkl / *n.* 附着甲壳动物

**baryon** / 'bæriːɒn / *n.*【核】重子

**baryonic** / ˌbæri'ɔnik / *a.*【核】重子的

**beetle** / 'biːtl / *n.* 甲壳虫；大槌

**benchmarking** / 'bentʃmaːrkɪŋ / *n.*（企业管理上的）标杆学习

**beta-carotene** / 'beɪtə'kærətiːn / *n.* β–胡萝卜素

**bisector** / baɪ'sektər / *n.*【数】二等分线，二等分物

**blip** / blɪp / *n.*【电】尖峰信号；光点

**bluegrass** / 'bluːgræs / *n.* 蓝草

**boldface** / 'boʊldfeɪs / *n.* 黑体字

**bollworm** / 'bəulwəːm / *n.* 一种蛾的幼虫；螟蛉虫

**bowerbird** / 'baʊərbɜːrd / *n.* 园丁鸟（产于澳洲和新几内亚）

**breadfruit** / 'bredfruːt / *n.* 面包果；面包树

**breakwater** / 'breɪkwɔːtər / *n.* 防波堤

**caffeine** / 'kæfiːn / *n.* 咖啡因；咖啡碱

**campsite** / 'kæmpsaɪt / *n.* 营地

**carbohydrate** / ˌkaːrboʊ'haɪdreɪt / *n.* 糖类；碳水化合物；含碳水化合物的食物

**carbonate** / 'kaːrbənət / *n.* 碳酸盐；黑金刚石

**carbon-dating** / 'kaːrbən'deɪtɪŋ/ *n.*【核】碳–14年代测定法

**cashew** / kæ'ʃuː/ *n.* 腰果，腰果树

**caterpillar** / 'kætərpɪlər / *n.* 毛虫

**ceramic** / sə'ræmɪk / *n.* 陶瓷制品

**chloride** / 'klɔːraɪd / *n.*【化】氯化物

**chromosomal** / 'kroʊməsoʊməl / *a.* 染色体的

**circle** / 'sɜːrkl / *n.* 圆

**circumference** / sər'kʌmfərəns / *n.*（圆的）周长

**citrus** / 'sɪtrəs / *n.* 柑橘属果树；柑橘属果实

**codex** / 'koʊdeks / *n.*（圣书、古代典籍的）抄本；法律；规则

**coefficient** / ˌkoʊɪ'fɪʃnt / *n.* 系数

**collard** / 'kaːlərd / *n.* 羽衣甘蓝叶

**confrontationist** / ˌkɔnfrʌn'teiʃənist / *n.* 对抗主义者

**constructivism** / kən'strʌktɪvɪzəm / *n.* 构成主义；构成派

**constructivist** / kən'strʌktɪvɪst / *n.* 构成主义者
**continuum** / kən'tɪnjuəm / *n.* 连续体
**conveyor** / kən'veɪər / *n.*（也作conveyer）输送机，运送者；传送带
**copyist** / 'kaːpiɪst / *n.* 抄写员；模仿者
**cornstarch** / 'kɔːrnstaːrtʃ / *n.* 玉米淀粉
**cortex** / 'kɔːrteks / *n.* 皮层，皮质；外皮
**counterargument** / 'kaʊntərˌaːgjumənt / *n.* 用来反驳的论点；抗辩；辩论
**counterclockwise** / ˌkaʊntər'klaːkwaɪz / *a./ad.* 逆时针方向的（地）
**counterexample** / 'kaʊntərɪg'zæmpl / *n.* 反例
**crate** / kreɪt / *n.* 大木箱，板条箱
**cube** / kjuːb / *n.* 正方体
**cylinder** / 'sɪlɪndər / *n.* 圆柱
**cytokinin** / ˌsaɪtəʊ'kaɪnən / *n.*【生化】细胞分裂素
**date** / deɪt / *n.* 枣子；枣椰树
**decimal** / 'desɪml / *n.* 位数
**deduction** / dɪ'dʌkʃn / *n.* 扣除额
**demographer** / dɪ'maːgrəfər / *n.* 人口统计学家
**dengue** / 'deŋgi / *n.* 骨痛热
**denominator** / dɪ'naːmɪneɪtər / *n.* 分母
**determinism** / dɪ'tɜːrmɪnɪzəm / *n.* 决定论；决定性；命定性；宿命论
**diabetes** / ˌdaɪə'biːtiːz / *n.* 糖尿病
**diagonal** / daɪ'ægənl / *n.*【数】对角线；斜线
**diameter** / daɪ'æmɪtər / *n.* 直径
**dietary** / 'daɪəteri / *n.* 规定的食谱
**dimension** / daɪ'menʃn / *n.* 面积
**diode** / 'daɪoʊd / *n.* 二极管
**dioxin** / daɪ'aːksɪn / *n.*【化】二氧芑，二噁英
**disenfranchisement** / ˌdɪsɪn'fræntʃɪzmənt / *n.* 剥夺公民选举权
**divide** / dɪ'vaɪd / *v.* 除
**dividend** / 'dɪvɪdend / *n.* 被除数
**divisible** / dɪ'vɪzəbl / *a.* 可除尽的
**divisor** / dɪ'vaɪzər / *n.* 除数
**domain** / doʊ'meɪn / *n.* 定义域
**ecosystem** / 'iːkoʊsɪstəm / *n.* 生态系统
**edge** / edʒ / *n.* 边
**electrode** / ɪ'lektroʊd / *n.* 电极；电焊条
**electromagnetic** / ɪˌlektroʊmæg'netɪk / *a.* 电磁（体）的
**eliminate** / ɪ'lɪmɪneɪt / *v.* 消去
**embryologist** / ˌembrɪ'ɒlədʒɪst / *n.* 胚胎学家，胚胎学者
**enclave** / 'enkleɪv / *n.* 飞地（指在本国境内的隶属另一国的一块领土）；被包围的领土
**endpoint** / 'endˌpɔɪnt / *n.* 端点
**energy-efficient** / 'enərdʒiˌɪ'fɪʃnt / *a.* 高效能的
**enzyme** / 'enzaɪm / *n.* 酶；酵素
**equation** / ɪ'kweɪʒn / *n.* 方程
**ethanol** / 'eθənɔːl / *n.* 乙醇
**ethnographer** / ɛθ'nagrəfər / *n.* 人种志学者；民族志学者
**ethnologist** / eθ'nɒlədʒɪst / *n.* 民族学者，人种学者
**ethylene** / 'eθɪliːn / *n.* 乙烯
**Eurasian** / ju'reɪʒn / *a.* 欧亚的；欧亚人的
**excluder** / ɪk'skluːdə/ *n.* 排除器
**expertise** / ˌekspɜːr'tiːz / *n.* 专门知识或技能；专家的意见；鉴定
**exponent** / ɪk'spoʊnənt / *n.* 指数
**face** / feɪs / *n.* 面
**factorial** / fæk'tɔːriəl / *n.* 阶乘
**factorization** / ˌfæktəraɪ'zeɪʃn / *n.*【数】因式分解；因子分解法；编制计算程序
**fescue** / 'feskjuː / *n.* 牛毛草，牛尾草；教鞭
**fetus** / 'fiːtəs / *n.* 胎；胎儿
**fig** / fɪg / *n.* 无花果；无花果树
**filter-feeding** / ˌfɪltər'fidɪŋ / *a.* 滤食性的
**Florentine** / 'flɔːrəntiːn / *a.* 意大利佛罗伦萨的 *n.* 佛罗伦萨人
**follicle** / 'faːlɪkl / *n.* 卵泡；滤泡；小囊
**forager** / 'fɔːrɪdʒər/ *n.* 劫掠者
**fraction** / 'frækʃn / *n.* 分数
**function** / 'fʌŋkʃn / *n.* 函数
**fungal** / 'fʌŋgl / *a.* 真菌（引起）的
**fungus** / 'fʌŋgəs / *n.* 真菌，霉菌
**galactic** / gə'læktɪk / *a.* 银河的；乳汁的
**geometry** / dʒi'aːmətri / *n.* 几何学；几何图形

**gerund** / 'dʒerənd / *n.* 动名词
**gesso** / 'dʒesoʊ / *n.*（绘画、雕刻用的）石膏粉
**gibberellin** / ˌdʒɪbə'relɪn / *n.*【生化】赤霉素
**gland** / glænd / *n.* 腺
**glucose** / 'gluːkoʊz / *n.*【化】葡萄糖
**gosling** / 'gaːzlɪŋ / *n.* 小鹅
**gram** / græm / *n.* 绿豆；鹰嘴豆
**grapefruit** / 'greɪpfruːt / *n.* 葡萄柚；葡萄柚树
**graphite** / 'græfaɪt / *n.* 石墨
**grazing** / 'greɪzɪŋ / *n.* 牧场，草场；放牧
**guidebook** / 'gaɪdbʊk / *n.* 旅行指南
**guillemot** / 'gɪlɪmɒt / *n.* 海雀；海鸥
**headlight** / 'hedlaɪt / *n.* 汽车等的前灯；船上的桅灯；矿工和医生用的帽灯
**heirloom** / 'erluːm / *n.* 传家宝；【法】动产继承物
**helium** / 'hiliəm / *n.*【化】氦
**herbicide** / 'ɜːrbɪsaɪd / *n.* 除草剂
**herbivore** / 'ɜːrbɪvɔːr / *n.*【动】食草动物
**herpesvirus** / 'həːpiːz'vaiərəs / *n.* 疱疹病毒
**historiography** / hɪˌstɔːri'ɑːgrəfi / *n.* 历史编纂学；编史
**hydroelectric** / ˌhaɪdroʊɪ'lektrɪk / *a.* 水力发电的
**hypnotist** / 'hɪpnətɪst / *n.* 施催眠术的人
**hypotenuse** / haɪ'paːtənjuːz / *n.* 斜边
**hypothalamus** / ˌhaɪpə'θæləməs / *n.* 下丘脑，丘脑下部
**hysterectomy** / ˌhɪstə'rektəmi / *n.*【医】子宫切除
**idolization** / 'aɪdəlaɪ'zeɪʃn / *n.* 偶像化，盲目地崇拜
**iguana** / ɪ'gwaːnə / *n.* 鬣蜥蜴
**inequality** / ˌɪnɪ'kwaːləti / *n.* 不等式
**infrared** / ˌɪnfrə'red / *a.* 红外线的
**insecticide** / ɪn'sektɪsaɪd / *n.* 杀虫剂
**inspector** / ɪn'spektər / *n.* 检察员；巡官；检票员
**insulin** / 'ɪnsəlɪn / *n.*【药】胰岛素
**integer** / 'ɪntɪdʒər / *n.* 整数
**intergalactic** / ˌɪntərgə'læktɪk / *a.* 星系间的；银河间的
**intersect** / ˌɪntər'sekt / *v.* 相交
**intersection** / ˌɪntər'sekʃn / *n.* 交集
**Iroquois** / 'irəkwɔɪ/ *n.* 易洛魁人；易洛魁语
**islet** / 'aɪlət / *n.* 小岛
**isobutyl** / ˌaɪsəu'bjuːtɪl / *n.*【化】异丁基
**ivory** / 'aɪvəri / *n.* 象牙；象牙制品
**jawbone** / 'dʒɔːboʊn / *n.* 颌骨，颚骨
**kale** / keɪl / *n.*【植】甘蓝菜；羽衣甘蓝
**keratitis** / ˌkerə'taitis/ *n.* 角膜炎
**keyboard** / 'kiːbɔːrd / *n.* 键盘；电子琴
**keystroke** / 'kiːstroʊk / *n.* 按键
**lawmaker** / 'lɔːmeɪkər / *n.* 立法者
**LED**（**light-emitting diode**）发光二极管
**leg** / leg / *n.* 直角边
**lesion** / 'liːʒn / *n.* 身体器官组织的损伤；感染性的皮肤
**lettuce** / 'letɪs / *n.* 生菜；类生菜植物
**leucine** / 'luˌsin / *n.*【化】亮氨酸，白氨酸
**lobe** / loʊb / *n.*（脑、肺等的）叶；裂片；耳垂
**luminosity** / ˌluːmɪ'naːsəti / *n.* 光度，亮度；发光体
**maize** / meɪz / *n.* 玉米；玉米色
**malaria** / mə'leriə / *n.*【医】疟疾；瘴气
**malarial-fever** / mə'leriəl'fiːvər / *n.*【医】疟疾
**mango** / 'mæŋgoʊ / *n.* 芒果
**mangrove** / 'mæŋgroʊv / *n.* 红树林
**marketplace** / 'maːrkɪtpleɪs / *n.* 市场；商界
**markup** / 'maːrkʌp / *n.* 成本加价率；涨价，涨价幅度；利润
**mathematical** / ˌmæθə'mætɪkl / *a.* 数学的
**Mayan** / 'maɪən / *a.* 玛雅人的 *n.* 玛雅人
**measurement** / 'meʒərmənt / *n.* 测量
**median** / 'miːdiən / *n.*【数】中位数
**melatonin** / ˌmelə'toʊnɪn / *n.*【医】褪黑激素
**Mesopotamian** *n.* 美索不达米亚（两河流域）
**mesothelioma** / mezəˌθiːliː'oʊmə / *n.*【医】间皮瘤
**meteorite** / 'miːtiəraɪt / *n.* 陨星；流星
**microbe** / 'maɪkroʊb / *n.* 微生物；（尤指）病菌；酵母菌
**microprocessor** / ˌmaɪkroʊ'proʊsesər / *n.*【计】微处理器

**milkweed** / 'mɪlkwiːd / *n.* 乳草属植物
**mineralize** / 'mɪnərəlaɪz / *v.* 矿物化
**mineralogical** / ˌmɪnərə'lɒdʒɪkl / *a.* 矿物学的
**mode** / moʊd / *n.* 众数
**multiple** / 'mʌltɪpl / *n.* 倍数
**multiply** / 'mʌltɪplaɪ / *v.* 乘
**mussel** / 'mʌsl / *n.* 蚌，贻贝；淡菜
**Neanderthal** / ni'ændərtaːl / *a.* 穴居人的
**neuron** / 'nʊraːn / *n.* 【生】神经细胞；神经元
**neuroscience** / 'nʊroʊsaɪəns / *n.* 神经系统科学
**neuroscientist** / 'njʊərəʊsaɪəntɪst / *n.* 神经科学家
**neurotransmitter** / 'nʊroʊtrænzmɪtər / *n.* 【生】神经递质；神经传递素
**niacin** / 'naɪəsɪn / *n.* 【生化】烟酸
**nitrogen** / 'naɪtrədʒən / *n.* 氮
**nonhierarchical** / naːnˌhaɪə'raːrkɪkl / *a.* 不按等级制度划分的
**nonzero** / naːn'ziːroʊ / *a.* 非零的
**numerator** / 'njuːməreɪtər / *n.* 分子
**numerical** / nuː'merɪkl / *a.* 数字的；数值的
**ommatidia** / ˌɔmə'tidiəm / *n.* （动物的）小眼
**on-the-go** / ˌaːnðə'goʊ / *a.* 方便携带的；忙个不停的
**operative** / 'aːpərətɪv / *a.* 起作用的；操作的
**organism** / 'ɔːrgənɪzəm / *n.* 微生物；有机体；有机组织
**origin** / 'ɔːrɪdʒɪn / *n.* 原点
**orthopedist** / ɔːθəu'piːdist / *n.* 整形外科医师
**outsourcing** / 'aʊtsɔːrsɪŋ / *n.* 【商】外包，外购
**ovarian** / oʊ'veriən / *a.* 卵巢的；子房的
**Pampas** / 'pæmpəs / 阿根廷潘帕斯草原
**parabola** / pə'ræbələ / *n.* 抛物线
**paradoxical** / ˌpærə'daːksɪkl / *a.* 矛盾的；荒谬的；反论的
**parallel** / 'pærəlel / *a.* 平行的
**parallelogram** / ˌpærə'leləgræm / *n.* 平行四边形
**parapsychology** / ˌpærəsaɪ'kaːlədʒi / *n.* 通灵学
**parkland** / 'paːrklænd / *n.* 公用场地；稀树高原
**pellagra** / pə'lægrə / *n.* 糙皮病
**pentagon** / 'pentəgaːn / *n.* 五边形
**percent** / pər'sent / *n.* 百分数，百分比
**perimeter** / pə'rɪmɪtər / *n.* 周长
**period** / 'pɪriəd / *n.* 小数点
**permutation** / ˌpɜːrmju'teɪʃn / *n.* 排列
**pesticide** / 'pestɪsaɪd / *n.* 杀虫剂，农药
**Phoenician** / fə'niːʃn / *n.* 腓尼基人 *a.* 腓尼基的
**phosphate** / 'faːsfeɪt / *n.* 磷酸盐（或酯）；磷肥；磷酸果汁汽水
**phosphodiesterase** / ˌfɔsfəudaɪ'estəreɪs / *n.* 【生化】磷酸二酯酶
**pituitary** / pɪ'tuːəteri / *n.* 垂体；脑垂体
**pleiotropic** / ˌplaɪəʊ'traːpɪk / *a.* 多效性的；多向性的
**plywood** / 'plaɪwʊd / *n.* 胶合板；合板，夹板
**polio** / 'pəʊliəʊ / *n.* 小儿麻痹症；脊髓灰质炎
**polygon** / 'paːligaːn / *n.* 多边形
**polygraph** / 'paːligræf / *n.* 测谎仪
**popularizer** / 'pɔpjulərizə / *n.* 普及者；大众化的人；普及读物
**prepositional** / ˌprepə'zɪʃənl / *a.* 介词的，前置词的
**prerecession** / priːˌrɪ'seʃn / *n.* 衰退期之前的时期
**principal** / 'prɪnsəpl / *n.* 本金
**processor** / 'praːsesər / *n.* 处理器；加工；加工机（或工人）
**productivity** / ˌpraːdʌk'tɪvəti / *n.* 生产率；生产力；多产
**profitableness** / 'praːfɪtəblnəs / *n.* 赢利；有益
**proportion** / prə'pɔːrʃn / *n.* 比例
**prostatectomy** / ˌprɔstə'tektəmi / *n.* 前列腺切除术
**prosthetic** / praːs'θetɪk / a.【医】义肢的，假体的
**proton** / 'proʊtaːn / *n.* 质子
**pseudoscience** / ˌsuːdoʊ'saɪəns / *n.* 伪科学
**psychopath** / 'saɪkəpæθ / *n.* 精神病患者
**Pythagorean** / pəˌθægə'riːən / *a.* 毕达哥拉斯的（Pythagorean theorem 勾股定理）
**quadrant** / 'kwɒdrənt / *n.* 象限
**quadrilateral** / ˌkwaːdrɪ'lætərəl / *n.* 四边形

**quotient** / 'kwoʊʃnt / *n.* 商
**radiometric** / ˌreɪdioʊ'metrɪk / *a.* 放射性测量的，辐射测量的；辐射度的
**radius** / 'reɪdiəs / *n.* 半径
**rainfall** / 'reɪnfɔːl / *n.* 降雨量；阵雨
**ramjet** / 'ræmdʒet / *n.* 冲压式喷气发动机
**rancher** / 'ræntʃər / *n.* 大农场经营者；大农场工人
**range** / reɪndʒ / *n.* 值域
**ratio** / 'reɪʃioʊ / *n.* 【数】比
**real number** 实数
**reallocation** / ˌriːælə'keɪʃn / *n.* 再分配
**reciprocal** / rɪ'sɪprəkl / *n.* 倒数
**rectangle** / 'rektæŋgl / *n.* 长方形；矩形
**referent** / 'refərənt / *n.* 指示物；指称对象
**remainder** / rɪ'meɪndər/ *n.* 余数
**Renaissance** / 'renəsaːns / *n.* 文艺复兴
**residual** / rɪ'zɪdʒuəl / *n.* 剩余；残渣
**resistor** / rɪ'zɪstər / *n.* 电阻器
**respondent** / rɪ'spaːndənt / *n.* 回应者；【法】被告
**rheumatoid** / ˌruːmətɔɪd / *a.* 类风湿病的，风湿性的
**rhinoceros** / raɪ'naːsərəs / *n.*（也作rhino）犀牛
**ridley** / 'rɪdlɪ / *n.* 鳞龟属动物（产于墨西哥湾）
**rounding** / 'raʊndɪŋ / *n.* 四舍五入
**ruffe** / rʌf / *n.* 梅花鲈
**rye** / raɪ / *n.* 黑麦；裸麦威士忌酒
**ryegrass** / 'raɪgræs / *n.* 黑麦草
**sandpiper** / 'sændpaɪpər / *n.* 矶鹞
**savannah** / sə'vænə / *n.* 大草原；热带草原
**scaffolding** / 'skæfəldɪŋ / *n.* 搭脚手架的材料
**scatterplot** / 'skætərplɔt / *n.* 散点图
**schist** / ʃɪst / *n.* 片岩，结晶片岩
**schistosomiasis** / ʃistəsəu'maiəsis / *n.* 血吸虫病
**scoop** / skuːp / *n.* 一勺的量；勺，舀
**Scramjet** / 'skræmdʒet / *n.* 超音速冲压喷射装置
**scrubber** / 'skrʌbər / *n.* 洗涤器；擦洗者
**seaport** / 'siːpɔːrt / *n.* 海港；海港城市
**semirigid** / semɪ'rɪdʒɪd / *a.* 半硬的，半硬式的
**sequence** / 'siːkwəns / *n.* 数列
**serotonin** / ˌserə'toʊnɪn / *n.* 【生】血清素
**set** / set / *n.* 【数】集，集合
**shrimper** / 'ʃrɪmpɪŋ / *n.* 捕虾者；捕虾船
**slope** / sloʊp / *n.* 斜率
**sloth** / sloʊθ / *n.* 树懒
**smokestack** / 'smoʊkstæk / *n.* 大烟囱
**snorkel** / 'snɔːrkl / *n.* 水下通气管，通气管
**sodium** / 'soʊdiəm / *n.* 【化】钠
**solution** / sə'luːʃn / *n.* 解
**spectroscopic** / ˌspektrə'skɒpɪk / *a.* 光谱学的；分光镜的
**sperm** / spɜːm / *n.* 精子
**spinach** / 'spɪnɪtʃ / *n.* 菠菜
**spiny** / 'spaɪni / *a.* 长满刺的，多刺的
**spoilage** / 'spɔɪlɪdʒ / *n.*（食品等的）腐败，损坏；毁坏
**square** / skwer / *n.* 正方形；平方
**staffing** / stæfɪŋ / *n.* 安置职工
**start-up** / staːrt'ʌp / *n.* 启动，开办
**stellar** / 'stɛlər / *a.* 星的；星球的；主要的
**subatomic** / ˌsʌbə'tamɪk / *a.* 【物】亚原子的；原子内的
**sublanguage** / sʌb 'læŋgwɪdʒ / *n.* 次语言
**subset** / 'sʌbset / *n.* 子集
**sulfite** / 'sʌlfaɪd / *n.* 【化】亚硫酸盐
**sunspot** / 'sʌnspaːt / *n.* 太阳黑子
**swampland** / 'swaːmplænd / *n.* 沼泽地
**syndrome** / 'sɪndroʊm / *n.* 【医】综合征
**synthesized** / 'sɪnθəsaɪzd / *a.* 合成的；综合的
**tab** / tæb / *n.* table（表格）的简称；账单；标签；制表
**taffeta** / 'tæfɪtə / *n.* 塔夫绸；平纹皱丝织品
**tangent** / 'tændʒənt / *a.* 正切的
**telescope** / 'telɪskoʊp / *n.* 望远镜
**temblor** / 'temblər / *n.* 地震
**tequila** / tə'kiːlə / *n.* 龙舌兰酒
**theophyline** / θiːə'filiːn / *n.* 茶碱
**theorist** / 'θiːərɪst / *n.* 理论家；学说创立人；空论家

**thyroid** / 'θaɪrɔɪd / *n.* 甲状腺；甲状软骨；甲状腺剂

**tonsillectomy** / ˌtaːnsə'lektəmi / *n.* 扁桃腺切除术

**towpath** / 'toʊpæθ / *n.* 纤路；拉船路

**trapezoid** / 'træpəzɔɪd / *n.* 梯形

**triangle** / 'traɪæŋgl / *n.* 三角形

**tutorial** / tuː'tɔːriəl / *n.* 使用说明；教程

**typewriter** / 'taɪpraɪtər / *n.* 打字机

**tyrosine** / 'taɪrəˌsin / *n.* 【化】酪氨酸

**vertebrate** / 'vɜːrtɪbrət / *n.* 脊椎动物

**vertex** / 'vɜːrteks / *n.* 顶点

**vintner** / 'vɪntnər / *n.* 酒商，酿酒者

**viral** / 'vaɪrəl / *a.* 病毒的，病毒引起的

**vitamin** / 'vaɪtəmɪn / *n.* 维生素

**volume** / 'vaːljuːm / *n.* 体积

**wasp** / waːsp / *n.* 黄蜂

**weevil** / 'wiːvl / *n.* 象鼻虫

**whitefish** / 'waɪtfɪʃ / *n.* 白鲑

**womb** / wuːm / *n.* 子宫；发源地；孕育处

**word-processing** / wɜːrd'praːsesɪŋ / *n.* 文字处理

**workstation** / 'wɜːrksteɪʃn / *n.* 【计】工作站；工作区

**x-axis** / 'eksˌæksis / *n.* x轴

**x-coordinate** / ˌɛksko'ɔdɪnet / *n.* x坐标

**y-axis** / 'waiˌæksis / *n.* y轴

**y-coordinate** / ˌwaɪko'ɔdɪnet / *n.* y坐标

**y-intercept** / 'waiˌintəsept / *n.* y轴截距

**zooxanthellae** / zououzæn'θeliː / *n.* 【动】虫黄藻

# 附录二　常用词组及专业术语

**a blanket of** 一片的；一页的
**a variety of** 多种多样的
**a wealth of** 许多的，大量的
**absolute value** 绝对值
**account for** 引起，导致；说明（原因、理由等）；（在数量上）占
**achieve one's goal** 实现某人的目标
**Aedes albopictus** 白纹伊蚊
**all-time high** 最高纪录
**altitude of a triangle** 三角形的高
**analogous to** 类似于
**animated cartoon** 动画卡通片
**annual interest** 年息，年利
**anopheles mosquito**（传播疟疾的）按蚊
**applied problem** 应用问题
**apply to** 适用于；运用；致力于
**arithmetic mean** 算数平均
**arithmetic operation** 算数运算
**at fault** 有责任；出毛病
**at random** 随机地
**attribute to** 把某事归因于某人/某事；认为某作品出自某人之手
**be alert to** 注意，留心；警惕
**be apt to** 倾向于
**be bound to** 会；一定要
**be circumscribed about** 使外接，使外切
**be committed to** 致力于
**be converted to** 被改变成
**be derived from** 源自于
**be immune to** 对…有免疫力；不受…影响
**be inclined to** 倾向于
**be inconsistent with** 与…不一致的
**be inscribed in** 使内切，使内接
**be subjected to** 受到；经历
**better off** 比较富裕；情况好转
**blood pressure** 血压
**business transaction** 商业交易；业务交易；经济业务
**cacao bean** 可可豆
**cast doubt on** 对…产生怀疑；引起对…的怀疑
**chief executive** 公司总经理；最高行政长官
**citrus fruit** 柑橘类水果
**cling to** 紧抓；坚持；保留
**compensate for** 补偿损失
**comply with** 服从；遵守
**consecutive even integer** 连续的偶数
**consecutive integer** 连续的整数
**consecutive odd integer** 连续的奇数
**constant term** 常数项
**convex polygon** 凸多边形
**coordinate geometry** 坐标几何
**coordinate plane** 坐标平面
**counting method** 计数方法
**couple with** 连同；与…连接在一起
**cross multiply** 交叉相乘
**cube root** 立方根
**cubic inch** 立方英寸
**curved surface** 曲面
**data sufficiency** 数据充分性
**date to** 追溯到
**decimal representation** 十进制记数法
**descriptive statistics** 描述性统计
**discrete probability** 离散概率
**draw attention to** 引起对…的注意；吸引…的注意力
**drop-down menu** 下拉式菜单
**dumping site** 垃圾堆积场
**economic recession** 经济衰退
**efficiency index** 效率指数
**elements of the set** 集合中的元素
**equilateral triangle** 等边三角形
**even integer** 偶数
**factor out** 提取公因数
**figure out** 想出，弄明白；计算出
**fill the gap** 填补空白；弥补缺陷；弥合差距
**first- and second-degree equation** 一次方程与二次方程
**fossil fuels** 矿物燃料
**freight car**（一节）货车
**frequency distribution** 频数分布

**game the system** 钻（制度、法律等的）空子
**general manager** 总经理
**give credence to** 相信…，认为…可信
**greatest common divisor** 最大公约数
**have access to** 可以使用；接近
**have bearing on** 与…有关
**have effect on** 对…有影响
**horseshoe crab** 鲎
**in abundance** 充足，丰富
**in conflict with** 和…冲突
**in conjunction with** 连同；与…共同
**in excess of** 超过；较…为多
**in favor of** 支持；赞同；有利于
**in response to** 对…做出反应
**in support of** 证明…正确，支持
**in tandem** 协同地；一前一后地
**in terms of** 根据；用…的话；就…而言
**inflation index** 通货膨胀指数
**intend to** 打算（做），想要（做）
**interest rate** 利率
**interior volume** 内部容积
**intersecting line** 相交线
**intuitive geometry** 直观几何
**investment index** 投资指标，投资指数
**isosceles triangle** 等腰三角形
**lay out** 布置，设计（场地或建筑）；（整齐地）铺开，展开
**least common multiple** 最小公倍数
**leave out** 遗漏；省略；把…排除在外
**let alone** 更不用说；不理；还不算
**level ground** 水平地面
**like term** 同类项
**line segment** 线段
**linger over** 慢慢进行
**logical structure** 逻辑结构
**Lyme disease** 莱姆病
**make room for** 给…空出地方
**marital status** 婚姻状况
**market share** 市场份额/占有率
**microprocessor unit** 微处理机部件；微处理器单元
**modifying clause** 修饰性从句
**monarch butterfly** 黑脉金斑蝶
**negative number** 负数
**negative slope** 斜率为负，负斜率
**net income** 净收入，纯收入
**nonnegative square root** 非负平方根
**number line** 数轴
**odd integer** 奇数
**oil burner** 燃油炉
**oil tanker** 油轮；油罐车
**on a par with** 与…同等；和…同价
**on the assumption that** 以…为依据
**on the lookout for** 密切注意，警惕
**parallel line** 平行线
**per capita income** 人均收入
**perpendicular line** 垂直线
**pertain to** 关于；从属；适合
**pineal gland** （脑部的）松果腺，松果体
**place value** 位值
**point of tangency** 切点
**pose a risk** 对…构成威胁
**positive integer** 正整数
**power and root of numbers** 数字的幂和根
**prank call** 骚扰电话
**prime factor** 素因数，素因子
**prime number** 质数，素数
**prime number** 质数
**prior to** 在…之前
**production index** 生产指标，生产指数
**profit margin** 利润率
**prone to** 很可能的；倾向于
**properties of integer** 整数的性质
**provide grounds for** 为…提供根据/理由
**pump into** 用泵将（气体或液体）压入；将大量资金投入（某事物）
**purchasing power** 购买力
**Pythagorean theorem** 勾股定理
**quadratic formula** 二次方程
**quadratic polynomial function** 二次多项式函数
**radar detector** 雷达探测器
**radical expression** 根式表达
**raw material** 原料
**rectangular solid** 长方体
**regardless of** 不顾，不管
**renal function** 肾功能

**resort to** 诉诸；采取
**resulting value** 结果值
**right angle** 直角
**right circular cylinder** 直圆柱体
**right triangle** 直角三角形
**rubber tapping** 挤橡胶
**rule out** 排除…的可能性；用直线划掉
**run-on sentence** 连写句；乱加从句的冗长句子
**savings account** 储蓄存款账户
**scientific notation** 科学计数法
**second degree polynomial** 二次多项式
**second-degree equation** 二次方程
**senior citizen** 老年市民
**sequences and series** 数列与序列
**shed light on** 使…清楚地显出；为…提供线索；对…透露情况
**shelf life**（食品的）保存期限
**side effect** 副作用
**simplify algebraic expression** 简化代数式
**simultaneous equation** 联立方程
**single out** 挑出，挑选
**sleep disorder** 睡眠障碍，失眠
**smoke alarm** 烟雾警报器
**snipe at** 诽谤
**solve for** 解出，解决
**solve linear equation with one unknown** 解答一元线性方程式
**solve quadratic equation** 解二次方程
**solve two linear equations with two unknowns** 解答二元线性方程式
**spatial visualization** 空间可视化
**square root** 平方根
**standard deviation** 标准方差
**stem cell** 干细胞
**subject...to...** 使…遭受/经受…
**substitute into** 代入
**surface area** 表面积
**sweep through**（风、浪等）席卷
**switch from...to...** 由…转变为…
**take advantage of** 利用
**take for granted** 认为理所当然，想当然
**take into account** 考虑到；重视
**take no stand on** 对…未表明立场
**take office** 就职
**take the plunge**（经过犹豫后决定）冒险尝试
**the majority of** 大多数
**ticket for** 因…而被罚款
**tiger beetle** 虎甲
**trade deficit** 贸易逆差
**traffic congestion** 交通堵塞
**units digit** 个位数
**unknown quantity** 未知数
**value of the function** 函数的值
**venture capitalist** 风险资本家
**vertical angle** 对顶角
**vertical line** 垂直线
**wear off** 逐渐消失；磨损
**weed killer** 除草剂
**whiplash injury** 颈椎过度屈伸损伤
**wind up with** 最终落得，以…告终

# 索　引